경제정책의 이해

박영범이 다시 읽어 주는 경제 뉴스

| 박영범 |

한성대학교 출판부

책을 내면서

우리나라는 정부 주도의 급속한 산업화로 세계 10위권 경제규모의 국가로 도약한 현재에도 경제 정책의 형성과 운영에 있어서 국가의 역할이 크다.

우리나라는 OECD 회원국이 된지 20년이 넘었고 피원조국가에서 원조국가로 된 세계 유일의 나라임에도 불구하고 우리 나름의 합의된 경제 정책의 틀을 갖추지 못하고 있다. 크게 보면 경제 운영에 있어서 정부 역할을 큰 테두리나 환경을 만들어주는 시장친화적인 것으로 보는 측과 경제력 집중, 양극화 해소 등을 위해 정부가 보다 적극적인 역할을 하여야 한다고 주장하는 측이 대립되어 있다.

큰 정부를 주장하는 측은 시장친화적 접근방식에 치중하면 경제력 집중 해소, 취약한 사회안전망 강화 등 한 단계의 국가 도약은 요원하다는 입장이다. 반면에 시장친화적 접근방식이 필요하다고 보는 측은 대외의존도가 높은 우리 경제의 구조적 특성상 과도한 국가의 개입으로 경제 기반 자체가 흔들릴 수 있다고 주장한다.

경제정책의 형성과 운영에 대한 우리 사회의 갈등은 1970년대 초 시작된 3차 산업혁명에는 주도적으로 참여하여 소기의 성과를 이룩하였으나 우리나라가 4차 산업혁명이 시작되는 시점에서 확고한 정책방향을 잡지 못하고 있는 이유이기도 하다.

우리나라는 산업화 자체도 영국보다 늦었고, 제2차 세계대전 후 패전을 딛고 경제 부흥을 하는 과정에서 정부가 적극적인 역할을 하였다. 그러나 정부의 일방적 주도가 아니라 산업계, 노동계, 시민단체 등 사회적 파트너들 간의 협의를 통해 경제를 운영하는 사회적 시장경제체제를 구축하고 있는 독일과 대비된다.

이 책은 경제 뉴스들을 활용하여 현안 중심으로 경제정책을 설명하고 있다. 경제정책의 기조가 확연히 구분되는 것을 볼 수 있는 박근혜정부 2013년 3월 이후부터 문재인정부 출범이후 1년여 경과한 2018년 7월까지 쟁점과 논란이 되었던 110여 개의 경제정책들을 설명하고 있다. 중앙일보와 한겨레신문이 공동으로 기획한 같은 논점에 대한 각 신문의 사설을 비교한 [사설 속으로], 한국경제신문의 [맞짱 토론], 서울경제신문의 [어떻게 생각하십니까?]에서 다루어진 경제정책 이슈를 중심으로 찬반 論者의 견해와 정책의 배경을 설명하고 있다.

110여 개의 경제정책 이슈에 대해 대부분의 신문 사설, 논자들은 치열하게 논쟁하고 있으나 토론은 하고 있지 않다. 각자의 진영 혹은 사고의 프레임에 갇혀 본인 주장만을 고집하고 있는 것이 우리 사회의 일반화된 모습이다. 이는 많은 이슈에 대한 토론이 논쟁으로 그치고 합의점을 찾지 못하는 이유이기도 하다.

이 책을 집필하는 과정에서 오탈자가 많은 초고를 꼼꼼히 읽어주시고 조언해 주신 장명희 한성대 교수, 한국산업인력공단 윤아선 팀장, 안현서과장, 그리고 자료 정리를 도와 준 성희애 한성대 경제학과 학생 등 도움을 주신 분들에게 감사드리고 싶다.

2018. 8

박영범

목차

I

들어가면서:
프레임에 갇힌 한국경제

들어가면서:
프레임에 갇힌 한국경제

수출 지향적 경제발전이냐? 아니면 수입대체산업 육성을 통한 내수기반 경제발전이냐? 1960년대 공업화를 추진하였던 정부의 경제발전 전략 선택과 관련된 가장 큰 고민거리였다. 이때 우리나라는 수출주도의 발전 전략을 택하였다. 당시에 수입대체산업 육성을 통한 내수기반의 경제발전을 추구한 나라들은 대부분 실패를 맛보았다. 그 대표적인 나라 중 하나가 현재 우리나라에 근로자로 입국하기 위한 한국어 공부 열풍이 대단한 스리랑카이다.

대기업 주도의 경제 성장을 하여야 하나? 아니면 대만과 같이 중소기업에 기반한 경제 체제를 구축하여야 하나? 수출 주도의 성장이라도 우리나라와 대만은 다른 전략을 택하였다. 글로벌 시장에서 경쟁력을 가지기 위해서는 어느 정도의 덩치가 필요하다는 판단에서 우리는 대기업을 적극적으로 육성, 지원하였다. 우리나라에는 글로벌 초일류기업인 현대자동차와 삼성전자가 있다. 1차 세계 대전과 2차 세계 대전의 종전회담에서 주요 당사자가 아닌 국가 중에서 자동차 자체 생산기술과 브랜드를 가진 국가는 우리나라가 유일하다. 1, 2차 산업혁명에서는 뒤졌지만 1970년대 시작된 3차 산업혁명에서는 우리도 세계적인 반도체 산업을 발전시켰다. 삼성전자나 현대자동차가 무너진다면 우리 경제는 'IMF위기' 이상의 충격을 받을 것이다. 그러나 수출 주도의 대기업 중심의 급속한 경제 발전을 일궈내는 과정에서 우리는 국내시장을 장악한 재벌의 불공정거래, 세습 경영, 대기업과 중소기업의 양극화 등 많은 대가를 지불했고 아직도 해결책을 찾는 중이다.

수출주도의 경제성장으로 인한 높은 대외의존도, 그리고 김영삼정부가 추진한 준비되지 않은 급속한 대외개방은 외환위기의 단초가 되었다. 쓰나미와 같이 우리를 덮친 외환위기는 우리 경제를 IMF 관리 아래 신자유주의 틀 속에 집어넣었다. 2년 만에 IMF 관리체제 졸업을 선언했지만 우리 경제가 가지고 있는 역동성은 현저히 줄어들었고 청년실업, 양극화의 고착화 등 부작용을 초래하였다.

외환위기 이후 10년(초기에는 진보, 보수 연합정부 성격이었지만)의 진보정권, 9년의 보수정권, 그리고 다시 진보정권으로 바뀌면서 모든 정부는 자신들만의 정책을 추구하려고 하였고 현재도 진행 중이다. 법인세율 인하 등 기업 친화적 정책을 추구하였던 이명박정부와는 달리 같은 보수정권이지만 박근혜정부는 증세 없는 복지 확대를 약속하였다. 한미FTA 체결 등 보수정부에서 볼 수 있는 정책도 추구한 노무현정부와는 달리 문재인정부는 2018년 7월 현재 진보의 틀 속에 갇혀 있는 듯하다.

6년간 정부부문에서 일하고 학교로 복귀한 이후 대부분 막내아들보다 어린 학생들을 가르치고 있다. 학생들은 심각한 청년실업

난으로 인한 취업 등 많은 고민들이 있으나 40년 전 저자의 학창 시절 때와 같이 여전히 별 생각 없이(?) 즐겁게 지내는듯하나 미래에 대한 확신이나 기대가 매우 적은 듯하다. 재미있는 소일거리가 많은 탓도 있겠지만 우리 세대와 비교하여 사회현상에 대해 큰 관심이 없고 관련된 정확한 정보나 이해가 없다는 것은 확연히 달랐다.

이 책은 경제정책론을 공부하는 학생들을 위한 교재로써 집필하였다. 현안 중심으로 경제관련 뉴스들을 활용하여 경제정책을 설명하고 있다. 경제정책의 기조가 확연히 구분되는 것을 볼 수 있는 2013년 3월 박근혜정부 출범이후부터 문재인정부가 출범한 지 1년여 경과한 2018년 7월까지 쟁점과 논란이 되었던 110여 개의 경제정책들을 설명하고 있다. 중앙일보와 한겨레신문이 공동으로 기획한 같은 논점에 대한 각 신문의 사설을 비교한 [사설 속으로], 한국경제신문의 [맞짱 토론], 서울경제신문의 [어떻게 생각하십니까?]에서 다루어진 경제정책 이슈를 중심으로 찬반 논자(論者)의 견해와 정책의 배경을 설명하고 있다. 이슈가 된 배경, 중앙일보, 한겨레신문, 한국경제신문과 서울경제신문에 수록된 기사의 前과 後 등 진행과정, 결과 등에 대한 관련 언론기사들을 헤드라인 위주로 수록하였다. 이 책은 새로이 업무를 맡게 된 정책담당자들과 언론 종사자들도 참고자료로 활용할 수 있다.

110여 개의 경제정책 이슈에 대해 대부분의 신문 사설, 논자들은 치열하게 논쟁하고 있으나 토론은 하고 있지 않다. 각자의 진영 혹은 사고의 프레임에 갇혀 본인 주장만을 고집하고 있는 것이 우리 사회의 일반화된 모습이다. 우리 사회에서 많은 이슈에 대한 토론이 논쟁으로 그치고 합의점을 찾지 못하는 이유이기도 하다([조선일보] **나는 '이념'을 가져본 적 없어… 왜 자꾸 어떤 틀에 날 가두려고 하나**_20141215)([BOOK NEWS] **독일에서는 이과, 문과를 나누지 않는다 『그녀는 괴테가, 그는 아인슈타인이 좋다고 말했다』 저자 인터뷰**_20180712)(http://news.kyobobook.co.kr/people/interviewView.ink?sntn_id=14233&expr_sttg_dy=20180703132500&OV_REFFER=http://netpion2.kyobobook.co.kr/6I-151397I-46367951I-4goaSoZE-8zPqrCF-11088733I-4ehhgE-8D-7D-7HPDzD-6ZACvCvCCZD-6oCD-6ZuD-7gPCgaPD-7SHhPucSPDxSPDD-6SHZF-3zHhHI-5SJF-114233C-8PKguI-5zhhEI-5JAF-120180703132500I-3).

박근혜정부는 '증세 없는 복지' 공약으로 집권 내내 시달렸다.[1] 박근혜정부의 복지 공약 이행을 위해서는 5년간 약 60조원이 필요한 것으로 추정되었다. 박근혜정부는 이명박정부로부터 20조 7,000억 원의 세수결손을 이어 받았고 경기 상황도 좋지 않아 빚을 더 낼 수도 없어, 2013년 9월 기초연금의 지급대상에서 상위 30%를 제외하기로 결정하면서 공약파기라는 비판을 받았고, 지지율이 큰 폭으로 하락하였다. 이 과정 중에 보건복지부 장관이 자진사퇴하였다. 2014년 9월에는 담배세 인상으로 '꼼수증세'라는 비판을 받았다. 박근혜정부에게는 2014년 가을 누리과정 예산 부담을 둘러싼 지자체와의 갈등도 악재였으며 2015년 초 연말정산 파동을 겪었다. 2013년 소득세법 개정으로 공제 혜택이 줄어들면서 실질적인 세부담이 늘어나, 2014년 연말정산에서 '13번째의 월급'이

---

1) 이 단락부터 아래 3단락은 필자의 이데일리 기고문 '**[목멱칼럼] 증세없는 복지와 소득주도 성장**_20180816'에서 발췌하였다.

'13번째의 세금'으로 바뀌면서 국민들의 불만이 커졌다. 소급적용이라는 최악의 대응을 하였고, 건보료 개혁도 스스로 걷어 들이면서 박근혜 대통령의 지지율은 30%이하로 떨어졌다.

복지 확대를 위한 증세는 필요한데, 세목을 늘리거나 세율이 변경이 없으면 증세가 아니라는 고집을 피우면서 '증세 없는 복지'라는 프레임에서 벗어나지 않으려고 한 결과였는데, 박근혜정부는 실질적으로 증세를 하였다. 대기업에 대한 비과세, 감면 축소로 대기업의 실효세율을 2%P 이상 끌어 올리고 담배세도 인상하면서 박대통령 임기 중 조세부담률은 2%P 올랐다. 문재인정부 들어서 두 번에 걸쳐 13조 5,000억 원의 추경이 집행되었지만 국가채무는 늘지 않았다. 박근혜정부로부터 받은 60조원의 초과세수라는 선물 때문이다([한겨레] **초과세수 60조는 박근혜정부 덕분**_20180620).

'소득주도 성장'을 전면으로 내세우고 있는 문재인정부의 집권 1년 경제 성적표는 참담하다. 2018년 성장률 전망치를 3%에서 2.9%로 낮추고 취업자 증가 전망치도 32만 명에서 18만 명으로 줄었다. J노믹스의 기조를 수정할 움직임이 보이고 있으나 문재인정부의 핵심 지지층은 강력하게 반발하고 있다. '좌크릭', '우크릭'을 고민하기 보다는 자신만의 프레임을 벗어나 상황을 보는 결단이 필요한 듯하다([조선일보] **33兆 쏟으면서도 '일자리 목표' 절반 낮췄다**_20180719)([서울경제] **소득성장 고집했지만 내수 더 얼어…부양 위해 '禁忌'도 깨기로**_20180719)([한겨레] **진보지식인들, 현정부 첫 집단선언 "재벌개혁 등 후퇴 우려"**_20180719).

소득주도성장 정책은 2011년 서울시 교육청의 무상급식 이슈로 서울시장이 사퇴한 이후 우리 사회의 핵심 정책 이슈의 하나가 된

'보편적 복지 vs 선택적 복지' 논쟁과 연관이 깊다. 2018년 6월 총선에서도 여러 형태의 세금으로 재원을 조달하여야 하니 무상은 아니나 무상으로 포장된 무상복지가 여야 구분 없이 경쟁적으로 약속이 되었다.

'보편적 복지 vs. 선택적 복지' 논쟁의 핵심은 특정 선택적 복지에서 제외되는 상위 소득계층이 복지혜택을 국가로부터 받고 그 혜택에 대한 대가로 세금을 납부하느냐, 아니면 제외되는 혜택을 본인 소득으로 해결하느냐의 문제이다. 무상급식, 무상보육, 무상교복 등 여러 개별적 복지 혜택을 정치의 영역에서 경쟁적으로 제기하기 보다는 국가 전체 조세 체계의 큰 틀에 대한 합의 내지 공감대 형성이 전제되는 것이 바람직하다. 보수, 진보 모두 각자의 프레임에서 벗어나 국민의 관점에서 상황을 이해하고 대안을 모색하여야 한다.

이 책에서 경제정책의 이슈를 영역별로 구분하였다. 경제정책의 영역은 정책기조(제II장), 경쟁 및 공정거래(제III장), 금융(제IV장), 조세재정(제V장), 통신(제VI장), 부동산(제VII장), 에너지(제VIII장), 성장 및 구조(제IX장), 대외경제(제X장), 고용·노동 및 교육(제XI장), 사회보장(제XII장), 환경(제XIII장), 사회안전(제XIV장), 그리고 주체 및 의사결정과정(제XV장)으로 구분하였다. 책을 마무리(제XVI장)하면서 갑질행태(문화)에 대한 기사들을 정리하였다.

Ⅱ

정 책 기 조

1. 소득주도성장
2. 복지와 증세(담배세 인상 등)
3. 소득불균형과 부유세

1. 소득주도성장

문재인정부가 소득주도성장을 전면에 내세웠지만 처음으로 시도한 정부는 아니다. 박근혜정부에서 최경환 경제부총리는 임금인상을 통해 경제 활성화, 즉 소득주도성장을 주장하였다. 최저임금 10% 이상 인상 등 추진한 정책들은 야당의 지지를 받았으나 여권 다수 세력의 반대로 제대로 집행되지 않았고 가계 소득도 늘어나지 않는 등으로 지지부진함에 따라 야권으로부터 정책추진 의지 자체를 비판받았다([내일신문] **신뢰 잃은 최경환리더십**_20150107)([파이낸셜뉴스] **중구난방 초이노믹스**_20150312)([국민일보] **최 부총리의 임금인상론 안착하려면**_20150316)([한겨레] **임금 올려 경제 살린다더니…가계소득 증가율 '0'**_20151209).

최저임금 인상으로 대표되는 소득주도 성장의 당위성과 효과에 대한 논의가 활발하였다. 대기업 성장에 따른 낙수효과가 실패한 것으로 판명되었는데, 임금 인상과 복지 확대를 통해 가계 소득이 성장을 견인할 수 있다는 입장과 소득주도성장 정책은 성장정책보다 분배정책이고 구조개혁 등의 혁신이 동반되지 않으면 부작용이 우려된다는 입장이 대립되었다([경향신문] **다시 소득주도 성장을 생각한다**_20150305)([국민일보] **소득 주도 성장론에 대한 우려**_20150311)([한국일보] **왜 소득주도성장인가**_20150406)([매일경제] **與 _소득주도성장에 의문_ 野 _낙수효과는 거짓**_20150407)([한국일보] **문재인의 소득주도 성장론에 김광두 직격탄**_20150408)([한국일보] **"소득주도 성장, 새 동력은 대기업 아닌 중기"**_20150514)([매일경제] **文의 소득주도成長, 기업경쟁력 약화 우려**_20150708)([내일신문] **최저임금 인상, 소득주도 성장의 대안인가**_20150721)([문화일보] **기재부 _소득주도성장 신중해야**_20150914)

([국민일보] **"경제민주화+소득주도 성장"**_20160202)([경향신문] **기본소득, 일자리 감소의 대안인가… 현실성 없는 몽상인가**_20160206)([파이낸셜뉴스] **더민주 '소득 주도 성장론', 민의당 '대·중기 격차해소' 2野 경제회복 위한 해법제시**_20160527).

최경환부총리가 가계소득 증대를 통한 소득주도 성장정책을 제시하자 중앙일보와 한겨레신문은 2014년 7월 소득주도 성장정책에 대한 사설을 각각 게재하였다. 중앙일보 사설의 요지는 다음과 같다([중앙일보] **소득 주도 성장 포퓰리즘으로 안된다**_20140721). 소득주도 성장정책은 분배정책에 가깝다. 국제통화기금도 소득 불평등이 성장을 저해할 수 있다고 하였다. 서민과 중산층의 소득증대는 필요하다. 정부가 대출 규제 완화 등의 조치로 부동산 활성화에 올인하면서 기업에게는 돈을 풀라고 압박하는 상호 모순된 정책을 시행하고 있다. 좋은 일자리를 통해서만 소득이 늘어날 수 있다. 규제 혁신 등 소득주도 성장도 상식의 틀 안에서 시행하여야 한다.

한겨레신문의 사설의 요지는 다음과 같다([한겨레신문] **소득 주도 성장 무늬만으로 안된다**_2014720). 규제완화 등을 통한 대기업 위주의 성장정책의 문제점을 인지하고 가계 소득 증대를 통한 소득주도 성장정책을 지지한다. 성장지상주의로 부가 한 곳으로 모이고 소득의 격차가 커졌다. 정책은 일관되고 지속적으로 추진되어야 한다. 부동산 대출 완화와 같은 낡은 성장주의 모델을 병행해서는 소득주도 성장정책이 성공할 수 없다.[2)]

문재인대통령은 2015년 2월 새정치연합 당대표 후보 인터뷰에서

---

2) 중앙일보와 한겨레신문의 사설비교는 '[중앙일보]/[한겨레신문] **[사설 속으로] 소득주도 성장정책**_20140805' 참조.

새정치연합이 민생정당으로 가는 답을 '소득주도성장'에서 찾고, "핵심 정책으로 최저임금 인상, 비정규직의 정규직화와 차별시정, 적극적 복지, 부채 구조조정을 통한 가계부채 축소 등을 제시했다. 아울러 조세정의의 실현을 위한 조세구조 혁신도 주장했다. 부족한 복지 재원을 늘리고 세수부족을 해결하기 위해 부자감세를 철회하고 비과세감면 혜택을 대폭 정비하는 등 국가재정구조의 청사진"을 제시하였다([파이낸셜뉴스] **국민과의 거리가 黨위기 원인 소득주도성장 정책으로 돌파**_20150202)([조선일보] **아동수당 1조, 기초연금 10조, 일자리 19조… 현금 줘 소득 늘려주기**_20170830)([파이낸셜뉴스] **소득주도·혁신성장 강한 의지 …최종목표는 '삶의 질 향상'**_2018011).

소득주도 성장은 문재인정부 출범 초기부터 논란의 대상이었다([내일신문] **소득주도성장 놓고 경제학자들 갑론을박**_20180202).

비판의 주요 내용은 반기업적이고 혁신과 성장이 없으며 증세에 의존하는 분배에 치중하고 있다는 것이다([매일경제] **기업인을 적폐라고 재판하면 누가 일자리 만드나**_20171221)([서울경제] **모순의 늪에 빠진 경제정책**_20171222)([한국경제] **소득주도성장은 혁신성장과 조화 이뤄야**_20180129)([서울경제] **소득주도로 양극화 해소하려다 되레 혼란…결국 '선의의 역설'**_20180201)([중앙일보] **김동철 "문 정부, 시장과 싸우는 역대급 아마추어 정부"**_20180203)([한국경제] **'J노믹스'엔 시장과 성장이 없다**_20180213)([매일경제] **韓기업 법인세부담 美보다 커… 방독면 쓰고 뛰는 격**_20180416)([한국경제] **민주 "소득주도성장 위해 부동산세제 손질"**_20180112).

특히 최저임금 1만원이 경제에 미치는 부담에 대한 공방이 치열하였다([조선일보] **IMF _한국 최저임금 더 올리면 고용에 악영향**_20180219)([파이낸셜뉴스] **최저임금 1만원땐 기업 75조원 추가 부담**_20180118)([한겨레] **465조 비용 증가_…최저임금 공포 조장한 '뻥튀기 통계'**_20180125).

문대통령의 높은 지지도를 기반으로 한 저돌적인 추진 방식도 문제점으로 지적되었다([매일경제] **소득주도 성장·탈원전 정책 文정부 일방통행 국정 안 돼**_20180310)([국민일보] **개발연대식 밀어붙이기는 이제 그만**_20180702)

최저임금이 16.4% 인상되는 등 본격적으로 소득주도성장 정책이 시행되었으나 2018년 초 경제 성적표는 기대 이하였다([조선일보] **올해 J노믹스 첫 성적표, 5개 암초에 달려있다**_20180103)([문화일보] **'일자리 정부' 첫해 고용성적표는 역대 最惡**_20180110)([내일신문] **올해 J노믹스 불안한 출발**_20180112)([매일경제] **소득주도 성장론 설계자 동네사장님 쓴소리 듣다**_20180120)([서울경제] **1. 연봉 구조 외곡 2. 이직 부메랑 3. 공시족 양산 4. 퍼주기 창업**_20180317)([한국경제] **'소득주도 성장 정책' 효과라는데…**_20180223).

문재인정부 출범 1년이 경과된 2018년 5월 시점에서 2018년 1/4분기 기준으로 최하위 5분위 계층의 가계소득이 떨어지는 등 소득분배구조가 지표 조사이후 가장 악화되었다. 5월 취업자 증가수가 10만 명 미만으로 떨어지고 대기업과 중소기업의 임금격차가 확대되는 등 부정적인 경제 지표가 잇달아 발표되면서 소득주도성장에 대한 비판이 본격적으로 제기되었다([조선일보] **'몇 년 만에 처음' 부정적 경제 지표들 근본 원인 뭔가**_20180426)([파이낸셜뉴스] **3%대 깜짝 성장에도 체감경기는 싸늘**_20180508)([매일경제] **문재인정부 7가지 실험의 성적표**_20180425)([중앙일보] **강남 "폐업신고도 번호표 뽑아" 서초 "요즘 임대 1곳도 안나가"**_20180530)([중앙일보] **강남에도 빈 점포 … 서초구 폐업이 창업 3배**_20180530)([문화일보] **소득주도성장 따른 부작용, 예상보다 너무 빨리 불거져 놀라**_20180803).

일자리 정부를 표방한 문재인정부에서 일자리 성과는 2018년 7월 현재 시점에서 참담하였다. 중소기업과 대기업의 임금격차도 확대되었고 세금으로 만들어진 60대 일자리만 늘어난 것으로 확인되었다. 최저임금의 급격한 인상이 일자리에 치명적이었다는 주장이 제기되었다([국민일보] **"일자리 정부" 표방에도… 반전은 없었다**_20180504)([서울경제] **소득주도성장 정책 효과 없다_ 86.6%…일자리 창출도 낙제점**_20180505)([한국일보] **文정부 2년차 최대 복병은 경제**_20180508)([한국일보] **일자리 성적 되레 내리막… 물음표 남긴 '소득주도 성장'**_20180508)([서울신문] **기대 못 미친 '일자리 총력전'… 물음표 남긴 소득주도성장**_20180509)([파이낸셜뉴스] **일자리정책 한달에 1개꼴 쏟아냈지만… 청년실업 '쇼크수준'**_20180509)([문화일보] **"文정부 일자리 대책 체감 못해" 2010구직자 10명중 8명 응답**_20180510)([문화일보] **빈곤층 지원 늘었지만 고용악화 ... 소득주도 성장 정책 '경고등'**_20180529)([뉴스1] **기재부 '경기회복' 유지했지만…고용·제조업 '암울'**_20180608)([한국경제] **모든 고용지표 환란직후 수준 추락… 김부총리도 "충격적"**_20180615)([중앙일보] **저소득자·알바 일자리 뚝… 금융위기 때만큼 나빠진 고용**_201806016)([매일경제] **〈최악의 고용대란〉 자고나면 사라지는 3040 일자리… 세금으로 만든 60대 고용만 늘어**_20180618)([동아일보] **기업규제로 일자리 동력 사라져 ... 최저임금도 결정타**_20180517)([서울경제] **정부 '친기업 패키지'… 근로자 임금 늘고 수십만개 일자리 생겨**_20180604)([문화일보] **재정 보조로 버틴 저소득층 이전소득, 근로소득 첫 추월**_20180529)([한국경제] **소득주도성장이 大·中企 임금 격차 더 키웠다**_20180531)([조선일보] **정부가 권한 '中企 빈 일자리' 절반이 서빙·기사·점원**_20180320)([조선일보] **일자리 정부에서 왜 '일자리 참사' 발생하나**_20180628)([이투데이] **경기불황 그늘... 제조업 남성실업 영향 '여성 외벌이' 늘었다**_20180622)([문화일보] **기업들, 경영환경 악화에 국내투자 ↓ 해외생산 ↑**_20180719).

경기불황의 여파로 오히려 자영업자 등 서민의 고통이 심한 것으로 나타났다([중앙일보] **'1035만원의 민낯', 착한 정책이 낳은 갈라파고스 정책쇼**_20180402)([세계일보] **저소득층 소득 줄었는데 이자부담은 가중**_20180604)([서울경제] **저녁 예약 손님 뚝 ... 식당가는 '줄을 맛' 노래방은 '곡소리'**_20180630)([조선일보] **자영업 매출 1년 새 12% 급감, 서민 경제 무너지는 소리다**_20180625)([조선일보] **쓸 돈이 없는 삶.. 숙박·학원·빵집부터 쓰러지고 있다**_20180622)([아시아경제] **[대한민국 부채보고서③] '빌려서 장사' 자영업자 70%가 부채 '빚쟁이 사장님'**_20180625)([서울경제] **서민의 인내심이 바닥나고 있다**_20180713)([서울경제] **영세자영업자 보호하려면 정책 속도조절부터 하라**_20180803).

시장과 싸우는 소득주도성장 정책을 재고하여 궤도를 수정해야 한다는 주장들이 제기되고 있다([한국경제] **외팔이 경제학자들의 '민속경제학'**_20180427)([한국일보] **답답증 걸린 'J노믹스' 1년, "이러다 큰 일 난다"**_20180427)([동아일보] **성역이 된 소득주도성장**_20180607)([한국경제] **소득주도성장 실패 아니라는 文**_20180601)([한국경제] **소득주도 성장 밀어붙이는 文… 장하성 힘 실어주고 '김동연 패싱' 논란**_20180601)([동아일보] **김동연, 대통령 앞에서 작심 발언 "최저임금 올라 일자리 충격… 상식 있으면 인정해야"**_20180601)([조선일보] **'유능'주문 앞서 '이념 경제' 벗어나야**_20180619)([매일경제] **소득주도성장 궤도 수정이 필요하다**_20180628).

소득주도성장은 대기업의 낙수효과를 부정적으로 보는 시각에서 출발하였으나, 현실적으로 기업과 소통하고 친기업으로 방향을 바꾸어야 한다는 주장들까지 제기되고 있다([경향신문] **기업정책은 대기업 중심, 세금정책은 부유층에 유리할 것_ 응답 늘어**_20180418)([헤럴드경제] **'기업 氣 좀 올려줄 수 없나'**_20180611)([한국경제] **대한민국 CEO들이 떨고 있다**_2018

0709)([매일경제] **삼성의 임금주도성장**_20180629)([한국경제] **한국GM 사태에서도 확인된 '대기업 낙수효과'**_20180425)([한국경제] **'소통? 통화도 힘들어요... 귀 막은 정부에 손놓는 기업들**_20180617)([서울경제] **親기업정책, 이념의 문제 아니다**_20180712)([동아일보] **"삼성이 20조원만 풀면…" 홍영표 발언 논란**_20180714)([한국경제] **홍영표의 '황당 분배론'**_20180714)([중앙일보] **기업 팔아치우고 빌딩 사는 부자들**_20180502)([서울경제] **기업 해외로 내모는 '소득주도성장'**_20180604)([한국일보] **'진보 교조주의' 덫에서 벗어나라**_20180731)([이투데이] **'성장하지 않는 경제는 '제로섬 게임' ILO '임금주도성장' 한국에 안 맞아'**_20180730)([서울경제] **소득주도 성장정책과 결별 기업중심으로 수정을_ 84%**_20180802)([중앙일보] **문재인 대통령의 '위대한 후퇴'**_20180803).

중장기 세제 개편 등을 통해 복지재원을 마련하여 제대로 된 소득 주도 성장을 하여야 한다는 주장도 제기되고 있다([중앙일보] **"J노믹스는 나름대로 선방하고 있다"**_20180420)([경향신문] **사람중심경제와 토지공개념**_20180425)([한겨레] **소득주도성장, 최저임금에만 맡기지 말자**_20180613)([한국일보] **J노믹스 흠집내기**_20180512)([한국일보] **소득주도성장, 제대로 해보자**_20180608)([한겨레] **문재인정부의 소득주도성장이 성공하려면**_20180616)([경향신문] **그대로 소득 성장이다**_20180621)([국민일보] **소득주도 성장론을 위한 변명**_20180629)([경향신문] **문정부 경제팀이 미덥지 못한 이유**_20180625).

문재인정부가 증세 없이 소득주도 성장에 필요한 예산을 확보할 수 있었던 것은 박근혜정부가 법인세의 실효세율을 높이고 담배세 인상 등을 통해 세수를 확보했기 때문이라는 분석이 있다([한겨레] **초과세수 60조는 박근혜 정부 덕분**_20180620).

고용 및 분배 구조 악화 등 소득주도 성장의 부작용을 해소하기 위해 세금에 의존하는 소득주도성장식 처방에 대한 비판이 제기되었다([국민일보] **꼬인 경제현안 풀기 위해 '나라 곳간' 더 연다**_20180601)([서울경제] **실패한 소득주도성장 대책은 또 '소득주도'**_20180530)([한국일보] **스탁턴의 특별한 실험**_20180613)([서울경제] **文정부, 재정만능주의 경계해야**_20180622)([서울경제] **선거 끝나자 재정 보따리부터 풀라는 與**_20180622)([아시아 경제] **세불툭이_ 일자리 정책**_20180627)([한국일보] **여, 소득주도성장 정책 성과 알리기... 야, '재정 중독증'**_20180707).

문재인정부는 일자리 사정이 악화되고 서민 경제 침체가 지속되자 정책의 중심을 성장으로 전환하려는 움직임도 있으나 2018년 7월 말 시점에서 논란은 진행형이다([문화일보] **청 경제 일자리수석 교체, 현실 직시한 정책 계기되야**_20180616)([문화일보] **경제컨트롤 타워는 누구... '장하성 64% 김동연 26%**_20180702)([한국경제] **고용, 분배 악화에 화들짝 놀란 문정부... 기업 기 살리기 행보 나서나**_20180711)([한국경제] **청 '이해관계자 의견 수렴 없는 정책보고 말라'**_20180709)([경향신문] **경제개혁 후퇴 논쟁이 의미하는 것**_20180712)([경향신문] **문 정부 2년차, 경제·노동 정책 '우클릭'에 지지층 분화 조짐**_20180712)([서울경제] **친기업, 지지층 배신_ _정책 전환해야_ … 당청 노선 갈등 불거져**_20180712)([파이낸셜뉴스] **경기 최악인데... 남탓하는 홍영표**_20180713)([헤럴드경제] **'J노믹스' 조정 신호...기업정책 무게추 '성장'으로 이동하나**_20180713)([머니투데이] **문정부 경제정책(소득주도성장) '소득증대'에서 '지출절감' 무게추 이동하나**_20180713)([서울경제] **'우회전'이 내키지 않는 문재인 정부**_20180718)([동아일보] **"포용적 성장" 강조한 文, 실패한 '소득주도 실험' 접어야**_20180724)([조선일보] **간판만 바꿔 달면 소득주도 성장의 실패가 가려지는가**_20180724)([국민일보] **소득 없는 소득주도성장**_20180724)([한겨레] **진보지식인들, 현정부 첫 집단선언 "재벌개혁 등 후퇴 우려"**_201807

19)([한겨레] 청 "시민사회 지적 귀 기울일 것"…"과거회귀 단정은 성급" 반론도_20180719)([중앙일보] 진보지식인 성명에 현장은 없었다_20180724)([내일신문] 역대 청와대의 거짓말과 흔들리는 경제민심_20180807).

2018년 7월에 발표된 정부의 세제개편안에 따르면 저소득층 지원에 15조원을 투입하여 소득주도 성장정책을 지속한다([중앙일보] 세금 안 받거나 깎아줘 '소득주도성장' 15조 쏟는다_20180731)([동아일보] 저소득층에 5년간 15조원… 불황 타개보다 현금지원 위주 정책_20180731)([한국경제] 근로·자녀장려금만으로 稅收 3조 ↓… 국세감면액 첫 40조 넘을 듯_20180731)([한겨레] 증세없이 소득분배 강화 10년만에 '마이너스 세수'_20180731)([한국경제] 부자증세 8천억 vs 서민감세 3.2兆_20180731).

2017년 7월 말 시점에서 경기 회복의 조짐이 보이지 않는 것이 정부가 소득주도 성장 정책을 추진하는데 가장 큰 걸림돌이다([이투데이] 엇갈리는 지표... 경기 둔화 논쟁 계속 될듯_20180608)([매일경제] 이주열의 한국경제 '3대 암초' 경고_20180613)([조선일보] 지금 우리의 불황은, 90년대 일본보다 혹독하다_20180626)([연합뉴스] 고용 한파에 경기 꺾였나..통계청, 경기정점 논의 착수_20180701)([중앙일보] 한국 6월 수출 마이너스, 반도체도 식어간다_20180702)([서울경제] 소득성장 고집했지만 내수 더 얼어…부양 위해 '禁忌'도 깨기로_20180719)([매일경제] 경제 반토막 나도 사과없는 文정부 사람들_20180720)([한국경제] 결국 3% 성장 포기 … 김동연 "경제 더 어려워질 가능성"_20180719)([한국경제] 소득주도 성장 1년 … 고용·성장 다 놓쳤다_20180719)([조선일보] 한국은 2%대, 미국은 4%… 벌어지는 경제성장률_20180727)([파이낸셜뉴스] 성장률 0%대로 하락 올해 2.9%도 '빨간불'_20180727)([내일신문] 소비자심리 하락, 탄핵정국 수준_20180725)([중앙일보] 경제통계로 확인된 소득주도 성장의 파탄_20180727)([동아일보] 한은 'J노믹스 근심'_

20180727)([문화일보] **기업들, 경영환경 악화에 국내투자 ↓ 해외생산 ↑**_20180719)([아시아경제] **SOC투자 삭감 후폭풍... 결국 올 게 왔다**_20180730)([서울경제] **옷 안 사고 문화활동비 줄이고…'돈맥경화' 갈수록 심화**_20180731)([세계일보] **멈춰 서는 기업들, 식어가는 성장엔진… _앞으로가 더 걱정**_20180801)([한국경제] **'기업주도 성장'과 '소득주도 성장'이 가른 일자리 명암**_20180803).

2. 복지와 증세(담배세 인상 등)[3]

박근혜대통령은 후보시절 '증세 없는 복지'를 약속하였다. 대통령 복지 공약을 이행할 경우 5년간 79조 3,000억 원 소요되는 것으로 추정되었다. 소요 재원을 세금감면 혜택 축소, 지하경제 양성화 등을 통해 조달하고자 하였으나 세수 부족에 직면하면서 복지 공약을 축소할 수밖에 없었다. 복지공약 축소의 시작은 2060년까지 387조 4,000억이 소요될 것으로 추정되는 기초연금이었다([중앙일보] **복지공약 후퇴 논란 확산 ... 대통령, 직접 국민 설득할 듯**_20130924)([내일신문] **철학이 없는 건가, 준비가 부족한 가**_20130924)([내일신문] **깨진 공약, 깨진 신뢰**_20130926)([경향신문] **실망스러운 박 대통령의 '공약 파기' 사과**_20130927)([한겨레] **내년 복지예산 사상 첫 100조 넘어설 듯**_20130917)([서울경제] **세수 부족 현실벽에 막힌 朴, 복지공약 수정 불가피 호소**_20130927)([내일신문] **무책임한 공약파기를 막으려면**_20130930).

---

3) 연관되는 정책인 V장의 '3. 연말정산 등' 과 XII장의 '1. 무상보육-누리과정', '2. 무상급식', '3. 아동수당', 및 '4. 기초연금' 참조.

박대통령의 복지 공약 파기에 대하여 복지 확대, 보편적 복지를 주장하는 측은 증세의 필요성을 국민들에게 설득하여 적극적인 복지를 시행하여야 한다는 입장이었다. 특히 이명박대통령 시절 축소된 법인세율을 부자감세라고 공격하면서 원상회복을 주장하였다([서울신문] **4대 중증 건보확대·무상보육 보조… 관련 부처마다 국비지원 요구 빗발**_20130930)([내일신문] **무엇을 위한 복지인가**_20130927)([한겨레] **내년 국가채무 515조… 증세 없으면 재정건전성 악화 불가피**_20130927)([한겨레] **'증세 없는 복지'의 허구 드러낸 새해 예산안**_20130927)([경향신문] **증세, 사회적 논의 목소리 커진다**_20130928)([한겨레] **부자만 증세냐 보편 증세냐가 쟁점**_20141113).

향후 복지 확대에 필요한 소요 재원을 고려하면 증세를 통해 무상복지의 확대를 재조정하여야 한다는 주장도 제기되었다([한국경제] **증세_ 세금은 누가 내고**_20130925)([서울경제] **'증세 없는 복지' 환상 깰 때 됐다**_20130925)([한국경제] **보편적 복지 전면 재검토할 시점**_20130925)([한국경제] **현실화된 적자재정 위기…마른 수건까지 짠다지만**_20131003)([한국경제] **빚내서 복지 늘린다_…그럼 나라 살림은**_20131007)([중앙일보] **나랏빚 내서 복지, 급속 확대 자제를_ _분배없는 성장 … 나눠 쓰는 복지 필요**_20131015)([중앙일보] **증세 없는 복지, 의료엔 가능?**_20131016).

정부는 복지 확대에 필요한 중앙정부의 세수 부족을 가능한 한 지방에 분담시키려고 했기 때문에 중앙정부와 지방정부간에 재원분담에 따른 갈등이 발생하였다. 정부가 대선공약 사항인 무상보육 이행에는 적극적이었으나 지자체의 책임인 무상보육에는 소극적이었기 때문에 정부와 지자체간 갈등이 불거졌다([한국경제] **무상복지, 재정분권으로 풀어야**_20130911)([서울신문] **정부 "年 5조원 지방 지원" … 지**

자체 거센 반발_20130926)([서울신문] 지방재정 확충, 땜질 아닌 근본대책 마련해야_20130926)([한국경제] 지방재정 방치하면 건전재정은 없다_20131014)([한겨레] 박원순 "재정 어려워도 복지 확대… 민주주의 강화할 것"_20131025)([내일신문] 스스로 돈벌어 쓸 권한부터 달라_20131029)([한겨레] 기초연금은 파기하고 무상보육은 떠넘기나_20130926).

2014년 9월에 정부가 10년간 묶여 있던 담배 값을 2,000원 인상하겠다고 발표하면서 우회 증세, 서민 증세라는 비판이 제기되는 등 논란이 일었다([내일신문] 정부의 '교묘한 담뱃세 인상'_20140926)([중앙일보] 담뱃값 인상과 증세 논란_20140930)([내일신문] 서민증세 담배세인상 재 논의하라_20141013)([서울신문] '서민증세'를 대하는 자세_20141006)([연합뉴스] 담뱃값 인상 저소득층·청소년엔 효과…"흡연율 하락"_20171107)([미디어 고양] 흡연인구 줄고 있다 ... 흡연 경고그림 전면 도입, 담배 판매량 감소 지속_20170314).

서울신문은 2014년 9월 담뱃값 인상과 관련된 찬반 토론을 게재하였다([서울신문] [이슈&논쟁] 담뱃값 인상_20140917). 찬성 측의 서홍관 금연운동협의회 회장의 논거는 다음과 같다. 담뱃값 인상이 증세 논쟁으로 변질되면서 금연의 건강 피해 문제가 실종되었다. 우리나라 국민의 5분의 1이 흡연자이고, 흡연은 우리 국민 질병의 주요 위협인자이다. 지난 10년간 담뱃값이 동결되면서 우리나라는 OECD 국가 중 담뱃값이 제일 낮고 흡연율이 제일 높은 국가가 되었다. 담뱃값 인상으로 저소득층의 부담이 커진다는 논리이나 저소득층이 담배를 끊도록 국가가 도와주어야 건강격차가 해소될 수 있다. 정부는 법이 정해진 바에 따라 담뱃값의 일정부분을 금연보조제의 보험 혜택으로 지원하는 등 약속한대로 국민 건강과 금연사업에 사용하여야 한다.

반대 측의 김성주 새정치민주연합 의원의 논거는 다음과 같다. 금연정책의 확대는 필요하나 정부의 이번 담뱃값 인상이 국민 건강을 증진시키기 위한 것인지 의문이다. 국책연구기관인 조세재정연구원의 보고서에 따르면 담뱃값이 정부가 제시한 4,500원으로 될 때 담배 세수가 극대화된다. 중독성이 강한 담뱃값 인상이 금연 효과가 있으려면 최소 9,000원이 되어야 한다는 연구 결과가 있다. 조세를 통한 재분배효과가 OECD 평균의 4분의 1에 불과한 우리나라에서 담뱃값 인상으로 세수를 확보하는 것은 서민증세이다. 이명박정부의 부자 감세에 이어 서민 증세를 하는 것이다.

정부의 담뱃값 인상, 지방세 인상 등으로 증세 논란이 불거지자 중앙일보와 한겨레신문은 2014년 9월 각각 사설을 게재하였다. 중앙일보의 논거는 다음과 같다([중앙일보] **복지비 재원 마련 방안 공론화하라_**20140915). 박근혜정부는 담뱃세 인상으로 1조 8,000억 원, 지방세 인상으로 1조 4,000억 원의 세금을 더 걷기로 하였다. 정부는 기존 세목의 인상이 아니니 증세가 아니라는 입장이나 국민의 입장에서는 지방세 인상이나 담뱃값 인상은 세금이 늘어 난 것이다. 정부가 약속한 무상보육비, 기초 연금 등 복지 수요를 충당하기 위해서는 증세는 불가피하다. 작년에는 지하 경제 양성화, 제도 정비를 통해 세수를 늘렸으나 목표액보다 15조원 부족하였다. 재정 기반이 취약한 지방 정부의 복지비 분담을 위해서는 지방세 인상이 불가피해 보인다. '증세는 없다'는 공허한 구호를 접어 두고 복지 수요 충당을 위해서는 증세의 불가피함을 공론화하여 복지지출의 증가 속도와 재원 마련에 대해 국민적 합의를 이끌어 내야 한다.

한겨레신문의 논거는 다음과 같다. 최부총리의 담뱃값 인상은 국민 건강을 위한 것이고 경기 회복을 위해서 세금을 올리지 않겠다는 주장은 궤변이다. 기재부 실무자에 따르면 담뱃값 인상은 증세 효과가 있고 내년도 예산에도 반영이 되어 있다. 담뱃값 인상을 통한 증세는 역진성이 있어 조세 형평성과 소득 재분배 기능을 약화시킨다. 복지 수요 충당을 위해서는 증세가 불가피한데 변칙적이고 우회적인 간접세 인상을 통한 증세는 서민과 중산층에 부담을 주는 것이다. 조세 체계 전반을 개편하여 증세하여야 한다([한겨레신문] **'서민증세' 아니라 궤변 말고 '보편 증세' 논의를**_20140918).[4)]

정부의 담뱃세 인상은 기초연금 공약 축소 시와 같이 증세 논쟁을 불러일으켰다([중앙일보] **질서 있는 증세 위한 국민적 논의 시작해야**_20140927)([서울신문] **증세 논쟁의 허와 실**_20140924)([중앙일보] **불가피한 증세, 국민 저항 최소화하려면**_20141001)([내일신문] **증세를 어떻게 할 것인가**_20141006)([중앙일보] **갈 데까지 간 복지갈등 ... 증세 논의 시작하자**_20141008)([한겨레] **3년 연속 세수 부족, 증세 논의로 돌파구를**_20141022)([한국경제] **무책임한 증세론, 더 큰 세수 부족 부른다**_20141122).

2015년 누리과정 예산과 관련하여 정부와 지자체, 여야 간에 논쟁이 치열하였다([한국경제] **부자·대기업 감세는 있지도 않았다**_20141014)([한국경제] **민주당은 포퓰리즘을 민생이라고 부르나**_20131014)([한겨레] **정치권의 '복지**

---

4) 중앙일보와 한겨레신문의 사설 비교는 '[중앙일보]/[한겨레신문] **[사설 속으로] 증세를 둘러싼 논란**_20140930' 참조.

논쟁' 증세로 확전_20141113)([한겨레] **부자만 증세냐 보편 증세냐가 쟁점**_20141113)([서울신문] **"부자 증세 실현을" 野, 與 "증세 없는 복지를"**_20141114)([내일신문] **'증세공방' 염치없는 정치권**_20141114)([중앙일보] **무상복지 파탄 … 정치권은 고해성사부터 해야**_20141112)([한국경제] **"무상복지로 재정 거덜내놓고 세금 더 걷으면 된다는 無책임 정치"**_20141114)([한국경제] **곽 '무상급식'이 재정파탄 시발점…票 집착한 與도 '퍼주기' 경쟁**_20141108)([서울신문] **뜨거운 무상복지 싸움… 더 뜨거운 '실세·퍼주기 예산' 따내기**_20141120)([경향신문] **'반서민' 정체성 드러낸 새누리당 정권**_20141121)([내일신문] **'증세 없는 복지' 대선 공약 빈말됐다**_20141029)([한겨레] **무상보육은 박대통령 공약 아니었나**_20141009)([한겨레] **무상급식은 네 공약, 무상보육은 내 공약**_20141110)([중앙일보] **무상급식과 무상보육을 재검토하자**_20141016)([중앙일보] **보수복지·진보복지 따로 없는데…**_20141108)([중앙일보] **교육감들도 '복지 파산' 선언**_20141008)([내일신문] **지방재정 위기, 해법은 '증세'**_20141021)([경향신문] **박원순 "보편복지는 중앙정부서 책임져야"... 증세 논쟁 재점화**_20141111).

무상보육 및 무상급식을 둘러싸고, 증세 여부 및 '보편적 복지 vs 선택적 복지' 논란이 일어나자 중앙일보와 한겨레신문은 2014년 11월 각각 사설을 게재하였다. 중앙일보 사설의 요지는 다음과 같다([중앙일보] **무상복지 파탄... 정치권은 고해성사부터 해야**_20141112). 정치적 논쟁에 매몰되어 '무상보육만 합법'이라는 청와대나 '해법은 증세'라는 야당이나 국민의 눈에는 한심하다. 정부가 약속한 3대 무상복지는 증세 없이 불가능하다. 야당은 지난 대선에서 여당의 2배가 넘는 복지공약을 내세웠다. 이미 우리나라는 '중부담-중복지'시대에 들어갔다. 복지 지출에 대한 과감한 구조조정, 복지전달 체계의 대폭적인 손질이 증세 논의 전에 이루어져야 한다. 우리나라

복지 비율이 북미나 OECD 평균에 비해 낮으나 복지 지출 속도는 OECD 회원국 중 1위이다. 조세 부담률이 우리와 비슷한 미국이나 일본을 벤치마킹하여야 한다. 증세는 경기부양의 저해 요인이지만 청와대와 여야가 증세의 불가피함을 국민에게 설득시켜야 한다. 세금이 들어가는 복지 공약을 '무상', '공짜'로 포장하여 선거에 활용하고 여야가 서로 책임을 떠 넘겨서 해결될 일은 아니다.

한겨레신문 사설의 요지는 다음과 같다([한겨레신문] **청와대, '급식-보육' 편 가르기 할 때인가**_20141110). 청와대 수석이 '무상급식은 대선 공약이 아니다', '누리과정은 법적 의무사항이다'라는 논리로 지방교육청의 무상급식 예산을 누리과정으로 돌리라고 요구하는 것은 황당하다. 무상급식은 2000년 지방선거를 통해 사회적 합의가 이루어져 이미 대다수 지자체에서 시행하고 있다. 박대통령도 대선 후에 보육사업과 같은 전국적 사업은 국가가 책임지겠다고 공언한 바 있다. 떠넘기기식의 국정 운영은 국정을 더 어렵게 하고 혼란만 가중시킨다.[5)]

2015년 초 연말정산 파동을 거치면서 박근혜정부는 '증세 없는 복지'정책을 추구하여 왔는데 복지 확충을 위해 증세가 필요하다는 것을 국민들에게 알리고 이해를 구해야 한다는 주장이 제기되었다([문화일보] **올 세수 부족액 11조~13조 예상**_20150120)([경향신문] **연말정산 논란과 '증세의 필요성'**_20150123)([경향신문] **기만의 통치**_20150130)([한겨레] **최경환 부총리와 연말정산 파동**_20150128)([한국경제] **복지 확대에도 증세 없다_던 정부**

5) 중앙일보와 한겨레신문의 사설 비교는 '[중앙일보]/[한겨레신문] **[사설 속으로] 무상 복지를 둘러싼 여야 간의 갈등**_20141119' 참조.

… '세금폭탄' 반발에 허둥지둥_20150121)([한국일보] 다시 불붙는 증세론_20150123)([한국경제] '연말정산 대란' 부른 3無_20150122)([동아일보] 증세는 저항 커… '무상' 축소가 현실적 대안_20150123)([국민일보] '증세 없는 복지' 고수… 중앙 對 지방 갈등 불 보듯_20150127)([서울경제] 나성린 _연말정산 파동으로 국민들 복지·세부담 깨달아_20150130)([서울경제] 증세 논란과 거리 두는 靑_20150130)([한국경제] '增稅 없는 복지'에 갇힌 식물정부_20150130)([한국일보] 증세와 꼼수의 갈림길에서_20150130).

증세는 조세저항을 가져오기 때문에 무상복지에서 선별복지로 전환하여야 한다는 주장들이 제기되었다. 이명박정부 시절 법인세를 깎아 주었으나 기업들이 사내유보금을 쌓아 두고 투자를 하고 있지 않으니 법인세를 올려야 한다는 주장도 있었다([서울경제] 이 지경이면 무상복지 재검토해야 하지 않나_20150124)([조선일보] 증세 논의보다 '무차별 福祉' 개혁이 먼저다_20150126)([조선일보] 무상 복지가 자초한 '빚 돌려막기 예산'_20150127)([중앙일보] 무상복지가 불러온 연말정산 소동에 대한 유감_20150126)([문화일보] '무상복지' 한계 … 우회증세 말고 '선별복지' 전환해야_20150128)([동아일보] 나성린 "박근혜식 증세 이젠 한계... 법인세도 올릴수 있어"_20150130)([서울신문] 野 "재벌·최상위 부자 증세 왜 못 하나" 與 "세 부담 감안 공제 수준 조정해야"_20150130)([경향신문] MB정부 때 깎아준 법인세... 기업, 투자·고용은커녕 사내유보금만_20150119)([경향신문] 기업 놔두고 월급쟁이만… 증세 논란 다시 불붙었다_20150119)([내일신문] 법인세 구멍 소득세로 메우나_20150120)([경향신문] '깎아준 법인세' 절반은 10대 대기업 몫_20150122)([경향신문] '근로소득세' 계속 증가 1인당 200만원 첫 돌파_20150123)([한겨레] '부자 감세' 재확인해준 계층별 근소세 추세_20150126).

보편적 복지를 주장하는 문재인정부에 들어 복지에 대한 서민들의 기대감이 높아졌다([한겨레] "경제대국 올라선 한국의 복지 수준은 왜 낮을까요"_20180405)([한겨레] **보유세 OECD 평균의 1/3…7~8월까지 개편안**_20180504)([한겨레] **'분배 개선' 특단 대책 내놓고 증세 추진해야**_20180530)([한겨레] **소득주도성장을 업그레이드하라**_20180619)([한겨레] **문재인 정부는 왜 증세에 소극적일까요**_20180623)([한겨레] **국민이 완성하는 패키지, 소득주도 성장**_20180704).

박근혜정부의 실질 법인세율 인상 등으로 현 시점에서는 세수 확보에 문제가 없으나 문재인정부는 종부세, 재산세, 임대소득, 금융소득, 법인세 인상 등 다각도로 증세방안을 검토하고 있다([서울신문] **"보편" vs "선별" 보유세 개편… 개혁특위 묘수 찾을까**_20180410)([한국경제] **징벌·편가르기식 세금인상으로 '재정 메우기' 안 된다**_20180514)([한겨레] **불로소득과세 강화 '시늉'만 냈다**_20180704)([서울신문] **'부자 증세' 공, 던져졌다**_20180704)([한국경제] **또 증세_ … 연내 재산세까지 손본다**_20180705)([한국경제] **금융소득 과세 강화 한발 물러섰지만 … 금투업계는 '멘붕'**_20180706)([중앙일보] **'증세 헛발질' 대통령 직속 특위엔 금융 전문가 없었다**_20180706)([한국경제] **부자증세 3종세트 '强-中-弱'으로 간다**_20180707)([조선일보] **이런 '富者 정부'를 본 적이 없다**_20180427)([한겨레] **초과세수 60조는 박근혜 정부 덕분**_20180620).

복지 확대에 따른 근로의욕 저하, 이에 따른 성장률 저하 등의 문제점에 대한 지적이 있다([한국경제] **'공짜 소득'에 근로의욕 떨어져 … 高실업률 여전**_20180425).

동남아 국가에서도 고령화 진전에 따라 복지비 지출이 증가하는 추세이다. 중국은 내수 활성화를 통한 세원 확보를 하고 있다([조선일보] **고령화에 복지 지출 급증 동남아 각국, 잇따라 증세**_20180402)([한국경제] **"내수 살리겠다" 감세에 속도 내는 중국**_20180622).

곽노현 교육감의 무상급식에서 시작된 무상복지는 진보, 보수와 무관하게 정치권에서는 보편적인 것이 되었고 기본소득제 도입도 주장되고 있다([중앙일보] **무상복지 논쟁 아, 옛날이여... 한국 당 앞다퉈 무상 시리즈**_20480522)([한겨레] **기본소득 효과 못 믿나요? '정책실험' 통해 검증합니다**_20180529).

운영·관리측면에서 복지급여 지급의 관리 강화, 복지확대 보다는 SOC 예산 확보에 우선순위를 두는 정치권에 대한 지적도 생각해 볼 일이다([중앙일보] **장애인도우미로 속여 6000만원... 복지급여·연금 줄줄 샌다**_20171017)([조선일보] **복지예산 깎아 SOC로… 與野 실세, 실속은 다 챙겼다**_20171207).

3. 소득불균형과 부유세

소득 양극화는 우리나라뿐만 아니라 전 세계적으로 소득 양극화는 심각한 사회문제이다. 프랑스의 피케티 교수는 300년간의 20여 개국의 조세 자료를 분석하여 소득과 부가 상위 소수 계층에 집중되고 있음을 보여 주었고 자본수익률이 경제성장률보다 높은 것을 그 원인으로 지목하였다. 2014년 전미경제학회 연례 총회에서 진보의 아이콘으로 떠오른 피케티 교수와 조지 W 부시 대통령의 경제자문위원회 위원장을 맡았던 전통 경제학의 대가인 하버드대 그레고린 맨큐의 공방이 큰 관심을 받았다([조선일보] **맨큐 vs 피케티, 일보수·진일보 경제학 거물, 빈부격차 놓고 첫 맞짱 토론**_20150105)([조선일보] **맞짱 토론**_20150106).

프랑스 경제학자 토마 피케티의 '21세기 자본론'이 세계적으로 큰 반향을 일으키자 2015년 4월 한국경제신문은 피케티 주장의 타당성에 관한 찬반 토론을 게재하였다([한국경제] **[맞짱 토론] 피케티의 주장 설득력 있나**_20140524). 피케티 주장에 설득력이 있다는 유종일 KDI 국제정책대학원 교수의 논거는 다음과 같다. 피케티의 연구는 기존의 소득분배 연구와는 달리 조세통계를 활용하여 고소득층의 소득을 정확히 파악하고, 300년간의 소득분배 추이를 분석하였다. 특히 최상위 1%, 0.1% 등 고소득층을 집중적으로 연구했다. 이를 통해 앵글로 색슨 계열 국가의 소득 불평등이 심화된 것은 대기업 경영진의 폭발적인 보수증가 등을 통한 상위 1%로의 부의 이동에서 비롯되었다는 것을 입증하였다. 또한 이로 인한 세습자본주의의 도래를 경고하였다. 우리나라의 경우도 통계청 조사가 아닌 국세청 자료를 활용하여 추정하면 상위 1%로 소득이 빠르게 집중되고 있음을 알 수 있다. 우리나라도 자본 수익률보다 낮은 경제성장률, 폭증한 대기업 임원의 보수, 부자 감세 등이 소득의 불평등을 심화시켜 왔다. 세습자본주의는 능력주의와 민주주의의 위협요인이다. 우리나라도 재벌 2,3세의 세습경영으로 어느 정도 세습자본주의의 모습을 보이고 있다. 글로벌 부유세를 제안한 피케티의 주장대로 우리나라도 부자들의 편법적인 상속와 증여를 차단하고 부유세를 도입하는 것을 검토하여야 한다.

피케티 주장에 설득력이 없다는 현진권 자유경제원 원장의 논거는 다음과 같다. 피케티의 책은 감각적이고 감성적이다. 대다수의 사람 속에 있는 자본과 부자에 대한 미움을 건드리고 있다. 책의 강점인 실증자료의 단순나열은 모든 사람의 부와 소득이 같아야 한다는 암묵적 가정을 바탕으로 하고 있다. 그러나 20세기 사회주의 실험은 그것이 지속 가능하지 않다는 것을 역사적으로 입증하였다. 주류 경제학에서는 부의 분배를 결과적 현상으로 본다. 사전적으로 조정이 불가능하고 가치를 부여할 수 없기 때문이다. 상위 1%가 소득의 20%를 가져간다는 지표는 경제를 제로섬 게임으로 본 것이다. 소비자를 만족시킨 대가로 얻은 소득은 착취의 결과가 아니다. 올해 1%에 속한 부자가 언제든지 빈자 1%로 떨어질 수 있는 것이 시장경제이다. 최고한계세율 80% 부유세는 새로운 것이 아니다. 유럽 및 우리나라의 최고한계세율 또한 과거 80%였으나 성장을 위해 대폭 낮추었다. 개방화된 경제 체제에서는 세율 인상으로 형평성을 높이는 정책은 작동하지 않는다. 형평을 강조해 온 스웨덴은 2005년 상속세, 2006년 부유세를 폐지하였다. 과거 사회주의 국가의 지도자 역할을 한 러시아는 2001년부터 13%의 단일 소득세율을 도입했다. 피케티는 시대 흐름에 역행한 대중들의 감성을 두드리는 주장을 하고 있다.

III

경쟁 및 공정거래

1. 경제민주화
2. 세습경영
3. 집단소송제
4. ‘생계형 적합업종’ 법제화
5. 복합쇼핑몰 의무휴업
6. 대기업 단체급식 및 한식뷔페 규제
7. 7번째 홈쇼핑 채널
8. 공공성과 경쟁체제: 철도
9. 가상(암호)화폐
10. 카풀앱서비스
11. 의료산업규제: 원격진료(의료)/한의사 의료기기 사용
12. 변호사 자격
13. 면세점 등록제

1. 경제민주화

“경제민주화는 정치권과 시민단체를 중심으로 대기업에 쏠린 부의 편중현상을 법으로 완화해야 한다는 주장을 통칭하는 말이다. 이 주장의 근거는 헌법으로, 우리나라 헌법 119조 1항에는 「대한민국 경제 질서는 개인과 기업의 경제상 자유와 창의를 존중함을 기본으로 한다.」고 명시되어 있다. 반면 2항은 「국가는 균형 있는 국민경제 성장과 적정한 소득 분배, 시장지배와 경제력 남용 방지, 경제 주체 간이 조화를 통한 경제민주화를 위해 경제에 관한 규제와 조정을 할 수 있다.」는 조항을 적시해, 자유시장경제 원칙을 기본적으로 존중하지만 부(富)의 편중 같은 부작용을 막고자 국가가 개입할 수 있는 여지를 남겨 놓고 있다. 정치권에서는 이 119조 2항을 근거로 대기업에 쏠린 부의 편중 현상을 법으로 완화시켜야 한다고 주장하고 있으며 이를 통칭해서 「경제민주화」라고 부르고 있다.”(https://terms.naver.com/entry.nhn?docId=1720730&cid=43667&categoryId=43667) (원출처: 시사상식사전, 박문각).

박근혜정부는 2013년 5월 발표한 140대 국정과제에서 경제민주화를 3대 추진전략의 하나로 제시하였으나 임기 중 경제민주화를 적극적으로 추진하지 않았다. 경제민주화와 관련된 대표적인 조치는 2014년 7월부터 신규 순환출자를 전면적으로 금지한 것이다.

경제민주화와 관련하여 중앙일보와 한겨레신문은 2013년 6월 각각 사설을 게재하였다. 중앙일보는 “국회에 제출되어 있는 관련 34개 법안이 기업 활동을 과도하게 규제하는 내용을 포함하고 있어 적극 대응한다"는 현오석부총리를 지지하면서 속도 조절이 필요하다고 하였다([중앙일보] **경제민주화 입법, 속도 조절 필요하다**_20130619). 한편 한겨레신문은 부총리가 재벌의 탈법과 불공정 행위를 근절하고자 하는 소신이 없다고 비판하면서 복지 지출이 확대되면 구매력이 높아져 수요가 창출되고 성장이 촉진된다고 주장하였다([한겨레신문] **시장불안보다 경제부총리의 무소신이 더 걱정**_20130709).[6]

2013년 9월 서울에서 열린 아시아리더십 컨퍼런스에서 '한국의 재벌규제 필요한가'를 주제로 국내외 교수들이 '2대2 맞짱 토론'을 하고 참가자들이 찬반여부를 투표하였다. 처음에는 규제팀이 53 대 47로 앞서다가 토론 종료 후에는 동점이었다([조선일보] **재벌 놓고 '황금알 거위'대 '문어발 독점'---토론배틀, 50대50 무승부**_20130327).

2018년 5월 시점에서 경제민주화와 재벌 개혁을 강력히 추진하고자 하는 문재인정부의 출범으로 경제민주화와 관련된 여러 법안 및 조치들이 추진되고 있다. 진보진영에서는 경제민주화와 관련하여 문재인정부에 기대하는 바가 크다. 경제민주화가 한국경제를 살릴 수 있는 확실한 길이라는 믿음을 가지고 있다([한국경제] **더 거세질 '경제 민주화' 바람… 불공정 거래에 강제 조사권 동원**_20170510)([경향신문] **경제민주화 성공의 조건**_20170526).

문재인대통령이 2018년 3월에 제시한 개헌안을 보면 현행 헌법 199조 2항의 '...경제주체 간의 조화를 통한 경제민주화...'가 '...경제주체 간의 상생과 조화를 통한 경제민주화...'로 변경되었는데

---

6) 중앙일보와 한겨레신문의 사설 비교는 '[중앙일보]/[한겨레신문] **[사설 속으로] 경제민주화 속도 조절**_20130709' 참조.

보수와 진보 두 진영 모두의 비판을 받았다. 진보 진영 측에서는 국회 헌법개정특별위원회 자문회의 안에서 크게 후퇴한 것이라고 반발하였고, 보수 진영에서는 헌법에 경제 주체들의 책임과 자율성을 강조하는 조항을 넣거나 헌법에서 경제민주화 조항을 들어낼 것을 주장하였다([경향신문] **경제민주화 조항 '상생' 추가 '양극화 해소' 국가의무 강화**_20180322)([한겨레신문] **양극화 해소 위해 '상생' 못박고 소상공인 보호 육성도 별도 규정**_20180322)([경향신문] **토지공개념과 경제민주화**_20180326)([매일경제] **헌법 경제민주화 개념에 경제주체들 자율성 조항 넣어야**_20180327)([한국경제] **헌법에서 경제민주화 조항부터 들어내야**_20180104).

순환출자는 대주주들이 적은 지분으로 계열사 전체를 지배하는 수단으로 비판을 받아 왔으며, 외환위기를 극복하는 과정에서 만들어진 시대적 산물이다. 그런데 문재인정부는 기존 순환출자 고리까지 자율적으로 끊을 것을 재계에 요구하고 있다. 15곳 재벌이 공정거래위원회의 요청으로 발표한 소유지배구조 개선안에 대해 경제개혁연대는 최소한 조치만이 담겨 있고 획기적인 내용이 없다고 비판하고 있다([한국경제] **규제와 외환위기가 만든 '시대적 산물' 적폐로 몰려 퇴출**_20180412)([한겨레신문] **"재벌 15곳이 내놓은 지배구조 개선안, 획기적 내용 없어"**_20180411).

경제개혁연대는 삼성의 지배구조와 관련하여 삼성생명이 보유한 삼성전자 지분을 처분할 것을 요구하고 있는데, 금융위원장까지 가세하여 법 개정 전까지 총자산의 3%가 넘는 계열사 주식을 해결하라고 압박하고 있다. 공정거래위원회는 2017년 12월 삼성그룹의 순환출자와 관련된 기존의 공정거래위원회의 결정을 바꾸어 삼성그룹이 불복할 경우 파장이 예상되고 있다([중앙일보] **한도 초과한 계열사 주식 해결해야_ … 금융사 압박 나선 최종구**_20180423)([국민일보] **"적폐청산과 재벌 개혁 의지 반영"**_20171222)([파이낸셜뉴스] **'순환출자 해석' 스스로 뒤집은 공정위 … 신뢰성 타격 불가피**_20171222)([연합뉴스] **금융통합감독에 자본비율 '뚝'.. 삼성 지배구조 개편 압박받나**_20180701).

금융감독원은 삼성바이오로직스의 회계처리 과정에서 고의성이 있다는 판단에서 분식회계 혐의로 삼성바이로직스를 심의하여 줄 것을 금융감독위원회 산하 증권선물위원회에 요청하였다. 분식회계 논란의 핵심쟁점은 미국 바이오젠의 주식매수청구권인데, 삼성바이오로직스는 미국 바이오젠으로부터 콜옵션을 행사하겠다는 의사를 확인받았다는 사실을 발표하였다. 여러 번의 심의 후에 최종적으로 증권선물위원회는 분식에 고의성이 없다고 판단하였다([동아일보] **분식회계 혐의 삼성바이오로직스 대표 해임 권고-60억 과징금 검토**_20180507)([국민일보] **'삼바회계논란' 새 국면... 바이오젠 "콜옵션 행사한다"**_20180518)([국민일보] **금감원 VS 삼바...'분식회계' 싸고 사활건 대결 시작**_20180518)([다음뉴스] **삼성바이오 감리위 분식의견 4대 3우세... 보고서 제출**_20180602)([동아일보] **삼바 회계논란 '고의'보다 '과실'에 무게**_20180622)([머니투데이] **바이오젠 경영합류 현실로.. 증선위 판단 변수될까**_20180629)([서울신문] **"금감원 결과만으론 행정처분 불가… 추가 감리 요청"**_20180713)([동아일보] **증선위, 금감원 감리 수용않고 '반쪽 결론'… 삼바 심의 장기화될듯**_20180713)([매일경제] **'삼바' 투자자 소송 기름 부은 격… 엘리엇 ISD에 영향줄 수도**_20180713)([문화일보] **사실상 무혐의 '삼바분식'… _주석 빼먹었다고 檢고발 과해**_20180713)([한국일보] **"공시 누락만 고의"… 삼바, 상장 유지·주식 거래 문제 없다**_20180713)([국민일보] **"삼성바이오로직스 중대 회계 위반"…**

검찰 고발_20180713).

2018년 5월 현대차 그룹은 세금 1조원을 납부하면서 현대모비스를 지주회사로 하는 지배구조 개편을 추진하였으나 헤지펀드와 의결권 자문사 등이 반대하여 지배구조 개편 안건의 주주총회에서 통과가 불확실해지자 임시주총을 전격적으로 취소하였다. 기업 지배구조 개선을 요구하는 재벌개혁 정책이 헤지펀드에게 단기 차익을 챙기도록 기회를 제공하고 발목을 잡을 것이라는 우려가 현실로 나타났다는 비판이다([경향신문] **'현대차 일가' 세금 1조, 지나치지 않다**_20180406)([서울뉴스] **세금 다 내고 순환출자 끊겠다는데... 현대차의 한숨**_20180520)([한국경제] **현대차그룹 지배구조 개편 '잠정 중단'**_20180522)([한국경제] **"재벌개혁 정책이 헤지펀드에 먹잇감 제공…제2·제3 엘리엇 나올 것"**_20180406).

경제민주화를 강력히 주장하는 측은 기존의 법원 판결은 물론 심지어 문재인정부의 행정처분도 비난하고 있다. 대법원이 시장지배적 사업자의 지위 남용에 대한 엄격한 기준을 적용한 2007년 포스코 판결, 담합에 대한 대법원의 보수적인 판결, 재벌 저격수라고 하는 김상조 공정거래위원회의 급식 영양사를 대상으로 수억 원대 상품권을 뿌린 대기업 계열사에 대한 과징금 부과 조치 등을 지속적으로 비판하고 있다([경향신문] **경쟁 제한 '의도'까지 증명하라는 대법… 독과점에 '날개'**_20180405)([경향신문] **대법, 기업 담합 봐주기 시장경제를 죽이고 있다**_20180328)([내일신문] **'김상조 공정거래위원회'도 '솜방망이 처벌' 여전**_20170925).

민변 등은 일감몰아주기 규제 강화를 위해 상장사의 특수 관계인 지분율을 현행 30%에서 20%로 낮춰야 한다는 의견서를 공정거래위원회에 접수하였다([한겨레] **공정위의 '한진그룹 부당이익 제재' 내일 항소심 선고 '일감몰아주기 규제' 사활 걸렸다**_20170831)([내일신문] **'총수일가 사익편취 규제 강화해야'**_20180405).

법무부 상업개정안은 집중투표제를 의무화하고, 감사위원을 분리선출하며 대주주 의결권을 3%로 제한하고, 지분 50%를 초과한 자회사에 대해 다중대표소송을 허용하고, 전자투표제를 의무화하여 논란이 되고 있다. 이는 정부가 지배구조 수술에만 치중하고 경영권 보호는 외면하여 기업의 손발을 묶는 조치를 추진하고 있다는 비판이다([한국경제] **집단소송제·다중대표소송제 밀어붙이기 … 경제계 반대에도 '코드' 맞추는 법무부**_20171020)([한국경제] **청와대 '재벌개혁'에 코드 맞춘 법무부**_20180426)([문화일보] **商法 개정 법무부案은 교각살우 자초**_20180426)([서울경제] **지배구조 수술만 있고… 방패는 없는 한국기업**_20180416)([서울경제] **지주사 지분 0.01%로 그룹 쥐락펴락… 상법개정안 역차별 수두룩**_20180416).

2017년 말 문재인정부의 경제민주화 이행 점수가 100점 만점에 10.5점으로 박근혜정부 취임 초 16.5점보다 낮았다. 이는 법 개정이 아닌 행정부 중심 경제민주화 추진 개혁의 한계로 지적됐다. 경제민주화 과제들을 행정조치가 아닌 법제도로 정착시키고자 하는 것이 상법개정을 추진하는 이유이기도 하다([내일신문] **경제민주화 정책 이행점수 10.5점**_20171212)([세종뉴스] **김상조 경제 민주화 부총리... 기재부등 차관들 불러 회의**_20180530).

경제개혁연구소의 분석에 따르면 30대 재벌의 경제력 집중은 2012년을 기점으로 완화되고 있다, 그러나 경제개혁연구소는 경쟁제한, 우월적 지위 남용, 불공정거래 등이 여전하기 때문에 경제력 집중 완화 정책을 지속적으로 추진할 것을 주장하고 있다([한겨레] **30대 재벌 '경제력 집중' 4년째 완화**_20180219).

2. 세습경영

창업주가 타계한 이후 회사 경영을 후손이 맡아야 하는지 전문 경영인이 경영하여야 하는지에 대한 정답은 없다. 우리나라에서는 오너 경영인의 경영이 일반적이며 2016년 3월 두산그룹 총수로 4세 경영인이 취임하면서 4세 경영시대의 막이 올랐다.

중앙일보와 한겨레신문은 세습경영과 관련하여 2016년 3월 각각 사설을 게재하였다. 중앙일보 사설의 요지는 다음과 같다([중앙일보] **막오른 4대 경영 시대... 능력과 실적으로 인정받아야**_20160303). 한국형 오너경영이 장기적 안목과 신속한 의사결정 그리고 과감한 투자결정이라는 장점이 있을 수 있으나 3-4세 경영자는 야성적 충동이 부족할 수 있으니 과감한 기업정신이라는 DNA를 살려 한국 경제에 돌파구를 마련해야 한다. 3-4세 경영자는 폭 넓은 경영수업을 받고 성장하였다. 한겨레신문은 두산의 4세 경영체제를 한국 재벌 승계의 후진성을 보여주는 것이라고 비판하였다. 후세 경영인에게 창업자의 경영능력이 유전되지 않는다는 것은 두산의 3세 경영인의 경영 실패로 입증되었고 3세들 간의 경영권 승계를 둘러싼 다툼도 지적하였다([한겨레신문] **두산의 4대 체제와 한국 재벌 승계의 후진성**_20160304).[7]

2003년 대기업 최초로 지주회사로 전환하여 'LG식 지배구조'를 정착시킨 3세 경영인 구본무 회장이 2018년 5월 별세하면서 '구본무 정도경영'이 주목받고 있다. 대한항공 3세 경영인들의 일탈로 재계에 대한 사회의 반감이 고조된 가운데 구회장의 소박하고 드러내지 않은 인간적인 면모에 대한 추모 분위기도 뜨겁다([조선일보] **갑질 재벌만 있는 줄 알았는데… 떠난 후 꽃피운 구본무 신드롬**_20180522)([경향신문] **저 정도면 나쁘지 않다**_20180522)([한국일보] **지주사 선도·담합 불용… 다시 주목받는 '구본무 正道경영'**_20180522).

2014년 장녀의 '땅콩회항'사건으로 곤욕을 치른 대한항공은 2018년 차녀의 '물벼락' 갑질로 심각한 이미지 타격뿐 아니라 회장 일가의 개인적인 비리가 사법당국의 조사대상이 되었다. 한화그룹, 대림산업 등 오너 경영인의 일탈로 기업 경영이 어려워진 사례가 여럿 있다. 현장 경험이 짧고 능력이 검증되지 않은 2세, 3세가 임원 등 주요한 의사결정자가 되는 세습경영에서는 경영자가 된 2세, 3세가 조직에 대한 이해도나 성숙도가 떨어지고 실적에 대한 부담감이 커서 오너리스크가 발생하기 쉽다([경향신문] **반복되는 안하무인 갑질… '오너 리스크'가 된 재벌 3세**_20180416)([연합뉴스] **'성난 여론' vs '대량 실직사태' 진에어 두고 고민에 빠진 정부**_20180629)([문화일보] **대한항공 _진에어발_ 노노갈등 조짐**_20180702).

세습경영은 종종 형제간의 싸움을 일으키기도 한다([중앙일보] **신동주 또 고소, '신동빈 회장 비서, 1100억원대 횡령'**_20180702).

---

7) 중앙일보와 한겨레신문의 사설비교는 '[중앙일보]/[한겨레신문] **[사설속으로] 두산 4세 경영체제 시작**_20150315' 참조.

유럽에는 가족기업이 많으나 대부분 소유와 경영이 분리되어 있고, 미국도 경영권 세습이 금기시된다는 것을 지적하며 구본무 회장의 타계로 경영능력이 검증되지 않은 4세를 그룹 총수로 앉히는 것은 적절하지 않다는 지적이다. 영국이 20세기 초 미국에 뒤처지기 시작한 것, 미국에서는 세습 경영이 드문 것 등을 제시하면서 창업기업가와 전문경영자가 대기업을 이끄는 것이 정상국가이며 재벌 3세 세습경영은 정치, 행정, 사법, 언론, 학계 부패라는 비정상의 증거라는 주장도 있다([경향신문] **4세 경영**_20180522)([경향신문] **재벌 3세 세습경영, 비정상의 증거**_20180419).

재벌 3,4세들이 세습경영을 할 수 있는 것은 일감몰아주기 등으로 세습경영에 필요한 최소한의 주식 지분을 확보할 수 있기 때문인데, 관련하여 사법부의 판단이 중요한 역할을 한다. 삼성그룹은 이재용 부회장이 삼성뇌물사건으로 2017년 실형을 선고받으면서 지배구조 개편이 중단되었다([한겨레] **지배구조 개편 '올스톱'…3세 승계 안갯속**_20170826).

한진그룹과 관련된 부당지원행위에 대해 보수적인 사법부의 판단에 대한 비판도 있다. 한진그룹은 문재인정부 출범 이후 일감몰아주기에 대한 비판을 의식하여 회장일가가 지분 100% 보유한 회사를 대한항공에 무상증여했다([경향신문] **조현민의 물컵은 갑질이 아니다**_20180418)([서울신문] **조원태, 대한항공 외 계열사 대표 사퇴… 김상조 효과**_20170616).

1937년 창업한 이후 CEO 11명 중 6명만이 오너 쪽인 도요타는 오너 경영인과 전문경영인의 장점을 잘 활용하고 있는 사례이다. 특히 오너 경영인도 20년 이상 현장에서 실무 경험 후 CEO가 되고 회사 위기 상황에서 구원투수로 등장하여 위기 해결을 선도하는 것이 도요타의 경쟁력의 근원이라는 분석이다. '100년 기업'이 꿈이 되지 않기 위해서는 세습경영인들이 창업 당시 비전을 전 직원이 공유하여야 한다는 주장이 있다([매일경제] **[매경데스크] '100년 기업' 꿈은 아니다**_20180430).

3세 경영인이 2017년 타계한 후 유언을 지키기 위해 5천억 원 규모의 자선경매를 하여 하버드대, 미술관 등에 기증한 록펠러가문, 벨기에에서 두 번째로 큰 맥주회사 듀벨의 CEO인 4세 경영인, 직원들의 창의적 불만에 귀를 기울이는 글로벌 오디오 기업 젠하이저의 3세 경영인 등은 우리나라 세습경영인들의 벤치마킹 대상이다([매일경제] **5천억 규모 세기의 자선 경매…'록펠러 컬렉션'**_20180412)([매일경제] **'악마의 맥주' 100년 명성 … 고유한 브랜드 가치 지킨 덕**_20170901)([매일경제] **직원들 '창의적 불만'에 귀 기울여라**_20171229).

무임승차한 오너 3,4세들의 일탈은 기업가 정신의 부재에서 비롯된 것이며 3,4세 경영인들이 창업자의 정신을 되살리려는 자성적 노력이 필요하다. 그렇다고 재벌은 곧 적폐라는 문재인 정부의 밀어붙이기 식 재벌개혁도 바람직하지 않다는 주장도 있다([서울경제] **무덤에서 통곡할 靜石 조중훈**_20180427).

3. 집단소송제

집단소송제는 다수가 피해를 보았으나 손해액이 작아서 많은 피해자가 개별적으로 소송을 제기하지 않는 경우 소송 당사자가 승소하면 소송에 참여하지 않은 피해자까지 구제하여 주는 제도이다.

법무부는 2014년 3월, 증권분야에 국한되어 허용되었던 집단소송제도를 기업의 불공정한 행위 전반으로 확대하겠다는 안을 발표하여 찬반 논쟁을 불러 일으켰으나 실제로 도입되지 않았다.

2017년 8월 '릴리안' 생리대 사태로 소송 참여 방법, 입증 책임, 배상액 등 소비자 보호가 미흡한 현행 사법제도의 문제점이 부각되면서 집단소송제를 확대하여야 한다는 주장이 다시 제기되고 있다. 식품안전과 관련하여 집단소송제 도입도 추진된다([내일신문] **릴리안 사태로 소비자소송 재조명**_20170828)([서울신문] **살충제 달걀 없도록… 동물복지형 축사로 바꾸면 보조금 30%**_20171228).

그러나 모든 분야로 집단소송을 확대하려는 정치권에 대해 중기도산 등을 이유로 반대하는 목소리도 높다([매일경제] **소송공화국 몰아가는 정치권**_20170915).

현행 증권 집단소송제도는 도입 당시 남소 우려가 있었으나 2005년 도입이후 12년간 소 제기 건수가 9건에 불과하여 제도로서 기능을 수행하지 못하고 있다는 비판이 있다. 적용범위를 주권상장법인 이상으로 확대하고, 소송허가 3심 구조를 바꿔야 한다는 주장도 있다([조선일보] **13년 동안 재판 1건… 집단소송, 한국에선 왜 이리 힘드나**_20180106)([내일신문] **도입한 지 12년, 피해구제는 겨우 2건**_20170530).

일부 구형 아이폰 성능을 소비자 몰래 낮춘 '배터리 게이트', 폭스바겐 아우디의 배출가스 조작 등이 글로벌 기업을 상대로 한 국내의 소송 사례이다. 글로벌 기업을 상대로 한 소송에서 피해자들이 피해 구제를 받기 위해서는 소송 참여자가 수만 명에 달해야 하고 피해 사실을 구체적으로 입증하여야 하며 소송 개시 허가를 받아야 하는데, 현실적으로 어렵다. 국내 소송과 함께 상대적으로 피해 구제를 받기 쉬운 미국에서도 소를 병행하여 제기하는 방법도 시도되고 있다([한겨레] **12년 만에 피해자 승소확정판결 나왔으나 아직도 '내게 먼 집단소송제'**_20170710)([한겨레] **두 얼굴의 폭스바겐 미국엔 굽신, 한국엔 뻣뻣**_20171120)([한국경제] **애플 '배터리 게이트' 최대 규모 단체소송 비화**_20180331).

계약관계에서 우월적 지위를 남용하는 것이 공정거래법, 대규모 유통법, 가맹사업법 등에서 금지되고 있다. 규제 범위를 '기업 대 기업'으로 한정하고 소비자 보호에 미흡하다는 지적과 함께, 불공정행위에 대한 규제의 실효성을 높이기 위해 징벌적 손해배상제도를 도입하거나 과징금 수준을 두 배 이상 높이자는 주장이 제기되고 있다. 기업의 불공정행위로 피해를 본 소비자를 대신하여 국가가 기업을 대상으로 소송을 제기하는 부권소송제도 도입이 추진된다([경향신문] **대법, 소비자 상대 갑질은 외면… 범죄 수준 갑질만 규제**_20180326)([매일경제] **빅데이터·AI산업 정보독점 집중 감시**_20171228)([조선일보] **국가가 소비자 대신 기업에 소송_ 재계는 _악몽**_20180223).

유럽연합은 기업의 불법행위로 피해를 본 소비자를 구제하기 위해 집단소송제도를 강화하고 있는데 소송권한을 법률회사가 아니라 비영리단체와 소비자단체에 주는 시스템을 도입한다([파이낸셜뉴스] **소비자단체에 집단소송 권한 부여 EU, 유럽식 집단소송제 도입한다**_20180413).

2014년 법무부는 집단소송제를 확대하는 안을 추진하였는데, 법률 명칭을 '증권관련 집단소송법'에서 '금융투자상품 및 공정거래 집단소송법'으로 바꾸고 소송인단 요건도 '50명 이상'에서 '20-30명 이상'으로 낮추고, 소송인단의 증권 보유비율도 폐지하는 것을 골자로 하였다. 한국경제신문은 관련하여 2014년 3월 전문가 찬반 토론을 게재하였다([한국경제] **[맞짱 토론] 집단소송 확대해야 하나**_20140329). 도입을 찬성하는 법무법인 율의 변환봉변호사의 논거는 다음과 같다. 기업으로 하여금 자율적으로 예방시스템을 구축하게 하여 기업에 대한 신뢰를 높이고 결과적으로 자금조달을 용이하게 만들 것이다. 금융상품이 복잡해지고 다양해지는 상황에서 일일이 규제하는 방식의 마이크로적 규제로 부터 탈피하여 기업들이 자율적으로 규제하도록 하는 시스템이 구축될 수 있고 집단소송법 도입으로 기업들 스스로 내부통제시스템을 구축하여 강화하도록 하는 긍정적인 효과가 있다. 증권관련 집단소송법이 도입된 지 10년이 지난 시점에서 단지 6건의 소송이 제기되었다는 사실은 집단소송법 도입으로 소송이 남발할 것이라는 우려가 기우였다는 것을 보여준다. 우리나라의 IT 기술이 세계적임에도 불구하고 개인정보 유출이 자주 문제되는 것은 보안시스템 구축에 들어가는 비용에 비해 과징금 등 행정제제에 따른 비용이 적기 때문이다. 이는 집단소송제를 통해 기업들이 내부통제 시스템을 구축하고 사전억제 조치를 취하도록 유도하면 해결할 수 있다.

반대하는 숭실대 전삼현 교수의 논거는 다음과 같다. 수만 명의 개인정보 유출 등이 종종 발생하는 상황에서 집단소송제도 도입의 취지는 이해될 수 있다. 그러나 집단소송제도는 우리나라와 법체계가 다른 미국의 제도에서 비롯되었는데, 피해가 커서 미국은 오히려 집단소송법을 규제하는 방향으로 가고 있다. 일부 이익단체에는 이익이 될 수 있으나 대부분이 반대하고 있다. 제도 도입 이후 제기된 집단소송이 소수에 불과하여 집단소송의 요건을 완화하여 활성화하려고 하는 취지는 이해한다. 그러나 2005년의 집단소송법 도입으로 회계 투명성이 신속히 확보되었다는 측면에서 법의 도입 목적은 달성되었다. 법무부 안에는 소송 남발과 기업 도산의 위험성을 간과하고 있고 기업들이 소비자에게 막대한 비용을 전가하는 폐해를 방지할 대책이 포함되어 있지 않다. 집단소송제가 확대된다면 담보제공명령제도와 같은 소송남발을 방지할 수 있는 조치가 포함되어야 하고 소송요건은 현행 수준을 유지하여야 한다.

문재인정부 출범이후 집단소송제도를 확대도입하여야 한다는 여론이 형성되면서 서울경제신문은 2017년 9월 관련전문가의 찬반 토론을 게재하였다([서울경제신문] **[어떻게 생각하십니까?] 집단소송제 확대 도입**_20170908). 집단소송제를 확대 시행하여야 한다고 보는 중앙대 함영주 교수의 논거는 다음과 같다. 2005년 제도 도입 이후 제도의 효용성을 인정할 수 있는 사건은 1건에 불과하다. 우리나라에는 집단소송제의 효과를 증폭시키는 징벌적 손해배상제, 배심제 등 시스템 기반 조건이 갖추어져 있지 않다. 미국의 경우 집단소송제가 불법행위를 억제하는 효과가 있다는 증거가 부족하다는 주장은 옳지 않다. 집단소송제도는 미국의 법체계에서도 예외적인 제도인데, 이를 근거로 대표당사자제도가 우리 법체계와 맞지 않다고 주장하는 것은 옳지 않다. 집단소송제 확대를 반대한다면 반대하는 측은 가습기, 폭스바겐 등 소송에서 고의로 피해를 발생시킨 기업이 법대로 하자고 주장하는 상황을 예방할 수 있는 대안을 제시하여야 한다.

집단소송제를 확대도입 한다면 현행 구제제도의 미비점을 보완하는 시각에서 접근하여야 한다고 주장하는 동국대 김선정 교수의 논거는 다음과 같다. 현행 법체계 내에서도 공동소송제, 선정당사제를 통해 구제받을 수 있으며 현 제도의 부족한 점을 보완하는 방안이 보다 합리적이다. 집단소송의 옵트인(opt-in) 방식인 집단소송제가 분쟁 해결의 기본 경로가 되면 피해자가 비용 등을 최소화하며 다툴 기회를 잃을 수 있고 그 부담이 다른 소비자에게 전가될 수 있기 때문에 옵트아웃(opt-out)제를 병행하거나 전환선택권을 주어야 한다. 외국에도 있으니 도입하여야 한다고 주장하기 보다는 우리나라의 전반적인 법체계 내에서 피해를 보상하는 방안을 고민하지 않으면 법질서의 난개발이 우려된다. 집단소송제는 잘 활용하면 유리한 제도이기 때문에 사회 전체의 에너지를 낭비하지 않도록 냉정한 제도설계가 필요하다. 현행 제도의 소송건수가 낮다는 것이 전면 도입의 근거는 될 수 없다. 오랜 고심 끝에 미국식 대표당사자제도를 도입하지 않고, 특례법을 만들어 시행한 일본의 경우를 눈여겨보아야 한다.

4. '생계형 적합업종' 법제화

중소기업과 소상인을 보호하는 제도는 1979년 '중소기업 특화업종' 제도를 도입하면서 시작되었다. 1982년 '중소기업 고유업종' 제도로 명칭을 변경하고 대상도 확대하여 1999년 기준 총 237개 업종이 지정되어 있었다. 그 이후 업종 수를 축소하여 왔는데, 2006년 노무현정부에서 대기업의 국내 투자 활성화를 유도하고 통상마찰을 우려하여 폐지하였다([조선일보] **법으로 진입장벽 세워야 vs 中企 경쟁력만 약해질 뿐**_20170821).

이후 '중소기업 적합업종' 제도가 2011년 도입되어 운영되어 오고 있는데, 2017년 말 현재 73개 품목이 지정되어 있다. 이중 6년의 보호 시한이 끝난 47개 업종에 대해 2018년 6월 말까지 시한을 연장하였으며, 2018년 4월 '임의가맹점 체인사업'과 '폐목재 재활용업'을 추가로 지정하였다. 임의가맹점 체인사업은 롯데슈퍼가 운영하는 하모니마트 등과 같이 독립사업자인 점주가 유통 대기업으로부터 물품을 공급받아 판매하는 사업이다([파이낸셜뉴스] **올해 만료되는 중기 적합업종 47개 품목 생계형 적합업종 법제화 시행 전까지 연장**_20170831)([경향신문] **동반성장위 _올해 대·중소기업 임금격차 해소에 역점**_20180418).

핵심 분야에 집중하는 미국, 그리고 길드정신에 기반하여 대기업과 중소기업이 상생하는 유럽에서는 대기업의 업종진출을 규제하는 제도나 법이 없다([조선일보] **애플이 커피 사업을 한다_ 상상이 되시나요**_20170821)

중소기업적합업종 제도는 대기업과 중소기업 간 자율합의라는 형식으로 운영되어 왔는데, 중소기업계에서는 실효성을 강화시켜 달라고 지속적으로 요구하여 왔다. 문재인정부 출범 이후 소상공인을 보호하기 위한 '생계형 적합업종'제도의 법제화 요구를 중소기업, 소상인들이 하고 있으며, 국회에도 관련 법안이 제출되어 있다. 동반성장위원회도 법제화 의지가 강하다([서울경제] **SSM 꼼수로 골목 차지 대형 유통업체 막아 달라**_20170524)([내일신문] **생계형 적합업종특별법 제정 시급**_20180330)([매일경제] **생계형 적합업종**_20171230)([서울경제] **국민 90% _생계형 적합업종 법제화해야**_20170919)([서울경제] **'생계형업종' 일몰 6월인데…평행선 달리는 국회**_20180416)([매일경제] **대기업이 냉면집까지…_과도한 경영침해는 곤란**_20180321)([서울경제] **IMF 이후 확 벌어진 대·중기 임금격차 해소에 주력할 것**_20180409)([한국경제] **선거 앞두고…'생계형 적합업종' 빼든 당정**_20180320).

생계형 적합업종을 법제화하여 소상공인을 보호하는 것에 대한 반대 여론도 만만치 않다. 자영업 문제의 본질은 영세업자의 과다 진입이라는 구조적인 문제인데, 대기업과의 갈등구조로 모는 인기 영합적 제도라는 비판이다. 중소기업의 형태로 진출한 외국자본만을 우대하는 결과가 되고 통상마찰의 빌미를 제공하고 신산업 성장의 발목을 잡을 것이라는 우려 등이 있다. 문재인정부가 계승한 참여정부는 프랜차이즈로 골목상권을 살리려 했었고, 이명박정부는 표를 의식하여 골목의 기존 터줏대감을 살리는 정책을 집행하였다는 지적도 있다([한국경제] **정부, 골목상권에 직접 개입…"보호신청 남발 땐 新산업도 타격"**_20180320)([한국경제] **反경쟁적 '국가개입주의'의 끝은**_20180411)([한국경제] **외국 빵집만 성업하게 만든 규제의 역설**_20170522)([한국경제] **新산업 발목 잡을 '생계형 적합업종' 제도**_20180410)([한국경제] **소상공인 적합업종**

법제화…"통상 문제로 비화 우려"_20180320)([매일경제] **프랜차이즈로 골목상권 살리려했던 참여정부**_20180424)

2018년 4월 한국경제신문은 생계형 적합업종 법제화에 관련하여 전문가토론을 게재하였다([한국경제신문] **[맞짱 토론] 생계형 적합업종 법제화 해야 하나**_20180414). 한국경제신문의 토론에서 법제화를 찬성하는 중소기업연구원의 이동주 본부장의 논거는 다음과 같다. 자율적 합의 형식으로 운영되는 적합업종제도는 실효성 부재, 지정 시한의 한시성으로 인해 법제화요구가 확산되고 있다. 대기업 중심의 성장정책으로 성장한 대기업이 최근에는 모바일 분야에서도 높은 점유율을 차지하는 등 불균형시장구조가 심화되어 중소기업과 소상공인은 변화와 혁신을 통해 성장할 여력을 상실하였다. 사업주의 86%, 종사자의 38%를 차지하는 소상공인은 대기업의 무분별한 사업 확장으로 소득이 줄어 생계를 위협받고 있다. 적합업종제도는 중소기업과 소상공인의 혁신을 이끌어 왔으며 생계형 적합업종 법제화를 통해 더욱 건강한 산업 생태계를 구축할 수 있다. 다만 민생에 영향이 큰 영세 업종과 품목을 대상으로 운영을 고려하여야 한다.

법제화를 반대하는 연세대 양준모 교수의 논거는 다음과 같다. 생계형 적합업종 법은 소상공인을 실질적으로 돕는 방안을 포함하지 않고 있다. 대기업의 진출규제로 소상공인의 경영 안정과 소득 향상을 보장한다는 근거는 없고 오히려 특정 소상공인과 중소기업만이 혜택을 보는 부작용이 있다. 경쟁을 제한하여 해당업종이 소비자의 외면을 받는다면 해당업종은 퇴보된다. 제안된 법의 내용을 보면 적합업종의 정의와 범위가 모호하여 무분별한 신청이 쇄도할 우려가 있다. 기업이 판단하여야 할 시장진출을 대표성이 확보되지 않은 위원회가 판단하고 위반하는 경우 매출액의 30%를 과징금으로 부과하는 것은 과하다. 소상공인과 중소기업의 영역 다툼도 우려된다. 오히려 대기업, 중소기업, 소상공인이 같이 공생하는 생태계를 조성하는 것이 바람직하다. 미국이나 EU가 중소기업 적합업종 제도도 정부의 기업 활동에 대한 규제라고 지적하였는데, 법제화한다면 통상마찰은 필연적이다. 규제로는 일자리를 창출할 수 없기 때문에 문재인정부의 대통령 지시사항 1호인 일자리 창출과도 배치된다.

서울경제신문도 법제화관련 찬반 토론을 게재하였다([서울경제신문] **[어떻게 생각하십니까?] 생계형 적합업종 법제**_20180427). 찬성 측의 우석대 유대근 교수의 논거는 다음과 같다. 대기업의 무분별한 업태 확장으로 인한 소상공인 피해는 자율규제를 통해서 해결할 수 없는 시장의 실패이며 실효성을 높이기 위해 법제화가 필요하다. 재벌그룹의 계열 및 가족기업이 생계형 업종에 진출하여 중소기업이나 자영업자의 생계를 위협하고 있다. 생계형 업종은 지역경제와 밀접한 관계가 있기 때문에 분권화와 균형성장을 위해서도 필요하다. 통상마찰은 허구이며 소비자선택권도 오히려 장기적으로 확대된다. 국민여론도 이를 지지하고 있기 때문에 사안의 중요성을 고려하여 일단 법을 제정하고 운영하면서 미비점을 보완하는 것이 필요하다.

법제화를 반대하는 중앙대 위정현 교수의 논거는 다음과 같다.

시행 6년이 경과한 중소기업 적합업종 제도의 효과성에 대한 검증과 분석이 없이 제도를 강화하는 것은 바람직하지 않다. 자영업자의 비중이 높고 고령화 속도가 빠른 것을 고려할 때 오히려 자영업자와 대기업의 협력을 강화하는 방안을 찾는 것이 합리적이다. 간장, 된장 등 일부 생계형 적합업종은 소비자의 기호 변화로 급격히 매출이 줄고 있는데 업종 지정은 산업의 혁신 역량을 위축시킬 것이다. 에코맘과 같이 글로벌기업까지 진출해 있는 이유식 시장에서 성공한 사례도 있기 때문에 법제화가 중소기업 육성과 지원에 꼭 필수적이지는 않다. 우리가 국내에 갇혀 있을 때 일본의 간장은 글로벌화에 성공하였는데, 김치와 같이 글로벌화가 필요한 업종을 지정하면 오히려 산업의 발전이 저해된다. 최근 확산되고 있는 식빵전문점과 같이 1인 창업이 가능한 업종은 대기업의 프랜차이즈에 대항하는 소상공인 육성이 정답이다.

5. 복합쇼핑몰 의무휴업

2012년 1월 유통산업발전법에 대형마트 등의 영업을 지자체가 제한할 수 있는 규정이 신설되었다. 원주시가 지자체 중 처음으로 대형마트의 영업을 제한하는 조례를 제정하면서 전국으로 확산되었다. 12월 서울시 성동구청장과 동대문구청장이 조례를 근거로 대형마트의 영업시간을 제한하였고 롯데쇼핑 등이 구청장을 상대로 소송을 제기하였다. 1심에서는 피고, 2심에서는 원고가 승소하였는데, 대법원은 행정기관이 재량권을 남용하지 않았다고 판결하여 골목상권 보호를 위해 마트 영업을 제한하는 것을 타당하다고 보았다. 하지만 대형마트의 의무휴업이 소비자의 선택을 침해한다는 헌법소원에 대한 첫 공개변론이 2018년 3월에 있었다([매일경제] **소비자 선택 침해 vs 골목상권 보호**_20180309).

미국이나 유럽에서는 종교적 이유 혹은 근로자 보호를 위해 영업시간을 제한하기도 하나 우리와 같이 중소 유통업자 보호를 위해 영업시간을 규제하여 소비자의 권리를 제한하는 경우는 없다([한국경제] **[대한민국을 흔든 판결들] "골목상권 위해 마트 영업제한 타당"… 소비자 권리 침해는 문제**_20170701)([한국경제] **골목상권 위해 마트 영업제한 타당"…소비자 권리 문제 남아**_20171120).

현행법상 대규모 점포는 대형마트 등 6가지로 구분되는데, 문재인정부 출범이후 모든 대규모 유통업체의 영업시간을 제한하여야 한다는 주장이 제기되고 있다. 2017년 9월 중소기업중앙회는 의무휴업일을 지정하고 영업시간 제한 대상을 모든 대규모 점포에 적용할 것을 공식으로 제안하였다. 슈퍼마켓연합체도 대형마트의 의무휴업일을 확대 시행하고 동네 슈퍼를 생계형 적합업종으로 지정하여야 한다고 주장하였다. 그러나 대형 마트의 영업시간 규제에 대한 중소 유통업체들간의 입장이 갈리고 있다. 직능경제인단체와 자영업자총연대는 의무휴업제에도 불구하고 전통시장은 살아나지 않고 소비자 불편만 가중시켰다는 입장이다([파이낸셜뉴스] **소비자 구매 선택권 침해 vs. 주변상가 매출 늘어날 것**_20170913)([매일경제] **모든 대규모유통점 영업시간 제한해야**_20170904)([매일경제] **수퍼마켓연합 _골목상권 지켜**

달라_20170524)([매일경제] 대형마트 일요휴업 요구했던 골목 상인들의 뒤늦은 후회_20170923)([서울경제] '대형마트 평일 의무휴업' 놓고 중소자영업단체 곳곳 불협화음_20170923).

정부가 2018년 1월부터 복합쇼핑몰도 영업시간을 규제하는 방안을 추진하면서 기존의 대규모 유통업체의 영업제한이 중소유통업체에 도움이 되는지가 논란이 되고 있다. 의무휴업제 도입이후 대형마트와 전통시장 매출이 동반 하락한 반면 온라인시장이 반사이익을 얻었으며, 대규모 유통 점포에 대한 규제가 강화된 이후 국내 유통기업의 글로벌 경쟁력이 취약해 졌다고 지적되었다([동아일보] 의무휴무제 도입 후 온라인시장 반사이익 대형마트-전통시장 매출은 동반하락 타격_20170922)([매일경제] 대형마트 의무휴업에 전통시장 동반침체_20180406)([동아일보] "유통업 의무휴업 등 규제로 성장-수익성 악화"_20180411)([중앙일보] 대형유통업체 규제의 역설_20171023).

오프라인 시대의 규제를 모바일 세상에 적용한다면 유통산업 전체가 무너질 것이라는 주장도 제기되었다. 대형마트를 규제하여도 전통시장을 찾지 않으니 대형마트의 의무휴업일을 평일로 바꾼 지자체가 41개이다. 중소기업의 보호도 중요하지만 국민인 소비자의 권리도 고려하여야 한다는 주장도 제기된다([서울경제] 토이저러스 몰락이 주는 교훈 되새겨야_20170921)([서울경제] 지자체 41곳, 마트 휴일 주말서 평일로 바꿔_20170925)([매일경제] 쇼핑몰 의무휴업과 소비자 권리_20180330).

복합쇼핑몰 의무휴업이 시행되면 전통시장에 가기보다는 다른 날 찾겠다는 소비자가 많다는 조사결과가 발표되고, 국회에 계류된 대형마트 규제 법안이 통과되면 년 3만 5천개의 일자리가 없어진다는 주장도 제기되었다. 2018년은 각종 규제에 따른 비용 증가로 백화점과 대형 마트의 신규 점포 개설이 없는 해이다([문화일보] **"전통시장 가겠다" 9% - "다른날 찾겠다" 37%**_20180412)([동아일보] **"대형마트 규제법 시행땐 年 3만5706개 일자리 감소"**_20180207)([동아일보] **백화점·마트 내년 '출점 제로' 사연**_20171212)

복합쇼핑몰로 등록된 대규모 점포 31개 중 대기업 소속은 14개이다. 유통산업발전법의 개정을 통해 복합쇼핑몰에의 입점도 어렵게 하고 영업도 힘들게 하자고 하나 대규모 유통업체 입점사의 60~98%가 중소기업이고, 규제 대상의 대규모 점포를 구분하는 기준이 자의적인 것 등이 문제점으로 지적되었다. 면세점협회는 면세점을 대규모 점포에 포함시켜 규제하겠다는 것은 글로벌 시장에서 경쟁하고 있는 면세산업의 특수성을 고려할 때 불합리한 조치라고 주장한다. 대규모 점포로 분류된 6가지 점포 종류 중 2가지만 규제하기 때문에 발생하는 역차별 논란, 대규모 외국자본의 중소기업으로의 국내시장 진출 등도 불합리한 규제의 단면으로 지적되었다([동아일보] **'복합쇼핑몰 영업규제' 애꿎은 피해자 우려**_20170807)([서울경제] **입점사 70% 中企인데 … 바깥 살리자고 우린 팽개치나**_20170921)([중앙일보] **코엑스몰 상점 절반은 자영업자, 일요일 쉬면 이들이 피해**_20170920)([서울경제] **형평성 논란 휩싸인 복합쇼핑몰 '의무휴업'**_20180202)([서울신문] **유통산업발전법, '교각살우' 안 된다**_20171023)([서울경제] **이케아는 홈퍼니싱 매장…의무휴무 대상 아냐**_20171013)([파이낸셜뉴스] **정용진이 말한 '역차별' 일리 있다**_20170826)([한국경제] **규제 안 받는 다이소 '승승장구' 국내 2위 GS수퍼보다 매출 많아**_20180507).

대규모 점포에 대한 규제에 국내 유통 기업들은 두 가지 트랙으로 대응하고 있다. 전통시장 내 동네마트와 상생협약을 통해 공존의 길을 모색하면서 규제를 피해 편의점 중심의 오프라인 사업을 확장하고 있다([국민일보] **'골목상권과 동반성장' 이마트의 실험**_20170608)([파이낸셜뉴스] **이마트24 앞세운 이마트_편의점 중심 오프라인사업 확장**_20180205).

일본은 대형마트를 규제하였으나 오히려 중소상인 숫자가 감소하는 등의 상황에 직면하면서 2000년 대형마트 관련 규제를 철폐하였는데, 규제 철폐이후 소매업 고용이 오히려 늘어났다. 프랑스나 독일도 휴일 영업 시간에 대한 규제를 완화하는 추세이다. 우리나라가 유통산업 규제를 강화하는 동안 중국 직구나 일본 쇼핑몰에 우리나라 고객을 빼앗기고 있다([매일경제] **18년전 대형마트 규제푼 日 … 고용늘고 내수활성화 뒷받침**_20180404)([매일경제] **마트휴업 재래시장에 도움 안돼…규제 풀어야 일자리 는다**_20171208)([매일경제] **中직구·日쇼핑몰에 고객 뺏기는 韓**_20180403).

한편, 면세점 노조에서는 면세점 근로자들도 휴일에 휴식할 수 있도록 면세점도 영업시간 제한과 의무휴업일이 필요하다는 주장을 하고 있다([한겨레] **면세점 여성노동자의 눈물**_20170928).

매일경제신문은 2017년 11월에 복합쇼핑몰 의무휴업에 관련하여 전문가토론을 게재하였다([매일경제] **[이슈 토론] 복합쇼핑몰 월2회 휴업 의무화**_20171116). 매일경제신문 토론에서 월2회 휴업 의무화를 찬성하는 이동주 본부장의 논거는 아래와 같다. 우리나라는 복합쇼핑몰의 3분의 2 이상이 도심에 위치하고 있어 주변 10km 범위의 상권에 피해를 준다. 복합쇼핑몰은 대형마트보다 파급효과가 크기 때문에 다양한 이해관계자와 인근 소상공인과 충분한 협의를 거쳐

세워져야 한다. 복합쇼핑몰 입점으로 인한 소상공인의 피해는 사회문제이다. 소비자도 소비자 편의 및 권리보다는 지역 상공인과 공생하려는 태도 변화가 필요하다.

규제를 반대하는 숭실대 안승호 교수의 논거는 다음과 같다. 복합쇼핑몰은 대형마트와 달리 구매자만을 위한 시설이 아니다. 복합쇼핑몰 규제는 시민의 레저 활동을 제한하는 결과를 가져 온다. 디지털, 모바일 사회에서는 무엇을 팔 것인가 보다 어떻게 팔 것인가가 중요하다. 알리바바, 아마존 등의 사례에서 보듯이 전자상거래가 급성장하는 추세 속에서 복합쇼핑몰은 오프라인 시장에서 소매업체의 유일한 활로이며, 유통업의 미래이다. 대부분의 점포는 중소업체이다. 대형마트의 의무휴업 5년이 경과한 시점에서 자영업자 단체들은 대규모 점포의 고객 유치 효과를 확인하고 태도를 바꾸고 있다. 복합쇼핑몰은 해당 지역의 발전에도 기여한다. 지자체가 쇼핑몰 건설을 선택할 수 있는 자유와 권한이 주어져야 한다.

서울경제신문은 의무휴업 관련 찬반 토론을 2017년 9월 게재하였다([서울경제신문] **[어떻게 생각하십니까?] 복합쇼핑몰·아웃렛 의무휴업 적용**_20170901). 복합쇼핑몰과 아울렛 의무휴업을 찬성하는 우석대 유대근 교수의 논거는 아래와 같다. 성장률 정체에 직면한 백화점과 대형마트들은 복합쇼핑몰과 아울렛을 출구전략으로 삼고 교묘하게 법망을 피하면서 변형된 형태로 상권을 확장하여 왔다. 복합쇼핑몰이 우리나라 소비문화를 한 단계 향상시킨 것은 분명하나 상권의 흡입력이 커서 중소 유통업자들의 피해도 크다. 온라인몰의 성장은 규제의 풍선효과라기 보다는 유통업체의 융합화 추세가 반영된 것이다. 의무휴업을 유통 대기업들이 선진화하는 기회로 삼아야 한다. 대형 유통점이 창출하는 고용보다 생계 터전을 잃은 약자가 더 많다. 우리 소비자들도 불편을 감수할 만큼 수준이 높아졌다.

의무휴업을 반대하는 중앙대 위정현 교수의 논거는 다음과 같다. 복합쇼핑몰과 아울렛 규제의 목표가 소상공인 보호인데, 앞서 시행된 대형 마트 규제만으로 전통시장의 매출 증대에는 한계가 있음이 확인되었다. 외국의 사례에서 보듯이 레저공간이기도 한 복합쇼핑몰의 규제 논의에서 주체의 한 축인 소비자가 빠져 있다. 유통산업이 온라인혁명으로 혁신의 소용돌이 속에 있다. 우리나라의 복합쇼핑몰은 기존 오프라인 업체의 혁신의 결과인데, 규제보다 공존이라는 기조에서 해결점을 찾아야 한다.

6. 대기업 단체급식 및 한식뷔페 규제

이명박정부는 2012년 재벌의 공공기관 구내식당 운영을 금지했다. 그러나 그 자리를 중견기업과 외국계 기업이 차지하는 부작용이 나타나자 박근혜정부는 규제를 풀었다. 2017년 현재 5조원 규모인 단체급식 시장은 재벌계열 대기업이 70%, 동원 등 중견기업이 10%를 차지하고 있는 것으로 조사되었다([매일경제] **급식시장 70% 점유한 대기업**_20170906).

문재인정부 출범과 함께 대기업의 유통시장 진출에 대한 규제를 강화해야 한다는 분위기 속에서 대기업의 단체급식 시장을 규제해야 한다는 여론이 형성되었다([매일경제] **정부, 대기업 단체급식 독과점도 조사**_20170906)([한겨레] **4천원짜리 구내식당까지 재벌이 손대야 하나**_20170828)([한겨레] **구내식당 운영은 대기업 말고 중소기업이 맡아야**_20171230)([한국경제] **李총리 "공공기관 구내식당 불합리 개선"**_20170909)([한국경제] **정부 규제에 흔들리는 급식株**_20170925).

그러나 이명박정부의 규제 여파로 외국계 기업이 단체급식 시장을 장악하였던 선례 등을 지적하면서 신중한 접근으로 선회하였다. 대기업의 공공기관 구내식당 참여도 기존대로 2019년까지 허용되었다. 토종 커피업체인 카페베네가 도산하고 외국계인 스타벅스가 약진하는 것은 프랜차이즈에 대한 출점 제한 등 정부 규제에도 원인이 있다는 지적이다([서울경제신문] **정부, 단체급식 시장 불개입 선회**_20170909)([한국경제] **정부, 민간 단체급식 시장 자율에 맡긴다**_20170909)([동아일보] **카페베네와 스타벅스**_20180122).

이마트는 상생경영의 일환으로 구내식당 3곳의 식자재를 신세계에서 공급받고 식당운영은 중소업체에 맡겼다([한겨레] **이마트 구내식당 3곳, 중소업체에 맡겼다**_20171229).

2015년 7월 새정치민주연합의 박지원 의원은 계절밥상, 자연별곡, 올반 등 대기업 계열의 한식뷔페를 규제하는 법안을 대표발의하였는데, 관련하여 한국경제신문의 토론을 게재하였다([한국경제] **[맞짱 토론] '대기업 한식뷔페' 규제해야하나**_20150919). 박지원 의원이 '대중소기업의 상생협력에 관한 법률' 일부 개정안을 대표 발의한 논거는 다음과 같다. 한식뷔페 매장이 2년여 기간에 3곳에서 100여 곳 가까이 늘어나면서 중소 음식점의 피해가 커지고 있다. 현행 법 체계에서는 중소기업 적합업종으로 지정되어 있어도 자율 준수 수준이고 예외조항이 많아 3년 권고 기간 내에는 개선할 수단이 없다는 한계가 있으며, 이와 같은 한계로 인하여 한식뷔페 시장에 무분별하게 대기업이 진출하고 있다. 권고기간 내라도 필요한 경우 협의해 개선하도록 하는 것이 합리적이다. 중소음식점을 내몰고 국내 시장을 점유한다고 한식의 국제경쟁력이 생기는 것은 아니다.

규제를 반대하는 문정훈 교수의 논거는 다음과 같다. 대기업의 진출을 규제하면 단기적으로는 중소기업에 돌아갈 몫이 커진다. 그러나 중소기업은 경쟁력을 제고시킬 유인이 없기 때문에 외국기업에 잠식당하거나 대체재가 개발될 것이다. 조명기구산업은 1980년대 중소기업 고유 업종으로 지정되었으나 고급 시장은 필립스, 오스람 같은 글로벌 대기업, 저가 시장은 중국산으로 대체되면서 절멸했다. 대기업의 진출로 외식산업의 경쟁이 뜨거워지면서 소비자에게 이득이 돌아가고 있으며 양질의 일자리가 창출되고 대규모 식재료의 직거래를 통해 농민소득에도 기여하고 있다. 오히려 대기업 매장이 하지 못하는 영역에서 중소기업이 경쟁력을 가지도록 유도하는 것이 바람직하다. 특히 식품산업은 미래유망산업이기 때문에 기업의 투자와 자율적인 경쟁을 통한 혁신이 필요하다.

한식뷔페시장은 2015년 대기업의 한식뷔페 시장을 규제하여야 한다는 법이 발의될 정도로 전성시대를 누렸으나 2016년을 기점으로 내리막이다. 폐점이 잇따르고 있고 열풍(?)의 주역인 자연별곡 1호점인 분당의 미금역점도 2018년 5월 폐점되었다. 혼밥족이 증가하고 가정간편식이 성장하는 추세 속에서 메뉴 차별화를 이루어내지 못한 것이 발목을 잡은 것이다([아시아경제] **몰락의 절벽에 선 한식뷔페...'열풍 주역' 자연별곡 1호 미금점마저 폐점**_20180514).

7. 7번째 홈쇼핑 채널

1995년 이후 7개의 홈쇼핑 채널과 10개의 T커머스 채널이 생겼다. 정부는 허가를 내줄 때 마다 중소기업 제품과 우리 농산물 유통판로를 확대한다는 것을 명분으로 내세웠으나 시장 수요에 비해 채널수가 너무 많아 지금은 외제차까지 판매하는 채널로 변질됐다([조선일보] **역대 정부, 지난 20년동안 선심쓰듯 홈쇼핑 허가**_20150912).

정부가 2014년 중기제품 및 농수산물 전용홈쇼핑 신설을 발표할 당시에 반대 여론이 많았다. 이미 대형 홈쇼핑 채널 5개와 중기제품 전용 채널인 홈앤쇼핑이 있었기 때문이다. 7번째 홈쇼핑 채널을 신설한다는 정부 방침에도 불구하고 기존 홈쇼핑 채널 주가에는 단기악재였다. 그 파급력이 크지 않을 것으로 시장은 판단하였기 때문이다. 중기제품 전용 홈쇼핑은 허가조건에 일정 비율의 중기제품 판매와 낮은 판매수수료를 두고 있어, 수익성과 공익성을 조화시키는 것이 과제였다. 두 번째 중기제품 전용 홈쇼핑인

아임쇼핑(IM Shopping)이 2015년 7월 14일 전파를 탔다([한국경제] **제7홈쇼핑 사업자에 공영홈쇼핑 선정**_20150122)([한국경제] **공영홈쇼핑의 성공 조건은**_20150806)([서울경제] **아임쇼핑 한달만에 BI 다시 만든다고**_20150831)([매일경제] **공영홈쇼핑 채널명 설립취지에 맞아야**_20150915)([파이낸셜뉴스] **아임쇼핑 개국 3개월만에 매출 1000억 돌파**_20151106).

7번째 홈쇼핑은 상품 안내 방송을 보면서 TV 리모컨으로 구매와 결제까지 할 수 있는 'T커머스' 형태가 바람직하다는 의견도 논의 과정에서 제시되었다([파이낸셜뉴스] **제7홈쇼핑 이슈는 단기악재…홈쇼핑株 이틀만에 반등**_20140815)([내일신문] **'갑질'에 반발, 중기전용 홈쇼핑도 출범**_20161219)([한국경제] **"中企제품 판로 확대에는 홈쇼핑보다 T커머스가 적합"**_20140711).

2018년 8월 초 문재인정부는 개국 3주년을 맞은 7번째 홈쇼핑 채널인 중소기업 제품 전용 '공영홈쇼핑'에서 국내생산품만을 판매하는 조치를 취하여 논란이 되고 있다. 최저임금의 급격한 인상으로 경영에 어려움을 겪고 있는 국내 중소기업을 지원한다는 취지라고 정부는 설명하고 있으나 대외지향적인 경제 구조를 가진 우리나라에는 적절하지 않은 정책이라는 비판이 있다([파이낸셜뉴스] **메이드 인 코리아시대 활짝 열겠다_ 공영홈쇼핑, 국내 제조 제품만 판다**_20180802)([한국경제] **해외 OEM 상품 20% 넘는데 … 국내 생산품만 판다는 공영홈쇼핑**_20180802)([조선일보] **첫 단추 잘못 끼운 뒤 줄 잇는 무리수**_20180803)([조선일보] **의류·가전, 거의 다 해외서 만드는데…_ 날벼락**_20180802)([조선일보] **中企 해외이전 막겠다며 '中企 쇄국정책'**_20180802).

홈쇼핑 채널이 업무정지 처분을 받으면 실질적인 피해는 채널을 활용하는 사업자와 소비자가 입는 구조적인 모순이 있다. 홈쇼핑

채널에 대한 정부의 규제방식이나 범칙금에 대한 개선의 목소리가 높다([파이낸셜뉴스] **홈쇼핑 '구시대적 규제' 언제까지**_20160603).

정부가 7번째 홈쇼핑 채널 신설을 발표하자 한국경제신문은 2014년 8월 관계자의 토론을 게재하였다([한국경제] **[맞짱 토론] 일곱 번째 홈쇼핑 채널 필요할까**_20140816). 찬성 측의 중기연구원 이동주 본부장의 논거는 다음과 같다. 브랜드파워가 있는 대기업과는 달리 중소기업은 제품의 우수성을 알리기 위한 체험 마케팅이 필요한데, 홈쇼핑은 간접 체험의 기회를 제공하기 때문에 중소기업 제품의 이상적 유통채널이다. 홈쇼핑사의 불공정행위는 수급불균형이라는 구조적인 문제에서 발생하기 때문에 중소기업 제품의 홈쇼핑 판매 기회는 제한적일 수밖에 없다. 오히려 신규 진입자로 인해 판매수수료가 낮아지고 불공정 관행이 개선되는 효과를 기대할 수 있다. 현재 홈쇼핑사들의 영업이익율은 10-20%이고 향후 지속적인 성장이 예상되기 때문에 신규 참여자의 진입은 경쟁을 촉진하는 측면에서 바람직하다.

반대 측의 선문대 황근 교수의 논거는 다음과 같다. 1995년부터 최초 홈쇼핑채널의 허가 때부터 중기제품 판매 확대를 명분으로 내세웠는데, 7번째 홈쇼핑이 중소기업 제품 판매를 위해 필요하다는 것은 왜곡된 유료방송시장 구조 때문이다. 구조적으로 발생하는 과다한 송출수수료로 인하여 홈쇼핑 사업자는 높은 판매수수료를 보장하는 대기업 제품에 의존할 수밖에 없다. 쇼핑채널이 신설되면 경쟁이 심해져 송출수수료가 올라가고 오히려 중소기업 제품이 더욱 홀대받을 수 있기 때문에 획기적인 판매 증가를 기대할 수 없다. 신규 홈쇼핑 채널 추가는 사업권을 따낸 사업자에게만 특혜를 줄 것이다. 오히려 애매한 중소기업 제품 기준과 같은 느슨한 편성규제를 보완하고 강화하는 것이 보다 현실적인 대안이다. 홈쇼핑채널은 유통창구이지만 방송채널사업자라는 점도 고려하여 홈쇼핑채널 정책을 수립하여야 한다.

8. 공공성과 경쟁체제: 철도

박근혜정부는 철도의 효율성과 수익성 제고를 위해 경쟁체제를 도입하는 등 공공부문 개혁을 추진하였다. 철도노조와 야당의 반대에도 불구하고 정부가 KTX 자회사인 SR 설립을 강행하자 철도노조는 파업에 돌입하였고 정부는 강경 대응하였다.

중앙일보와 한겨레신문은 2013년 12월 철도노조의 파업과 정부의 대응에 대해 사설을 게재하였다. 중앙일보는 철도노조의 파업은 명분과 실익이 없다고 비판하였다([중앙일보] **명분 없는 철도파업 당장 끝내라**_2013112). 코레일의 100% 자회사인 수서발 KTX는 공기업이니 민영화 반대를 내세운 파업은 명분이 없다는 입장이다. 2002년 이후 7번째 파업인데, 국가시설의 독점공급기관으로서 지위에 기대어 막대한 부채에도 불구하고 높은 연봉을 받는 공공기관의 노조원들이 파업을 통해 경쟁구조 도입을 저지하려는 시도라고 비판하고 있다.

한겨레신문은 파업에 대한 정부의 강경 대응은 철도노조의 파업이 불법이라는 전제에서 출발하는데, 자회사 설립은 코레일 직원들의 근로조건과 무관한 것이 아니고, 법에 정한 쟁의행위 절차를 거쳤기 때문에 불법 여부는 법원 등에 의해 판단되어야 한다는 입장이다([한겨레신문] **철도노조 파업 강경대응 문제 많다**_20131211). 수서발 KTX 운영법인 설립을 결의한 임시이사회도 원천무효일 가능성도 있음을 지적하였다.[8)]

철도파업은 여야의 중재로 22일 만에 종료되었고 파업 철도 노조원들은 현장으로 복귀하였으나 코레일은 불법행위에 대해서는 징계 및 손해배상을 청구할 것이며, 검찰과 경찰도 파업철회 여부와 관계없이 구속영장을 집행할 계획임을 천명하였다. 수서발 KTX 법인 설립을 통해 철도에 경쟁체제를 구축하겠다는 정부 입장도 변화가 없었다([조선일보] **철도 파업, 상처만 남긴 22일**_20131231)([경향신문] **철도파업 철회, 이젠 정부가 답할 차례다**_20131231)([문화일보] **수서발 KTX 자회사 오늘 출범… 2016년 운행**_20140110)([조선일보] **철도파업 징계위 오늘부터 시작**_20140109)([한겨레] **철도노조원 모두 석방…구속수사 '무리수' 드러나**_20140110).

철도파업 종료 이후에는 의료민영화를 둘러싸고 정치권은 전선을 형성하였다([조선일보] **民主 이번엔 _의료민영화 저지_ 與 _민영화 2차공세 안 당할 것**_20140110)([경향신문] **철도파업은 불법 규정 "정상화 개혁"**_20140107).

그리고 문재인정부 출범 이후 취임한 오영호 코레일 사장은 코레일과 SR(수서발 KTX)의 통합을 기정사실화하고 철도파업으로 해고된 노조원 전원을 복직시켰다. SR사장은 임기 도중 사임하였다

8) 중앙일보와 한겨레신문의 사설 비교는 '[중앙일보]/[한겨레] **[사설 속으로] 철도 파업**_20131231' 참조.

([서울신문] **오영식 코레일 사장 "SR과 통합은 미룰 수 없는 과제"**_20180207)([조선일보] **코레일 사장, 취임 사흘째에 _해고 노조원 전원 복직**_20180209)([서울신문] **이승호 SR 사장 돌연 사의**_20180505)([중앙일보] **SR 사장 후보 모두 코레일 출신… "오영식의 철도개혁 역주행"**_20180530).

문재인정부는 공공 부문은 수익성보다 공공성을 우선하여야 한다는 입장이기 때문에 이명박정부, 박근혜정부 때 추진한 공공부문 개혁을 무력화하는 조치를 취하고 있다. 경쟁체계를 통한 철도요금 인하, 질 높은 서비스 제공의 기반을 허무는 KTX와 SR의 통합에 대한 여론은 비판적이다([문화일보] **갈 길 바쁜 공공기관 개혁, 다시 뒷전으로**_20171123)([문화일보] **철도 공공성 핵심은 경쟁 통한 質 좋은 서비스 제공이다**_20180419)([서울경제] **철도경쟁체제 허물면 독점폐해 어떻게 할 건가**_20180420)([조선일보] **요금 싼 SRT 없애는 게 철도 공공성 강화**_20180419)([파이낸셜뉴스] **철도개혁, 두 나라 이야기**_20180518).

9. 가상(암호)화폐

유럽중앙은행의 정의에 의하면 가상화폐는 "정부에 의해 통제를 받지 않는 일종의 디지털화폐의 일종으로, 개발자가 발행하고 관리하고, 특정한 커뮤니티에서만 통용되는 결제수단이다." 비트코인이나 이더리움은 참여자가 모두 공동관리자이고, 가상공간이 아니라 현실에서 통용되며, '블록체인'이라는 암호학 기술을 기반으로 한다는 점에서 가상화폐와 다르며 암호화폐라고 부른다([중앙일보] **비트코인은 가상화폐인가 암호화폐인가**_20171109).

암호화폐에 대한 관점은 암호화폐가 '블록체인'이라는 혁명적 기술을 기반으로 하기 때문에 기술적 기반에 중점을 두느냐 자산적 가치를 중시하느냐에 따라 달라진다. 암호화폐가 논란임에도 불구하고 지속적으로 성장세를 유지하고 있다는 것이 점진적인 관점의 변화(상대적인 의미에서)를 가져 오게 하는 요인이 되고 있다([경향신문] **비트코인과 튤립**_20170915)([한국경제] **가상화폐로 자금조달 … 투자냐, 투기냐**_20170919)([한국경제] **IPO 못지않은 ICO 열풍 … "거품" vs "대세" 글로벌 논쟁 격화**_20170919)([한국경제] **가상화폐는 또 하나의 경제혁명**_20171011)([한국경제] **'脫 국가의 꿈'에 도전하는 가상화폐**_20171014)([문화일보] **국가 아닌 '기술'에 의해 통제… 취약한 保安·화폐정체성 논란**_20171025)([중앙일보] **"암호화폐는 이미 생태계 확보한 바이러스, 죽일 수 없다"**_20171222)([한국경제] **가상화폐, 암호화폐, 디지털화폐**_20171226)([한국경제] **비트코인보다 블록체인에 주목해야**_20180101)([문화일보] **JP모건 CEO _비트코인은 사기라고 한 말 후회**_20180110)([한국경제] **블록체인, 신뢰와 직접거래의 기반 기술**_20180206)([문화일보] **비트코인, 결국 모든 통화 대체할 것**_20180323)([중앙일보] **세계 첫 암호화폐 만든 차움 "직접 민주주의가 암호화 지향점"**_20180404)([파이낸셜뉴스] **블록체인은 금융에 독인가 득인가**_20180424)([한국경제] **시장과 인재가 AI허브 성패를 가름 한다**_20180425)([매일경제] **무차입 공매도 논란…'블록체인' 감시 있었다면**_20180504)([매일경제] **비트코인은 사기 vs 거래참여자 모두 이득**_20180504)([매일경제] **확장성 탈중앙화 안정성 _블록체인 3가지 고민 다 풀겠다_ 당차게 선언한 스타트업 IOST**_20180504)([한국경제] **해킹 불가능하다더니…'블록체인' 뚫렸다**_20180602).

블록체인이란 신기술에 기반하고 있음에도 불구하고 암호화폐에 대한 우려는 단기간에 가격이 너무 급등하였다는 것이다. 2017년 8월 기준으로 비트코인의 거래 가격은 7년간 150만 배 증가하였고 이더리움은 2017년 한해에 30만 배 이상 가격이 뛰었다. 비트코인 세계 거래량의 20%가 원화로 결제되어 우리나라에서의 암호화폐 열풍이 특히 심하다([중앙일보] **"가상화폐 '버블'의혹 깰 안전장치 시급"**_20170918)([경향신문] **한국만큼 비트코인에 빠진 나라 없어**_20171208)([한국경제] **인터넷 도박 제친 '비트코인 열풍'**_20171212)([한국경제] **비트코인을 화폐로 보기 어려운 이유**_20180212)([경향신문] **이더리움을 샀다**_20180125)([이데일리] **'애플 공동창업주' 워즈니악 '블록체인, 닷컴시대 처럼 거품 끼었다'**_20180628).

투기적 위험성이 있는 암호화폐 시장의 과열에 따른 사고가 빈발하고 사회적 폐해도 심각하다([한겨레] **'투기 위험성' 극명하게 보여준 비트코인 폭락**_20180203)([세계일보] **도박적 특성 지닌 가상화폐 거래… 중독 유의해야**_20180416)([한겨레] **규제 공백 속 '해커들의 노다지'된 암호화폐 거래소**_20180616)([세계일보] **250원→2만8000원→740원 상장 35분새 1만% 급등락**_20180414)([한국경제] **상장일 1만% 폭등…가상화폐 '미스릴 미스터리'**_20180414)([한국경제] **가상화폐 환치기 1770억원 적발**_20180201)([문화일보] **또… '가상화폐 투자 실패' 비관 목숨 끊어**_20180207)([한국경제] **또 가상화폐 투자 사기로 300억 '꿀꺽'**_20180313)([문화일보] **국내5위 가상화폐 거래소 대표 체포… 고객돈 빼돌린 혐의**_20180405)([조선일보] **횡령혐의 가상화폐 거래소 대표·임원 4명 체포**_20180406).

가격이 급등하고, 급락 폭이 커지자 국내에서 암호화폐에 대한 규제 조치를 요구하는 목소리가 높아졌다([경향신문] **위험천만한 비트코인 광풍, 미온 대책으로는 안된다**_20171211)([경향신문] **비트코인 거래 과열·사고, 이대로 좋은가**_20171116)([한겨레] **"암호화폐 거래소도 금융업, 사회적 책임 다해야"**_

20171120).

2017년 9월 발표한 정부의 가상화폐에 대한 규제조치는 실명제와 ICO를 통한 자본조달의 금지로 요약된다. ICO 전면금지는 블록체인 기술에 기반한 혁신을 저해할 수 있기 때문에 우려의 목소리가 나왔다([중앙일보] **가상화폐 거래 실명으로 … 규제 칼 빼든 금융위**_20170904)([한국경제] **가상화폐 발행 통한 자금조달 전면 금지**_20170930)([한국경제] **가상화폐 열풍 올라탄 日…막는 한국**_20171003)([한국경제] **부작용에만 초점 맞춘 가상화폐 규제**_20171012)([중앙일보] **암호화폐, 자본이 되지 못한 설움**_20171012)([한국경제] **진흥산업 잣대에 가로막힌 블록체인 경쟁력**_20171019)([한국경제] **ICO 규제보다 건전 생태계 구축해야**_20171102).

정부가 가상화폐 IOC를 전면 금지하겠다는 방침을 밝히자 한국경제신문은 2017년 10월 가상화폐 규제에 관한 찬반 토론을 게재하였다([한국경제] **[맞짱 토론] 가상화폐 규제 해야하나**_20171014). 찬성과 반대 모두 규제는 불가피하다고 보았으나 규제의 방식이나 방향에 대해 의견의 차이가 있다. 찬성 측의 홍익대 홍기훈 교수의 논거는 다음과 같다. 현재 가상화폐 시장에는 사기, 투자위험 등 제재, 관리가 필요한 문제가 나타나고 있으며 대형 사고가 일어날 수 있다. 새로운 현상에 대한 합리적인 규제 방안을 수립하기 위해 일단 ICO를 금지하는 것은 합리적인 정책이다. 산업규제 정책의 목적은 산업 활성화에 있는 것이 아니라 게임의 법칙을 정해 공공의 이익을 도모하는 것이다. 규제는 국가마다 상황이 다르기 때문에 외국의 규제를 무조건 따르는 것은 옳지 않다. 가상화폐를 금융자산으로 규제하는 필요성에는 공감하지만 화폐로도 통용되는 가상화폐를 100% 금융자산으로 규제하는 문제를 장기적 관점에서 고민하여야 한다.

반대 측의 법무법인 세움의 정호석변호사의 논거는 다음과 같다. 정부가 가상화폐 IOC를 유사수신행위로 보고 중국에 이어 두 번째로 ICO를 전면금지하기로 하였으나 규제안은 가상화폐의 부정적인 측면만을 고려하고 블록체인 산업의 성장성을 고려하지 않았다. 우리나라는 주요 가상화폐 통화 거래량의 40%를 점유하고 있으나 블록체인 산업의 발전은 더디다. 그러나 글로벌 시장은 기술의 흐름에 편승하기 위해 노력하고 있다. 다른 나라는 합리적인 규제를 통해 부작용을 방지하면서 가상화폐산업을 제도화하는 방향으로 가고 있다. 과거 벤처 붐이 있었을 때 투자사기가 많았는데, 그 당시 벤처투자나 인터넷 기술 확산을 금지하는 방향으로 가지 않은 것처럼 블록체인 산업을 육성하되 사기 등의 피해를 방지하는 쪽으로 규제하여야 한다.

정부의 9월 조치에도 불구하고 가상화폐 시장 열풍이 지속되자 정부가 범정부대책팀을 가동하면서 12월에는 긴급대책을 발표하였는데 5일 만에 비트코인 가격이 180% 상승하는 등 정부 대책의 실효성 문제가 대두되었다([경향신문] **'가상화폐 규제' 범정부 대책팀 가동한다**_20171205)([중앙일보] **"암호화폐는 투기 수단" … 법무부, 규제 칼 빼든다**_20171205)([한국경제] **국세청, 가상화폐에 과세 추진**_20171206)([경향신문] **가상화폐, 내년부터 본인 인증 계좌 한 곳서만 거래**_20171207)([한국경제] **'투기판 비트코인'에 칼 빼든 정부…거래 금지 '철퇴' 만지작**_20171209)([한겨레] **롤러코스터 탄 '비트코인'… 당국 _제도권 거래 인정 못해**_20171212)([한국경제] **우리銀 가상화폐 계좌 연내 전격**

폐쇄_20171213)([한국경제] **은행들 가상화폐 계좌 줄줄이 폐쇄 … 거래 마비될 수도**_20171213)([한국경제] **'리플' 주고받는 해외송금 우리·신한은행 '없던 일로'**_20171214)([중앙일보] **자산시장 돈 빨아들이는 암호화폐**_20171214)([한국경제] **가상화폐 긴급대책, 벌써부터 실효성 논란**_20171215)([경향신문] **정부 대응도 안 먹히는 '비트코인'**_20171219)([경향신문] **가상화폐 거래소 첫 파산, 인가제 도입 검토해야**_20171221)([한국경제] **헌법재판소로 간 비트코인**_20180102)([한겨레] **가상통화 '한파'…계좌 신규발급 전면금지**_20180102)([중앙일보] **암호화폐 거래소 계좌 검사 … 돈세탁 정조준**_20180108)([경향신문] **국세청, 빗썸·코인원 전격 세무조사**_20180111).

한국경제신문은 가상화폐의 금전적 가치를 인정하지 않고 제도권 내로 끌어 들여 규제하지 않겠다는 정부의 방침에 대해 또 하나의 찬반 토론을 2017년 12월 16일 게재하였다([한국경제] **[맞짱 토론] 가상화폐 전면 규제해야 하나**_20171216). 정부가 자산화폐의 가치를 인정하고 규제하여야 한다고 주장하는 김진화 한국블록체인협회 준비위원회 공동대표의 논거는 다음과 같다. 국내 가상화폐 거래자는 약 100만명, 하루 거래대금은 1조원에서 6조원이다. 규모는 늘어나는데 최소한의 질서도 없어 투기장 양상을 보이고 있음에도, 정부는 규제 마련에 소극적이다. 향후의 시장 그리고 기술에 대한 고민 없이 정부의 대책은 일관성 부재, 새로운 기술과 변화에 대한 이해 없이 단기적 밀어붙이기식 대응이다. 모든 버블은 꺼지고 난 후 버블인지를 알 수 있을 뿐이다. 과열된 시장에서 중장기적인 관점으로 소비자와 관련 시장을 보호하고 육성할 방안을 찾아야 한다. 규제 공백 상황은 한탕주의만을 부추긴다.

무분별한 규제를 반대하는 오정근 ICT금융융합학회 회장의 논거는 다음과 같다. 2008년 글로벌금융위기 이후 제3의 기축통화 필요성이 지속적으로 제기되어 왔다. 블록체인 기술을 활용한 거래비용을 획기적으로 절감하는 가상화폐의 등장은 달러기축통화를 반대하고 글로벌 화폐의 창출을 주장한 케인즈의 꿈을 실현시킬 수 있는 문명사적 혁명이다. 과도기적 상황이 안정되면 경쟁 결과 살아남은 가상화폐 보유국이 미국과 같은 위치를 가지게 될 것이다. 통화 체제의 새로운 패러다임이 형성되는 시기에 무분별하게 규제하면 우리나라만 뒤처지는 결과가 될 것이다. 시장 형성기 초기 어느 정도의 혼란과 초기 진입자만이 누릴 수 있는 과도한 이익은 혁신을 위해 지불하여야 하는 대가이다.

서울경제신문은 2017년 12월 가상화폐 규제에 대한 찬반 토론을 게재하였다([서울경제신문] **[어떻게 생각하십니까?] 가상화폐 규제해야 하나_**20171201). 찬성, 반대측 모두 ICO 금지 조치는 반대하고 있다. 찬성 측의 한호현 경희대 교수의 논거는 다음과 같다. 가상화폐시장이 투기 과열 양상이다. 투기 과열 및 거래소 해킹에 따른 소비자 피해는 우리나라에 국한된 것이 아니다. 가상화폐가 해킹으로부터 안전하다는 잘못된 정보를 여과 없이 확산시키는 금융당국의 책임이 크다. 미국, 싱가포르 등은 가상화폐를 화폐로 인정하지 않지만 자금 흐름의 규제를 통해 소비자 피해를 예방하는 조치를 하고 있다. 규제는 필요하나 올바른 규제를 하여야 한다. ICO를 허용하되 주식공개에 준하는 제도를 도입하여야 한다. 신뢰성 확보를 위해 피해 시 거래 사업자가 책임을 지도록 하여야 한다. 정부당국은 잘못된 정보의 유통을 차단하는 조치를 하여야 한다.

반대 측의 이영환 차의과학대 교수의 논거는 다음과 같다. 우리나라가 ICO를 전면 금지하기로 한 것은 다소 과격한 규제이다. 라이트코인, 마스터코인, 리플 등 블록체인의 기술을 활용한 가상화폐의 발전은 ICO를 통해 가능하였다. 4차 산업혁명의 근간이 되는 블록체인 기술의 발전을 저해하는 ICO 전면 금지 조치는 해제되어야 한다.

중앙일보와 한겨레신문은 2017년 12월 암호화폐 시장에 대한 사설을 각각 게재하였다. 중앙일보 사설의 요지는 다음과 같다([중앙일보] **비트코인 투기 광풍 정부가 진정시킬 때 됐다**_20171211). 우리나라 암호화폐시장이 투기 광풍에 놓여 있다. 우리나라의 경제는 세계 경제의 2%를 차지하는데, 우리나라의 세계 암호화폐 시장점유율은 20%가 넘는다. 암호화폐 기술은 혁신적이나 거래소는 해킹의 위험에 노출되어 있고, 소유가 독점화되어 있어 시세조정으로 폭락할 가능성이 있으며 화폐의 기존 기능인 법적 안정성과 신뢰가 떨어진다. 암호화폐의 법적 지위, 상품 인정 여부는 신중히 검토하더라도 광풍을 진정시킬 정부 대책이 필요하다.

한겨레신문의 논지는 다음과 같다([한겨레신문] **비트코인 거래 금지 않을 거라면 과세 서둘러야**_20171214). 정부의 암호화폐 투기 근절방침에도 시장이 흔들리지 않는 것은 정부 대책의 시장에 대한 영향이 제한적이라는 것을 보여준다. 정부는 암호화폐를 금융상품으로 인정하지 않는다 할지라도 상품으로 인정할 것인지 여부를 조속히 결정하여야 한다. 현실적으로 거래 금지가 어렵다면 상품으로 인정하고 과세하여야 한다. 투기 광풍의 부작용을 예방하는 조치를 신속히 취하여야 한다. 암호화폐를 규제하면 블록체인 기술의 발전이 저해될 것이라는 일부의 주장에 현혹되어서는 안 된다.[9]

정부는 가상화폐거래소 폐쇄까지 검토하였으나 핵심지지층인 20·30세대의 반발 등 정치적 이유로 폐쇄는 확정적이지 않았고 검토단계였던 것으로 입장을 정리하였다([한국경제] **법무부는 "폐쇄" 靑은 "미정"…가상화폐 대책 하루종일 '오락가락'**_20180112)([한국경제] **김동연 "가상화폐 규제엔 모든 부처 공감 … 거래소 폐쇄는 협의 필요"**_20180113)([한겨레] **비트코인 규제 강화하되 '거래 금지'는 신중해야**_20180113)([한국경제] **'설익은 정책' 던져놓고 여론 눈치 … 반대 댓글 쏟아지자 '뒤집기'**_20180113)([문화일보] **가상화폐 혼선, 어정쩡 봉합나선 정부**_20180115)([한겨레] **건전한 근로의욕 꺾어버리는 '가상통화 광풍'**_20180115)([중앙일보] **비트코인 주도하는 20·30 지지층 이탈할라…청와대 고심**_20180115)([한국경제] **'가상화폐 정책' 돌고 돌아 원점**_20180116)([한국경제] **"가상화폐 투기 잡고, 블록체인 육성" 1년째 원론만 외치는 정부**_20180116)([한국경제] **가상화폐 규제엔 공감…거래소 폐쇄는 반대**_20180116)([문화일보] **30일 시행 '가상화폐 거래실명제' 어떻게**_20180126).

서울경제신문은 가상화폐거래소 폐쇄를 검토하고 있다는 정부 입장에 대한 찬반 토론을 게재하였다([서울경제신문] **[어떻게 생각하십니까?] 가상화폐거래소 폐쇄**_20180119). 찬성, 반대 측 모두 궁극적으로 가상화폐를 제도권으로 끌어들이는 것에 대해서는 동의하고 있다. 찬성 측의 문종진 명지대 교수의 논거는 다음과 같다. 암호화폐의 대장격인 비트코인의 시세는 5년간 250배 상승하였다. 우리나라

---

9) 중앙일보와 한겨레신문의 사설비교는 '[중앙일보]/[한겨레신문] **[사설 속으로] 비트 코인 광풍**_20171226' 참조.

암호화폐 시세는 국제가보다 40% 높다. 급락 시 발생할 소비자 피해를 예방하기 위해 폐쇄하는 것이 바람직하다. 열성투자자는 해외 거래소 이용 등 대안이 있다. 지금은 9년간의 국제금융 완화기조가 마무리되는 시점이기 때문에 향후 금융시장 불안도 예상된다. 실용성이 제한된 가상화폐는 가상화폐끼리 서로 가격을 떠받들고 있는 전형적인 다단계판매 방식의 수익구조를 가지고 있다. 상위 1%가 비트코인 88%를 보유한 것을 보면 시세조정도 의심된다. 미국은 기축통화국이고 재정 및 무역 수지 적자를 국채 발행을 통해 해소하여 왔기 때문에 우리의 경우와 다르다. 단계적으로 폐쇄하는 것도 고려하여 볼 수 있으며 궁극적으로는 가상화폐를 상품으로 규정하여 과세하고 실명제 등의 보완조치를 한 이후 새로운 거래소 개설을 검토하여야 한다.

반대 측의 박성준 동국대 교수의 논거는 다음과 같다. 가상화폐와 블록체인은 동전의 양면과 같은데, 가상화폐거래소 폐쇄 조치는 가상화폐와 블록체인 기술은 별개라는 잘못된 전제에서 출발한다. 가상화폐거래소가 폐쇄되면 P2P 결제시스템의 근간인 블록체인 기술의 발전이 저해될 것이다. 가상화폐거래소가 폐쇄되면 투자자는 해외거래소를 이용할 것이고 이 경우 우리나라 투자자 보호는 더 어려워진다. 개인 간 거래가 활성화되면 투자자를 법제도의 사각지대로 내모는 결과가 될 것이다. 가상화폐 시장 및 블록체인 활성화, 그리고 이로 인한 부작용을 예방하기 위한 강력한 규제의 방식으로 정부 정책이 바뀌어져야 한다.

블록체인 기술 혁신은 지원하되 가상화폐 투기는 규제한다는 것이 정부의 기본입장인데, 투기에 집중한 정부 대책이 기술혁신 지원의 장애요인이기 때문에 ICO 전면 금지를 해제하여야 한다는 주장도 제기되고 있다. 가상화폐에 대한 정부 기본입장은 금융자산으로 인정할 수 없다는 것이나 제도권으로 편입시켜 합리적인 규제의 틀 속에서 관리하고 소비자를 보호하여야 한다는 주장이 지속적으로 제기된다([문화일보] **"법정통화 아닌 가상화폐, 현금화 시점에 과세해야"**_20180126)([한국경제] **"정부가 가상화폐 시세조작 작전세력"**_20180120)([한국경제] **"가상화폐 계좌서 하루 1000만원 넘게 입·출금땐 자금세탁 의심"**_20180124)([한국경제] **가상화폐 거래소 4곳만 新계좌…"정부가 독과점 부추긴다"**_20180201)([한국경제] **"가상화폐 '거품' 있지만 규제 과도하다"**_20180202)([한국경제] **가상화폐 투기와 부동산 투기**_20180205)([중앙일보] **암호화폐 규제와 수용 모두 필요하다**_20180208)([한국경제] **靑 "가상화폐 거래 투명화가 최우선 과제" … 투자자들 달래기**_20180215)([한겨레] **청 "가상통화 투명화·블록체인 육성" 재확인**_20180215)([한국경제] **"가상화폐 거래소 설립 기준 마련해야"**_20180228)([문화일보] **가상화폐 용어도 없는 국내법 … 檢 _수사 어떡해**_20180326)([파이낸셜뉴스] **가상화폐거래소 '이용자 보호' 한계… 정부는 뒷짐**_20180402)([한국일보] **ICO 막으며 블록체인 키운다는 정부**_20180418)([서울경제] **블록체인 산업 발전하려면 규제 걷고 국가가 밀어줘야**_20180419)([파이낸셜뉴스] **가상화폐공개, 규제하되 시장 열길**_20180421)([파이낸셜뉴스] **中 가상화폐거래소 세계 누비는데… 국내 거래소는 여전히 정부 눈치만**_20180424)([파이낸셜뉴스] **ICO 금지, 정부가 답할 때다**_20180504)([한국경제] **'가짜·진짜 ICO' 구별하려면 백서부터 읽어라**_20180505)([한국경제] **스위스 크립토밸리가 'ICO 聖地' 된 비결**_20180512)([한국경제] **"ICO 금지하겠다는 정부 … 자금·일자리 유출로 이어질 것"**_20180515)([문화일보] **비트코인도 몰수 대상_… 가상화폐 대상 첫 확정판결**_2018

0530)([한국경제] **경찰 "가상화폐 코인원 마진거래는 불법이자 도박"**_20180608)([한국경제] **가상화폐 국내 최대규모 해킹 코인레일서 400억원 유출**_20180612)([문화일보] **"가상화폐 공개, 한국만 전면금지... 허용·관리 검토를"**_20180618)([한국경제] **"가상화폐 거래소, 거래 기록 5년간 의무보관해야"**_20180418).

모든 나라에서 가상화폐시장 정책이 논란거리이다. 우리나라와 중국이 ICO를 전면 금지하여 규제를 강하게 하는 대표적인 나라이다. 그러나 중국은 시장에 대한 규제와는 별도로 블록체인 기술의 혁신을 파격적으로 지원하고 있다. 미국이나 일본은 제도권 안에서 규제의 틀을 만들어 관리하고 있다([중앙일보] **뜨거운 가상화폐…주요국 중앙은행 직접 발행 저울질**_20170919)([한국경제] **비트코인 추락하나**_20170923)([한국경제] **日서 가상화폐가 확산되는 이유**_20170928)([한국경제] **日, 비트코인 거래 세계 1위…스위스, 가상화폐 발행社 '금고' 역할**_20171003)([한국경제] **한국·중국 ICO 금지…대만도 규제 강화 '고민'**_20171003)([한국경제] **美, ICO에 증권거래법 적용 시사**_20171111)([중앙일보] **암호화폐 거래, 미국 허가제인데 한국은 신고제**_20171116)([한국경제] **가상화폐공개 한국·중국선 금지 일본은 적극 수용**_20171118)([한겨레] **중, 비트코인 거래 이어 채굴도 규제**_20180110)([한국경제] **美·日, 가상화폐 제도권 편입 노력**_20180113)([한국경제] **美도 가상화폐 규제 거래소 조사 나서**_20180201)([문화일보] **비트코인, 화폐가 아닌 자산_…美·英·獨·日 등 세금 부과 _가상화폐 발행 판매는 사기_… 中·베트남, 전면금지 조치**_20180207)([한국경제] **日 은행·카드社도 가상화폐 규제**_20180209)([한국경제] **비트코인 폭락에도 'ICO 열풍' 여전**_20180224)([한국경제] **가상화폐 주도하던 日, 규제 칼 빼다…부실거래소 줄줄이 '철퇴'**_20180310)([한국경제] **EU도 가상화폐 규제 강화 "금융社의 보유·판매 금지 검토"**_20180312)([매일경제] **가상화폐 허브 스위스, 불필요한 규제 없앴다**_20180418)([한국경제] **美,**

이더리움 겨냥 규제 칼 뽑았다_20180503).

가상화폐에 대한 부정적인 여론, 정부의 규제적 조치에도 불구하고 가상화폐 시장은 일시적으로 흔들리기는 하나 지속적으로 성장하고 있다([한겨레] **가상화폐 하루 거래액 작년 1년치 맞먹는다**_20170902)([경향신문] **가상화폐 거래소, 수수료 수익 연 1조 넘어**_20180103)([한국경제] **"월가 대형 투자은행들도 가상화폐 시장 참여 준비"**_20180111)([경향신문] **'라인' 앞세워 일본 가상통화 시장 뛰어든 네이버**_20180201)([서울신문] **빗썸·업비트, 네이버·카카오 만큼 벌었다**_20180405)([파이낸셜뉴스] **가상화폐 세계 시가총액 612조원**_20180501)([파이낸셜뉴스] **114만명 가상화폐거래 앱 이용자, 증권사 앱 앞질렀다 88만명**_20180503)([문화일보] **'규제 펀치' 얻어맞으면서도… 맷집 키우는 가상화폐**_20171215)([문화일보] **정부 규제에도 '가즈아~'… 식지않는 가상화폐 열기**_20180108)([한국경제] **가상화폐 '패닉' 雜코인 90% 한국서 거래**_20180118)([한겨레] **비트코인 600만원대 추락 "채굴할수록 오히려 손해"**_20180207)([한국경제] **블록체인協에 뿔난 중소 가상화폐 거래소**_20180220)([문화일보] **'청년 CLIFF'**_20180222)([한국경제] **비트코인 폭락에도 'ICO 열풍' 여전**_20180224)([중앙일보] **해킹설·규제에 매물 폭탄까지 … 악재 쏟아진 암호화폐**_20180309)([한겨레] **'여기 어때' 숙박업소 5만곳도 "빗썸 가상통화로 결제"**_20180307)([문화일보] **시들해진 가상화폐… 거래량 10분의 1로 줄어**_20180313)([중앙일보] **규제 사면초가에 휘청거리는 암호화폐 시장**_20180316)([문화일보] **거대한 비트코인 채굴장**_20180320)([한국경제] **편의점들 '비트코인 지우기'**_20180322)([문화일보] **피해 많아_ … 트위터도 가상화폐 퇴출**_20180327)([한국경제] **두나무, 3년간 블록체인 산업에 1000억 투자**_20180327)([한국경제] **카카오 "연내 블록체인 플랫폼 만들 것"**_20180328)([매일경제] **생활로 들어온 블록체인…낚시성 맛집 추천 싹 걸렀다**_20180409)([매일경제] **가상화폐거래소, 新사업으로 부활 날갯짓**_20180410)([조선일보] **가상화폐 시장에 이젠 국가까지 뛰어들어**_20180419)([한국경제] **SKT, 블록체인 지급결제 시스템 만든다**_20180425)([한국경제] **비트코인 한달만에 다시 1000만원대**_20180425)([파이낸셜뉴스] **정부 대신 스스로 룰 만드는 가상화폐거래소**_20180501)([매일경제] **핀테크·가상화폐까지 … 재테크 모든 것 모았다**_20180502)([한국경제] **이더리움 채굴 전용 칩 등장 … 반도체 업계 희비**_20180505)([조선일보] **가상 화폐 부활하나**_20180503)([한국경제] **흔들리는 가상화폐**_20180514).

10. 카풀앱서비스

카풀앱서비스는 출퇴근 시에 여러 사람이 자가용을 함께 이용하도록 중개해 주는 서비스이다.

2017년 11월 카풀앱서비스 업체인 '플러스'가 서비스를 24시간 체제로 확대하겠다고 발표하자 택시업계가 '유사운송행위'라고 반발하면서 무산 되었다([문화일보] **택시업계 자가용 불법 카풀 앱 철저히 단속을**_20171121).

서울시와 국토교통부가 서로 책임을 떠넘기고, 서울시는 직접 택시호출 앱을 만들어 서비스하겠다는 방침을 밝히는 등 새로운 기술에 기반 한 혁신적 서비스가 기존의 틀 안의 규제로 자리를 잡아가지 못하고 있다([중앙일보] **쑥쑥 크는 중국판 우버… '카풀 토론회' 무산시킨 택시 업계**_20171122)([중앙일보] **카풀 앱 뭉개는 서울시, 우버 허용한다는 평창**_20171110)([파이낸셜뉴스] **'혁신성장' 말잔치로 그치지 않으려면**_20171130)([한국경제] **잘나가던 '카풀 앱' 서비스 제동 … 업계 '밥그릇 싸움'도 걸림돌**_20171124)([한국경제] **'신산업 규제 개선' 공론화 봉쇄하는 이익집단 방치 안 된다**_20171125)([조선일보] **국내 공유경제 기업, 출발부터 규제에 '발목'**_20171127)([매일경제] **한국판 '우버' 논의 또 무산**_20180119)([한국경제] **택시업계 '등쌀'에 못 견딘 카풀 스타트업 "사업 접을 판"**_201803080).

서울경제신문은 카풀앱서비스에 대한 찬반 토론을 2017년 11월 게재하였다([서울경제신문] **[어떻게 생각하십니까?] 카풀앱서비스 제한**_20171124). 서비스 제한을 주장한 안기정 서울연구원 연구위원의 논거는 다음과 같다. 현행법에서는 카풀앱서비스를 출퇴근시간대에 한하여 예외적으로 허용하고 있다. 이 규정에 기대어 개인의 출퇴근이 다르기 때문에 서비스를 24시간으로 확대한다는 것은 법의 아전인수 격 해석이다. 법의 취지는 차들이 몰리는 통상적인 출퇴근시간대에 혼잡비용을 줄이기 위해 예외규정을 둔 것이다. 허용이 된다면 면허 없는 택시가 양산되는 것이다. 공유경제는 제한된 자원을 이용하여 효율적으로 자원을 활용하되 다른 사람이 손해 볼 여지도 가능한 작아야 정당화될 수 있다. 택시업계는 현재 공급과잉 상태이다. 많은 택시 기사들이 장시간 노동을 하면서 최저임금 수준에 가까운 소득을 올리고 있는 현실을 직시하여야 한다.

반대 측의 안병익 식신 대표이사의 논거는 다음과 같다. 전 세계 630여 개 도시에서 허용된 카풀앱서비스가 극심한 교통난에 시달리고 심야의 택시 승차가 매우 어려운 우리나라에서는 허용되지 않는다. 카풀앱서비스 규제 관련 공청회조차 열리지 못하고 있다. 서비스를 제한하는 서울시의 조치는 규제의 네거티브 방식에도 반하는 것이다. 시대착오적 낡은 규제로 혁신성장에 제동이 걸리고 있다. 4차 산업혁명의 발전을 위해 한반도 전체를 한시적으로 규제 프리존으로 선언하여야 한다. 자율주행차가 거리에서 활보한다면 관련법이 없다고 고발을 하는 우(禹)를 범할까 염려된다.

카풀서비스의 향후 성장 가능성을 주목한 투자가 활발하였으나 카풀서비스 업체들은 대대적인 구조조정에 들어갔거나 사업이 답보상태이기도 하다([서울경제] **'카풀' 뛰어든 카카오 _네이버-SK, 한판 붙자**_20180215)([중앙일보] **현대차, 카풀 스타트업 손잡고 '차량공유 동맹'**_20171206)([한국경제] **카카오, 카풀 사업 본격 진출 스타트업 '럭시' 252억에 인수**_20180215)([한국경제] **규제에 날개 꺾인 '카풀 스타트업' … 직원 70% 해고**_20180621)([중앙일보] **규제에 묶여 직원 70% 내보냈다 … 4차 산업혁명의 비명**_20180622)([한국경제] **"IT기업의 다양한 도전을 '돈만 벌려한다' 비판해 답답"**_20180611)([한국경제] **사업 꽉 막힌 스타트업 대표의 울분 "카풀앱 불법이라면 날 고발하라"**_20180321).

11. 의료산업 규제: 원격진료(의료)/한의사 의료기기 사용

11.1. 원격진료(의료)

TTA 정보통신사전에 따르면 원격진료는 "의사와 환자가 멀리 떨어져 있는 장소에서 행하는 의료 행위로, 통신 수단에 의해 환자의 상태를 파악하여 적절한 진료를 행하는 것. 재택 건강 진단 서비스에서는 쌍방향 CATV의 기능을 이용하여 가입자가 자택의 단말기에서 혈압이나 혈당치 등을 입력, 지역 내의 의료 기관으로부터 진단을 받는다. 일본 도쿄 등에서는 원격 의료 서비스의 한

형태로 종합 유선 방송(CATV) 회사와 의료 기관 및 운송 회사가 제휴하여 재택 진단이나 의약품의 전달을 일괄 서비스로 제공하고 있다. 쌍방향 통신에 의한 전문 의사의 신속한 판단과 조언이 가능해지고 인터페이스 기술이 진보되면 원격 수술도 가능하다." (http://100.daum.net/encyclopedia/view/55XXXXXX2474).

보건복지부가 2013년 10월 29일, 2015년부터 원격의료를 허용하고 의료법인의 영리활동을 완화하는 의료법 개정안을 입법예고하자, 정부가 의료 상업화에 앞장서고 있다고 보건의료단체 들이 반발하였다. 원격진료가 도입되면 지방병원과 동네병원이 무너져서 5만 명 이상의 일자리가 없어질 수 있다고 비판하였다. 정부는 영리병원 허용 등 의료민영화를 추진하는 것이 아니라고 적극적으로 해명하였고 의협과 합의점을 찾아내어 법안은 국회에 제출하였으나 의료민영화 논란의 벽을 넘지는 못하고 자동 폐기되었다 ([내일신문] **의료 민영화 논란에 깊어지는 정부 고민**_20131218)([한겨레] **철도 민영화 이어 '의료 영리화' 반대 뜨거워진다**_20140106)([한국경제] **원격진료, 30년간 시범사업만 할 것인가**_20140218)([중앙일보] **원격진료하면 동네병원 망해_ 노환규 회장 등 강경파 주도**_20140310)([내일신문] **국민 배제된 의료협상**_20140318)([한겨레] **의료 영리화 묵인한 의정 타협안의 한계**_20140318)([중앙일보] **내달부터 동네의원서 원격진료**_20140326)([중앙일보] **의사협회, 노환규 회장 탄핵 가결**_20140421)([한국경제] **NIE H21_의료 파업과 윤리의 저울**_20140421)([중앙일보] **추무진 새 의협 회장 _원격의료 시범사업, 회원 뜻 따를 것**_20140620)([내일신문] **민생법안 논란과 소득주도성장론의 과제**_20140904)([한겨레] **겉으로는 "경제활성화·민생" 기치 의료민영화 논란·투기조장 상당수**_20140804)([한국경제] **원격의료 도입, 이해관계 집착 말고 앞을 봐야**

_20141023)([한국경제] **서비스 산업·의료법 개정안 등 경제활성화 법안 처리 '난항' 예상**_20150204)([국민일보] **韓, 페루 보건의료 등 고부가가치 시장 진출 물꼬**_20150421)([한겨레] **정진엽 "원격의료 필요하다" 논란**_20150825)([한국경제] **"원격의료는 영리병원과 상관없어 …경험 쌓아야 해외시장 선점"**_20160421)([문화일보] **원격진료·드론택배 규제철폐 논의**_20160518)([한국경제] **'공공의료의 허상' 의료개혁의 진실**_20160521).

중앙일보는 2013년 10월 원격진료 허용에 관한 찬반 토론을 게재하였다([중앙일보] **[논쟁] 환자 원격의료 허용, 어떻게 볼 것인가**_20131019). 반대 측의 송형곤 대한의사협회 대변인의 논거는 다음과 같다. 언론에서 논의되는 안대로 도입되면 일부 환자에 대해서는 대형병원과 동네병원의 무한 경쟁구도로 될까 우려된다. 노르웨이, 캐나다 등 의료접근성이 낮은 나라에서는 대면진료를 원격진료로 대체하는 것이 적당하나 우리나라의 의료접근성은 OECD 국가 중 최고 수준이다. 노인, 도서벽지 초진 환자 등도 원격진료 범위에 포함시킨다고 하는데 의료의 질이 담보되는 등 의료 접근성이 악화될 개연성도 있다. 의료취약계층이 의료기관에 쉽게 접근할 수 있는 시스템을 구축하는 것이 선결과제이다. 의료전달체계가 제대로 정립되지 못한 현 상황에서는 지방병원과 동네병원이 대형병원과의 경쟁에서 밀려 경영난이 악화될 것이다. 원격의료를 통해 성장할 수 있는 산업은 그리 많지 않다.

찬성 측의 이영식 한양대 교수의 논거는 다음과 같다. 고령화가 진전되고 만성질환자가 증가하는 현실에서는 환자의 불편함을 해소하는 차원에서 원격진료가 대안이다. IT 기술의 발달로 원격진료를 시행할 기술적 기반이 확립되어 있다. 대면진료의 정확성 및 신뢰성과 비교하여 아직 미흡하나 의료취약계층, 만성질환자를 대상으로 우선 시행하고 단계적으로 접근하면서 신뢰성과 정확성을 높일 수 있도록 관계자들이 합심하여 노력하여야 한다. 원격진료를 통한 기술축적으로 우리 의료 기술을 해외에 수출할 수 있다면 우리나라 국부에도 도움을 줄 것이다.

중앙일보와 한겨레신문은 2013년 10월 원격의료에 대한 사설을 게재하였다. 중앙일보의 사설 요지는 다음과 같다([중앙일보] **원격의료, 안전·효율 높여 환자 접근성 개선하길**_20131031). 원격의료가 도입되면 만성질환자, 노인, 중증 장애인 등 최소 670만 명의 환자가 혜택을 볼 것이며 IT기술에 접목한 새로운 의료서비스의 장을 열 것으로 기대된다. 환자의 안전과 편익을 우선적으로 고려하여야 한다. 시범실시를 통해 사전에 문제점을 파악하고 개선하여야 한다. 제도 도입을 반대하는 의사 등 의료계와 충분히 협의하여 모두가 공감하는 제도를 만들어야 한다. 사후적인 관리 및 모니터링 시스템을 통하여 관계자들이 소통하고 안전과 효율을 높여야 한다.

한겨레신문의 사설의 요지는 다음과 같다([한겨레신문] **원격의료, 제대로 된 시범사업부터 먼저 해야**_20131031). IT 기술을 이용하여 의료 취약계층에 혜택을 주는 것은 IT 강국인 우리로서는 자연스러운 일이다. 그러나 안전성, 비용부담, 의료 생태계 파괴의 위험성이 우려된다. 대면진료 없는 처방은 부실한 의료 처리로 이어질 수 있다. 원격진료를 위한 인프라 구축에 필요한 비용은 건강보험의 재정을 악화시킬 것이다. 대형병원의 쏠림 현상을 더욱 가속화시킬 우려가 있다. 최대한 신중하고 단계적으로 접근하여야 하며 시범사업의 결과를 평가한 이후 도입해도 늦지 않을 것이다.[10)]

박근혜정부는 20대 국회에 원격의료법안을 다시 제출하였다. 문재인정부 출범과 함께 원격의료등 의료서비스산업 혁신 방안이 추진되었으나 진전은 없다([내일신문] **정부, 원격의료법안 다시 국회 제출**_20160607)([매일경제] **외국서 인정 한국형 원격의료 국내선 안 되는 현실**_20160805)([한국일보] **원격의료 재시동... 이번엔 의료계 장벽 넘을까**_20160805)([국민일보] **"원격진료·화상투약기 도입 안된다"**_20160905)([동아일보] **'고령사회 원격의료' 정치권이 나설 때**_20170314)([서울경제] **원격진료·제약 입법 100건 '낮잠' 벤처 … 신제품 출시조차 못해**_20170515)([세계일보] **원격진료 팽개치고서 4차 산업혁명 얘기할 수 있나**_20170530)([매일경제] **IT기술 활용한 원격진료 솔루션 '닥터M 프로젝트'**_20170705)([서울경제] **손 펴지도 못하는 '손 안의 병원'**_20170725)([서울경제] **IT업체가 '난치병 치료법' 찾는 까닭은**_20170817)([경향신문] **4차 산업혁명 시대, 의료에 새 흐름을 만들다**_20170913)([서울경제] **원격진료 부분 허용…혁신성장 속도낸다**_20170929)([서울경제] **혁신성장 하겠다더니…'핵심 개혁' 의료부문은 쏙 빠져**_20171115)([한국경제] **시대착오 의료 규제, 그대로 따랐다면 말기환자 살렸겠나**_20171117)([한국경제] **이익집단에 꽉 막힌 서비스업 혁신 … 原電처럼 또 여론에 묻나**_20171127)([매일경제] **원격진료·영리의료법인 빠져 … 갈길 먼 규제완화**_20180123)([문화일보] **국내출시 스마트폰선 쓸 수 없는 건강상태 원격진료·블루투스 혈당기**_20180130)([문화일보] **利己主義에 발묶인 '원격진료'… 규제에 길 막힌 '빅데이터 진단'**_20180130)([한국경제] **투자개방형 병원 헛바퀴 16년, 백서로 만들어보자**_20180209)([한국경제] **환자는 편해지고**

---

10) 중앙일보와 한겨레신문의 사설 비교는 '[중앙일보]/[한겨레신문] **[사설 속으로] 원격의료**_20131203' 참조.

의료비는 줄고…日, 원격의료로 고령화 대응_20180209)([동아일보] **'의료 사각지대' 광주 고려인마을에서 인술 펼친다**_20180302)([매일경제] **5G 수익모델 찾아라_ 글로벌기업 합종연**_20180313)([중앙일보] **청년이 갈구하는 건 돈 몇 푼이 아니라 꿈이다**_20180322)([서울경제] **의료산업 규제프리존서 제외…이러고도 서비스 선진화 외치나**_20180419)([서울경제] **규제냐 육성이냐…'뜨거운 감자' 된 임상시험**_20180427)([매일경제] **'DTC규제 완화' 의료계 몽니에 힘없이 물러선 정부**_20180501).

외국에서는 원격진료를 활용하여 환자의 편익을 증진시키고 헬스케어분야에도 AI 열풍이나 우리나라는 원격진료 도입이 17년간 진전이 없는데, 해외진출은 독려하고 있다([국민일보] **'초고령사회 D-7년' 日 원격진료서 해법 찾다**_20180209)([파이낸셜뉴스] **전세계에 부는 헬스케어 AI 열풍… 한국만 '잠잠'**_20171010)([매일경제] **아마존 또 파란…병원 처방약도 집으로 '당일배송'**_0171030)([중앙일보] **국내선 규제, 해외 수출은 독려 … 원격의료와 원전의 모순**_20180620)([매일경제] **美, 진료 6건중 1건 원격의료 … 韓, 의협 반대로 17년간 제자리**_20180622)([매일경제] **전세계 원격진료 환자 5년간 20배↑ … 日은 의료보험까지 적용**_20180622).

11.2. 한의사 의료기기 사용

2014년 12월 28일 박근혜정부는 한의사가 현대 의료기기를 사용하는 것을 허용할 방침이라고 밝히자 의사협회는 반대하고, 한의사협회는 환영하였다. 의사협회는 전문성이 없는 한의사의 의료기기 사용은 현 의료체계의 붕괴를 가져올 수 있다고 반대하고, 한의사협회는 현대 의료기기를 한의사들이 사용하지 못하게 하는 것은 정확한 진료를 방해하는 행위라고 비판하였다. 의사협회의 반발로 한의사의 초음파 엑스레이 사용 등을 허용하는 방안은 추진되지 못하였다([내일신문] **한의사 의료기기 사용, 국민건강 위해 필요**_20150114)([한국경제] **한의사-의사 '의료기기 사용' 정면 충돌**_20150115)([한국경제] **의사협회장 또 단식**_20150121)([한국경제] **법원 판례만 쳐다보는 무책임한 장관들**_20150126)([내일신문] **'한의사 의료기 사용' 헌재결정 왜곡**_20150128)([한국경제] **이번엔 한의사 협회장 단식…의료기기 사용 갈등 심화**_20150129)([국민일보] **한의사 의료기기 사용 불가론은 의협의 독선일 뿐**_20150122)([한국경제] **미국서 한의사 인정하는 분위기 확산 … 시장 무궁무진하다**_20150209)([내일신문] **국민건강 증진 위해 양·한방 소통 절실**_20150216)([내일신문] **의료기기 사용, 한의 차별 철폐해야**_20150304)([내일신문] **의사·한의사 함께 진료하는 의료기관 생긴다**_20150407).

2017년 9월 한의사에게 의료기기 사용을 허용하는 법안이 국회에서 발의되었다. 문재인케어 확대로 정부와 의사협회간의 갈등이 고조되면서 한의사 의료기기 사용이 다시 쟁점화 되었으나 합의점은 찾지 못하고 있다. 재활병원, 건보적용 등 여러 분야에서 의사와 한의사간의 싸움은 격화되고 있다([한국경제] **한의사 의료기기 사용 놓고 의사-한의사 단체 또 충돌**_20170911)([한국경제] **"한의원도 X레이·CT진단 허용해야"**_20180219)([서울경제] **의료기기·천연물신약 규제 한의약 발전 가로막는 적폐**_20180330)([한국경제] **의사-한의사 '밥그릇 싸움' 재활치료 골든타임 놓치나**_20170124)([국민일보] **재활병원 반대… "속셈은 한의사 배제"**_20170206)([내일신문] **양방-한방 경쟁, 환자 위해 필요**_20170517)([내일신문] **한방병원의 과도한 진료 vs 진료수가 미비 때문**_20170822)([매일경제] **양방 한방 싸움에 눈치보는 정부**_20170823)([경향신문] **특수학교 대신 한방병원 세울 수 없는데… 빌미 준 '총선 공약'**_20170911)([서울신문] **양방·한방 갈등 부추긴 복지부의 의료정책**_20170920)([세계일보] **국민 건강권 '뒷전'…**

밥그릇 싸움하는 의약계_20171215)([매일경제] **양 한방, 한약 건보적용 놓고 2차 충돌**_20171226)([파이낸셜뉴스] **국민건강권 위해 의료일원화 필요**_20171227)([한국경제] **'밥그릇 싸움' 심해지는 의사·한의사**_20180102)([내일신문] **국민건강 위한 합리적 의료행정**_20180425).

한국경제신문은 한의사 의료기기 사용이 다시 쟁점화 되자 2018년 3월 찬반 토론을 게재하였다([한국경제] **[맞짱 토론] 한의사에게 의료기기 사용 허용해야 하나**_20180317). 찬성 측의 최혁용 대한한의사협회 회장의 논거는 다음과 같다. 한의사는 자격이 있는 의료인이고, 환자의 건강을 위해 의료기기 선택권을 보장받아야 하나, 의료기기 실습교육을 받고 있음에도 불구하고 의료기기 사용에 불합리한 제한을 받고 있다. 헌법재판소도 한의사가 안압측정기 등 5종의 의료기를 사용할 수 있다고 판결하였다. 의료비가 절감되고 진료선택권 제한이 완화되어 환자의 편익이 증대된다. 국민 80%가 찬성하고 있다. 한의학의 현대화를 통해 국익창출이 가능하다. 의료산업 활성화로 1만개의 일자리가 창출될 것으로 예상된다. 중국은 중의학 발전을 헌법에 명시하고 중의학을 우대하는 정책을 펼치고 있다.

반대 측의 추무진 대한의사협회 회장의 논거는 다음과 같다. 진단용 방사선 발생장치를 통한 처치는 의료행위의 일부이며 환자의 안전을 위해 전문적인 교육을 받은 의사만이 사용하도록 하여야 한다. 현행 법체계에서 한의사의 진단용 방사선 발생장치를 사용하는 것은 불법행위이다. 이원화된 현행 의료체계의 근간을 흔드는 것으로서 국민의 안전이 심각하게 위협받을 것이다. 한의사에게 의료기기 사용을 허용한다면 의료체계를 현대의학으로 일원화하는 것이 우선되어야 한다.

동아일보도 2017년 12월 한의사의 의료기기 사용과 관련된 찬반 토론을 게재하였다([동아일보] **"현대의료기기 쓰려면 의사 면허 취득해야" VS "한-의 협업, 국제적 추세 정확한 진단 위해 필요해"**_20171220).

한국경제신문과 중앙일보는 박근혜정부가 한의사 의료기기 사용 허용을 발표한 후 논란이 되자 2015년 1월과 2월에 각각 찬반 토론을 게재하였다([한국경제] **[맞짱 토론] 의료기기 사용 법적 문제 없어 국민 편익·진료비 부담 줄어들어...**_20150117)([중앙일보] **한의사 현대 의료기기 사용, 허용 맞나**_20150204).

12. 변호사 자격

2017년 12월 변호사에게 자동적으로 세무사 자격을 취득하게 한 법안의 폐지가 통과되면서 논란이 되었다([매일경제] **변호사의 세무사자격 자동취득 폐지안' 본회의 통과**_20171209)([서울신문] **변호사 '자동 세무사 자격' 폐지… 변협 "무한투쟁"**_20171209)([한국경제] **'변호사의 세무사 자격 박탈' 헌재 간다**_20171213). 파이낸셜뉴스는 변호사와 세무사 양측의 논거를 비교하는 기사를 게재하였다([파이낸셜뉴스] **[어떻게 생각하십니까] 업무엔 변화 없는데 변호사들 과잉반응 vs. 위헌·절차적 문제 있어**_20171211). 세무사회와 법안 통과를 지지하는 측은 변호사에게 세무사 자격을 자동적으로 주는 조항을 삭제한 것은 2003년 통과된 세무사법에서 변호사가 세무사 등록을 하지 못하도록 한 조치를 보완하는 성격이다. 변호사는 여전히 세무대리 업무를 할 수 있기 때문에 반대 측의 과잉 반응일 뿐이고 향후 변리사, 노무사 자격 자동 취득이 제한되는 것을 우려하는 예방 차원에서 반대하는 것이라는 주장이다. 반대 측은 2003년 개정된 세무사법이 헌법재판소에서 위헌 심의중이고 국회 법사위 소위에서 논의 중인 사안을 국회 본회의에서 처리한 것은 절차상의 문제가 있다는 주장이다.

변호사 수가 2만 명이 넘어서고 매년 1,600명이 새로이 배출되는 등 변호사시장이 포화상태가 되면서 변호사들이 지자체 6급 전문직으로 취업하는 등 취업난에 시달리고 있다([조선일보] **절반은 떨어진다, 고시촌에 갇힌 '변시 낭인'들**_20171227)([세계일보] **변호사들도 취업난 극심**_20180129)([한국경제] **진입 문턱 낮아지자… 입지 좁아진 변호사들**_20180306).

2017년 말 기획재정부가 문재인정부의 서비스산업 혁신방안의 일환으로 변호사와 다른 전문 자격사간의 동업허용 방침을 밝히면서 논란이 되었다. 한국경제신문은 찬반 토론을 2017년 12월에 게재하였다([한국경제] **[맞짱 토론] 변호사와 다른 전문 자격사 동업 허용**_20171202). 찬성 측의 나승철 변호사의 논거는 다음과 같다. 과잉규제로 국내 법률시장은 정체되어 있는데 변호사 수는 급격히 증가하고 있다. 한 해에 1500명의 변호사를 배출하는 것이 생존권을 침해라는 헌법소원을 낼 정도이다. 변호사, 세무사 등 다른 전문 자격자들도 모두 공공성을 지니고 있고 관련법에 규정되어 있는데, 각자 일을 하면 공공성이 지켜지고 같이 일하면 훼손된다는 법무부 논리는 이해할 수 없다. 동업을 허용하면 고객의 편익이 증가하고 변호사도 다른 분야의 전문성을 제고할 수 있어 사회적 편익이 있다. 전문사간의 동업을 허용하자는 것이 누구나 법인에 투자할 수 있는 것은 아니기 때문에 동업 허용 시 대기업 등 자본에 변호사가 휘둘릴 우려가 있다는 것은 오해이다. 법률시장을 육성하고 발전시킬 책임이 법무부에 있다.

반대 측의 박철 변호사의 논거는 다음과 같다. 의뢰인을 위해 소송을 제기하거나 방어하는 변호사가 자본에 장악되면 자본의 손익에 따라 소송을 남발하거나 인권 보호의 최후 보루가 무너질 수 있다. 미국, 독일 등에서 동업을 금지하거나 제한적으로 허용하는 이유이다. 변호사의 비밀유지 의무, 충실의무와 회계사의 중립의무가 실제로 충돌할 수 있기 때문에 어느 자격의 윤리의무를 우선시하느냐의 문제가 발생한다. 동업을 허용할 경우 실질적으로 혜택을 보는 계층은 일정 규모 이상의 기업과 일부 부유층에 국한된다. 변호사의 법률 서비스는 공익적 성격이 있는데, 단순히 경제 논리로 접근하여서는 안 된다.

2012년 1회 변호사시험의 합격률은 87.17%였는데, 탈락자가 누적되면서 2017년 6회 변호사 시험 합격률은 51.44%로 떨어지면서 로스쿨 제도가 도입 취지를 살리지 못하고 있다는 비판과 함께 변호사시험 합격률을 제고시켜야 한다는 주장, 로스쿨 정원을 줄여야 한다는 주장도 제기되고 있다([한국경제] **"로스쿨 정원 1500명으로 줄여라"**_20170214)([문화일보] **변호사시험 합격률 추락 여파…사상 첫 '軍법무관 미달사태'**_20180601)([한국경제] **로스쿨 출신 검사 후보자 '변시' 불합격에 첫 탈락**_20170422)([한국경제] **씁쓸한 로스쿨 '반수' 열풍**_20180124)([문화일보] **너무 어려운 변호사시험,**

로스쿨 망친다_20180504)([한국경제] **로스쿨 10년 … 전문영역 없이 쏟아지는 '붕어빵 변호사'**_20180425)([문화일보] **사시 폐지에도 제자리 못 잡은 로스쿨**_20170626).

로스쿨별 변호사시험 합격률을 공개하라는 법원의 판결이 있었고, 사법시험제도 폐지가 확정되는 등 로스쿨제도를 둘러싼 환경 변화도 있었다([한국경제] **"변호사시험 합격률 로스쿨 별로 공개하라"**_20171103)([한국경제] **너도나도 "우리가 1위" … 변시 합격률 '갑론을박'**_20180502)([한국경제] **사법시험 막차 탄 55명 … 최종합격자 명단 발표**_20171108)([한국경제] **"司試폐지는 위헌"…법대교수들 헌법소원**_20180313).

매일경제신문은 변호사시험 합격자 증원에 대한 찬반 토론을 2018년 2월 게재하였다([매일경제] **[이슈 토론] 辯試 합격자수 증원 논란**_20180208). 변시 합격자수 증원을 주장하는 이형규 법학전문대학원협의회 이사장의 논거는 다음과 같다. 정부가 사법시험제도를 폐지하고 로스쿨제도를 도입한 것은 사법시험 제도로 인한 사법교육의 황폐화, 고시낭인의 폐해를 극복하기 위한 것이었다. 2017년 변호사시험의 합격률이 51.44%로 떨어지면서 학생들이 변호사 시험의 합격에만 매달리고 있어 로스쿨 도입 취지를 살리지 못하고 있다. 정원제의 합격자 결정방식을 바꾸어야 한다. 미국의 변호사시험 합격률은 평균 70% 이상이다. 우리도 적어도 60% 이상의 합격률이 유지되도록 변호사시험을 자격시험으로 전환하여야 한다.

반대 측의 김현 대한변협 회장의 논거는 다음과 같다. 변호사 시장은 포화상태인데 매년 1600명의 변호사가 배출되고 있다. 로스쿨 도입 취지대로 로스쿨이 운영되고 있지 않으며, 너무 많은 변호사 수로 인하여 기획소송의 우려 등 그 피해가 국민에게 돌아

갈 가능성이 크다. 변호사시험 합격자를 1,000명으로 줄이고 로스쿨에 대한 과감하고 대폭적인 구조조정과 혁신이 필요하다. 미국의 뉴욕주, 캘리포니아주, 워싱톤DC의 변호사시험 합격률은 50% 미만이다. 변호사시험 합격자에 대한 내실 있는 실무교육이 필요하다.

13. 면세점 등록제

2013년 관세법 개정으로 면세점의 허가 기간이 5년으로 단축되면서 면세점 재심사가 2015년 11월 실시되었고, 면세점 사업이 황금 알을 낳는 거위가 되면서 재승인을 받거나 새로이 면세점 사업에 진출하고자 하는 대기업들의 경쟁이 치열하였다([한국경제] **김낙회 "면세점 나눠먹기식 배분 안돼"**_20151017)([한국경제] **5년 만에 두 배 급성장 … '황금티켓'이 된 면세점**_20151119)([한국경제] **"롯데면세점 특허 지켜라" 전면에 나서는 신동빈 회장**_20151010)([한국경제] **시내면세점 입찰 '총수들의 전쟁'**_20151013)([중앙일보] **SK "면세점 유치 땐 2400억원 상생 투자"**_20151020)([문화일보] **총수들 '사회 공헌' 경쟁… 면세점 특허 측면지원**_20151026)([문화일보] **SK_면세점 이익 10% 사회환원**_20151027)([한겨레] **면세점 상생경쟁은 쇼인가**_20151031)([한국경제] **면세점 승자 신세계만 올랐다**_20151117)([한국경제] **신세계 서울 면세점, 내년 4월 개장**_20151118).

2015년 면세점 허가 과정에서 허가제를 등록제로 전환하여야 한다는 주장 등 면세점 사업의 기본 틀을 바꾸자는 논의가 활발하였다([한국경제] **정부는 언제까지 면세점 허가권을 휘두를 작정인가**_20151012)([한국경제] **최경환 "일본식 미니 면세점 도입 추진"**_20151016)([중앙일보] **"면세점 특허 수수료 올리고 독과점 제한해야"**_20151016)([문화일보] **면세점 특허制, 근본 개편 필요하다**_20151019)([중앙일보] **면세점 시장 독과점, 경쟁 구조로 바꾸자**_20151023)([중앙일보] **따내도 불안한 '5년짜리' 면세점**_20151116)([한국경제] **'재승인 탈락' 워커힐면세점, 80% 세일**_20151126)([매일경제] **한국과 차원 다른 일본 면세점 규제 전혀 없어**_20151117)([중앙일보] **5년짜리 면세점은 재앙 한국, 자기 발에 총 쐈다"**_20151119)([중앙일보] **규제 푸는 일본, 부가세면세점 1만4000곳 늘려**_20151119)([한국경제] **면세점, 등록제로 전환해야**_20151209)([문화일보] **면세점·종사자 모두 울리는 '5년 특허'**_20151221)([중앙일보] **국내 면세점 시장 망치고 있는 불량 면세점법**_20151219)([한국경제] **면세점 사업 누가 파괴하고 있나**_20151229).

면세점 사업의 재승인 과정에서 가장 문제가 되었던 것 중의 하나가 인력이었다([문화일보] **신세계 _기존 사업장 인력 최대한 수용**_20151117)([경향신문] **롯데, 직원 모두 고용 보장 SK, 워커힐 매장 공사 중단**_20151117)([문화일보] **면세점 '인력 확보' 전쟁**_20151123).

2015년 면세점 선정이 종료된 이후에도 면세점 사업을 허가제에서 등록제로 바꾸어야 한다는 주장이 지속적으로 제기되고 있다([한국경제] **롯데에 면세점 내준 日, 있는 면세점도 없애는 韓**_20160513)([문화일보] **면세점 등록제 도입 안 한다**_20161129)([서울경제] **이용객 70%가 외국인인데… 골목상권 보호와 무슨 상관있나**_20170602)([서울신문] **면세점의 추락**_20170616)([한국경제] **유커 빠진 지금이 면세점 등록제로 바꿀 기회다**_20170920)([내일신문] **월드타워면세점 특허권 취소 '위기'**_20180214)([서울신문] **"참담한 상황 예측 못 해"… 뉴롯데 급제동**_20180214)([매일경제] **면세점 등록제·경매제 도입 검토**_20180412)([한국일보] **정부, 특허기간 10년→5년→10년 오락가락… 속 타는 면세점**_20180606).

서울경제신문은 2017년 4월 면세점 허가제를 등록제로 바꾸는 것에 대한 찬반 토론을 게재하였다([서울경제신문] **[어떻게 생각하십니까?] 면세점 특허제 등록제로 전환**_20170407). 찬성 측의 최준선 성균관대 교수의 논거는 다음과 같다. 시장자율권을 침해하는 면세점 특허제의 폐해는 크다. 관세청이 동일한 사업자 선정 절차를 두 번씩 하게 하고, 골목상권과 관계없는 면세점에 대해 의무휴업일을 지정하고, 도입이 무산되었지만 입찰시 감점제도 도입, 특허수수료 20배 이상 방안 검토 등 정부는 면세점 사업을 특혜로 보고 이익 환수 차원에서 접근하나 결과적으로 가격인상, 소비자 피해로 귀결될 뿐이다. 정부가 특허 기간을 5년으로 단축하면서 20년 이상 영업 노하우를 축적한 면세점 2곳이 폐쇄되어 근로자들의 고용불안을 가져 왔다. 대안은 등록제이다. 외국의 대형 면세점 진출이 우려되어 등록제로 전환하지 못한다고 하나 이미 외국대형사들은 중소사업자로 등록하여 진출해 있는 상황이고 엄격한 기준을 세워 등록하도록 하면 된다. 경쟁으로 인해 도산하는 업체도 있을 수 있으나 경쟁에 따른 편익이 더 크다. 세계 면세점 톱 10에 우리나라 면세점 2곳이 포함될 정도로 급속히 성장한 우리나라 면세산업이 더욱 도약하기 위해서는 등록제로 전환하여 글로벌 시장에서 성장할 수 있는 기반을 마련해 주어야 한다.

반대 측의 김영춘 한국관세무역개발원 연구실장의 논거는 다음과 같다. 우리나라 면세사업이 비약적인 발전을 해온 것은 세계관세기구의 권고와 지침을 잘 준수하면서 면세점을 허가제로 운영하여 온 결과이다. 면세시장에서의 시장지배자적 지위는 최근 추세인 대형화와 집중화로 인해 등록제로 전환 시 더욱 심화될 수 있다. 현행 면세점 신설의 일부 기준은 개선이 필요하나 현재의 면세점 수는 적정하다. 현행 심사제도의 기준과 절차는 공정하고 적절하다. 등록제로 전환하여도 일정 기준을 충족하는 경우에만 등록을 받아준다고 하면 현 허가제와 큰 차이가 없다. 허가제는 등록제에 비해 중소기업이나 중견기업에 유리하다는 것이 고려되어야 한다. 허가기간을 10년으로 늘리고 기간 연장을 위한 승인심사제도의 부활이 바람직하다.

2016년 정부가 시내면세점 신규 특허를 4개 내주고 사드의 영향으로 중국 관광객이 줄면서 고객 확보 경쟁이 치열해졌다. 2017년 면세점들의 수익성이 악화되면서 인천공항공사 입주 면세점들은 인천공항공사와 임대료 인하 협상을 하였고, 롯데는 대부분의 매장에서 철수하였다. 2018년에 들어 면세점 수익성이 회복되고 있으나 롯데가 인천공항공사 입찰에서 탈락하는 등 면세점 시장 구조도 개편되고 있다([국민일보] **롯데면세점, 주류·담배만 남기고 철수**_20180214)([매일경제] **'황금알' 낳기는커녕 … 날개 꺾인 면세점**_20180315)([조선일보] **인천공항_면세점들 임대료 너무 깎으려 해**_20180316)([파이낸셜뉴스] **신라면제점, T1 임대료 27.9% 인하안 수용 대기업 타결 가닥… 중소기업은 반발 계속**_20180404)([파이낸셜뉴스] **면세점 업계 '사드교훈' 잊지 말길**_20180406)([한국경제] **유커 없이 '깜짝 실적' 낸 면세점들**_20180517)([서울신문] **롯데면세점, 최고가 쓰고도 탈락 '뒷말'**_20180605)([동아일보] **돌아온 유커 … 면세점앞 장사진**_20180607)([서울경제] **양강서 3강체제로… 면세점업계 지각변동**_20180623).

IV

금 융

1. 금리 정책
2. 인터넷은행/은(금)산분리 완화
3. 코스닥 차등의결권
4. 공매도규제 강화
5. 보험사의 은행증권 ‘복합점포’ 입주 허용
6. 은행 신탁업 확대
7. ISA 가입대상
8. 펀드·ELS 방문판매 허용
9. 금융소비자보호원
10. 금융관련 개인정보 상업적 거래 허용
11. 소액·장기연체 빚 탕감

1. 금리 정책

한국은행의 1차 목표는 물가안정이며 1년에 금융통화위원회를 8번 개회하여 통화정책의 기본이 되는 기준금리를 결정한다. 한국은행의 기준금리는 외환위기 직후인 2008년에는 5번 변경되었다. 2008년 8월 7일 5.25%로 가장 높았고, 그 이후 하향 추세가 지속되다가 2016년 6월 9일 1.25%로 가장 낮았다. 2017년 11월 30일에 0.25%P 상승을 시작으로, 2018년 5월 30일 현재 1.5%이다([매일경제] **한은 금통위서 1년에 8회 기준금리에 대한 회의 진행**_20180426)(https://www.bok.or.kr/static/view/forPrint.jsp?siteId=portal).

경기가 불황일 때 기준금리를 인하하면 소비와 투자를 진작시키고 재정지출을 통한 경기 활성화 대책의 부담을 덜어주는 긍정적인 효과가 있으나 가계부채가 증가하고 해외 시장과 비교하여 금리가 낮으면 자본유출의 위험성이 있는 부정적인 측면이 있다.

2014년에는 세월호 참사 등으로 경기 상황이 좋지 않아 기준 금리를 두 번 인하하였는데, 2013년 4월 이후 유지되어 온 금리를 2014년 8월 14일 2.5%에서 2.25%로 내리기 전에 금리인하 논쟁이 치열하였다.

한국경제신문은 2014년 7월 기준금리 인하와 관련하여 전문가 토론을 게재하였다([한국경제] **[맞짱 토론] 한국은행 기준금리 내려야 하나**_20140719). 찬성과 반대 측 모두 한국 경제의 위기 속에서 구조적인 문제점을 개선하는 방안을 찾아야 한다고 제언하였다. 금리인하를 주장한 배상근 한국경제연구원 부원장의 논거는 다음과 같다. 중국의 경제성장률이 둔화되는 등 대외여건이 좋지 않고, 원화 가치의 급격한 상승으로 중소기업을 포함한 우리 제품의 국제경쟁력이 약화되고 있다. 세월호 참사의 여파로 투자와 소비가 줄어들면서 올해 경제성장률 전망이 하향 조정되었다. 물가안정이 한은의 제1목표이긴 하나 현재 물가가 우려할 수준은 아니며 이러한 물가안정 기조는 당분간 유지될 전망이다. 기준금리를 내리면 민간소비 개선에 도움이 되고 금융부채가 많은 저소득층에 도움이 되면서 소득이 늘어날 것이다.

반대 측의 신민영 LG경제연구원 경제연구부문장의 논거는 다음과 같다. 금리인하 정책을 쓰기 전에는 경기가 회복국면인지를 확인하여야 하는데, 현재의 경기가 심각하게 위축되었다고 보기는 어렵다. 현재의 금리도 추세치를 볼 때 낮다. 기준금리 인하가 담보인정비율과 총부채상환비율의 완화와 맞물리면 가계부채가 급증할 가능성이 있다. 미국의 금리인상이 예상되는 시점에서 금리를 인하하였다가 짧은 기간에 다시 인상하여야 할 수도 있다. 금리인하 시점을 놓친 상황에서, 부작용의 가능성을 고려하면 금리인하보다는 창의적 통화정책 수단을 고민하여야 한다.

한국은행은 메르스 사태의 여파로 경기가 더욱 침체되면서 2015년에 두 번의 금리를 인하하였다. 2015년 6월 11일 1.5%로 금리를 인하하였는데, 금리인하의 필요성에는 공감을 하면서도 가계부채가 더욱 증가하는 것을 우려하였다. 추가 금리인하 가능성이 거론되면서 추가 금리인하를 조심스럽게 전망하는 측과 추경을 통해 경기를 활성화하여야 한다는 측으로 의견이 갈렸다. 우리나라뿐 아니라 아시아권 중앙은행들도 금리 인하 대열에 동참하면서 통화전쟁에 대한 우려도 있었다([한겨레] **사상 최저 1.5% 기준금리 시대**_20150612)([한국경제] **韓銀, 기준금리 또 내렸다**_20150612)([한국경제] **대출받아 투자… '빚테크族' 기승**_20150613)([세계일보] **연 1.50% 밑으로 또 떨어질까**_20150613)([매일경제] **다시 불붙는 통화전쟁**_20150613).

2016년 6월 9일 한국은행이 기준금리를 1.25%로 인하시키자 중앙일보와 한겨레신문은 사설을 각각 게재하였다. 가계 부채에 대한 우려는 공통적이었으나 중앙일보는 다소 긍정적, 한겨레신문은 비판적이었다([중앙일보] **사상 최저 금리, 더 이상 물러날 곳이 없다**_20160610)([한겨레신문] **금리 인하만으로 경제 활력 찾을 수 없다**_20160610)[11]. 중앙일보는 미국의 금리 인상 시기 전망, 재정의 여력을 고려할 때 중앙은행과 정부가 한 호흡으로 경제 살리기에 나선 것을 긍정적으로 평가하면서 1,200조원이 넘는 가계부채에 대한 대책을 주문하였다. 한겨레신문은 미국의 금리인상 우려가 없는데도 예상을 깨고 한국은행이 금리를 사상 최저로 인하하였으나 그 효과는 제한적일 것으로 보았다. 소비와 투자의 하향세가 지속되고 있고, 미국의 금리 인상 가능성이 있는 상황에서 금리인하에 기대는 경기활성화 대책의 효과는 제한적일 수밖에 없다는 것이다. 부채에 익숙한 경제주체들의 경제활동을 우려하면서 엄격한 가계부채관리가 필요하다는 입장이다. 한겨레신문은 한국은행을 압박하는 정책을 벗어나 재정투입, 세제 개편, 제도 정비를 통한 일자리와 소득에

11) 중앙일보와 한겨레신문의 사설비교는 '[중앙일보]/[한겨레신문] **[사실속으로] 한국은행 금리 인하**_20160621' 참조.

대한 근로자들의 불안감을 해소해야 한다고 주장한다.

경기회복이 본격화되면서 한국은행은 2017년 11월 30일 기준금리를 0.25%P 인상하였다. 관련하여 중앙일보와 한겨레신문은 12월 각각 사설을 게재하였다. 중앙일보는 미국을 비롯한 세계적인 금리인상 기조 속에서 우리나라도 금리인상이 불가피할 것이며, 향후 우리 경제에 놓여 있는 과제를 고려하여 특단의 대책을 주문하였다([중앙일보] **저금리 파티 끝나고 퍼펙트스톰 몰려온다**_20171201). 1,400억 원의 주택담보대출에 대한 금리인상의 여파, 반도체와 석유화학에 집중된 왜곡된 경기 호황, 최저임금의 급격한 인상과 근로시간 단축의 상황을 고려할 때 고금리, 고유가, 원고(高)가 일시에 몰려오는 상황에 대비하여야 한다고 주장하였다.

한겨레신문은 금리인상으로 부채가 많은 사람들의 부담은 늘어나겠지만 정상화로 가는 길로 보았다([한겨레신문] **'금리 정상화'의 험한 여정 시작 됐다**_20171201). 미국에 비해 금리인상이 늦추어진 것은 우리 경제 상황이 좋지 않았기 때문인데, 초저금리정책의 부정적 측면을 고려하는 통화정책의 필요성을 강조하였다.[12)]

한국은행은 2018년 초, 추가적인 금리인상에 대해 보수적인 입장이었으나, 시장은 추가인상의 가능성이 큰 것으로 보았다([파이낸셜뉴스] **이주열 총재 _물가 우려 커_ 금리 추가인상 신중히 결정**_20180103)([매일경제] **올해 한국 경제가 직면한 '新5高'**_20180104).

2018년 3월 21일, 미국이 기준금리를 0.25%P 낮추면서 한국과

---

12) 중앙일보와 한겨레신문의 사설비교는 '[중앙일보]/[한겨레신문] **[사설속으로] 금리인상**_20171219' 참조.

미국의 금리가 역전되었다. 이에 따른 외국인 자금 유출과 추가 금리 인상으로 인한 가계 부채 부실화가 더욱 문제될 것으로 보았으나, 한국과 미국의 금리 역전으로 인한 금융시장의 큰 동요는 없었다([동아일보] **한미 금리 역전… 더 뜨거워진 '가계부채 뇌관'**_20180323)([서울경제] **취약차주 150만명·한계기업 빚 123조…금리인상기 뇌관**_20180330)([국민일보] **금융시장 무덤덤 쇼크는 없었다**_20180323).

미국의 금리 인상은 2018년 우리 경제의 도전과제이고 다른 신흥국에도 부정적 영향을 주고 있다. 특히 추가 기준금리 인상의 가능성이 거론되면서 가계대출 관리에 비상이 걸렸다([매일경제] **美 금리인상·强달러에…신흥국 통화가치 급락 도미노**_20180505)([서울경제] **대출금리 0.5%P 오르면 빚 4.7조 고위험 8,000가구 늘어**_20180323)([파이낸셜뉴스] **빚내서 집 산 사람들 어쩌나**_20180323).

초저금리시대가 끝나고 금리인상이 뉴노멀인 시기로 들어오면서, 금융권, 기업, 개인 모두 새로운 환경에 적응하기 위해 열심이다([문화일보] **금리 인상은 뉴노멀 … 親기업 절실하다**_20180326)([한국경제] **금리 더 오르기 전에 … 4월 회사채 발행 5년6개월 만에 최대**_20180504)([한국경제] **"기준금리 0.5%P 오를 때 임대료 10% 인상해야 수익 유지"**_20180503)([한국경제] **금리 올려 돈 빨아들이는 은행들 … '빅5' 정기예금 올해만 6.7兆↑**_20180111).

한국과 미국의 금리 역전에도 불구하고 외국인 자금은 순유입되고 있으나, 한국은행의 지속적인 금리인상 가능성, 세계적인 금리인상 추세는 국내 금융시장의 불안요인이다([한국경제] **韓·美 정책금리 역전에도 외국인 자금 1.2조 순유입**_20180412)([한국경제] **한국 증시에 또 드리운 '美 국채금리 공포'**_20180424).

한국은행의 추가적인 금리인상 가능성 여부에 대한 시장의 관심이 뜨겁다. 주택가격 급등으로 서민들이 고통을 받고 있는데, 다주택자가 혜택을 받은 저금리정책을 종식하여야 한다는 주장도 있다([한국경제] **"정부 일자리 목표 32만명 달성 어렵다"**_20180413)([한국일보] **한은 연내 금리 동결 전망까지…韓美 금리차 커진다**_20180414)([한국일보] **한은 연내 금리 동결 전망까지…韓美 금리차 커진다**_20180414)([내일신문] **누구를 위한 저금리 정책인가**_20180425)([세계일보] **가계대출 연체잔액 5년 만에 증가세**_20180427).

2. 인터넷은행/은(금)산분리 완화[13)]

인터넷전문은행 카카오뱅크의 시장 진입으로 금융산업에 변화의 바람이 일어나고 있다. 카카오뱅크는 출범 100일 만에 가입자가 400만 명을 넘어섰으며, 2017년 10월 20일 기준 경쟁자인 K뱅크 가입자 40만 명보다 11배 가까운 가입자를 확보하였다. 기존 은행들의 수수료 인하 경쟁을 촉발시켰고 디자인 마케팅도 벤치마킹 대상이었다. 주거래은행으로는 5위를 차지하였다. 그러나 고객요구 대응, 고객 상담 서비스 등 개선하여야 할 과제도 많은 것으로 나타났다. 개인정보 관리 등에 있어서 시중은행보다 신뢰도는 낮으나 만족도, 특히 예출금 수수료에 대한 만족도가 높았다([매일경제] **카카오뱅크 100일…절반의 성공**_20171103)([서울경제] **사고뭉치 '카뱅'**_20180119)([내일신문] **신뢰도 낮아도 인터넷은행에 더 만족**_20171207).

---

13) 관련 정책인 III장의 '1. 경제민주화' 참조.

카카오뱅크가 짧은 시간에 주목을 끌긴 하였지만 오프라인 지점이 없기 때문에 발생하는 수수료 비용으로 설립 3개월 만에 668억 원의 적자를 내 자본금의 10%를 까먹었다. 적자폭이 확대되면서 증자를 계획하였으나 은산분리 규제의 예외를 반대하는 김기식 금감원장의 취임으로 주요 주주들의 지분 확대가 어려워져 계획하였던 증자 규모를 절반으로 줄이고 2018년 4월, 5,000억 원 규모의 증자에 성공하였다([국민일보] **돈나무 카카오**_20171211)([문화일보] **인터넷전문은행 증자 더 어려워지나**_20180403)([서울경제] **'김기식 쇼크' 케이뱅크 유증 규모 절반 줄인다**_20180404)([동아일보] **카카오뱅크, 5000억 유상증자 완료**_20180426)[14].

인터넷은행의 메기 효과로 시중은행들이 대출 금리를 내리고 앱을 고치는 등 '신은행시대'가 열렸다([중앙일보] **말 많던 은행권 가산금리, 인터넷뱅크 돌풍이 끌어내렸다**_20171026)([매일경제] **인터넷銀 뜨니 시중은행도 '금리 다이어트'**_20180322)([매일경제] **케뱅·카뱅發 빅뱅…시중은행 판을 흔들다**_20180321)([한국경제] **카카오뱅크發 금융 빅뱅…은행 생태계 바꾼다**_20170802)([동아일보] **케이뱅크 '메기효과'… 시중銀들 앱 고치고 금리 경쟁**_20180327).

카카오뱅크와 K뱅크의 경쟁이 치열해지고 부동산대출시장에 뛰어들어 경쟁하면서 기존 은행들의 대출 금리를 인하하도록 만들었다 인터넷은행은 모바일슈랑스에 도전하고 있으나 주 고객이 젊은 연령층이고 고객 대면이 일정 부문 필요한 보험업 특성으로

---

14) 銀(金)産분리는 산업자본은 의결권이 있는 은행 지분을 최대 4%만 보유할 수 있도록 제한한 규제이다. 은행이 대기업 등 산업자본에 예속되는 것을 방지하기 위한 제도이다([서울신문] **[오늘의 경제 Talk 톡] 은산분리**_20180403).

고전하고 있다([매일경제] **카뱅 vs 케뱅 … 이번엔 부동산대출 大戰**_20171113)([파이낸셜뉴스] **카뱅 전월세대출 출시 이후 금리 내림세**_20180228)([파이낸셜뉴스] **금리인상·포트폴리오 다변화 '전방위 박차'**_20180414)([한겨레] **은행, '부동산 금융' 공들이는 까닭은**_20170504)([한겨레] **K뱅크 '모바일 보험' 20종 출시 '모바일슈랑스' 드디어 기지개**_20171205)([내일신문] **'모바일슈랑스' 출범 한 달 성적표 공개도 못한 케이뱅크**_20180104).

인터넷은행도 시중은행과 같이 대출 금리는 계속 올리고 있지만 예금과 적금의 금리 인상에는 인색한 것으로 나타났다. 신용대출인 마이너스대출이 차지하는 비중이 높아 시장금리 상승에 따라 대출 금리를 올릴 수밖에 없는 구조적인 한계가 있기 때문이다. 가상화폐 투자 열풍 속에서 소액 신용대출이 주를 이루는 인터넷은행의 대출이 가상화폐 투자 자금으로 유입되었다는 시각에서는 가상화폐 가격이 떨어지면 신용대출이 부실화되고, 결국 인터넷은행의 부실로 이어질 가능성을 우려하고 있다([서울신문] **'메기 역할' 하겠다던 카뱅도 결국 이자장사**_20180308)([한국일보] **인터넷은행 소액 대출이 가상화폐 투자 부추겼나**_20180122).

인터넷전문은행 뿐만 아니라 네이버, 카카오 등 정보통신기업, 삼성전자, 신세계와 같은 제조 및 유통 대기업이 간편 결제 및 간편 송금서비스 시장에 진입하였다. 국내 주요 금융지주와 시중은행들은 디지털 역량을 강화하고 있으며, 비대면 서비스가 확대되고 기업문화도 바뀌고 있다([국민일보] **금융업계 대지진 은행, 디지털에 사활**_20180322)([동아일보] **4차 산업혁명 기술로 '핀테크' 나선다**_20180228)([동아일보] **금융 앱 하나로 묶어… 은행 갈 일 없겠네**_20180307)([파이낸셜뉴스] **은행권 디지털금융**

바람에 기업문화 바뀐다_20180227)([파이낸셜뉴스] **은행들 _온라인쇼핑몰에서 금융상품 가입하세요**_20180315)([세계일보] **은행업무 보러 편의점으로 Go~**_20180113).

기존 은행들이 비대면 중심의 디지털화를 가속화하고 뱅킹에 주력하면서 은행 점포들이 줄어들고 있다. 2017년 말, 2007년 이후 처음으로 은행 점포수가 7,000개 아래로 떨어졌다. 2017년에 3,500여 명의 직원들이 은행을 떠났고, 대부분 은행들이 2018년에도 청년 일자리 확보를 위해 희망퇴직을 실시할 계획이다. 은행 직원들은 새로운 환경에 적응하여야 하고 업무 강도도 높아지고 있다. 인력 구소 소성을 수반하는 디지털 금융 육성의 장애요인 중 하나는 기존 직원 및 노조의 반발이다([국민일보] **저물어가는 은행 점포 시대… 1년 새 282개 사라져**_20180302)([한국경제] **은행·증권사도 작년 7600명 짐 쌌다**_20180108)([한국경제] **은행, '神의 직장' 옛말…창구 직원은 '감정 쓰레기통'ㅠㅠ "핀테크 바람에 스마트폰 들고 친구 찾아"**_20171205)([서울경제] **'디지털 금융' 키워야하는데 인력 운영 유연성 막는 노조**_20171226)([서울경제] **예대 마진 안주하며 성과급 잔치…勞治에 과잉 점포도 못 줄여**_20180314).

문재인정부 출범 이후 금융위원회 자문기구인 금융행정혁신위원회가 설립되었다. 금융혁신위원회는 2017년 12월 금융회사에 근로자추천이사제도를 도입할 것을 권고하였는데, 이에 대해 금융위원장도 유보적 입장을 보였고, 비판적인 여론이 우세하다([서울경제] **아마추어 관치·코드행정·철학 부재…고개 떨군 금융수장**_20180119)([한국경제] **'적폐청산' 한다면서 … 前정부 정책 뒤집기 잇따라**_20171222)([한국경제] **규제완화 외면하고 노조 힘 실어주는 게 '금융 혁신'인가**_20171222)([매일경제] **금융권 근로자 추천이사제 당장 도입하기는 어렵다**_20171222)([서울경제] **관치·정치·노치…뒤범벅된**

'3치 트라우마'에 시장논리 실종_20171220)[15].

미국 등 선진국은 은행과 금융에 산업자본을 투자하는 것을 허용한 후 감시하는 체제이지만 우리는 이러한 투자를 원칙적으로 막고 있다. 이것은 행정당국의 편의적 규제이며 은행산업의 성장을 방해하는 요소라는 비판도 받고 있다([문화일보] **한국 금융산업 폐쇄성이 문제 銀産분리가 성장 방해 말아야**_20180123)([문화일보] **편의적 원천규제로 숨못쉬는 韓금융산업…완화해야**_20180312)([중앙일보] **"인터넷은행, 은산분리 완화하고 대출상한선 둬야"**_20171117)([한국경제] **銀産분리 규제 완화 국회서 2년째 잠잠**_20180331)([파이낸셜뉴스] **인터넷銀 1년, 은산분리 족쇄는 여전**_20180404)([문화일보] **핀테크·의료 등 혁신성장 가능한 新산업, 정부 규제에 발목 잡혀**_20180424).

18개에 불과한 은행의 독과점 구조로 인한 국민들의 매우 큰 이자부담과 과다한 금융비용 지출이 성장률을 1%P 하락시키는 요인이라는 분석도 있다. 이에 소규모 은행의 진입을 활성화하는 등 경쟁가능한 시장으로 은행권을 개편하여야 한다는 주장도 제기되고 있다([한국일보] **"은행 독과점 구조탓 국민들 年20조 이자 추가 부담"**_20180321).

하루 거래액만 28조원으로 글로벌 온라인 축제로 성장한 중국 광군제(독신자의 날)의 성공은 모바일쇼핑 혁명의 위력을 보여준다. 모바일경제 왕국 중국의 핀테크기업 앤트파이낸셜은 100억 달러의 자금조달을 계획하고 있는데, 성공하면 몸값이 10억 달러 이상인 스타트업 중 세계 최대가 될 것이다([서울경제] **대박 터뜨린 中 광군제 언제까지 부러워만 할 건가**_20171113)([한국경제] **알리페이 앞세운 中 앤트파이낸셜…세계 최대 '유니콘' 부상**_20180412).

15) 관련 정책인 XI장의 '10. 노동이사제' 참조.

정책 당국은 금융 산업의 혁신적 발전을 위해 고심하고 있다. 2018년 3월, 심사위 지정을 받으면 인허가 없이 영업 가능하도록 하는 '핀테크 활성화 방안'이 발표되었다([세계일보] **금융개혁의 바람직한 모습**_20180427)([서울경제] **은행 기업금융 지원·소비자보호 미흡 _국민이 체감할 정책 내놔라**_20171124)([한겨레] **"혁신적 금융서비스 개발하면, 4년간 금융규제 면제"**_20180321).

정부는 2018년 5월에 금융 산업 진입규제 완화 방안을 발표하였다. 특정 분야에 특화된 소규모 업체의 진입 규제를 완화하여 금융 산업의 경쟁을 촉진시키고, 제 3의 인터넷은행의 설립도 적극적으로 검토하기로 하였다. 그러나 정부의 규제 완화 방침이 4차 산업혁명을 주도할 금융혁신 수준인가에 대해서 의문이고, 진입 장벽 규제의 핵심인 금산분리에 대한 조치가 없어 제 3의 인터넷은행 설립도 회의적이라는 반응이다([세계일보] **금융산업 진입규제 장벽 20년 만에 확 낮춘다**_20180503)([경향신문] **금융업 문턱 낮춰 새 금융사 설립 활성화 한다**_20180503)([내일신문] **인터넷전문은행 또 생긴다**_20180503)([서울신문] **겉가지만 건드린 금융업 진입규제 개편안**_20180504)([파이낸셜뉴스] **은산분리는 쏙 뺀 금융규제완화**_20180504).

문재인대통령이 인터넷은행에 한하여 은산분리 완화 방침을 2018년 8월 초 밝히면서 인터넷은행은 발전의 전기를 마련하였다([국민일보] **인터넷銀 '은산 분리' 족쇄 푼다**_20180808)([서울신문] **낡은 금융 기득권 깬다… 文 규제혁신 1호는 '인터넷은행 활성화'**_20180808)([동아일보] **금융위, 은행법 개정 대신 '인터넷銀 특례법' 추진**_20180808)([경향신문] **산업자본의 힘 과소평가 안된다**_20180808)([경향신문] **은산분리 완화, 재벌 차단하고 혁신 될지 지켜보겠다**_20180808)

([한국경제] **여야 '인터넷전문銀 특례법' 처리 합의**_20180809).

인터넷은행의 도입이 추진되면서 산업자본이 금융 산업을 지배하는 것을 막기 위한 금(은)산분리 규제를 인터넷은행에 대해서는 완화하여야 한다는 주장이 제기되었다. 2015년 1월 한국경제신문은 인터넷전문은행과 은산분리 완화에 관한 토론을 게재하였다([한국경제] **[맞짱 토론] 인터넷전문은행 설립 위해 금산분리 완화해야 하나**_20150114).

완화를 주장하는 오정근 한국금융ICT융합학회 회장의 논거는 다음과 같다. 금융 산업의 주도권이 금융회사에서 산업자본으로 넘어 오고 있다. 인터넷전문은행 저장왕상은행을 중심으로 한 전자상거래은행 알리바바, 미국의 20여 개의 인터넷전문은행 등이 그 증거이다. 우리나라는 금산분리규정에 묶여 '금융 산업의 삼성전자'가 나올 수 없으며 은행, 지주회사 중 외국계를 제외하면 모든 은행, 금융지주회사가 정부의 영향력 안에 있어 금융 산업이 낙하산 인사, 과도한 규제 등으로 낙후되어 있다. 1인당 국민소득이 우리나라의 2배로 일찍이 선진국 대열에 합류한 싱가포르의 발전에는 규제완화를 통한 외국계 금융회사의 유치가 역할을 하였다. 따라서 거래 규제 등으로 기업의 사금고화를 방지하는 대안을 마련하고 인터넷은행에 한하여 은산분리 규제를 완화하여 금융 산업 발전의 전기를 마련하여야 한다.

완화를 반대하는 새정치연합의 박영선 의원의 논거는 아래와 같다. 삼성생명의 삼성전자 지배, 저축은행의 동일인 대출한도 위반사례, 동양그룹 사태는 기업이 금융기관을 사금융한 대표적인 사례이다. 기업대출을 하지 않으나 금산분리가 해제되면 개인대출

업무를 하는 인터넷전문은행의 설립으로 대부업체가 예금수납까지 할 수 있도록 하여 주는 결과가 되는데, 금융소비자를 위해 필요한 상황은 아니다. 이미 금융사고가 빈번하고 구제를 받는 것도 어려운데, 본인확인 의무에 대한 규제를 완화하는 것도 바람직하지 않다. 오히려 인터넷전문은행과 유사하나 금산분리 규제 완화 및 본인확인의무 완화가 필요 없는 펀드슈퍼마켓을 활성화시키는 것이 대안이다.

3. 코스닥 차등의결권

차등의결권은 '1주 1의결권' 대신에 특정 주식에 많은 의결권을 부여함으로써 일부 주주의 지배권을 강화하는 제도이다.

문재인정부의 재벌 개혁에 대해 재계에서는 차등의결권, 포이즌필(적대적 인수합병 시도가 있을 때 다른 주주에게 주식을 싼 값으로 인수할 있는 권리 부여) 제도 도입이 경영권 방어를 위해 필요하다는 입장이다([경향신문] **새 링에 오른 '재벌 개혁' vs '경영권 방어'**_20170517)([한국경제] **현대차그룹 지배구조 개편 '잠정 중단'**_20180522).

알리바바, 구글 등이 글로벌 혁신 기업으로 성장할 수 있었던 것은 차등의결권으로 경영권 방어보다는 혁신에 역량을 집중할 수 있었다는 분석이 있다. 알리바바가 홍콩증시 대신 뉴욕증시를 통해 기업을 공개한 것은 차등의결권 때문이었다는 것이다. 차등의결권을 도입하여 창업이 활성화되는 기반을 마련하여야 하고,

큰 기부도 활성화될 것이라는 시각도 있다([문화일보] **구글, 차등의결권 선택후 매출 24배·고용 21배 급증**_20170524)([한국경제] **구글·알리바바는 되고, 삼성전자는 안 되는 것**_20170525)([한국경제] **"구글 급성장 배경은 차등의결권"**_20170525)([한국경제] **"제2 알리바바 안뺏겨" … 홍콩거래소, 차등의결권 도입 재추진**_20171218)([매일경제] **차등의결권 도입해 창업을 활성화해야**_20170526)([중앙일보] **"차등의결권 도입 땐, 한국도 저커버그 같은 통 큰 기부 늘어"**_20171107).

박상기 법무부 장관, 김상조 공정거래위원장 등 문재인정부 관계자도 차등의결권 도입에 긍정적이다([서울경제] **차등의결권·포이즌필제 등 경영권 방어 수단 도입 공감**_20170712)([한국경제] **김상조 "코스닥 기업 차등의결권 허용할 수도"**_20180131)([한국경제] **文정부 고위 당국자 '차등의결권 도입 필요성' 첫 언급**_20180131)([한국경제] **'친정' 경제개혁연대 공격 받은 김상조 '차등의결권 도입' 발언**_20180203).

2018년 4월 정부가 극소수의 지주사 지분으로 그룹 전체를 좌지우지할 수 있는 상법개정안을 발표하자, 경영권 방어를 위한 차등의결권제도를 도입하여야 한다는 목소리가 커지고 있다([매일경제] **포이즌필·차등의결권… 기업 사냥꾼 막을 방법 선진국엔 있고 국내엔 없어**_20180405)([조선일보] **돈냄새 맡은 '늑대 떼'앞에… 한국 기업은 '경영권 방패'없어**_20180406)([한국경제] **중소 상장기업들이 더 애먹는 주총 의결권 규제**_20180410)([문화일보] **안정적으로 경쟁력 키울 수 있도록 美·英·日처럼 차등의결권 도입을**_20180413)([문화일보] **'경영권 방패'없는 지배구조 개선… 헤지펀드에 '무장해제'**_20180413)([서울경제] **美, 유니콘 기업 절반이 차등의결권 도입**_20180416)([서울경제] **지주사 지분 0.01%로 그룹 쥐락펴락… 상법개정안 역차별 수두룩**_20180416)([한국경제] **순환출자 끊는 기업들…"막대한 비용 쓰고도 헤지펀드 공격 노출"**_20180412).

한국경제신문은 김상조 공정거래위원장의 코스닥에서의 차등의결권 허용 검토 발언 이후 찬반 토론을 게재하였다([한국경제] **[맞짱 토론] 코스닥 차등의결권 허용해야 하나**_20180210).

찬성 측의 한국경제연구원 유환익 정책본부장의 논거는 다음과 같다. 구글은 나스닥 상장 시 15% 주식을 소유한 공동창업자가 63.5%의 의결권을 부여한 차등의결권으로 경영권을 방어하면서 회사를 성장시킬 기반을 마련하였다. 우리나라에서 벤처기업의 생존율이 다른 나라에 비해 매우 낮은 것은 자금조달의 어려움에서 비롯된 것인데, 차등의결권이 허용되면 은행권에서 자금 조달이 어려운 중소벤처기업이 경영권을 방어하면서 투자 유치를 할 수 있다. 타이거 펀드, 칼 아이컨 등 투기자본으로 경영권을 방어할 수 있는 수단도 확보된다. 주요 선진국들의 기업들이 차등의결권에 기대어 경영권을 유지하면서 안정적인 자금조달을 하는 것을 고려하면 우리 기업들은 글로벌 경쟁에서 역차별을 받고 있는 것이다.

박상인 서울대 교수의 반대 논거는 다음과 같다. 2015년 엘리엇이 삼성물산과 제일모직이 합병 당시 상당한 이득을 본 것은 세습을 위해 삼성그룹이 계열사 간 불합리한 합병 비율로 합병을 하였기 때문이다. 삼성의 경영권은 엘리엇의 고려 대상이 아니었다. 적대적 M&A는 경영자의 일탈과 무능을 규율하는 자본시장 메커니즘의 하나이다. 선진국들이 차등의결권을 허용하고 있으나 창업자, 기업 공개를 할 때만 예외적으로 허용하고 있으며 유럽연합 재판소는 차등의결권인 황금주의 폐지를 권고한 바 있다. 차등의결권이 허용되면 중소벤처기업들의 육성의 기반이 되기보다는 재벌들의 세습을 우회적으로 지원하는 수단이 될 것이다.

4. 공매도규제 강화

공매도는 일정 수수료를 내고 남의 주식을 빌려와 판 후 사후에 주가가 내리면 다시 사서 갚아 차익을 내는 제도이다.

엔씨소프트의 상장 이후 사상 최대의 공매도 물량이 쏟아져 주가가 급락하였으나, 과열종목 지정을 하지 못하자 공매도 과열 방지제도의 실효성이 논란이 되었다. 국회에 미국이나 일본과 같이 공매도의 규제를 강화하는 법안이 제출되자 공매도 규제 강화에 관한 찬반 논란이 치열해졌다([한겨레] **사상최대 공매도 쏟아져도, '과열' 아니라니…**_20170627)([파이낸셜뉴스] **공매도 기관, 유상증자 참여 제한**_20161109)([한국경제] **矯角殺牛 우려되는 코스닥 공매도 금지 주장**_20170118).

신성장사업인 의약분야에서 공매도로 주가가 폭락하자 다시 논란이 되었고, 우리나라의 공매도 규제가 다른 나라에 비해 덜한 것은 아니라는 주장도 제기되었다([한겨레] **엉뚱한 과녁을 겨냥한 공매도 논란**_20161008)([매일경제] **홍콩, 공매도 공시제 없지만 한국은 1억 넘으면 당국 보고**_20170920).

미공개 정보를 이용하여 주식시장에 개입하는 외국인 투자자들의 공매도를 비난하는 목소리가 높다([중앙일보] **외국인 놀이터 된 코스닥… 공매도 비중 83%**_20171016).

2018년 '삼성증권 유령증권 사태'로 공매도 규제 강화의 필요성이 다시 강력하게 제기되고 있다([한겨레] **시스템도 도덕성도 모두 무너진 '삼성증권 사태'**_20180409)([한겨레] **큰손 공매도에 개미 잇단 피해 '불공정거래' 개선 요구 봇물**_20180413)([중앙일보] **공매도 논란되자 개인 참여 더 늘리겠다는 정부**_20180529).

공매도의 규제를 강화하는 법안이 제출되자 서울경제신문은 2017년 1월 찬반 토론을 게재하였다([서울경제신문] **[어떻게 생각하십니까?] 공매도 규제강화**_20170120).

규제 강화를 찬성하는 손혁 계명대 교수의 논거는 다음과 같다. 공매도할 때 차입하는 조건이나 수수료는 기관에 유리한 반면 개인은 그럴 여건이 되지 않는다. 결국 공매도 시장은 기관 투자자에게 유리한 불공정한 시장이다. 공매도의 이익은 대부분 외국인 투자자가 가져가지만 공매도 주식을 빌려주는 기관은 국민이 주인인 국민연금이다. 공매도가 악재를 시장에 알리는 순기능이 있지만 이를 활용해 수익을 창출하려는 작전 세력도 있다. 거짓 소문이나 악재를 통한 작전으로 주가가 폭락할 때 공매도가 문제가 되는데, 현 시스템에서는 거래 투명성을 높일 대안이 미흡하다. 작전 세력의 불공정 투자로 피해를 본 건전한 투자자가 많아지는 현실을 고려하면 공매도에 대한 규제를 강화하여야 한다.

반면 규제 강화를 반대하는 반기범 명지대 교수의 논거는 다음과 같다. 심각한 사회문제인 가계 부채에도 불구하고 신용으로 자산에 투자하는 것은 정부가 독려하면서 유사한 형태의 투자행위인 공매도를 규제하는 것은 불합리하다. 주식시장에서의 공매도는 신용매수에 비해 디폴트의 위험이 적다. 특정 개인이나 집단의 유·불리를 따지기 보다는 주식시장, 거시 경제 전체에서 합리적이고 공정한 룰을 만들어야 한다.

5. 보험사의 은행증권 '복합점포' 입주 허용

금융개혁위원회가 2014년 7월 '금융규제 개혁방안'의 하나로 은행과 증권사 직원이 같은 공간에서 소비자를 상담하는 복합점포 제도의 도입을 발표하였다. 2015년에는 원스톱서비스의 대상에 보험을 추가하여 소비자가 한 장소에서 은행, 증권, 보험 상담을 같이 받을 수 있는 방안을 검토하자 업계에서 찬반 논란이 있었다([동아일보] **"원스톱 서비스의 원조는 제일은행**_20180112).

한국경제신문에는 관계자의 찬반 토론을 2015년 6월에 게재하였다([한국경제] **[맞짱 토론] 보험사의 은행·증권 '복합점포 입점' 허용해야 하나**_20150613). 찬성 측의 하나금융경제연구소 정희수 연구위원의 논거는 다음과 같다. 보험사의 복합점포 입점은 업종의 이해관계가 아닌 소비자 시각에서 보아야 한다. 연금과 보험이 개인금융자산의 30%가 넘는 상황에서 예금, 증권, 보험관련 상담을 한 자리에서 받는 것은 소비자의 편익을 증대시킨다. 보장성보험을 판매할 수 없고 보험 영업 인원을 제한하는 등 현행 방카슈랑스 제도의 불합리한 규제로 인한 소비자 접근성에 대한 제한을 완화할 수 있다. 금융소비자가 보험사 직원을 통해 보험관련 상담을 받는다면 소비자는 보다 전문적인 상담을 받을 수 있다.

반대 측의 박선영 보험연구원 연구위원의 논거는 다음과 같다. 입점한 보험사가 자사 상품만을 판매한다면 자사 상품의 판매를 25%로 제한하고 여러 보험사의 상품을 판매하도록 하는 현행 방카슈랑스 제도보다 오히려 소비자의 선택권이 후퇴한다. 2003년 도입된 방카슈랑스도 여전히 꺽기(구속성 계약) 등의 문제가 남아 있는 현실에서 다른 나라에서 사례를 찾아보기 힘들고 효과도 검증되지 않은 복합점포를 확대한다면 소비자 피해가 발생할 수 있다. 원스톱 서비스를 강화하는 것은 기존의 제도로도 충분히 가능하고, 파이낸셜플라자 등 기존 통합 서비스도 큰 실효성이 없는 것으로 나타났는데 새로운 제도를 도입할 필요는 없다.

보험의 복합점포 입점 이후 2년여 경과한 시점에서 금융복합점포에서 자사 보험 상품이 25%를 넘어 법적으로 문제는 없으나 규제를 우회하는 꼼수가 아니냐는 비판이 있다. 2년의 복합점포 시범사업 기간 동안 보험 상품 판매실적이 기대치 이하라는 평가도 있다([매일경제] **금융복합점포 '25%룰' 우회 논란**_20170508)([세계일보] **금융복합점포, 계열사 보험상품 '밀어주기'**_20170508)([파이낸셜뉴스] **금융복합점포 '방카 25%룰' 안지켜…규제 우회 현실로**_20170508)([내일신문] **점포 10곳에서 2년간 보험상품 고작 950건 판매**_20170607).

은행들은 단순 은행 업무 중심의 지점은 폐쇄하고 있으나, 종합자산관리 서비스를 제공하는 복합점포는 확대하고 있다([국민일보] **저물어가는 은행 점포 시대… 1년 새 282개 사라져**_20180302)([매일경제] **시중銀 '원스톱서비스' 점포 전쟁**_20170607)([서울경제] **NH·KB, 증권·은행·보험 삼각편대로 승부…**

RWA 적용이 변수_20170629)([한국일보] **KB금융, 은행·증권 복합점포 36곳으로**_20170704)([서울경제] **'자산관리+보험' 점포 등 전방위 금융솔루션 제공**_20171102).

각 금융기관들은 각자의 고유 영역이 아닌 분야의 사업으로 진출을 확대하고 있다. 2018년부터 정부가 보험복합점포의 개설 요건을 완화하면서 은행·보험형, 증권·보험형 등 다양한 방식으로 보험복합점포를 열 수 있게 됨에 따라 은행이 없는 금융그룹도 개설할 수 있게 되었다. 시중은행들의 복합점포는 더욱 확대되고 있으며, 증권사들도 자산관리의 비중을 늘리고 있다([서울경제] **은행 없는 금융그룹도 내년 보험복합점포 개설**_20171130)([매일경제] **'보험 복합점포' 내년부터 확 늘어난다**_20171130)([파이낸셜뉴스] **보험복합점포, 모든 금융사에 허용 원스톱 금융 가속… 우리銀에 '주목'**_20171130)([중앙일보] **은행 가서 증권·보험 업무까지 '원스톱 점포' 는다**_20180109)([서울경제] **BK수익 대신 고객富 늘리는 WM 키우기 '소실대탐 전략'**_20180227).

6. 은행 신탁업 확대

2004년 정부는 은행의 불특정 금전신탁 업무를 금지시켰다. 문재인정부 출범과 함께 본격화된 신탁업법 제정 움직임을 계기로 은행, 증권, 자산운영 등 금융기관의 업무영역을 구분하는 전업주의 고수를 주장하는 증권업계와 겸업주의로의 전환을 촉구하는 은행업계의 다툼이 치열하다.[16]

---

16) 근대 금융사에서 1933년 제정된 미국의 글래스·스티걸법은 은행업과 증권업에

서울경제신문은 2017년 3월 은행에 불특정 금전신탁업무를 허용하는 것과 관련된 찬반 토론을 게재하였다([서울경제신문] **[어떻게 생각하십니까?] 은행신탁업 확대**_20170303). 찬성 측의 고동원 성균관대 교수의 논거는 다음과 같다. 은행이 신탁의 정의에 가장 충실한 신탁상품인 불특정 금전신탁 업무에 참여함으로써 고령화시대, 초저금리시대에 신탁상품이 다양해지고 소비자의 욕구도 충족시키면서 신탁산업도 발전할 수 있다. 불특정 신탁 업무를 은행, 증권사, 보험사 모두에게 허용한다면 자산운용업계에 경쟁과 활력을 촉진시켜 산업이 성장할 수 있는 계기가 된다. 금융 산업 전반에 전업주의를 겸업주의로 전환하는 것을 고민해야 한다. 영국이나 독일과 같이 겸업주의로 기조를 바꾸면 향후 업종 간 업무 영역의 갈등에 따른 소모적 낭비를 방지할 수 있다.

반대 측의 맹수석 충남대 교수의 논거는 다음과 같다. 신탁법의 적용을 받는 신탁은 수탁자가 상당한 자율권을 가지기 때문에 신탁자의 권리가 침해될 소지가 있다. 금융투자법은 자본시장법의 적용을 받기 때문에 상당히 엄격히 규제받는다. 신탁법 별도 제정보다는 금융투자법의 틀 안에서 해법을 찾는 것이 투자자 보호를 위해 적절하다. 신탁법이 별도로 제정되면 시장 진입기준이 완화되고 영업행위에 대한 규제도 완화되는데 이는 자본시장법의 기능별 규제원칙에도 반한다. 은행이 직접적으로 신탁업 업무를 하는 것보다는 2000년 도입된 금융지주회사제도의 활용을 고려해

대한 규제의 상징이었는데, 1999년 그램·리치·블라일리법으로 글래스·스티걸법은 폐지되었다.

볼 수 있다.

2017년 6월 은행연합회는 문재인정부 출범에 맞추어 업무 영역을 구분하는 전업주의에서 겸업주의로의 전환 등을 내용으로 하는 금융 산업 발전방안을 국민인수위원회에 전달했다([내일신문] **금융 규제방식 바꿔야 경쟁력↑**_20170530)([한국일보] **"규제, 안 되는 것 빼고 다 되게"**_20170530)([파이낸셜뉴스] **금융산업 겸업주의로 바꾸고 유연한 성과보상체계 갖춰야**_20170530).

증권업계는 우리나라를 2020년까지 아시아 3대 금융허브로 발전시킬 목적으로 2007년 6개 금융관련법을 통합하여 자본시장통합법을 제정한 지 10년이 지났지만 자본시장 확장 효과는 없고 지주사 중심의 은행자본이 강화되면서 금융 산업을 오히려 위축시켰다고 주장한다. 금융지주회사가 은행, 증권사, 운용사, 보험사를 모두 가지고 있는 상황에서, 은행이 주요 지배자인 지주회사 겸업주의를 주장하는 것은 불합리하며 선진국도 펀드 운영과 판매는 별도로 이루어진다는 것을 강조한다([국민일보] **은행에 몰아준 '자통법 10년'… 기울어진 운동장 심화시켜**_20170613)([서울경제] **은행, 펀드운용 맡으면 증권·운용사 궤멸…팽창·독식 막아야**_20170703).

고령화시대에 신탁시장에서의 신탁업 경쟁이 치열하다. 재산신탁 규모가 커지고 있고 직접 신탁상품을 관리할 수 있도록 법이 개정되는 것에 대비하여 로펌들이 몸집을 키우고 있다. 건설·시행사도 자산운용사, 리츠를 설립하는 등 사업자금 조달창구를 다변화하고 분양에서 운용으로서의 전환을 모색하고 있다([서울경제] **700조 신탁시장 잡아라_ … 은행권 경쟁 후끈**_20170624)([한국경제] **재산신탁 5년새**

100兆↑ … 로펌들, 신탁시장서 '한판 승부'_20170719)([한국경제] **건설·시행사, '부동산+금융' 결합 움직임 활발**_20171002).

신탁업법을 별도로 제정할 필요성을 주장하는 은행권과 자본시장법 내에서 신탁업 활성화 방안을 찾을 수 있다는 증권업계의 이해 관계 조정이 여의치 않자 금융당국은 2017년 11월 신탁업법 별도 제정을 원점에서 재검토 하겠다는 방침을 밝혔다. 신탁업 인가의 핵심은 비금융기관이 참여하여 신탁업을 활성화하자는 것인데, 이를 담을 법적 테두리를 어떻게 정할 것인가를 두고 소모적인 논쟁을 하고 있다는 비판이 있다([파이낸셜뉴스] **고령화 시대… 판 커지는 금전신탁 시장 증권·은행업계,관련법 개편방향에 촉각**_20170721)([파이낸셜뉴스] **'신탁업법 별도 제정' 원점서 재검토_금융**_20171120)([서울경제] **눈치만 보는 금융당국**_20180214).

2018년 초 금융당국이 신규로 신탁사업자 면허를 부여할 것이라는 방침을 밝힌 후 중소 신탁사들이 불안해하고 있다. 시장 규모는 한정되어 있는데 신규 진입자는 대형 금융사의 자회사일 가능성이 크고, 기존 중소 신탁사에 맡겨 왔던 업무를 몰아준다면 중장기적으로 신탁시장이 대형사 위주로 개편되고 중소형 신탁사들은 고사할 수 있다는 것이다([서울경제] **금융당국 추가 인가 방침에 '불안한 신탁'**_20180207)([서울경제] **중소형 신탁사 _대형사 일감 몰아주기로 고사할 판**_20180409).

국내신탁시장이 특정금전신탁 위주로 성장하면서 신탁의 고유기능인 종합적인 자산관리 수단으로서의 역할이 미미하다는 지적이다. 고령층의 부의 이전 및 자산관리수단으로 활용되도록 제도적 지원이 필요하다는 주장이다([파이낸셜뉴스] **종합재산관리 가능토록 국내 신탁 제도 바꿔야**_20180319).

7. ISA 가입대상

한국경제신문은 정부가 2016년 도입하기로 한 개인종합자산관리계좌(ISA)의 가입대상과 관련된 찬반 토론을 2015년 11월 게재하였다([한국경제] **세금혜택 누리는 ISA 가입대상 늘려야 하나**_20151128). 찬성 측의 자본시장연구원 천창민 연구위원의 논거는 다음과 같다. 우리나라의 ISA 가입대상은 일본, 영국 등 다른 나라에 비해 제한적이다. 직전 연도에 사업소득이나 금융소득이 있는 거주자만이 가입할 수 있다. 우리 사회가 고령화사회로 진입하였음에도 가정주부, 은퇴자, 농어민 등을 재산형성을 지원하는 ISA 가입대상에서 제외되는 것은 불합리하다. 고소득자에 대한 혜택을 줄이기 위해 금융소득종합과세자는 제외하였으나 종합과세 대상자가 아닌 고소득자를 허용하는 것은 형평에 맞지 않다. 금융소득종합과세 대상자의 여부가 아니라 소득을 기준으로 하여 고소득자를 가입대상에서 제외하는 것이 합리적이다.

반대 측의 안창남 강남대 세무학과 교수의 논거는 다음과 같다. 정부의 입법 취지는 장차 관련 제도를 정비하여 저소득근로자와 자영업자의 세 부담을 줄여 주자는 것이다. 조세제도는 조세평등주의 입장에서 설계되어야 하는데, 이미 비과세되는 금융상품을 한데 모아서 관리한다는 측면에서 일부 계층에게 혜택을 준 것은 합리적인 사유다. 공평과세보다 경제 안정과 회복을 위해 정책을 시행하는 것은 이해할 수 있는 측면이 있으나 일정 근로소득이나 사업소득이 있는 사람들이 혜택을 보는 제도를 확대하는 것은 저소득자에게 박탈감을 준다.

가입대상자를 제한하는 등 여러 가지 제약 조건을 가지고 시작한 ISA는 출시 첫 달 120만 명이 가입하는 등 출발은 좋았다. 그러나 가입자 수 증가폭이 감소하다가 2017년 1월부터 오히려 줄어드는 등 실적이 저조하였다. 2017년 가입자 수는 전년대비 22만 8천 명이 줄어들었고 가입금액은 전년의 5분의 1 수준인 7,085억 원이었다([서울경제] **종잣 돈 ELS로 불리고 ISA에 월 100만원 불입**_20170731)([매일경제] **'애물단지' 퇴직연금 그냥 둘건가**_20170508)([조선일보] **주식엔 세금 거의 없다_거래·배당세에 양도세도 있어요**_20180212)([문화일보] **국민 재산 늘려준다며 도입한 ISA 72%는 잔액 10만원 안되는 '깡통'**_20171011).

문재인정부가 출범하면서 ISA의 가입 자격을 완화하고 세제혜택을 늘리는 등의 개선 조치가 이루어졌다. 2017년 8월, 투자 여력이 적은 서민이나 농어민에 대해서만 비과세 한도를 확대 하는 등 당초 정부안 보다 후퇴한 ISA 세제 혜택 확대 방안이 국회를 통과하였다([매일경제] **文 _주부도 가입 가능한 전국민형 ISA 도입 검토**_20170509)([조선일보] **외면받는 ISA, 다 뜯어고쳐야 산다**_20170510)([한국경제] **'국민통장' ISA 가입 대상, 전국민 확대 추진**_20170522)([한겨레] **'무능 통장' ISA, 세액공제로 힘받나**_20170525)([한국일보] **비과세 한도 늘린 ISA… 정체된 가입자 수 늘어날까**_20170815)([서울신문] **"ISA 수수료 면제"… 자본법 위반 논란**_20170825)([한국경제] **매력 커진**

ISA … 내년부터 비과세 한도 두 배 늘어난다_20170906)([매일경제] 비과세↑·수수료↓ 매력 더 커진 ISA_20180101)([파이낸셜뉴스] 시중銀 '절세+투자수익' ISA상품 마케팅 강화한다_20180206).

ISA에 대한 세제혜택을 강화하고 수익률이 되살아났음에도 불구하고 ISA 가입자 수는 정체되어 있다([서울신문] '만능통장' ISA 다시 찬밥 신세 되나_20171207)([한국일보] 수익률 살아난 ISA, 내달 '업그레이드'… 이번엔 인기 얻을까_20171219)([경향신문] '일임형 ISA' 누적 평균 수익률 17.55% '업계 1위' 달성_20180420)([서울신문] 정권 바뀌니 사라져가는 '창조금융 정책'_20180328).

8. 펀드·ELS 방문판매 허용

2018년 3월 기준으로 펀드 방문판매업자로 등록된 증권사와 은행은 없다. 계약을 체결한 소비자가 14일 이내에 청약을 철회할 수 있기 때문이다. 금융상품은 매일 투자가치가 변하는데, 소비자가 손실을 입어 계약을 철회할 경우 그 손실을 판매사가 떠안아야 하기 때문에 금융투자상품을 방문판매의 예외로 해야 한다는 논의가 국회에서 5년간 진행 중이다([한국일보] 펀드 방문판매 막는 '14일 내 환불' 규정_20180320).

2013년 4월 발의된 '방문판매업 개정안'은 금융투자상품의 방문판매에 '14일 환불' 규정을 배제한다는 내용을 포함하였다. 통과될 경우 금융투자회사들이 공정거래위원회의 감독을 받아야 하는 이 법은 일부 의원들의 반대로 국회의 문턱을 넘지 못했다([한국경제]

국회에 막힌 펀드 방문판매_20150619).

2016년 8월, 금융투자상품의 방문판매를 자본시장법의 적용대상으로 하는 법이 발의되었다. 방문판매법의 적용을 받지 않는 경우 '14일 환불규정'의 적용을 받지 않아 금융상품 방문판매의 제약 요인이 없어진다. 소비자 보호를 위해 철회 가능기간은 3일로 하였다([서울신문] **풀어라, 펀드 방문판매 족쇄 채워라, 고객 보호 스마트키**_20160825).

2017년 10월, 문재인정부 출범과 함께 금융투자협회는 '한국판 골드만삭스' 육성을 위한 30대 핵심과제를 발표하였는데, 여기에는 금융투자상품의 방문판매를 허용하는 것이 포함되었다([한국경제] **"한국판 골드만삭스 육성 걸림돌은 규제"**_20171024)([파이낸셜뉴스] **여의도 위협하는 관치의 그림자**_20171208)([한국경제] **"금융산업, 화장실 갈 때도 허락 필요한 죄수신세…20년 뒤도 뻔해"**_20180115).

한국경제신문은 '펀드·ELS 방문판매' 허용과 관련된 찬반 토론을 2015년 4월 게재하였다([한국경제] **[맞짱 토론] '펀드·ELS 방문판매' 허용해야 하나**_20150408). 찬성 측의 빈기범 명지대교수의 논거는 다음과 같다. 방문판매 시 금융투자상품의 불완전판매가 우려되긴 하지만 방문판매를 허용하는 보험만큼 안정적인 금융투자상품도 많기 때문에 규제를 하는 것은 불합리하다. 금융투자업과 같이 업체 수가 많고 경쟁이 치열한 시장에서는 규제를 완화하면 소비자의 선택권이 확대되어 제품 가격이 하락하고 품질이 향상된다. 금융상품의 개발과 판매를 놓고 보험사, 증권사, 자산운용사가 공정한 경쟁을 벌이게 되면 소비자에게 이익이 된다. 판매의 온·오프라인의 경계가 희미해지고 금융상품의 판매 경로가 다양해 졌는데 방문판매만을 허용하지 않는 것은 설득력이 떨어진다.

반대 측의 백주선 변호사의 논거는 다음과 같다. 금융회사의 부담을 덜어 주기 위해 청약 철회를 할 수 없도록 하는 것은 소비자에게 경솔한 선택을 되돌릴 수 있는 기회를 주는 소비자 보호 원칙과 전면으로 배치된다. 금융상품은 도박의 성질이 강한 위험한 상품이기 때문에 소비자 보호를 위해 엄격히 규제하여야 한다. 키코에 가입하였다가 도산한 많은 중소기업의 예에서 보듯이 금융상품은 사고가 한 번 터지면 그 피해가 크기 때문에 소비자 보호가 더 중요하다. 방문 판매를 허용하면 소비자층이 확대될 가능성이 큰데, 정보의 비대칭성이 심한 금융투자시장에서 판매자의 책임은 없어지고 그 위험을 소비자가 지는 것은 불합리하다. 보험상품은 위험한 투자상품이 아니나 보험계약에서 소비자의 청약철회를 인정하도록 보험법도 개정되었다.

9. 금융소비자보호원

금융감독시스템 개편과 맞물리면서 금융소비자 보호를 강화해야 한다는 사회적 공감대가 형성되어 있으나 금융소비자보호법은 진전이 더디다. 금감원에 진정 혹은 고발되는 소비자보호 관련 민원은 연간 7만 건이 넘는다. 정부는 2012년 2월에 금융소비자보호법을 국회에 제출하였으나 18대 국회 임기가 종료하면서 폐기되었다. 19대 국회에서는 6건의 의원입법이 발의되었으나 제정되지 못하였다. 현재 금융 감독시스템을 유지하면서 금융소비자보호를 강화하자는 측과 금융 감독시스템을 전반적으로 개편하면서 그 틀 안에서 소비자보호를 강화하자는 측이 대립하고 있다([한겨레] **첫바퀴 6년 '금소법'…감독시스템 개편에 '발목'**_20170126).

금융감독위원회의 정책기능과 집행기능의 분리, 금감원의 소비자보호기능과 감독기능의 분리가 문재인정부의 기본적인 금융감독체계 개편방안이기 때문에 금융소비자보호 제도 강화도 이루어질 전망이다. 전문가가 아니면 실질적으로 피해 보상을 받을 수 없는 인터넷뱅킹의 피해 구제 장치를 마련하는 것도 시급하다는 주장도 있다([국민일보] **금융감독 9년만에 대수술 예약… 금융위 어디로**_20170511)([파이낸셜뉴스] **금융감독체계 개편 '뜨거운 감자'**_20170712)([국민일보] **인터넷뱅킹 하루 42조 시대, 피해 구제 장치 허술**_20170711).

금융소비자보호 제도를 강화하자는 논의 속에서 금융감독위원회와 금융감독원의 다툼이 치열하다. 금융위원회는 '소비자 중심 금융개혁추진단'을 위원장 직속으로 설치하였고, 금감원은 금융소비자보호위원회를 만들었다([경향신문] **'금융소보원' 신설 막고 금감원 위상 지키기**_20170912)([서울경제] **'금융산업'은 없고 코드만 맞추는 당국**_20170926).

저축은행 사태, 동양그룹 사태, 삼성증권 배당 사고 등 대형 금융사고가 발생하고 소비자들의 불안감은 더욱 커졌으나 이를 예방하고 피해를 구제하는 시스템 구축은 결실을 맺지 못하고 있다. 사고가 터지면 규제를 하는 정책의 한계를 극복하고 소비자 보호의 근본해법이 필요하다는 주장이 있다([서울신문] **금융위·금감원 이중구조 개편 정치적 중립성·효율성 높여야**_20170928)([서울경제] **'사후약방문'은 이제 그만…**

금소법 강화, 피해 예방 힘써야_20180502).

2013년 금융소비자보호원을 금융감독원 산하의 준독립기구로 하는 방안에 대해 대통령의 재검토 지시가 내려지면서 금융소비자보호원을 금융감독원과 별도로 설치하는 것이 논란이 되었다. 한국경제신문은 관련된 토론을 2013년 7월에 게재하였다([한국경제] **[맞짱 토론] 금융소비자보호원 분리해야 하나**_20130706).

찬성 및 반대 측 모두 금융감독 지배구조의 근본적인 개편이 필요하다는 것에는 공감하는데, 찬성 측의 원승연 명지대 교수의 논거는 다음과 같다. 금융기관들이 금융소비자가 위험을 안는 펀드 등 금융상품 판매를 확대하면서 키코 사태와 같이 금융기관의 건전성이 소비자 피해를 유발하는 이해관계 상충 문제가 빈번히 나타나고 있다. 현행 독점적 금융감독체계 하에서는 금융감독 기능이 금융산업정책 및 거시경제 정책에 비해 우선 순위에서 뒤쳐져 있다. 종종 단기적인 정책 목표를 위해 감독정책을 희생시켜 온 것이다. 또한 금융감독이 건전성 감독에 치중되어 소비자 보호를 소홀히 해왔다. 금융위원회로부터 독립되고 금감원과 대등한 관계의 금융소비자보호원이 설립되어야 충실한 금융소비자 보호가 가능하다. 금융소비자보호원 설립을 계기로 금융정책 기능과 금융감독 기능이 분리되는 금융감독체계 개편과 함께 관치금융을 종식시키고 공급자 중심의 금융구조를 소비자 중심으로 전환시켜야 한다.

반대 측의 김홍범 경상대교수의 논거는 다음과 같다. 정책수립과 감독기능이 분리된 이원적 감독구조가 결과적으로 금융감독이 경기정책에 종속되는 결과를 가져 왔다. 2003년 신용카드 사태, 2011년 저축은행 사태는 관치 감독의 정치적 종속성으로 금융기관, 금융소비자 모두가 피해를 입는 대표적인 사례이다. 금융소비자보호원을 금융감독위원회 산하에 그대로 두면서 금감원과 별도로 설치하는 것은 문제를 해결하기 보다는 두 개의 감독기관으로 인한 유지비용, 관치 및 종속 심화, 두 기관의 경쟁에 의한 폐해 등 오히려 비용을 증가시킨다. 땜질식 처방보다는 근본적으로 관치를 종식시킬 금융감독 지배구조를 만들어야 한다.

10. 금융관련 개인정보 상업적 거래 허용

2018년 금융위는 빅데이터 산업 육성을 위해 관련 규제를 완화할 방침을 밝혔다. 규제 완화안에 따르면 개인동의 없이도 암호화된 금융관련 데이터를 분석하고 가공할 수도 있다. 고객 동의를 전제로 금융회사의 개인정보를 활용하여 정보를 파는 '본인 신용정보 관리업'이 도입된다. 그러나 행정안전처, 방송통신위원회 등 타 부처와의 원활한 업무협의, 개인정보 관리에 관한 국민의 낮은 신뢰도 제고 등이 과제이다. 금융관련 개인정보는 일단 유출되면 그 피해가 크다([한겨레] **동의 없어도…암호화된 금융 개인정보 거래 허용 논란**_20180320)([경향신문] **보이스피싱 탓 의심받는 '진짜' 경찰**_20171103).

한국경제신문은 2018년 3월, 금융관련 개인정보의 상업적 거래 허용과 관련된 찬반 토론을 게재하였다([한국경제] **[맞짱 토론] 금융관련**

개인정보 상업적 거래 허용해야 하나_20180331). 찬성 측의 오정근 한국금융ICT융합학회 회장의 논거는 다음과 같다. 알리바바의 금융지주회사 소속 마이뱅크는 중저신용도의 농민, 영세상인의 신용대출 심사를 3분 내에 하여 연 7~8%의 금리로 대출하여 주는데, 설립 첫 해인 2015년을 제외하면 흑자이다. 중국정부의 공공데이터 개방정책으로 활용 가능한 10만여 개의 데이터를 사용해 인공지능으로 심사분석하기 때문에 가능하다. 한국의 인터넷은행이 활용하는 데이터는 수십 개에 불과하여 대면은행과 비교하여 큰 차이가 없다. 개인정보 수집 처리에 사전 동의가 필요한 나라는 우리나라가 유일하다. 미국, 일본, 유럽연합에서는 비식별 데이터를 개인정보 보호대상에서 제외하고 있다. 4차 산업혁명의 발전을 위해 비식별 데이터의 상업적 이용을 허용하는 금융위 계획을 환영한다.

반대 측의 오병일 정보인권연구소 연구위원의 논거는 다음과 같다. 미국 등 다른 나라들도 개인정보 보호를 위해 사후규제를 하거나 보호를 강화하는 추세이다. 빅데이터 산업 활성화를 명분으로 개인정보 보호와 관련된 정부의 정책의지가 느슨해질까 우려된다. 우리나라는 개인정보 보호 업무가 여러 부처로 분산되어 있으며 제도적 정비가 미흡하다. 금융분야는 다른 분야에 비해 개인정보 보호 규제가 상대적으로 완화되어 있는데, 이번 조치로 국민들의 불안감이 높아졌다. 정부가 공언하는 대로 비식별 개인정보가 완전히 익명처리 될 수 있는지도 명확하지 않다.

11. 소액·장기연체 빚 탕감

문재인대통령은 후보 시절 서민·취약계층 230만 명의 채무 23조원을 탕감하여 준다고 공약하였다.

서울경제신문은 2017년 6월 대통령 공약인 소액·장기연체 빚 탕감에 관한 찬반 토론을 게재하였다([서울경제신문] **[어떻게 생각하십니까?] 소액·장기연체 빚 탕감**_20170602). 찬성, 반대 측 모두 서민의 자활이나 최저 생활을 보장하는 보다 근본적인 제도적 접근이 필요하다는 것에 공감하고 있다. 서민 빚 탕감을 찬성하는 건국대 최배근 교수의 논거는 다음과 같다. 일반 채무의 소멸시효는 10년이다. 은행들은 사실상 회수하기 어려운 소멸시효 만료 채권을 대부업체에게 헐값에 팔아 채무자들의 정상적인 경제활동을 방해하고 채권 추심으로 인한 고통을 받게 하여 왔다. 소멸시효가 만료되어 채권을 감면한다 할지라도 은행의 손실은 늘어나지 않는다. 소멸시효 완성채권을 자동적으로 감면하는 제도를 만들어야 한다. 고의적인 경우를 제외하면 1,000만원, 10년 이상이라는 조건에 제약받을 필요가 없다. 취약계층의 자활을 지원하는 서민정책금융을 실효성 있게 제도화하여야 한다.

반대 측의 이군희 서강대 교수의 논거는 다음과 같다. 정권 때마다 반복되어 온 서민부채 탕감정책이 우리 사회의 구조적인 문제를 해결하기에는 역부족이다. 자의적 기준에 의해 탕감 대상자에서 제외된 서민 채무자의 상대적 박탈감도 문제이다. 박근혜정부 때 추진한 국민행복기금에도 불구하고 저소득층의 연체는 급등하였고 민간금융회사들은 서민금융을 외면했다. 결국 서민들이 대부업이나 불법 사채시장으로 내몰리는 상황이 되었다. 취약계층의 사회적 측면도 중요하게 고려되어야 된다. 빚 탕감보다 제도적으로 접근하여 근원적인 해법을 찾아야 한다. 서민의 최저 생활을 보호해주는 제도적 장치가 필요하고 법적 채권 소멸시효에 대한 사회적 합의가 있어야 한다.

2018년도 장기 소액 채무 100% 탕감 대상자는 약 160만 명이다. 소액 채무탕감에는 기대와 우려가 있다. 서민 계층 채무 탕감은 역대 정권마다 되풀이하여 온 정책이지만 대출금 전액을 탕감해주는 것은 이번이 처음이며 정부 예산의 투입 없이 민간기금, 출연금으로 충당된다([서울신문] **文정부 첫 '100% 탕감' 공약… 올 1000만원 이하 159만명 혜택**_20180108)([한겨레] **"원금 1천만원 10년 이상 못 갚은 빚 탕감"**_20180223).

소액 장기 연체자 그리고 고령·기초수급자에 대한 별도의 빚 탕감에 대해 자기책임 원칙을 허물어 도덕적 해이를 초래한다는 지적이 있다([서울신문] **"빚의 덫 풀어 성장동력으로… 버티면 된다 잘못된 신호 줄 수도"**_20180112)([한국경제] **정권마다 되풀이되는 '빚 탕감 포퓰리즘' … "빚 안 갚는 풍조 키운다"**_20171130)([한국경제] **'J노믹스 금융정책' 시작 前부터 논란**_20170513)([한국경제] **금융의 자기책임 원칙 허무는 '포용적 빚탕감'**_20170802)([문화일보] **文정부의 유례없는 '빚 전액 탕감' 모럴해저드 극치다**_20170727)([세계일보] **신용사회 뿌리 흔드는 159만명 빚 탕감**_20171130)([서울경제] **고령·기초수급자 빚 탕감… 도덕적 해이 또 논란**_20180122)([한국경제] **가계부채 경감정책에서 '도덕적 해이' 경계해야**_20180326).

자의적인 빚 탕감 대상자의 선정기준으로 형평성 논란이 있고 대상자에서 제외된 서민취약계층 채무자의 상실감도 크다는 지적이 있다([한국일보] **일회성 빚 탕감 정책의 명암**_20170728)([국민일보] **빚 꼬리표 따라 탕감 희비 논란**_20180301).

빚 탕감이 탕감 대상자인 신용불량자의 경제적 파산 그리고 채권 추심으로 인한 고통을 덜어주는 구휼조치라는 시각도 있다([한국일보] **빚 탕감의 그늘**_20170519)([한겨레] **빚탕감=도덕적 해이_ 과거를 돌아보자**_20171204)([경향신문] **두 유씨 이야기와 세 개의 교훈**_20171215).

과거 유럽에서 채무자를 노예로 만들거나 신체적 위해를 할 수 있었던 반면 우리의 제도가 유래한 미국의 회생제도는 모험적 창업을 장려하기 위한 것이었다. 도덕적 해이 논란보다는 염치와 절제를 아는 사회를 만드는 조건을 고민하는 것이 필요하다는 주장도 있다([한국경제] **가계부채 탕감의 전제 조건**_20170614)([서울신문] **치매 노모 모시며 쌓인 2000만원 빚 절반 탕감·10년 상환으로 새 삶의 빛**_20180108).

빚 탕감을 받은 후 다시 빚을 내는 악순환의 고리를 끊기 위해 개인회생·파산 신청자의 신용상담을 의무화하는 방안이 추진된다([중앙일보] **빚 탕감된 205만명 '부채 요요'시달린다**_20180131)([중앙일보] **'부채 요요' 막게 사전 신용상담 의무화**_20180322).

V

조세재정

1. 추경
2. 슈퍼팽창예산
3. 연말정산 등
4. 소득세 면세자
5. 종교인 과세

1. 추경

국가재정법에 따르면 추가경정예산은 예비비와는 달리 전쟁, 큰 재해 등 전년도 예산 편성 시 고려하지 못한 중대한 변화가 있을 때만 편성하도록 되어 있다. 우리나라는 외환위기 발생 직후인 1998년 이후 2018년까지 20차례 추경을 편성하였는데, 상당수는 국가재정법에 규정한 요건을 충족하지 못했다. 문재인정부에 들어서도 추경이 2번 편성되었는데, 두 차례 모두 일자리 문제를 해결하기 위한 것이 명분이었다.

2015년 박근혜정부는 메르스 사태, 가뭄을 극복하기 위하여 12조원 규모의 추경을 편성하였다. 한국경제신문은 2015년 7월, 추경의 경기부양 효과에 대해 찬반 토론을 게재하였다([한국경제] **[맞짱토론] 추경, 경기부양 효과 있나**_20150704). 찬성 측의 현대경제연구원 이준협 실장의 논거는 다음과 같다. 2014년 4월 세월호 사건의 충격으로 경기 회복세가 일시 주춤하였고, 4분기에는 재정절벽을 경험하였다. 2015년 6개월간 수출이 마이너스인 상황에서 메르스 충격으로 소비심리가 더욱 얼어붙었다. 경기침체를 방치하면 성장 잠재력이 훼손되므로 경기대응 추경이 편성되어야 한다. GDP갭이 -0.15%까지 내려갔는데 회복될 기미가 없다. 금리가 낮고 유동성이 풍부하여 추경 효과가 극대화될 수 있다. 국가채무비율도 상대적으로 현저히 낮다.

반대 측의 이영 한양대 교수의 논거는 아래와 같다. 정부는 추경을 포함하여 15조원 규모의 재정을 투입하기로 하였는데, 이 경우 국가 채무는 GDP 대비 37%까지 오를 것이다. 분기별 성장률이 0% 대인 것은 사실이나 현 상황을 경기침체로 보아야 하는지는 의문이다. 저금리이고 경제 상황을 보았을 때 중규모 추경이 바람직하다. 메르스나 가뭄과는 관계없는 SOC, 신재생에너지 지원 사업이 포함된 것은 적절하지 않다. 재정건전성을 과도하게 훼손하면서 경제성장률을 3%로 유지하기 위해 추경을 편성하는 것은 바람직하지 않다.

2017년 추경은 문재인정부의 소득주도성장을 뒷받침하기 위해 편성되었다. 추경의 절반이 일자리 창출 및 여건 개선을 위해 편성되었다. 2017년 추경은 공무원 증원과 관련되어 논란이 컸다. 공무원은 한 번 채용되면 평생고용이 보장되기 때문에 추경에 편성된 예산 외에 의무적 지출비용이 발생되기 때문이다. 연례적인 추경의 편성에 대한 문제점과 함께 구조적인 문제로 발생한 청년 일자리 문제가 추경으로 해결될 수 없다는 것이 지적되었다. 7월 22일 여야 합의로 추경이 국회에서 통과되었는데, 여당 위원이 해외 출장 등을 이유로 불참하여 추후에 서면경고를 받는 촌극이 있었다([한국경제] **직접 일자리 사업에 추경 절반…노인·보육분야 5만4000개 창출**_20170606)([한국경제] **11.2兆 들여 정부가 8.6만명 월급 준다**_20170606)([한국경제] **'공무원 증원 예산' 80억 vs 21조 … 여야, 팽팽한 '추경 數싸움'**_20170717)([한국경제] **추경으로 공무원 늘리는 게 맞나**_20170718)([한국경제] **연례 추경예산도 적폐 아닌가**_20170703)([한국경제] **여야, 11조원 추경 합의 … 오늘 오전 본회의 열어 처리키로**_20170722)([한국경제] **'추경 표결 불참' 26명 민주, 서면 경고**_20170727).

2017년 2분기 경제성장률이 0.6%로 떨어지고 수출도 8년 만에 최대 폭으로 하락하여 성장률 3% 달성은 추경 효과에 달려 있다는 분석이었다. 그러나 추경이 공공부분 일자리에 집중되어 성장률 제고에 기대한 만큼 도움이 되지 않을 것이고, 성장률 수치보다는 경제 체질 강화에 역량을 집중해야 한다는 지적이 있다([한국경제] **올 3% 성장 '아슬' … 추경 효과에 달렸다**_20170728).

추경의 집행에도 불구하고 일자리 사정이 나아지지 않자 정부는 정규직 전환 지원금을 늘리고 서민 전세자금 대출을 늘리는 등의 조치를 취했으나 실질적으로 예산집행 실적이 저조하였다. 추경 편성 취시에 맞추어 적시에 집행된 사업도 있으나 일자리 관련 사업에 예산 집행 실적이 저조하여 비판을 받았다. 중소기업에 취업하는 청년의 장기근속을 유도하는 '내일배움공제사업'은 기존 476억 원에서 추경 233억 원을 증액하였으나 실제로 집행된 예산은 9월 20일 기준으로 93억 원이었다([내일신문] **추경예산 집행목표 초과달성_산업**_20171012)([매일경제] **추경에도 악화되는 일자리…소득주도성장 '빨간불'**_20170914)([국민일보] **정부, 일자리 창출·서민 생계 안정에 돈 더 푼다**_20170929)([동아일보] **예산 따놓고 묵히는 고장난 일자리 정책**_20171011)([문화일보] **'SOC 예산' 해마다 최대 1조8000억원 미집행**_20170830).

2018년 3월 정부는 추경 편성의 필요성을 제기하면서 많은 비판을 받았다. 청년실업을 이유로 추경을 편성하는 것은 국가재정법을 위반한 것이며, 전년대비 7.1% 늘어난 슈퍼 본예산을 집행한지 2개월도 경과하지 않아 추경을 편성하는 것은 6월의 지방선거를 의식한 것이라는 비판이다. 구조개혁 등 근본적인 혁신 없이는 재정을 투입하여 구조적인 문제로 발생하는 일자리 문제를 해결할 수 없다는 것이다. 추경에 대해 일자리 효과도 제한적이고 일자리 사업의 예산 집행 실적도 저조하여 여론은 부정적이었다([한국일보] **본예산 잉크도 마르기전에 '일자리 추경'**_20180224)([문화일보] **'선거用 추경'이 초래할 이중의 害惡**_20180227)([국민일보] **'양치기 정부'와 김동연**_20180316)([내일신문] **고육지책 이해하나 근본처방 있어야**_20180316)([문화일보] **석달전에 _日, 장기대책으로 고용활성화_ 분석해놓고…**_20180316)([한국경제] **'슈퍼예산' 잉크도 안 말랐는데… 3개월 만에 또 추경**_20180316)([서울경제] **일자리 명분으로 묻지마식 재정카드 남발… 책임지는 사람이 없다**_20180316)([중앙일보] **정부 스스로 무력화한 국가재정법**_20180319)([한국경제] **'정부예산은 연간 단위로 편성' 헌법 취지 돌아봐야**_20180407).

4조원 규모의 2018년 추경이 3월 발표되면서 추경 내용이 논란이 되었다. 청년일자리 추경을 표방하였으나 청년일자리 사업의 규모가 예상보다 작고 SOC관련 사업이 대거 포함되었기 때문이다([조선일보] **특단의 대책이라더니… 청년 일자리 추경 '반토막'**_20180328)([한국경제] **'청년일자리' 추경예산 5일 공개…국회 문턱 넘을까**_20180402)([한국경제] **일자리 추경이라더니…'선심성 사업' 포함 논란**_20180409)([한국일보] **일자리 추경인데…청년 고용 지원 예산 '싹둑'**_20180522)([매일경제] **일자리 추경까지 '선심성 예산' 끼워넣기**_20180522)([동아일보] **일자리추경에 선심예산 끼워 넣은 국회**_20180522)([동아일보] **일자리 마중물 한다더니 금배지들 나눠먹기 악용된 추경**_20180522).

정부는 GM 공장 폐쇄로 어려움을 겪고 있는 군산 등 6곳을 고용위기지역으로 지정하면서 추경의 조속한 처리를 요청하였으나 야당은 선거용 선심이라고 냉담한 반응을 보였다.[17] 5월 22일 야당이 요구한 드루킹 특검법과 추경안을 맞교환하여 추경이 통과

---

17) 관련 정책인 XI장의 '8. 구조조정과 노조' 참조.

되면서 부실 심사에 대한 비판이 있었다([문화일보] **일자리 대책 1兆 稅 지원…군산 등 6곳 고용위기 지역 지정**_20180405)([동아일보] **정부 "착한 추경" 처리 호소… 야권 "선거용 선심" 냉담**_20180409)([국민일보] **고용 위기 겪는 지자체들 "추경 조속히 통과" 호소**_20180420)([서울신문] **"추경 골든타임 지나는데"… 에코세대 일자리 고민**_0180430)([서울신문] **김동연 "추경 늦어 고용위기 극복 비용 커져"**_20180502)([한국일보] **드루킹 특검·추경안 처리… 한고비는 넘겼지만**_20180522)([한겨레] **'졸속' 처리한 추경예산 심의**_20180522)([국민일보] **슬그머니 정례화된 추경… 정례화된 '부실 심사'**_20180410).

추경 통과로 고용위기 지역으로 지정된 지역들은 재정 투입을 기대할 수 있게 되었다. 그러나 일자리 문제를 근원적으로 해결하려는 노력이 선행되어야 하고 고용관련 본 예산의 집행 실적도 저조하면서도 추경을 편성한다는 것이 지적되었다([서울경제] **추경 수혈에… 한숨 돌린 고용 위기지역**_20180523)([파이낸셜뉴스] **추경, 단기고용 미끼의 함정**_20180410)([파이낸셜뉴스] **추경으로 고용창출한다더니… 작년 예산집행 목표달성 실패**_20180504).

2018년 4월, 추경과 관련하여 서울경제신문은 찬반 토론을 게재하였다([서울경제신문] **[어떻게 생각하십니까?] 청년일자리 추경**_20180413). 찬성하는 측의 박철우 한국산업기술대 교수의 논거는 다음과 같다. 이번 추경에는 김대중정부 때부터 박근혜정부까지 기존에 추진되어 성공적이라고 평가받은 사업들이 많이 포함되어 있다. 다만 추경으로 기업에 보조금이나 임금을 지원하는 것이 적정한가는 논란이 될 수 있으나 중소기업으로의 청년 유입을 유도하는 것이기 때문에 격차 해소 및 청년실업 해결에 도움이 된다. 고용이 없으면 지원도 없기 때문에 예산 투입이 한없이 늘지는 않는다. 보완적으로 격차 해소의 기준선에 대한 사회적 합의가 있어야 하고, 중소기업의 생산성 혁신을 유도하는 방법으로 예산이 지원되어야 한다.

반대 측의 최배근 건국대 교수의 논거는 다음과 같다. 본예산을 편성한지 3개월 밖에 지나지 않았는데 추경예산을 제안하는 정부의 부실한 재정운용 능력은 별개로 하고, 문재인정부도 과거 정부와 같이 청년 일자리 문제에 단기적인 땜질 처방을 하고 있다. 산업 생태계의 재구성을 통해 새로운 일자리가 공급되고 청년들의 창업·창직이 활성화되어야 청년일자리 문제가 해결될 수 있다. 기획재정부가 주도하는 것이 아니라 대통령이 전면에 나서서 청사진을 제시하고 추진하여야 한다.

저출산 문제는 재정투입이 큰 효과가 없는 것으로 확인되었는데, 여전히 재정 투입을 통해 해결하려는 것은 문제라는 시각이 있다([경향신문] **작년 남은 세금 11조3000억 '10년 만에 최대치'**_20180327)([한국경제] **헬리콥터 정부_…청년 일자리 이어 저출산도 돈으로 해결하나**_20180321).

2. 슈퍼팽창예산

문재인정부는 실질적인 집권 1차 년도라고 할 수 있는 2018년 예산안으로 전년대비 7.1% 증가한 429조원을 편성하였다. 전년도 예산 증가율 3.7%에 대비하면 슈퍼 팽창예산이다. 예산 내용을 보면 복지 부분이 전년대비 13% 증가하여, 전체 예산대비 60%를 차지했다.

사람중심을 표방하는 2018년 예산에 대한 여야, 보수와 진보의 시각은 크게 엇갈렸다([매일경제] **7% 늘린 '슈퍼 재정' 구조개혁 마중물로**_20171123)([문화일보] **'복지 팽창' 예산으론 성장 못 이끈다**_20170905)([문화일보] **소득성장은 땜질처방… 민간주도로 정책 전환을**_20171201)([매일경제] **與 _일자리 안정자금 한푼도 못깎아_ 野 _공무원 증원예산 한푼도 안된다**_20171116)([파이낸셜뉴스] **아무렴 어때_ 건전재정 불감증**_20171129)([경향신문] **'복지 공무원' 증원에 정쟁이 필요한가**_20171130)([한국경제] **끝내 올라 탄 '큰 정부' 급행열차**_20171213)([문화일보] **文정부 재정운용 방만…선심성 복지 치중**_20171219)([한국경제] **'산타 정부, 어버이 국가'**_20171220)([문화일보] **자유민주주의 지키고 포퓰리즘 버려야 할 2018**_20180102)([한국경제] **다음 세대에 부담 떠넘기는 복지여서야**_20180104).

부적절한 예산 편성 기준에 대한 비판도 있었다([문화일보] **국정원 비밀활농비 他기관 예산에 끼워 넣을 수 있어**_20171102)([내일신문] **민주국가에 영수증 없는 세금사용 웬 말**_20171121).

예산안 통과는 복지예산에 대한 시각 차, 선진화법, 여당이 과반수를 차지하지 못한 국회 구조로 진통이 있었다. 2018년 예산은 2017년 12월 6일 통과되었는데, 특히 과거의 예산 심사 때와 같이 부실심사, 그리고 국회의원들의 지역구 챙기기로 쪽지 예산 삽입 등에 대한 비판이 있었다([내일신문] **예산안 협상…여, 국민의 당에 뒤늦은 구애**_20171204)([매일경제] **429조 文정부 첫 예산안 진통끝 국회통과**_20171206)([파이낸셜뉴스] **법인세 과표구간 양보하고 일자리정책 예산 지켜냈다**_20171205)([내일신문] **국회 예산안 부실심사, 도를 넘었다**_20171204)([국민일보] **정치 논리에 밀린 국민 복지**_20171205)([세계일보] **누리과정·고교무상 재원 놓고 교육계 '부글'**_20171206)([세계일보] **민원성 SOC 1조가량 증가… 나눠먹기 '고질병' 여전**_20171206)([국민일보] **정치권 텃밭 챙기기에… 정부 소득주도성장 '덜커덕'**_20171207)([경향신문] **지역구 '쪽지예산' 경쟁에… 국회 문턱 못 넘은 '사람 투자'**_20171207)([한국일보] **표 먹고 사는 의원들에 "지역구 챙기기만 급급" 비판은 훈장으로 둔갑**_20171209).

정부는 2019년 예산으로 전년대비 5.7% 이상 늘린 슈퍼팽창예산을 편성하였다. 국가 부채가 1,500조원을 넘어선 상황에서 2년 연속 국가 경제 성장 속도보다 지출을 더 늘리는 예산이어서 재정건전성을 우려하는 목소리가 높다([한국경제] **내년 '슈퍼 팽창예산'**_20180327).

한국경제신문은 2019년 슈퍼팽창예산의 적정성에 대한 찬반 토론을 2018년 4월 게재하였다([한국경제] **[맞짱 토론] 슈퍼팽창예산 적절한가**_20180407). 찬성 측의 윤덕룡 대외경제정책원 선임연구위원의 논거는 다음과 같다. OECD와 IMF는 우리나라에 세수보다 세출이 많은 적극적 재정정책을 권고해 오고 있다. 우리나라는 2009년을 제외하고 높은 수준의 재정수지 흑자를 기록하고 있다. 고령화로 세수가 줄어들고 세출이 늘어나면 흑자 기조가 무너질 것이다. 노인빈곤문제 등을 해결하기 위해서는 적극적인 재정 투입을 통해 사회안전망을 확충하고 소비기반을 확보하여 사회적 문제를 해결하여야 한다. 여성경제 활동률 제고 등 성장 기반을 확충할 수 있는 부분에 재정 투입의 우선순위를 두어야 한다.

반대 측의 박완규 중앙대 교수의 논거는 다음과 같다. 국가채무 규모가 상당하고 앞으로 복지 예산 증가 추세와 공무원 증원 등을 고려할 때 슈퍼팽창예산은 중장기 국가재정운영계획의 신뢰성을 저하시킬 것이다. 신뢰성이 저하되면 재정 운영의 예측 가능성도 크게 저하될 것이다. 복지지출은 하방 경직성이 있어 새로운 제도 도입에는 신중하여야 하는데, 최근에는 정부사업 결정에 있어 경제적 논리보다는 정무적 판단이 개입된다. 저출산·고령화, 미세먼지 대책 등은 단기적인 효과를 내기 어려운 사업이니 중장기적으로 보면서 우선순위 결정, 선택과 집중이 이루어져야 한다. 미국이나 영국의 경우와 같이 발상의 전환을 통해 점증주의적 예산편성의 타성에서 벗어나야 한다.

3. 연말정산 등

매년 1월이면 근로소득자는 연말정산을 한다. 정산결과 세금을 돌려받으면 13월의 보너스가 되고, 세금을 더 내면 13월의 세금폭탄이 되는데 납세자 입장에서는 세금을 많이 돌려받는 것을 원하기 때문에 공제혜택이 많았으면 한다([중앙일보] **돌아온 연말정산 시즌, 당신의 절세 상식은 몇 점**_20180116)([내일신문] **연말정산, 이런 경우도 환급 받아요**_20180122)([조선일보] **갈수록 축소되는 연말정산 공제 혜택**_20180125).

2015년 1월 연말정산으로 나라 전체가 떠들썩하였다. 2013년 소득세법 개정으로 2014년부터 공제방식이 소득에서 세액으로 바뀌어 실제 세액부담이 늘어났고, 간이세액표 조정으로 전체 세금납부액은 같으나 월 세금 징수액을 덜 내고 연말정산시 더 내는 방식으로 바뀌어서 납세자가 연말정산시 느끼는 세금부담액이 커진 것이 강력한 소세저항을 불러왔기 때문이다.

중앙일보와 한겨레신문은 2015년 1월 연말정산 사태에 대한 사설을 각각 게재하였다. 중앙일보는 정부의 무성의와 정치권의 무신경으로 연말정산 파동이 발생하였다고 보았다([중앙일보] **얼빠진 정부와 정치권이 연말정산 분노를 불렀다**_20150122). 간이세액표 조정으로 과거 13번째 월급이 세금으로 될 수 있다는 것, 일부 계층은 세 부담이 늘어날 수 있다는 것을 국민과 충분히 소통하지 않고 정책을 추진한 것을 비판하였다. 특히 다가구자녀, 중산층 노후보호 관련 항목과 관련하여 세금이 늘어난 것을 지적하였다. 한겨레신문은 보완대책의 원칙이나 근거를 정부가 제시하지 못하고 있고, 보완대책대로 하면 2013년 법 개정 취지가 훼손되고 소득 재분배 효과도 줄어든다고 비판하였다([한겨레신문] **법 개정 취지 뒤흔드는 연말정산 보완대책**_20160122). 소급원칙은 법적 안정성을 저해하는 것이니 보완대책을 졸속으로 추진하기 보다는 결과를 확인 한 후 미세조정을 하고 법인세 인상 등을 통한 세제개편을 하여야 한다고 주장하였다.[18)]

정부는 연이어 대책을 발표하였고 일단 세금을 내면 법 개정을 통해 소급하여 2014년 납부액을 줄여 주겠다는 입장을 발표하였다. 2013년 세법 개정 시 예상하지 못하였던 조세조항에 대해 소급입법이라는 원칙 없는 편법이 동원된 것에 대해 2016년 총선, 2017년 대선을 의식한 것이라는 비판이 있었다. 연말정산이 가지고 있는 구조적인 문제점도 개선하여야 한다는 여론도 있었다([서울경제] **근로자 3명 중 1명 더 토해낸다**_20150121)([매일경제] **사흘연속 오락가락한**

18) 중앙일보와 한겨레신문의 사설 비교는 '[한겨레신문] **[사설속으로] 연말정산 파동**_20150203' 참조

세금정책 원칙없이 票에 휘둘린 '黨政'_20150122)([동아일보] **국민 마음 못 읽은 '연말정산'**_20150126)([한국경제] **연말정산 소급적용이란 황당한 미봉책**_20150126)([서울신문] **피케티와 연말정산**_20150128)([한국경제] **연말정산 사태의 오류 3가지**_20150130)([조선일보] **이 와중에…**_20150122)([중앙일보] **새로 생긴 연말정산세, 도대체 원칙이 뭔가**_20150127)([조선일보] **납세자 짜증 돋우는 연말정산 이대로 둘 건가**_20150128)([중앙일보] **애덤 스미스가 보내온 e메일**_20150129)([매일경제] **꼬여버린 연말정산 '1석 3조' 해법 있다**_20150130).

연말정산 파동에 놀란 정부는 개혁과제로 추진해 오던 건강보험료 부과체계 개선을 연기하였다.[19] 지역가입자의 불합리한 부과체계를 개선하여 지역가입자의 80%는 건보료 부담이 줄어드나, 2%의 고소득 직장 가입자의 부담이 늘어나는데 사회적 공감대 형성이 미흡하다는 이유로 연기되었다. 지역가입자의 소득파악이 정확하지 않는 상황에서 직장가입자의 부담을 증가시키는 것이 불만을 가져 올 수 있다는 고려로 인한 조치인 듯하나, 주로 고소득 직장가입자의 부담이 늘어나기 때문에 개혁과제를 포기한 것이 아닌가에 대해 비판이 높았다([서울신문] **고소득 46만명 건보료 더 내야… "여론 무서워 국정과제 포기"**_20150129)([경향신문] **17개월 끈 건보 개혁... 고소득자 불만 살까 '포기'**_20150129)([경향신문] **복지부, '하후상박'식 건보료 개편안에 수차례 반대**_20150130)([경향신문] **시민단체들 _정치 셈법에 황당한 정책 후퇴**_20150130)([국민일보] **민심 못 읽고… 건보개혁 또 우왕좌왕**_20150130)([서울경제] **누구를 위한 건보료 개편 백지화인가**_20150130)([한겨레] **연말정산보다 더 한심한 '건보료 사태'**_20150130)([한국일보] **"불이익 언제까지…" 건보 지역가입자 격앙**_20150130).

19) 관련 정책인 XII장의 '7. 건강보험과 문재인케어' 참조.

건보료 부과체계 개선을 연기한 정부는 1월 27일 지자체의 강한 요구와 국회의 협조가 없다면서 주민세, 자동차세 등 지방세 인상을 추진하지 않겠다는 입장 변화를 발표하였다([문화일보] **주민세·자동차세 인상 정부, 여론에 밀려 보류**_20150127).

소득세법 개정 및 소급 적용, 건보료 부과체계 개선 연기, 지방세 인상 연기 등 개혁 과제가 원칙 없이 연이어 좌절되었다. 그 과정 중에 정부와 여당은 국민의 마음을 읽지 못하고 일관성이 없는 모습을 보이면서 대통령 지지율은 30% 이하로 떨어졌고, 국정 운영 동력을 상당 부분 상실하였다([매일경제] **청와대·정부·정치권 서로 발뺌하며 남탓만**_20150130)([매일경제] **1주 새 3차례나 '정책회군' 한 정부**_20150130)([서울경제] **이익집단과 포퓰리즘 앞에 흔들리는 박근혜표 원칙**_20150130)([조선일보] **연말정산…건보료… 黨·政·靑 조율 없이 문제 터지면 '네탓 공방'**_20150130)([내일신문] **박 대통령 지지율 29% … '붕괴'**_20150130)([중앙일보] **해야 할 개혁이라면 정면돌파해야**_20150130).

연말정산 사태를 겪으면서 국가장학금제도도 부과체계가 불합리하다는 주장도 제기되었다([경향신문] **국가장학금도 역차별… '캠퍼스발 제2의 연말정산 사태' 조짐**_20150130)([경향신문] **은행 빚 없다고… '장학금' 작년 450만원서 올 160만원으로**_20150130).

4. 소득세 면세자

문재인정부 출범과 함께 복지재원을 마련하기 위한 다양한 증세

방안이 검토되고 있다. 상속-증여세 공제율을 낮추고 법인세율도 높이는 등 고소득자를 겨냥한 증세를 추진하고 있다. 부자 증세 추진의 걸림돌의 하나는 50% 가까운 근로소득세 면세자 비율이다. 납세의 의무원칙에 반하기 때문이다([동아일보] **고소득자 세율 올리고 법인세 인상도 저울질**_20170511)([파이낸셜뉴스] **부자 증세보다 면세자 축소가 먼저다**_20170609)([서울경제] **근로소득 면세자 810만명…공제 축소땐 95만명 세금내야**_20170621).

고소득자를 대상으로 한 증세 효과는 크지 않기 때문에 법인세, 에너지세 등 세제 전반을 개혁하여야 하고, 200조원 규모의 복지 재원 마련을 위해서는 중산층을 포함한 보편적 과세가 시행되어야 한다는 주장도 있다([동아일보] **부자증세 시동… 세수엔 큰 도움 안돼**_20170710)([중앙일보] **부자 증세보다 보편적 과세가 답이다**_20170728)([서울신문] **시장 소득 보면 북유럽만큼 평등한데… 왜 현실은 불평등할까**_20180115).

100만 명에 가까운 중산층 이하의 납세자가 영향을 받는 근로소득 면세자 축소는 명분은 있으나 현실적으로 추진하기에는 어려움이 많다([조선일보] **정치권, 말로는 _줄이자_ 실제 정책 추진엔 몸 사려**_20170809)([조선일보] **소득세 면세자 축소 아직 검토할 부분 많다**_20170913)([서울경제] **'큰 그림'은 청와대가 그려놓고 표 떨어지는 정책, 부처에 미뤄**_20180405)([한국경제] **"소득세 면세자 축소 위한 세법 개정 나서겠다"**_20171214)([한국경제] **근로소득세 면세자 축소, 노동시장 개혁과 병행돼야**_20170830).

한국경제신문은 2017년 7월, 근로소득세 면세자 축소와 관련하여 찬반 토론을 게재하였다([한국경제] **[맞짱 토론] 소득세 면세자 줄여야 하나**_20170701). 찬성 측의 박완규 중앙대 교수의 논거는 다음과 같다. 납세는 헌법에서 정한 국민의 의무이고 50% 가까운 면세자 비율은 조세 형평상 문제가 있다. 복지 재원 마련을 위해 '넓은 세원, 낮은 세율' 정책을 추진하여야 한다. 소득이 낮은 사람은 사회복지 프로그램을 통해 지원할 수 있다.

반대 측의 김갑순 동국대 교수의 논거는 다음과 같다. 면세자 비율이 2013년 32.2%에서 2014년 47.9%로 늘어난 것은 2013년 소득세법을 개정하면서 세율 인상 대신 근로소득 관련 특별소득공제를 세액공제로 전환하는 편법을 썼고, 표준공제 인상이 추가로 이루어졌기 때문이다. 이 상황은 충분히 예견된 것이고 소득 재분배 관점에서 바람직하다. 소득 세제의 기준을 면세자 비중으로 고치는 것은 납세자의 형편을 고려한 수평적 공평성을 훼손하므로 바람직하지 않다. 국민개세주의 원칙을 적용할 때 간접세 비중이 높은 우리나라에서는 근로소득세뿐만 아니라 부가가치세 등 간섭세도 같이 고려하여야 한다. 면세자의 비중이 높다는 것은 우리나라에 저소득자가 많다는 것을 반증하는 것이라고 볼 수도 있다.

5. 종교인 과세

종교인과세가 2018년 1월 1일부터 시행되었다. 1968년 초대 국세청장이 종교인에게도 근로소득세를 걷겠다고 한지 50년이 지나서 시행된 것이다([국민일보] **50년 만에 법적 조치 마무리 종교인 과세 시행만 남았다**_20171227).

2012년 기재부 장관이 불쑥 끄집어 낸 후 종교인 과세가 다시 논란이 되기 시작했다. 국가가 종교 활동에 개입할 수 있는 여지가 있어 위헌이 아니냐는 주장부터, 교회 운영의 투명성을 제고하여 교회 발전에 도움이 된다는 등 다양한 주장이 제기되었다([국민일보] **"교회가 잘하는 99% 덮어두고 1% 잘못만 지적해선 안돼"**_20171025)([국민일보] **종교인 세무조사, 위헌 아닌가요**_20171115)([서울신문] **낱낱이 드러나는 종교 재정 교인들 떠날까 두렵습니다**_20170923)([국민일보] **종교인 과세 논란의 교훈**_20171115)([국민일보] **"종교활동비, 종교인 개인통장으로 지급하지 말아야"**_20180504).

2015년 시행 예정이었던 종교인 과세는 2년 유예되었다가 가장 반대가 심하였던 개신교에서 수용하기로 결정하면서 시행되었는데 핵심 쟁점은 종교 활동비의 과세였다. 정부는 종교계와의 협의 과정에서 종교인 회계와 종교단체 회계를 분리하여 종교 활동비를 비과세 항목으로 하는 것으로 하였으나, 여론이 악화되자 비과세하되 신고하는 것으로 정리하였다. 초기 2년간 가산세를 면제하여 주고 기타 소득임에도 불구하고 종교인에게는 근로장려금을 받을 수 있도록 하였다([국민일보] **누가 누구로부터 받은 어떤 대가에 과세할 것인가**_20171018)([국민일보] **'종교인 과세' 불성실 가산세 2년간 면제한다**_20171128)([서울신문] **조세정의 퇴색시킨 반쪽짜리 종교인 과세**_20171129)([한국일보] **"종교 활동비 비과세, 대형교회에만 특혜 주는 것"**_20171129)([경향신문] **종교인과세 차라리 폐지하라**_20171205)([국민일보] **정부, 과세 합의안 뒤집고 종교활동비 세무신고 요**_20171219)([서울신문] **종교활동비 신고 의무화… 비과세는 유지**_20171222).

정부의 시행령에 대해 납세자연맹 등 시민단체, 일부 종교계에서는 특혜 없는 종교인 과세를 주장하며 강력하게 비판하였다([한겨레] **무늬만 '종교인 과세', 시행령 고쳐 특혜 없애야**_20171216)([한겨레] **종교인 과세에서 정부가 잃은 것**_20171219)([국민일보] **종교활동비가 과연 종교인의 쌈짓돈인가**_20171220)([서울경제] **교회 살림 왜 묻나_…질문 자체가 금기**_20171221)([경향신문] **국민이 본 종교인 과세 파문**_20171213)([내일신문] **종교인 과세 시행령은 유례없는 특혜**_20171226).

2018년 시행 예정인 종교인 과세를 2년간 더 유예하자는 법안이 제출되자 2017년 7월, 서울경제신문은 종교인 과세 유예에 대한 찬반 토론을 게재하였다([서울경제신문] **[어떻게 생각하십니까?] 종교인 과세 유예**_20170818). 유예를 찬성하는 문병호 총신대학교 교수의 논거는 다음과 같다. 종교인에 대한 과세는 교회와 국가의 관계에 대한 본질적인 고찰이 요구되고, 정부 수립 이후 70여년 유지되어 온 일종의 불문법을 바꾸는데 충분하고 적절한 협의가 미흡하다. 성직자를 근로자로 보고 과세한다면 정부가 80% 이상인 미자립 교회 성직자의 복지문제에 대한 대책을 세워야 한다. 정부가 일부 교회의 병폐를 구실로 헌법에 규정된 종교의 자유를 침해해서는 안되며, 오히려 종교가 정치적 바람에서 벗어나 적극적으로 사회에 기여할 수 있는 여건을 마련해 주어야 한다.

유예를 반대하는 안창남 강남대 교수의 논거는 다음과 같다. 종교인에게 과세할 수 있는 법적 근거와 제도적 장치는 이미 확보되어 있다. 과세 당국은 준비되어 있을 것이며, 원래 2015년부터 시행이 예정되어 있었고, 유예도 한 차례 하였는데 종교인이나 종교단체의 준비가 미흡하다는 것을 이유로 또 한 차례의 유예를 요구하는 것은 이해하기 어렵다. 아직 길게는 1년 가까운 시간이 남았으니 지금부터라도 준비를 철저히 하여야 한다. 유예 주장이 종교인 과세 철회 주장으로 연결되는 것을 경계하여야 하고 재정이 튼튼한 국가가 있어야 종교의 자유도 있다는 사실을 명심해야 한다.

시행은 되었지만 종교인 과세는 여전히 논란거리이다. 종교인들은 종교인 과세가 종교 활동을 위축시킬 수 있다는 우려를 가지고 있고, 시민단체들은 종교인들만 세금에 있어서 특혜를 받아서는 안 된다고 주장하고 있다. 종교인 과세에 있어서 국민개세주의 원칙을 강조한 정부가 면세자 축소에 대해서는 유보적인 것에 대해 일관성이 없다는 비판이 있다([서울경제] **혼란 키우는 '국민개세주의'**_20180403)([경향신문] **종교인이 본 종교인 과세 파문**_20171206)([국민일보] **교단장회의 "종교활동비 개념 모호 … 종교자유 침해 가능성"**_20171228)([국민일보] **종교단체 사무행정직도 목사·전도사 자격자는 종교인소득 과세 대상**_20180102)([국민일보] **3인 가족 月 500만원 소득 종교인, 18만1020원 원천징수**_20180104)([내일신문] **종교인 과세, 결국 위헌소송으로**_20180323).

문재인정부는 원천징수제도를 대폭적으로 바꾸려는 계획을 가지고 있는데, 그 과정 중 특혜 논란이 있는 종교인 과세 문제도 다루어질 가능성이 있다([한국경제] **'징수자 과부담 논란' 원천징수 대폭 손본다**_20180430).

Ⅵ

통 신

1. 통신요금 인하: 원가 공개/기본요금 폐지/보편요금제
2. 유료방송 점유율
3. 5G 입찰
4. KT 인접대역 주파수

1. 통신요금 인하: 원가 공개/기본요금 폐지/보편요금제

2016년 기준 월 가계통신비는 14만 4,001원으로 전체 가계소비 지출에서 5.6%를 차지한다. 가계통신비 인하는 모든 정부에서 추진한 정책이지만 문재인정부는 '기본요금 폐지'를 대선 공약으로 하는 등 집권 초반부터 매우 강력한 요금인하 정책을 추진하였다. 기본요금은 인프라 구축에 쓰이는 비용인데, 망설치가 완료된 시점 이후까지 부과하는 것은 불합리하다는 것이 정부의 입장이다. 특히 저소득층과 소외계층이 주로 쓰는 2G·3G부터 기본요금을 폐지할 것을 요구하였다. 그러나 이동통신 3사는 기본료 폐지에 따른 요금 감소액이 전체 영업이익의 2배 가까이 된다며 반발하였고 정부는 기본료 폐지를 강제할 수단이 없기 때문에 문재인정부 초기 공방은 계속되었다([한국경제] **국정委 "내일까지 통신비 인하안 내라… 2G·3G 기본료 우선 폐지"**_20170608)([서울경제] **'通 모르는' 국정위, 미래부案 번번이 퇴짜… 기계적 '공약 매달리기'**_20170612)([중앙일보] **국정위 다시 압박… 업계 _적자 내며 사업 못 해**_20170612).

기본요금 폐지가 업계의 반발로 진척이 없자 정부는 약정할인율의 상한을 20%에서 25%로 높이고, 현재 요금보다 월 1만원 정도 저렴한 요금제를 도입하는 등 년 4조원 정도 이동통신비 절감 효과가 있는 대책을 발표하였다([내일신문] **통신요금인하 '선택약정'은 꼼수**_20170616)([조선일보] **정부가 개입, 휴대폰 요금 최대 年4조원 깎는다**_20170623)([조선일보] **통신 3社 _3조7000억 버는데, 4조6000억 토해내라니**_20170623).

이동통신 3사는 우리나라 통신요금이 상대적으로 저렴하다는 것과 적자를 보며 장사할 수 없다는 등의 이유로 행정소송을 검토하였다. 정부는 담합 조사를 하는 등 대립하였으나 우선적으로 약정할인율 확대를 시행하였다([한국경제] **한국 휴대폰 요금이 비싸다구요**_20170619)([한국경제] **'휴대폰 요금 25% 약정할인' 내달 15일 시행**_20170819)([파이낸셜뉴스] **文정부, 이통3사 팔 비틀기 지나치다**_20170811)([한국일보] **PBS 폐지 검토… 이동통신 데이터 요금 18% 낮춘다면**_20180125).

문재인정부 초기, 통신기본료 폐지가 공약대로 추진되기 어려워지면서 2011년 참여연대의 원가관련 정보공개 재판으로 시작된 통신비 원가 공개 논란이 다시 시작되었다. 참여연대는 1심과 2심에서 통신비 원가와 관련된 일부 자료를 공개하라는 판결을 받아냈는데 대법원이 이를 확정하면서 파장이 확대되고 있다([서울신문] **통신비 공약 또 공회전 원가 공개 논란 재점화**_20170613)([세계일보] **통신요금 원가 일부 공개하라**_20180413)([한국경제] **결국 '통신비 원가 공개' 판결 기업 "영업자율권 사망 선고"**_20180413)([한국일보] **대법 "이통요금 원가 공개하라"… 통신료 인하 요구 더 거세질 듯**_20180413)([파이낸셜뉴스] **통신원가 공개, 과연 소비자에 득일까**_20180414)([한국경제] **휴대폰 통신요금 원가 자료를 공개하라는데 …**_20180423)([한국경제] **공익성 앞세우지만 가격 통제 따른 후유증이 더 클 수도**_20180423)([한국경제] **통신료 원가, 보호해야 할 영업비밀이다**_20180414)([문화일보] **기업 원가 공개는 反시장 포퓰리즘**_20180416)([동아일보] **지금이 정부가 목욕값도 정하던 땐가**_20180419)([한국일보] **걱정스러운 통신정책**_20180421).

참여연대는 대법원의 원가 공개 판결 대상이 2G·3G이나 LTE 원가도 소송까지 가지 않고 공개할 것을 요구하고 있다. 정부도 원가 공개 추진에 적극 호응하면서 이동통신 3사는 반발하고 있다.

참여연대는 대법원이 공개를 명령한 자료만으로는 원가대비 통신비의 적정성을 판단할 수 없으니 추가적인 자료를 공개하라고 요구하고 있다([파이낸셜뉴스] **참여연대 _LTE 원가도 밝혀라**_20180420)([서울경제] **통신정책이 가격통제와 간섭밖에 없나**_20180607)([조선일보] **LTE 원가까지 공개한다니… 통신업체들 큰 반발**_20180607)([중앙일보] **통신비 원가 공개, 전가의 보도인가**_20180607)([국민일보] **참여연대, 2G·3G 원가 공개 통신비 적정성 여부 결론 못내**_20180608).

이동통신 시장이 형성된 초기에는 1위 이동사업자인 SKT의 시장영향력이 커서 1위 사업자의 경우 요금을 정할 때 정부의 인가를 받도록 하는 제도를 도입 운영하여 오고 있다. 이동통신 3사가 대등한 경쟁을 하는 현 상황에서 국회 및 정부에서 요금인가제 폐지를 논의하고 있는데, 참여연대는 오히려 실효성 확보 등 주장하고 있다([파이낸셜뉴스] **'통신요금인가제 폐지' 제동 건 참여연대**_20180609).

정부는 통신비 인하 대책의 하나로 월 2만의 보편요금제 도입을 추진하고 있다. 그러나 현재 사용 가능한 알뜰폰의 요금이 보편요금보다 저렴하기 때문에 보편요금제를 도입할 필요가 없고, 보편요금제가 도입되면 결과적으로 정부가 이동통신요금의 가격결정권을 가지게 되게 때문에 바람직하지 않다는 주장이 제기되고 있다([경향신문] **월 2만원대 휴대전화 보편요금제 당연하다**_20180514)([매일경제] **반값 알뜰폰 놔두고 … 보편요금 억지쓰는 정부**_20180516)([문화일보] **시민단체에 통신가격 결정권 주고 요금감면 부담은 이통사에 떠넘겨**_20180425)([서울경제] **현실 외면 보편요금제 '이현령비현령' 되나**_20180528)([중앙일보] **보편요금제**_20180529)([국민일보] **'2만원대 보편요금제' 국회 문턱 넘을까**_20180531)([서울경제] **요금인하**

압박, 韓이통사 신용 깎을 것_20180613)([파이낸셜뉴스] 보편요금제로 또 면피하면 안 된다_20180516).

정부가 보편요금제 도입을 추진하면서 알뜰폰 업체들이 위기를 맞고 있으며 생존하기 위해 노력을 배가하고 있다([한국경제] 정부 통신비 인하 압박에 애꿎은 알뜰폰 '질식'_20171128)([서울경제] 위기의 알뜰폰, 전열 가다듬고 활로 찾는다_20180208)([조선일보] 알뜰폰 _월 2만원대 보편요금제보다 더 싸게_20180529).

통신 3사들의 요금인하 경쟁도 치열해지고 있다([중앙일보] 속도 제한 없는 데이터 무제한…통신비 경쟁 점화_20180223)([매일경제] 속도제한 풀고, 위약금 줄이고 … 이통3社 요금제 대수술_20180313)([문화일보] 강행 땐 '이동통신 생태계' 혼란 중장기적 부작용에 소비자 피해_20180425)([파이낸셜뉴스] 이통사 자발적 요금인하 경쟁 보편요금제 설자리 사라지나_20180601)([한국경제] 4만원대 데이터 무제한, 이거 실화냐_ … 통신 3사 요금제 '빅뱅'_20180612)([매일경제] 이통3사의 반가운 요금경쟁 … 이젠 내 입맛대로 고른다_20180611)([헤럴드경제] 마침내 드러난 SKT 'T플랜'..이통3사 요금제 개편 일단락_20180717)([조선일보] 통신요금 악몽… 내려도 죽고 안 내려도 죽는다_20170808)([한국경제] 통신 3사 시련의 계절_20170810)([헤럴드경제] 마 침내 드러난 SKT 'T플랜'..이통3사 요금제 개편 일단락_20180717)([조선일보] 통신요금 악몽… 내려도 죽고 안 내려도 죽는다_20170808)([한국경제] 통신 3사 시련의 계절_20170810).

한국경제신문은 2013년 10월 통신요금 원가 공개에 관한 찬반 토론을 게재하였다([한국경제] [맞짱 토론] 통신요금 원가 공개해야 하나요_20131026). 찬성 측의 안진걸 참여연대 협동사무처장의 논거는 다음과 같다. 통신비가 가계비에서 차지하는 비중이 적지 않다. 특히 스마트폰 출시 이후 통신비 부담이 급등하였다. 참여연대는 통신비가 획기적으로 인하되어야 하며 통신의 공공성이 회복되어야 한다고 본다. 참여연대는 이동통신 3사의 담합의혹에 대해서도 공정위에 신고했다. 방통위에 원가공개 자료를 요청하였으나 거부하여 소송을 제기하였는데, 1심에서는 방송위의 비공개처분은 위법하다고 보았고, 법원은 원가총액과 그 원가를 구성하는 기본적인 항목에 대해 수치를 공개할 것을 명령하였다. 이동통신 서비스가 필수재이며 독과점시장이라는 것을 고려하면 공공성 차원에서 영업비밀이라고 할지라도 원가와 관련된 자료를 공개하여야 하며 투명성을 확보하여야 한다. 통신은 초기 투자비용이 많이 들지만 그 이후 비용은 많이 들어가지 않아 요금 인하 여지가 많으나, 우리나라는 오히려 요금을 인상하여 왔다. 우리나라의 통신비 부담지수는 OECD 2위이다.

반대 측의 이태희 국민대 교수의 논거는 다음과 같다. 우리나라 통신요금이 비싸다고 하나 국제비교 기준에서는 오히려 저렴하다. 본질적인 것은 가격이 높다고 원가를 공개하는 것은 시장 원리에 부합되지 않는다. 이동통신 서비스는 공공서비스라 할지라도 공기업이 아닌 민간 기업이 생산하는 것이기 때문에 경쟁 환경을 조성하는 것이 정부의 역할이다. 유효경쟁이 충분히 이루어지지 않아 요금이 높은 경우에는 시장실패의 원인을 제거하는 방향으로 가야하며, 오히려 원가를 공개하면 또 다른 시장실패를 가져올 수 있다. 원가를 공개하면 단기적으로 요금인하 요인이 있을 수 있으나 장기적으로는 기업이 혁신을 추구할 유인이 없어 효율성이 낮아진다. 프랑스에서 과거 혁명기에 우유가격을 반값으로 내리고자 하였으나 오히려 처절한 실패로 끝난 사례를 반면교사로 삼아야 한다.

서울경제신문은 2017년 6월 휴대폰 기본요금 폐지에 관한 찬반 토론을 게재하였다([서울경제신문] **[어떻게 생각하십니까?] 휴대폰 기본요금 폐지**_20170609). 찬성 측의 한현배 한국청소년게임문화협의회 이사장의 논거는 다음과 같다. 공기업인 한국전기통신공사, 한국이동통신이 채권을 발행하여 정보통신 인프라를 구축하였으니 초기 구축 비용은 국민이 부담한 것이다. 이제 수익이 많이 발생하니 국민에게 돌려주어야 한다. 정부가 민간기업의 수익성에 대해 걱정할 필요가 없다. 정부는 통신비 원가, 적정이익률도 모르고 민간이 가격을 자율적으로 결정하도록 방관하고 있다. 정부는 기본요금 폐지 등을 통해 국민에게 혜택을 주는 방향으로 통신산업을 정립하던가 통신사가 질 좋고 저렴한 서비스를 제공하는 경쟁환경을 만들어야 하는데 둘 다 못하고 있다. 이동통신 3사가 기본요금도 폐지하지 못하는 상황에서 국내 시장이 완전 개방되었을 때 생존할 수 있을지 걱정이다.

반대 측의 이병태 카이스트 교수의 논거는 다음과 같다. 통신비 이슈는 경제 이슈라기보다는 가공된 정치이슈이다. 지금의 통신비는 과거의 통신비가 아니다. 스마트폰이 다른 전자기기를 대체하고 소비자가 여행, 레저 등의 서비스를 구매하는 것을 조력하여 소비자 후생을 증진시키는 대가라고 보아야 한다. 정부가 민간기업의 가격 정책을 결정하고 간섭할 권한은 없다. 현실적으로 기본요금이 폐지되면 이동통신 3사가 막대한 적자를 감수하여야 하니 가능하지도 않다. 통신비 단가를 낮춘다고 지출이 꼭 줄어드는 것도 아니다. 통신은 계획소비가 가능하지 않은 제품이기 때문이다. 요금제가 다양화되고 소비유형에 따라 서비스를 제공하도록 서비스 경쟁을 유도하여 실질적인 인하 효과를 기대하는 것이 대안이 될 수 있다.

2. 유료방송 점유율

유료방송 사업자 1위인 KT가 위성방송 스카이라이프를 합병하면서 2015년에 특정 유료방송 사업자가 전체 시장 점유율의 33.3%를 넘지 못하도록 한 규제를 3년 동안 한시적으로 도입하였다. 2018년 6월 27일 종료됨에 따라 시장이 활발하게 반응하였다([파이낸셜뉴스] **유료방송 합산규제 사실상 일몰 수순**_20180509)([동아일보] **IPTV가 대세 가입자수, 케이블TV 첫 추월 점유율 KT 20.2%-SK 13.7%**_20180511)([조선일보] **유료방송 시장, 하반기 빅뱅 오나**_20180515)([파이낸셜뉴스] **합산규제 일몰 앞두고… 케이블TV _보완책 절실**_20180521)([매일경제] **KT 견제하자_… 케이블TV 합종연횡 예고**_20180525)([국민일보] **합산규제 '일몰' 초읽기… 유료 방송시장 지각변동**_20180611)([파이낸셜뉴스] **의지도 없었던 유료방송 합산규제 연장**_20180706).

이 규제를 폐지하는 것은 현재 1위 사업자인 KT의 독점적 지배능력을 강화시키는 것이기 때문에 연장되어야 한다는 것이 2위와 3위 사업자의 주장이었다([한국경제] **'33.3%' 유료방송 점유율 규제… "일몰"**

vs "연장" 팽팽_20171115)([조선일보] **유료방송 점유율 규제 놓고… KT 대 反KT_**20180221).

LGU+는 시장 장악력을 높이기 위해 CJ헬로 등 유료방송 사업자의 인수를 고민하고 있다. 피인수대상으로 거론되는 CJ헬로는 오히려 IPTV 사업으로 영역 확장을 도모하고 있다([한국경제] **권영수의 승부수…LGU+, CJ헬로 인수 땐 단숨에 유료방송 2위로**_20180118)([매일경제] **LG유플發 케이블TV 시장 빅뱅오나**_20180119)([경향신문] **CJ헬로 등 케이블TV 이통사에 인수설 솔솔**_20180219)([한국경제] **권영수 "5G 는 통신시장 역전 절호의 기회"**_20180302)([한국경제] **'피인수 대상' CJ헬로 딜라이브 인수전 참여**_20180118)([한국경제] **회복세 돌아선 CJ헬로, 가입자 6만명 증가**_20180208)([서울경제] **방탄 충전한 CJ…M&A로 '헬로' 키워 제4 이통 진출할수도**_20180226).

서울경제신문은 유료방송 점유율 규제를 연장하는 것에 대한 찬반 토론을 2017년 11월에 게재하였다([서울경제신문] **[어떻게 생각하십니까?] 유료방송 독점방지 점유율33% 규제 연장**_20171117). 찬성 측의 변상규 호서대 교수의 논거는 다음과 같다. 유료방송 플랫폼 사업자는 채널 편성권을 가지고 있다. 가구의 90% 이상이 유료방송에 가입한 상황에서 점유율을 폐지하여 거대한 플랫폼이 출현한다면 공정한 경쟁 환경이 조성되지 못하고 다양성이 훼손되며 플랫폼이 여론에 영향력을 행사할 가능성을 높인다. 방송 사업자의 자유가 다소 제한되더라도 공정한 규칙이 정립되어야 한다.

반대 측의 선문대 황근 교수의 논거는 다음과 같다. 합산규제는 처음부터 1위 사업자인 KT를 견제하기 위한 것인데, 33%라는 준거는 합리성도 부족하고 시장에서 경쟁하기 보다는 정치인이 만들어놓은 제도를 통해 다른 사업자들이 이익을 취하는 병폐를 만들어 놓았다. 방송 영상사업 영역이 인터넷으로 확대되고, 인터넷 매체들의 영향력이 커지고 있는 상황에서 특정사업자를 대상으로 한 규제는 효과도 불확실하다. 초기 위헌시비까지 있었음에도 도입된 합산규제로 유료방송 시장은 더욱 불공정하고 열악해 졌다는 평가인데, 규제를 계속하여야 할 타당한 근거를 찾기 힘들다.

3. 5G 입찰

라디오 시대부터 출발한 통신시장에 스마트폰까지 무력화시킬 수 있는 5G가 등장하면서 시장에서 우위를 점하기 위한 통신사 간의 경쟁이 치열하다. 조기 상용화를 위해서 통신 필수설비의 용도를 제한하는 것을 풀자는 주장이 있다. 이 경우 KT가 확보한 경쟁우위가 사라질 수 있다([조선일보] **아버지의 라디오, 아들이 준 라디오**_20180105)([중앙일보] **속도만 빠르다고 5G_ 네크워크 안전성 함께 갖춰야**_20180214)([동아일보] **"몇 년 안에 스마트폰 사라져… 5G 상용화가 미래 좌우"**_20180220)([경향신문] **'5G 상용화' 총성없는 전쟁 국가 간 자존심 대결 양상**_20180314)([매일경제] **'5G로 세계 선도' 과제 남긴 평창동계올림픽**_20180322)([매일경제] **도시 전역에 5G통신망 자율주행버스로 출퇴근**_20180322)([파이낸셜뉴스] **글로벌 이통사도 '5G 주파수' 눈치싸움**_20180607)([파이낸셜뉴스] **5G, 4차산업의 핵심인프라 광대역 주파수가 곧 경쟁력**_20180420)([파이낸셜뉴스] **통신 필수설비 '용도제한 폐지론' 부상**_20180213).

5G 주파수 할당과 관련하여 경매가, 주파수 총량 제한, 주파수

분할방법 등이 핵심 쟁점이었다([중앙일보] **5G 주파수 경매가 5조 예상 … 이통3사 "너무 높다" 불만**_20180420)([파이낸셜뉴스] **차등허용 vs. 균등배분 … 이통3사 주파수 총량제한 신경전**_20180420)([파이낸셜뉴스] **SKT _가입자 규모 고려해 충분한 주파수 필요_ KT·LG U+ _경쟁열위 상황 '균등배분'으로 해소**_20180425)([서울경제] **5G 주파수 총량제한 놓고…곤두선 이통사**_20180426)([파이낸셜뉴스] **5G 주파수 경매 시작가 논란 _산정과정 공개_ 목소리 확산**_20180427)([문화일보] **이통사 끼리 '錢의 전쟁' 부추겨 결국 소비자 부담만 가중**_20180501)([문화일보] **주파수 팔아 연간 1兆 버는 정부 … 소비자 직접지원은 260억뿐**_20180501).

5G 세계 최초 상용화의 걸림돌은 높은 경매가 뿐만 아니라 통신비 인하 요구, 정부의 규제적 태도 등이라는 주장이 제기되었다([서울경제] **세계적 드문 일_…운신 폭 좁아진 이통사, 5G 경쟁 위축되나**_20180413)([파이낸셜뉴스] **통신업계 '세계 최초 5G' 첩첩산중**_20180423)([서울경제] **주파수 줄테니 고맙게 생각하란 정부**_20180424).

5G 경매는 순조롭게 마무리되었으나 관련 장비 구입을 삼성에서 할 것인가, 중국 화웨이에서 할 것인가가 논란이 되고 있다([매일경제] **이통 3사 5G 주파수 적격심사 통과**_20180609)([파이낸셜뉴스] **이통3사 5G 명운 걸린 주파수경매 15일 시작된다**_20180611)([뉴시스] **이통사 명운 건 주파수 경매, 어떻게 진행되나**_20180612)([연합뉴스] **5G 주파수 경매**_20180619)([서울경제] **이통3사 같은 출발선서 진검싸움.. 비즈모델이 승부 가른다**_20180619)([한국경제] **'승자의 저주' 피한 5G 주파수 경매**_20180619)([한국경제] **5G 주파수 경매 마무리 … 통신장비株 '짜릿'**_20180620)([서울경제] **SKT·KT '주도권 경쟁' 발판 마련…LGU+는 실리 챙겼다**_20180619)([경향신문] **삼성 _2020년까지 5G 통신장비 점유율 20% 달성_**20180716)([경향신문] **삼성 호환성 대 화웨이 가성비 '5G 통신장비' 복잡해진 셈법_**

20180716).

인터넷서비스를 일종의 공공재로 보는 망중립성 원칙을 미국이 폐지하면서 네트워크 사업의 지각변동이 예상된다([연합뉴스] **美 망 중립성 원칙 오늘부터 폐지.. 국내에도 영향 미칠까**_20180612).

2018년 4월, 정부가 5G 주파사 경매에 내어 놓을 주파수 대역과 최저입찰가격을 공개하자 한국경제신문은 관련하여 찬반 토론을 게재하였다([한국경제] **[맞짱 토론] 5G 주파수 '최저입찰가' 적정한가**_20180428). 찬성 측의 고려대 이성엽 교수의 논거는 다음과 같다. 이번에 공급하는 대역폭이 과거 3번의 경매보다 증가하였으니 최저 경쟁가격 총액의 증가는 당연하다. 최근 경매가 끝난 영국과 비교하여 높다고 하나 우리 시장에서의 5G의 시장가치는 영국에 비해 상당히 높기 때문에 비교 대상이 아니다. 과거 주파수 할당은 여러 번에 나누어 이루어졌지만 이번에는 한 번에 할당되기 때문에 최종 할당 대가인데, LTE의 누적 총 할당 대가의 절반 수준이다.

반대 측의 이병태 카이스트 교수의 논거는 다음과 같다. 경매는 최초 가격을 낮게 하고 경매가 진행될수록 그 가격을 높여가는 것이 일반적인데, 이번 경매 최저가가 영국의 최종 낙찰가에 준하는 것을 고려하면 너무 높다. 5G는 향후 막대한 투자가 소요되는데, 초기 투자비용을 줄여 주는 것이 산업의 발전을 위해 바람직하다. 또한 높은 주파수 대역 가격은 통신비 인상을 가져 올 수 있다. 추가적으로 비싼 가격에 주파수를 통신사에 넘기고 규제와 시장개입을 통해 통신사 사업수익을 훼손하는 관치를 종식하여야 한다.

4. KT 인접대역 주파수

LTE 스마트폰 이용자가 급증하면서 통신데이터 이용량도 증가하자, 미래부는 2013년 6월, LTE 주파수를 추가 경매하겠다고 발표하였다. 이동통신 3사는 KT 인접대역인 1.8 GHz 대역의 포함여부를 주시하였다. 1.8 GHz 인접 대역을 따 낸다면 KT의 경쟁력이 강화될 수 있기 때문이었다([서울신문] **'주파수 할당' 논란 더 키운 미래부**_20130620)([한국경제] **미래부, 결국 KT에 LTE 인접 주파수 주나**_20130621).

2013년 8월 시작된 경매는 경매 4일 만에 입찰보증금이 2조원을 넘어서는 등 치열하였다. 47회 입찰에도 승자를 가리지 못해 특정 대역 무제한 입찰이 가능한 '밀봉입찰'에 의해 KT가 1.8 GHz 대역을 확보하여 속도 경쟁에 참여할 수 있는 기반을 마련하였다. 8월 31일 종료된 입찰의 3개 대역의 최종 낙찰가는 2조 4,289억원으로 최저경쟁가격보다 1조원이 높았다([문화일보] **'주파수=영토' 이통3社 황금대역 따내기 '錢의 전쟁'**_20130705)([파이낸셜뉴스] **주파수 경매 예측 불허**_20130822)([중앙일보] **LTE 주파수 경매 4일 만에 입찰금 벌써 2조원 넘어서**_20130823)([경향신문] **주파수 경매, 결국 '밀봉입찰'로**_20130830)([국민일보] **KT, 황금주파수 확보… SKT, C2블록 할당 받아 선전**_20130831)([한국일보] **"LTE 속도전쟁 이제부터" 대반격 벼르는 KT**_20130902).

한국경제신문은 LTE 주파수 추가배정에서 KT 인접대역 주파수를 어떻게 할당하여야 하는지에 대한 토론을 2013년 6월에 게재하였다([한국경제] **[맞짱 토론] KT 인접대역 주파수 어떻게 할당해야 하나**_20130608). KT는 인접대역이 포함되어 할당받으면 저렴한 투자비용으로 기존 전국망에 붙여 두 배 빠른 서비스를 제공할 수 있는 반면 다른 두 통신사는 KT의 열배가 넘는 금액을 투자하여야하기 때문이다.

찬성 측의 이석수 KT 상무의 논거는 다음과 같다. 경쟁사의 압력으로 KT 주변 대역이 최초 주파수 경매에서 제외됨으로써 한국의 LTE 속도는 세계 6위에 불과하다. 경쟁사들 주장대로 보조 주파수에 대한 투자를 최소화하면 일부 도심지역에만 광대역 서비스가 가능한 반면 KT에 할당하면 적은 비용으로 광대역 서비스를 빠른 시간에 전국에 서비스할 수 있다. 주파수의 이용효율성을 높이는 것이 선파법의 취지에도 맞다. 인접 대역을 확보하지 못한 KT는 MC를 제대로 구축하지 못하는 등 불공정한 경쟁을 하고 있다. KT도 투자비용이 많이 들어가며 속도가 높아져 50% 이상의 점유율을 KT가 가질 것이라는 것은 근거 없는 주장이다. 투자비용에 차이가 있어 공정경쟁을 저해하기 때문에 특정 주파수 대역을 할당하지 않은 것은 산업을 하향 평준화하자는 주장이다. 오히려 선도 사업자가 나서서 경쟁우위를 가지면 후발 사업자가 진입하여 경쟁 우위를 깨뜨리면서 결국 소비자 편익이 증가한다.

반대 측의 LGU+ 강학주 상무의 논거는 다음과 같다. KT는 LGU+와의 경쟁에서 밀리면서 900MHz 주파수 상용화 지연에 따른 주파수 부족 해소와 1500Mbps 서비스 조기 도입을 이유로 근접 대역 주파를 할당받아야 한다고 주장하고 있으나 이는 정부에 특혜를 요구하는 것이다. KT는 LTE 주파수를 가장 많이 가지고 있는 사업자이다. 추가적인 주파수 할당을 요구하기 보다는 900MHz 등 기존 주파수를 효율적으로 활용하는 방안을 먼저 찾아야 한다. KT는 부인하고 있지만 주파수를 할당 받게 될 경우, KT의 총 초과 수익은 7조 3,000억 원이 될 것으로 추정된다. KT는 당장 광대역 서비스를 시작할 수 있으나 다른 사업자들은 막대한 투자비용과 2-3년의 기간이 소요된다. 3위 사업자인 LGU+는 도태되고 시장에는 1, 2위 사업자만 남아 과점이 되어 결국 소비자 편익은 줄어들 것이다. 시장 점유율이 10%인 KT만을 위한 불공정한 경쟁이 이루어져서는 안 된다.

Ⅶ

부동산

1. 주거안정, 경기 활성화 & 가계부채
2. 보유세
3. 후분양제
4. 전월세 상한제
5. 기업형 임대주택
6. 청약제도
7. 재건축규제

1. 주거안정, 경기 활성화 & 가계부채

박근혜정부 실세로 불리던 최경환 경제부총리는 2014년 7월 취임하면서 46조원이 넘는 확장적 거시정책과 함께 과감하게 부동산 규제완화를 시행하였다.

한국경제신문은 2014년 6월, 부동산관련 금융규제 완화에 대한 찬반 토론을 게재하였다([한국경제] **[맞짱 토론] DTI〈총부채상환비율〉·LTV〈주택담보비율〉 규제 풀어야 하나**_20140628).

찬성 측의 고성수 건국대 교수의 논거는 다음과 같다. 부동산시장의 장기침체는 소비 심리를 위축시켜 내수시장의 장기 침체를 가져 온다. 시장회복의 실마리를 부동산으로 풀 수 있다. 가계부채가 1,000조원이지만 선진국과 비교하여 크게 위험한 수준이 아니며, 수택담보대출은 연체율도 낮기 때문에 적절한 LTV 비율을 유지하면 금융시스템의 안정성을 확보할 수 있다. 우리나라는 선진국보다 LTV는 낮은 반면 DTI는 높다. 두 기준을 종합적으로 보면 다소 과하기 때문에 주택시장을 활성화하는 차원에서 완화하는 것이 바람직하나, 그 영향이 소득 계층별로 다르기 때문에 신중한 접근이 필요하다.

반대 측의 송인호 한국개발연구원 연구위원의 논거는 다음과 같다. LTV 규제 완화는 장기적으로 가계대출을 큰 폭으로 증가시킨다. 우리나라의 가처분소득 대비 가계부채 비율은 160%로 이미 주요 선진국의 수준을 넘어섰다. 이는 가계의 재무건전성을 더욱 악화시키고 거시 경제 안정성을 훼손할 수 있다. 실제적인 LTV,

DTI 규제는 선진국과 비교하여 높지 않다. 우리가 주요 선진국에 비해 글로벌 금융위기를 큰 경기 침체 없이 넘긴 것은 이 두 가지 규제를 미리 도입했기 때문이다. 전반적인 규제 완화보다는 규제 구조를 합리적으로 개선하는 방안을 고려하여야 한다.

박근혜정부의 부동산 부양으로 경기를 활성화시키려는 정책은 가계부채와 국가채무를 동시에 증가시키는 부작용을 가져왔다는 평가를 받았다. 2015년 7월 정부는 가계부채 종합관리 방안을 발표하였는데, 저소득층이나 청년층을 위한 별도의 대책 필요성에 대한 주장이 제기되었다([내일신문] **초이노믹스 1년, 빚만 늘었다**_20150714)([매일경제] **저소득층 주거안정 대책 마련해야**_20150813).

전세 값이 지속적으로 상승하고 월세도 급등하자 정부는 2015년 4월에 이어 9월, 서민 주거안정 강화 방안을 발표하였다. 청년, 고령자 등 주거 취약계층에 대한 지원을 강화하고, 기업형 임대주택(뉴스테이)을 활성화하겠다는 정부 대책에 대한 시장의 반응은 대체적으로 부정적이었다. 정부 정책이 여전히 주거안정보다는 경기활성화에 치중하였기 때문이다([내일신문] **[내일시론] 정부를 비웃는 전월세값**_20150903)([조선일보] **전·월세 불안 해소할 '로드맵' 이 없다**_20150903)([경향신문] **임대료 규제는 없이 공급만 늘려… "누구에게 도움 될까요"**_20150904)([동아일보] **월세전환율 법정한도, 재계약때도 적용해 세입자 보호**_20150908)([경향신문] **예비신혼부부도 '전세임대주택' 입주 가능**_20151001)([국민일보] **전·월세 전환율 낮춘다고 전세대란 가라 앉겠나**_20151002)([내일신문] **건설투자로 성장률 떠받치겠다고**_20151016)([한겨레] **월세 초점 맞춘 주거대책 내놨지만…아직은 삐거덕**_20151116).

중앙일보는 2015년 9월 정부의 주거안정 대책을 비판하는 사설을 게재하였다([중앙일보] **전세난 놔두고는 경제 못 살린다**_20150905). 주거비가 급등하여 가계 소비를 위축시키고 가계 부채도 급증하는데 정부의 대책은 오히려 전·월세난을 가중시키고 있다는 주장이다. 그러면서 주택시장 전체의 수급도 같이 고려하는 서민 주거안정 대책을 주문하였다). 한겨레신문은 정부가 내놓은 대책으로는 전·월세난을 해소하기에 역부족이며, 부동산 대책의 중심을 경기활성화를 위한 규제 완화에서 서민 주거 안정으로 옮겨야 한다고 주장했다([한겨레신문] **언 발에 오줌 누기 서민 주거 대책**_20150903).[20]

경기 활성화 대책에도 불구하고 경기는 살아나지 않고 가계 부채가 지속적으로 급증하자 초이노믹스에서 풀었던 부동산관련 금융규제를 다시 강화하여야 한다는 주장이 제기되었다([서울신문] **가계부채 못잡는 이유는 '3박자' 부재 탓**_20160817)([파이낸셜뉴스] **초이노믹스 족쇄를 풀어라**_20160920).

중앙일보와 한겨레신문은 2016년 8월, 정부의 가계부채 대책의 미흡함을 비판하는 사설을 게재하였다. 중앙일보 사설의 요지는 다음과 같다([중앙일보] **가계부채 폭탄 터져야 정신 차릴 것인가**_20160826). 가계부채의 규모가 10년 만에 두 배로 늘어나고 그 증가 속도도 빠른 상황에서 분양권 전매 강화 등 실효성 있는 대책이 없다. 부동산 대책을 경기 대책의 전부로 삼는 것은 위험하다. 부채를 고려할 경우 선제적인 대책이 필요한데, 오히려 타이밍을 놓쳤다.

한겨레신문 사설 요지는 다음과 같다([한겨레신문] **'건설 부양' 미련 못

---

20) 중앙일보와 한겨레신문의 사설 비교는 '[중앙일보]/[한겨레신문] **[사설 속으로] 서민·중산층 주거안정 강화 방안**_20150922' 참조.

버린 알맹이 빠진 가계부채 대책_20160826). 주택가격 급상승으로 인한 불안감과 투기 심리가 겹쳐 대출이 급증하고 있는데, 대출을 규제하는 조치가 전혀 포함되어 있지 않다. 주택 공급 과잉이 주택경기를 침체시킬 수 있다는 우려에서 공급을 조절하는 대책만을 강구하고 있으나, 부동산으로 성장률을 끌어 올리면 가계부채 증가와 내수침체라는 악순환에서 벗어날 수 없다.[21)]

문재인정부는 가계부채, 부동산 가격 급등 등의 난제를 지고 출범하였다. 박근혜정부의 경기활성화를 위한 부동산관련 규제 완화가 가계부채 문제 등을 가져왔다는 것이 대체적인 평가이다([서울경제] **DTI 규제완화 등이 가계빚 증가 불러_…반성문 쓴 국토부**_20180330)([조선일보] **당·청 _盧정부와 文정부서 집값 오른건 보수정권 책임**_20170804)([중앙일보] **'부채주도성장' 후유증 앓는 부동산시장**_20170615)([서울신문] **세금도 빚도 高高… 대한민국 서민들만 '곡소리'**_20171211).

박근혜정부에서 주택소유의 양극화 현상이 심각해졌기 때문에, 출범 초기 문재인정부에 서민주거안정 대책을 요구하는 목소리가 높았다([한국일보] **가구 44%는 집 한 채 없고…상위 1%는 평균 7채 보유**_20170911)([한국일보] **주택 2채 이상 보유자, 3년 새 25만명 급증**_20170816)([경향신문] **무주택자 주거 해결 '한뜻'**_20170501)([한겨레] **아파트 공화국, 철거민 주거대책까지 삼키다**_20170415)([파이낸셜뉴스] **실수요자 주택마련 옥죄는 '주택담보대출'부터 풀자**_20170524)([한국경제] **신혼부부 氣살리는 文정부 … 공공임대 20만 가구·맞춤형 대출 지원**_20170720).

---

21) 중앙일보와 한겨레신문의 사설 비교는 '[중앙일보]/[한겨레신문] **[사설 속으로] 가계부채 종합대책**_20160906' 참조.

아파트 가격이 강남 등 일부 지역을 중심으로 지속적으로 오르자, 정부는 2017년 6월, 종합적인 부동산대책('6·19' 대책)을 발표하였는데, 청약조정지역을 추가로 지정하였다. 청약조정지역에서는 금융규제를 강화하고 서울에서는 아파트 입주 때까지 전매를 제한하는 것 등을 내용으로 하는 부동산대책을 발표하였다([국민일보] **강남 '로또 아파트'에 몰린 수만명 인파가 말하는 것**_20170511)([중앙일보] **리스크 커지는 부동산 시장… 치고 빠지기 투자 위험하다**_20170613)([매일경제] **빗내 집사기 열풍 차단…6억넘는 서울아파트 대출 최대 타격**_20170607)([서울신문] **광명 등1순위·재당첨 제한… 재건축 조합원 주택 1개로 제한**_20170620)([파이낸셜뉴스] **서울 全지역 입주때까지 전매 제한**_20170620).

2017년 7월, 정부는 도심지역에 청년층을 위한 공공 임대 주택 5만 가구를 공급하고 집을 계속 보유하기 어려운 집주인의 집을 사들여 나시 임대해 수는 제도의 도입 등을 포함한 서민 주거안정 대책을 발표하였다([조선일보] **도심의 낡은 공공청사 개발해 청년 임대주택 2만 가구 공급**_20170726)([조선일보] **서민 주거안정 대책 발표**_20170726).

2018년 4월에는 신혼부부, 다자녀 가구를 위한 추가적인 서민 주거안정 대책을 발표하였다([한국경제] **연소득 7000만원 넘는 신혼부부도 보금자리론 받는다**_20180129)([한겨레] **신혼부부·다자녀 가구 보금자리론 요건 완화**_20180425).

정부의 '6·19' 대책에도 불구하고 문재인 대통령이 '부동산 가격을 잡으면 피자를 쏘겠다'고 이야기할 정도로 주택시장에 투기 광풍이 불었다. 정부는 투기과열지구 지정, 다주택자 양도소득세 강화, 금융규제 강화를 내용으로 하는 고강도의 대책('8·2' 대책)을 내놓았다([매일경제] A부터 Z까지 '한눈에'_20170818)([서울신문] 대출 죄고 전매 막고 세금 '3중규제'… 다주택 양도세 '핵폭탄'_20170803)([조선일보] 서울 아파트 '3중 자물쇠' 채웠다_20170803)([매일경제] 8·2대책前 재건축 계약자 60일내 신고때 조합원지위 양도 가능_20170818)([매일경제] 서울·과천 투기과열지구 지정 타당했나_20170810)([한국경제] 하남·고양·남양주 민간택지 주택 보유자, 양도세 강화 '날벼락'_20171011)([서울신문] 자금조달·입주계획 신고 강화된 청약 1순위 자격 재건축 조합원 양도 제한_20171002)([한국경제] "파급력 최강은 LTV·DTI 등 금융규제" 68%_20171003).

'8·2' 대책 이후에도 주택 가격이 계속 오르는 지역에 대해서는 추가적인 조치가 이루어졌다([한국경제] 집값 계속 오른 분당·대구수성에 '규제폭탄'…'풍선효과' 차단_20170906).

1,000조원이 넘는 부동자금이 떠도는 상황, 규제 위주의 각종 대책간의 연계성 미흡, 주택 실수요자의 피해를 줄일 대책, 규제 위주 대책의 부작용 등 정부의 강력한 부동산 투기 억제 대책에 대한 우려의 목소리도 있었다([내일신문] 8.2 부동산 대책이 성공하는 길_20170803)([내일신문] 최근 부동산 정책이 아쉬운 이유_20170822)([파이낸셜뉴스] 집값 잡기 성공했지만 실수요자 피해 줄일 보완책 필요_20170904)([내일신문] 실거주자, 투자자보다 연체율 낮아_20171102)([파이낸셜뉴스] 부동산 정책이 성공하려면_20170926)([국민일보] 다주택자들에 의한 투기와의 전쟁_20171013).

조선일보는 정부의 '8·2' 대책에 대한 전문가의 평가를 게재하였다([조선일보] [전문가 기고] 과열 식힐 규제의 정상화_ "多주택자 규제, 더 큰 부작용"_20170821). 긍정적인 평가를 한 조명래 단국대 교수의 논거는 다음과 같다. 서울지역의 집값이 43주 연속 오르는 등 부동산 시장이 과열된 것은 이명박정부, 박근혜정부에서 지속적으로 시행된 여러 가지 규제 완화 조치가 복합적으로 작용한 결과이다. 문재인정부의 첫 번째 대책도 과열된 시장을 진정시키기에는 역부족이었다. '8·2' 대책의 요체는 규제의 정상화로 보아야 한다. 그러나 9년 전의 모든 규제가 되살아난 것은 아니며, 부동산시장의 과열이 심각한 상황에서 노무현정부의 규제 중심의 대책의 실패를 반복하는 것이라는 비판에도 동조할 수 없다. 공급이 우선되어야 한다고 주장하나 여전히 공급 과잉을 우려하고 있는 것이 현재의 시장 상황이다. 규제 강화로 시장 냉각, 경기 위축을 우려하는 목소리가 있지만 부동산의 소유 집중 현상을 가볍게 보아서는 안 된다. 추가적인 주거안정대책을 통해 고도성장기의 공급위주의 부동산정책 패러다임을 전환시켜야 한다.

부정적인 평가의 권대중 명지대 교수의 논거는 다음과 같다. 부동산 시장의 과열은 2015년 1월 시행된 '부동산 3법'과 함께 시작되었다. 그러나 규제 일변도의 다주택자를 죄인시하는 정책은 부작용이 있다. 자가주택보유율이 60%이고 주택보급률이 100%를 약간 넘는다는 것은 아직도 무주택자가 40%이라는 것이고, 다주택자로 인하여 주택보급률이 100%가 넘었다고 볼 수 있다. 다주택자 중 투기꾼도 있을 수 있으나 이들은 민간 임대주택공급자이다. 임대주택 사업자 등록을 유도하고 있으나 아직은 갈 길이 멀다. 다주택자들이 주택을 팔기 시작하면 주택가격 하락에 대한 기대감으로 전월세 가격이 급등할 수 있고 장기적으로는 주택공급이 축소될 것이다. 다주택자들이 주택을 팔지 않는다면 공급 부족으로 주택가격의 상승을 가져 올 것이다. 특히 이번 대책에는 재건축에 대한 강력한 규제가 포함되어 있어 공급이 더욱 줄어들 요인이다. 다주택자는 유동성 자금을 부동산에 투자한 사람이다. 다주택자를 배척하기 보다는 끌어안고 가는 정책만이 서민들의 주거 안정을 가져올 수 있다.

부동산과 관련하여 급증하는 가계 부채 문제는 우리나라 경제가 가지고 있는 주요 위험요인 중 하나이다([서울신문] **대출억제 약발 안 받는 한국, 가계빚 가속도**_20170925)([조선일보] **3040은 집 사느라 빚내고 6070은 빚내서 전세 살아**_20180125)([세계일보] **주택담보대출 금리 5% 돌파… 서민들 '이자 폭탄' 초비상**_20171023)([조선일보] **6년 유동성 잔치는 끝… 1400조 가계빚 '이자 폭탄' 째깍째깍**_20171201)([서울신문] **LTV, DTI는 금융 건전성 관리에 써야**_20170628)([한국경제] **불안정한 부동산 시장…LTV·DTI는 무엇일까**_20171204).

정부는 가계 부채 문제를 해결하기 위한 대책('10·24' 가계부책대책)을 발표하였으나 시장의 반응은 그렇게 호의적이지 않았다([매일경제] **임팩트 없는 가계부채대책**_20171027)([세계일보] **세전소득기준·미래소득 반영 대출 '부실위험'**_20171027)([동아일보] **빚 상환능력 평가해 가계부채 대책 차등 적용하라**_20171030)([매일경제] **가계부채 억제 불가피하지만 경기급랭 안되게 관리해야**_20171025)([한겨레] **7년전 '대출 억제'→현재 '소득 지원' 가계부채 대책은 진화중**_20171116).

부동산 집단대출이 가계 대출 급증의 주요인 중 하나로 지적되었고, 정부는 규제를 강화하였다([내일신문] **가계부채 증가세 '주범' 집단대출**_20170516)([동아일보] **"집단대출 안될 땐 분양계약 포기" 56%**_20170531)([한국일보] **아파트 집단대출 1년새 16조 증가… 2금융권 대출은 762조 사상 최대**_20170619).

한국경제신문은 2017년 4월, 부동산 집단대출을 규제하는 것에 대한 찬반 토론을 게재하였다([한국경제] **[맞짱 토론] 부동산 집단대출 규제 해야 하나**_20170415). 찬성 측의 송인호 한국개발연구원 공공투자정책실장의 논거는 다음과 같다. 주택보급률이 100%가 넘는 현재, 건설 경기 활성화로 인한 경기 부양은 심각한 후유증이 있을 수 있다. 주택가격이 하락하면 집단대출 연체율이 올라가는 경향이 있는데, 대출 건전성을 높이고 체질을 개선할 필요가 있다. 주택담보 대출 중 집단대출의 비중이 상당한데, 집값이 떨어지는 시기에는 건설사뿐 아니라 금융기관까지 부실화될 우려가 있다. 주택공급 물량이 예외적으로 증가할 전망이고, 미국의 금리 인상 가능성이 있으며, 경제 성장이 둔화되고, 고령화, 혼인 및 출산율이 떨어지면서 주택 수요도 줄어드는 등 주택시장 여건을 보면 금리가 오르면 대출이 부실화될 수 있기 때문에 선제적으로 대응하여야 한다. 주택대출에 대한 규제 완화로 상한까지 대출을 받아 집을 산 사람이 적지 않은데, 금리가 오르면 원리금 상환액이 증가하고 주택 가격도 떨어지는 이중고를 겪을 것이다.

반대 측의 김덕례 주택산업연구원 주택정책실장의 논거는 다음과 같다. 총 가계부채에서 집단대출이 차지하는 비중이 높지 않은데, 가장 큰 비중을 차지하는 기타 대출에 대한 관리가 없이 집단대출을 규제하는 것은 불합리하다. 집단대출이 빠르게 증가하였다고 하지만 지난 해 증가한 가계신용 증가액의 14%에 불과하다. 분양 물량이 늘어나면 집단대출도 같이 늘어나는 구조인데, 도시재생을 위해 재개발, 재건축을 계속 한다고 하면 집단 대출이 늘어나는 것을 비판할 수는 없다. 실수요자들이 저금리 집단대출을 받을 수 없게 되면서, 제2금융권에서 고금리로 대출을 받아 부담이 늘어나는 고충을 겪고 있다. 집단 대출과 일반 가계 대출은 속성이 많이 다른데, 가계부채 급증의 원인으로 지목하는 것은 불합리하다.

정부는 12월 13일, 임대주택 등록을 활성화하는 대책을 내놓았다. 방향에 대해서는 긍정적인 평가이나 대상이 제한적인 것, 임대사업자에 대한 금융 규제를 강화한 것, 부처 간의 정책 공조가 미흡한 것, 보다 강력한 실효성 있는 세입자 대책이 빠진 것 등에 대한 지적이 제기되었다. 정부는 상가 임차인 보호, 주택 임대 등 부동산 임대 정책의 관할권을 법무부에서 전문성이 있는 국토부로 넘겼다([서울경제] **주택임대사업자 등록 실효성 향상부터**_20170916)([매일경제] **임대사업 등록 권하더니 돈줄 묶어… 다주택자 정책 엇박자**_20171127)([내일신문] **방향 맞지만 8년 임대에 혜택 집중**_20171214)([파이낸셜뉴스] **稅혜택보다 임대수익이 더 매력 … 전월세 뛸 가능성도**_20171214)([한국일보] **임대주택 13%만 해당 갈 길 먼 세입자 대책**_20171214)([파이낸셜뉴스] **부처간 임대료 상한선 적용시기 달라… 다주택자 대혼란**_20180104)([한국경제] **부동산 임대정책 '컨트롤타워' 법무부→국토부로 넘긴다**_20180419).

'10·24' 가계부채 대책의 후속 조치로 대출 규제 강화가 여러 가지 방식을 통해 지속적으로 이루어졌다. 정부의 대출 억제로 가계 빚 증가세가 주춤하는 효과도 있었으나 가계 대출 규제에 시장은 다양하게 반응하고 있다([경향신문] **부동산 임대업 대출도 돈줄 죈다**_20171127)([중앙일보] **은행 가계대출 '파이프라인' 더 잠근다**_20171212)([서울경제] **오늘부터 신 DTI…다주택 대출한도 줄어**_20180131)([조선일보] **돈줄 조이는 금감원…강남·서초 은행지점 대출 직접 검사_20180226)([서울신문] 편법증여 다주택자 자금출처 조사… 탈세 도운 중개업자 단속_20180112)([조선일보] DSR·RTI·LTI…도대체 무슨 뜻이죠_20180323)([한국경제] 新DTI 이어 DSR…상환능력 깐깐하게 따져 대출한도 정한다_20180404)([중앙일보] 이미 빚 있는 사람, 대출받기 더 어렵게 하는 거죠_20180410)([파이낸셜뉴스] 月 상환액 일정한 변동금리 대출 연내 나온다_20180417)([파이낸셜뉴스] 정부 대출규제 통했나… 가계빚 증가세 '주춤'_20180315)([파이낸셜뉴스] LTV·DTI 규제 피해 교묘한 우회대출_20170926)([매일경제] 자영업 대출 받아 딸 결혼자금에 썼죠_20180118)([동아일보] 아내에 증여 5년 뒤 집 팔면 억대 세금 아껴_20180418)([한국일보] 엉성한 DSR 대출 규제 가계부채 되레 늘어나_20180426)([한국경제] "새마을금고에 은행 준의 LTV·DTI 규제는 곤란"_20180425)([연합뉴스] 은행 전세대출 72조원.. 3년여 만에 2배로 올해도 급증_20180620)([연합뉴스] 은행들 대출금리 조작... 소득 담보있는데 없다고 입혀_20180621).

2017년 부동산 시장은 서울을 중심으로 한 일부 지역의 부동산 열기와 이에 대응한 정부의 잇따른 규제 발표로 요약된다. 정부 대책의 효과에 대해서는 전문가 간에도 견해가 다르다([국민일보] 규제 뭇매에도… 맷집 생긴 강남 집값_20171229)([파이낸셜뉴스] 정부 규제 약발… 국민·전문가 절반 이상이 _집값 잡힌다_20180205)([한국경제] 反시장적 규제…現부동산 시장은 16년前 닮은꼴_20180126)([경향신문] 흙수저들의 게임, 금수저들의 게임_20180123)([중앙일보] 돈 벌기 투쟁, 민주화 투쟁만큼 힘들다_20180125)([세계일보] 정부 대책 비웃는 '강남불패'_20180131)([한국경제] 강남 공룡에 소 몇 마리 던져준 들_20170911)([한국경제] 배려의 역설…더 멀어진 신혼부부 내 집 마련_20180522)([아시아경제] 다시 뛰는 서울, 무너지는 지방..집값 '초양극화'_20180622)([연합뉴스] 2분기 전국 아파트값, 5년만에 최대폭 하락..서울은 올라_20180715).

부동산 시장의 양극화 현상이 나타나고 있고, 서울 부동산 시장이 관망세로 돌아서면서 거래절벽이 현실화 되고 있다([서울신문] **IMF의 경고 "서울 부동산가격 조정 위험"**_20180219)([국민일보] **文 대통령 공약 효과, 세종·부산·김해 부동산 들썩**_20180319)([한국일보] **강남 거래 반토막·지방 청약 제로 속출… 부동산 빙하기**_20180416)([서울경제] **집 팔겠다는 다주택자 없어 … 당분간 집값 상승세 이어질 듯**_20171125)([매일경제] **서울아파트 '거래절벽' 현실로**_20180502).

문재인정부의 집 값 안정화 대책에 대해 규제 위주 부동산 정책의 한계, 장기적인 관점에서의 시장 참여와 규제의 필요성, 정부의 전략적 접근의 미흡, 교육 정책 등 다른 정책과의 연계 필요성 등이 지적되었다([국민일보] **왜 집값이 오르는가**_20180207)([중앙일보] **강남 집값 잡겠다는 것도 희망고문이다**_20180112)([한국경제] **'밸리 포지의 비극'이 주는 교훈**_20180219)([중앙일보] **5년 하락, 5년 상승 … 수도권 주택시장 변곡점 왔나**_20180321)([파이낸셜뉴스] **부동산의 정치학**_20180205)([서울경제] **강남불패 신화를 깨려면**_20180112).

문재인정부의 '국민헌법자문특위'에서 헌법에 토지 공개념을 강화하자는 주장을 제시하였다. 논란 끝에 정부는 국회에 제출한 헌법개정안에 '국가는 토지의 공공성과 합리적 사용을 위하여 필요한 경우에 한하여 특별한 제한을 하거나 의무를 부과할 수 있다'는 조항을 포함시켰다. 그러나 정부가 제안한 개헌안은 국회에서 부결되었다([서울경제] **위헌 논란 '토지공개념' 또 꺼내**_20180316)([서울신문] **"토지 보유 패러다임 전환" vs "사유재산권 보호와 상충"**_20180322)([한겨레] **개헌안 통과 땐 종부세 등 부동산 보유세제 개편 탄력**_20180322)([경향신문] **토지공개념과 경제민주화**_20180326).

2. 보유세

문재인정부 출범부터 부동산 보유세 인상이 주요 논쟁거리였다. 여당에서는 보유세 인상 필요성을 제기하였으나 정부에서는 보유세 인상에 대해서는 유보적이었다. 정부는 거래세와 보유세, 조세정책의 방향 등을 고려하여 정할 문제라는 입장이었다. 조세재정특별위원회가 출범하면서 다주택자 보유세 인상 등이 집중적으로 논의되기 시작하였다([서울경제] **보유세 인상 검토 안해_…당과 거리둔 김동연**_20170913)([동아일보] **다주택자 보유세 인상 '급물살'**_20180102)([매일경제] **닻 올린 '보유세 개편' 논의**_20180222)([세계일보] **보유세 개편 논의 '재정개혁특위' 지각 출범**_20180409).

부동산 보유세 인상에 대해서 여론은 지지하는 쪽이 높으나 전문가들은 의견이 갈린다. 부동산이 투기 대상이 되지 못하도록 하기 위해서는 미국의 10%에 불과한 보유세를 대폭적으로 올려야 한다는 주장도 있고, 보유세의 급격한 인상은 부작용이 우려되니 올리되 유예하자는 주장도 있다([경향신문] **최저임금 인상 효과 '긍정 평가' 높고 부동산 보유세 인상은 60.2%가 동의**_20180215)([서울신문] **"보유세 높여야 집값 잡는다, 부동산 돈벌이는 꿈도 못 꾸도록"**_20180223)([한국일보] **보유세 인상하고 징수유예 해 주자**_20180228)([중앙일보] **2 주택자 양도세 피하려면 … 장기임대주택 등록해야**_20180529).

보유세 인상이 중장기적으로는 바람직하나 부동산 대책으로서 효과가 의문시되고 1가구 1주택자에게 보유세를 강화하는 것이 조세 정의 차원에서 바람직하지 않다는 주장도 있다. 다가구 뿐 아니라 1가구 주택자에 대해서도 보유세를 강화하여야 한다는 주장은 불합리하다는 지적이 있다([서울신문] **보유세 인상을 위한 올바른 접근법**_20180223)([파이낸셜뉴스] **보유세가 성공하려면**_20180306)([문화일보] **'보유세 인상' 부적절한 5가지 이유**_20180503).

보유세제 개편 논의와는 별개로 공시지가 급등으로 보유세의 하나인 재산세 부담이 높아지고 있다([매일경제] **공시지가 급등… 보유세 폭탄 현실로**_20180213)([한국경제] **땅값도 급등…제주 '보유세 부담' 24.7% 늘듯**_20180213)([서울경제] **9억 넘는 주택 강남3구가 57% 차지 100억 초과도 21가구로 2배 이상↑**_20180501)([파이낸셜뉴스] **보유세 오름폭 너무 급하다**_20180501).

문재인정부는 2018년 7월 보유세 인상방안을 확정하였다([중앙일보] **김동연 "6월 말 부동산 보유세 개편안 내놓겠다"**_20180503)([아시아경제] **공정시장가액비율, 세율 동시 인상.. 34.6만명에게 1.1조원 더 걷는다**_20180703)([머니투데이] **정부 종부세 개편안 확정..3주택 이상 다주택자 추가 과세**_20180706)([조선일보] **은퇴한 연금 생활자, 껑충 뛴 재산세 고지서에 화들짝**_20180718)([조선일보] **껑충 뛴 재산세에 은퇴자들 화들짝 外**_20180718).

한국경제신문은 2017년 3월 부동산 보유세 인상에 관한 찬반 토론을 게재하였다([한국경제] **[맞짱 토론] 부동산 보유세 강화해야 하나**_20170325). 찬성 측의 전강수 대구가톨릭대 교수의 논거는 다음과 같다. 소득집중도에는 대부분의 부동산 소득은 포함되지 않는데, 우리나라의 소득집중도는 2015년 기준으로 사상 최고로 높으며, 이는 선진국 중 가장 높은 미국 수준에 근접한다. 토지자산의 집중도도 매우 높은데, 최근 재벌 및 대기업의 소유가 급증한 것이 더 큰 문제이다. 보유세 부담 감소와 법인세 감세로 인해 증가된 사내유보금으로 기업이 토지를 집중적으로 매입하였기 때문이다. 부동산은 불평등의 근원이자 경제 불안정, 고비용, 저효율의 원인이다. 모든 토지를 인별로 합산해 누진과세하는 국토보유세를 도입하여야 한다. 증가된 세수는 기본소득의 형태로 모든 국민에게 균등배분하면 전체 국민의 97%가 혜택을 본다.

반대 측의 김덕례 주택산업연구원 주택실장의 논거는 다음과 같다. 대선 주자들이 보유세의 실효 효율을 두 배로 올리거나 국토보유세와 같은 새로운 보유세 도입을 주장하고 있는데, 과거 임대소득세 도입을 추진하였다가 철회한 사례를 보면 극심한 조세저항이 우려된다. 보유세를 강화하자는 주장은 명분상은 그럴 듯하나 충분히 논의되지 못한 상태에서 세심한 부분까지 고려하지 못하고 제기된 듯하다. 보유세를 강화하면 부동산 매물이 급증하여 가격이 떨어지고 결과적으로 세수증가를 달성하지 못할 가능성이 있다. 임차인의 80% 가까이가 민간 임대주택에 거주하고 있는데, 일시적으로 증가한 세수로 공공임대 주택을 공급할 수 없으니, 보유세 강화는 서민의 주거 불안정으로 귀결된다. 우리나라는 보유세 비중은 낮고 거래세 비중이 높은 구조인데, 거래세와 보유세 개편을 같이 논의하여야 한다. 프랑스 창문세와 같이 세수 확보를 위한 정책은 납세자의 조세 저항을 불러 와 실패하는 경우가 대부분이다. 보유세 강화는 조세원칙에도 부합되지 않고 저성장 기조에 들어선 경제에 큰 부담이 될 수 있다.

서울경제신문은 정부의 '8·2'부동산 대책에 보유세 강화가 포함되지 않자, 디주딕자 보유세 상화에 대한 찬반 토론을 게재하였다

([서울경제신문] **[어떻게 생각하십니까?] 다주택자 보유세 인상**_20170915). 찬성 측의 김유찬 홍익대 교수는 대부분 실수요자가 아닌 다주택자의 과세 강화를 통해 시장에 물량 공급을 확대하여야 한다고 주장하였다. 반면, 반대 측의 이춘원 광운대 교수는 부의 분배가 아닌 서민의 주거안정에 정책의 목표를 두어야 하며 공공임대주택이 미비한 상황에서 보유세 강화는 민간임대 주택 임대료의 증가로 이어져 수입이 없는 노인 등이 주거취약계층으로 전락할 것이라는 주장이다.

3. 후분양제

우리나라의 현재 주택공급 시스템은 건설사들이 토지만 확보하면 소비자들이 모델하우스만을 보고 구입을 결정하는 선분양제가 주류이다. 후분양제는 공정의 80% 정도가 완성된 이후 분양을 하는 제도이다. 노무현정부 시절인 2004년에 도입을 추진하다가 건설사 반발, 주택경기 침체 등으로 성사되지 못하였다. 그리고 문재인정부가 들어서면서 후분양제 도입이 다시 추진되고 있다([경향신문] **선분양제 이젠 손봐야 한다**_20170525).

정부는 2017년 10월 공공부문에 주택 후분양제를 우선 도입하고 민간부분은 인센티브를 통해 후분양제를 도입하겠다는 방침을 밝혔다. 시범사업에서 분양가 상승효과가 크지 않은데도, 공공부문에 한정하여 제도를 도입한 것에 대해 시민단체를 중심으로 비판적인 여론이 있다([서울경제] **아파트 先분양 後분양**_20171016)([중앙일보] **"공공부문 아파트 후분양제 의무화"**_20180208)([내일신문] **후분양제 분양가상승 0.57% 불과**_20171220)([한겨레] **민간 건설사 빠진 '아파트 후분양' 효과 있겠나**_20171014)([내일신문] **아파트 후분양제 전면도입 무산**_20171218).

반면 주택가격 상승, 중견업체에 대한 충격 등으로 후분양제 도입을 우려하는 시각도 있다([서울신문] **여전히 부족한 수도권 주택 '아파트 후분양제' 괜찮을까**_0171031)([중앙일보] **후분양제, 투기 억제 묘수지만 집값 상승 걱정**_20171110)([경향신문] **후분양제 도입, 보완이 필요하다**_20180113)([서울신문] **"후분양제, 중견 업체에 충격 줄 것… 단계적 도입 필요"**_20180412).

선분양제, 후분양제 모두 장단점이 있는 제도이니 두 제도 중 소비자가 선택하도록 하고 정책 당국은 구체적이고 실질적인 소비자 보호 강화 방안에 정책 역량을 집중하는 것이 바람직하다는 시각도 있다([한국경제] **주택후분양제 도입은 '난센스'**_20180419)([서울경제][시각] **후분양제, 절대선도 절대악도 아니다**_20180410).

서울경제신문 등 여러 매체에서 선분양제와 후분양제를 비교 분석하는 기사를 게재하였다([서울경제신문] **[어떻게 생각하십니까?] 아파트 후분양제 도입**_20171020)([한국경제] **정부가 아파트 후(後)분양제를 도입하려 하는데…**_20171030)([조선일보] **아파트 완공 후에 원하는 동·호수 선택_ … 목소리 커지는 후분양제**_20171120)([파이낸셜뉴스] **'민간부문 후분양제 의무화' 될까**_20180125)([파이낸셜뉴스] **분양 원가 상승 vs. 집값 영향 제한**_20180222)([매일경제] **[이슈 토론] 아파트 후분양제**_20180308).

부동산 시장이 여러 규제로 악화되면서 재건축 조합이 원하는 수준의 분양가를 기대하지 못 할 가능성이 커졌다. 후분양을 통해 조합원의 이익을 극대화하려는 목적으로 일부 서울지역에서 후분양제를 도입하자 이를 우려하는 목소리도 있다([국민일보] **아파트 후분양제의 역설**_20170914)([내일신문] **편법으로 등장한 후분양제 유감**_20170928)

한국경제신문은 2017년 11월 아파트 후분양제에 대한 찬반 토론을 게재하였다([한국경제] **[맞짱 토론] 아파트 후분양제 도입해야 하나**_20171104). 찬성 측의 김성달 경실련 부동산국책사업감시팀장의 논거는 다음과 같다. 우리나라 선분양제는 1977년 주택공급을 확대하고자 하는 취지에서 도입되었는데, 분양가 자율화 이후에도 유지되어 소비자 피해 등 부작용이 많다. 후분양제를 2010년부터 시행하고 있는 서울주택도시공사에 따르면 분양가 상승도 미비하다. 주택공급이 줄어든다고 하지만 가수요를 겨냥한 공급이 줄어드는 것이지 실수요자를 위한 공급은 지속될 것이다. 브랜드 파워가 약한 중소기업들에게는 품질로 승부하는 후분양제가 기회가 될 것이다.

반대 측의 김태섭 주택산업연구원 도시금융연구실장의 논거는 다음과 같다. 후분양제가 도입되면 도입직후 2-3년간은 분양절벽이 나타나 주택가격이 급등할 가능성이 있다. 건설사들은 신규분양에 대한 예측이 어렵고 미분양에 대한 부담으로 물량 공급에 소극적이게 되고 그 결과 주택 가격이 상승할 것이다. 또한 중소 건설업체들은 금리 부담이 증가하고 위험부담이 높아지게 되면서 경쟁력이 취약해질 것이며, 결국 대형사 위주로 시장이 재편되고 소비자 선택권이 줄어들 것이다. 선분양제 하에서도 철저한 전매권 제한으로 투기 수요를 차단할 수 있다. 후분양제에서 소비자는 단기에 자금을 조달해야 하므로 전매물량이 크게 늘어날 것이다. 결국 소비자 입장에서 금융비용은 크게 차이가 없고, 오히려 후분양제에서 단기에 자금을 조달하여야 하는 부담이 있다. 여전히 주택 공급이 부족한 상황에서 철저한 준비 없이 후분양제가 도입되면 수급불균형이 심화되고 유주택자와 무주택자의 격차만 커질 것이다. 선분양제, 후분양제 중 소비자가 선택하도록 하는 것도 대안이다.

4. 전월세 상한제

박근혜정부 시절 경기활성화를 위해 부동산 경기 부양을 하면서 선·월세 가격이 급등하자 정부는 전세자금 확대 등의 대안을 제시하였으나 일부 선진국에서 하고 있는 전·월세 가격 상한제를 도입하여야 한다는 주장이 일각에서 강하게 주장되었다.

한국경제신문은 2015년 10월 전월세 상한제 도입에 대한 찬반 토론을 게재하였다([한국경제] **[맞짱 토론] 전·월세 상한제 도입해야 하나**_2015 1024). 찬성 측의 이언주 더불어민주당 의원의 논거는 다음과 같다. 초저물가 기조에도 불구하고 전세가격은 매월 10% 오르는 등 급등해 서민들의 주거비 부담이 가중되고 있는데, 정부는 빚내서 집을 사라는 이율배반적인 정책을 추진하고 있다. 과거 주택 임대기간을 1년에서 2년으로 늘리는 것으로 법을 개정하였을 때, 초기 4개월 간 전세가격이 급등한 사례를 상한제 도입의 반대 이유로 제시하고 있으나, 연간 기준으로는 법 도입으로 전세가격이 안정되었다. 외국에서도 상한제 도입을 통해 주택가격 안정화 효과를 보고 있다. 계약갱신청구권 제도와 함께 도입하여 서민주거 안정과 주거비 부담을 완화시켜 주어야 한다.

반대 측의 이용만 한성대 교수의 논거는 다음과 같다. 초저금리 기조가 유지되면서 임차인은 전세, 임대인은 월세를 선호하여, 전세시장에서는 공급 부족, 월세 시장에서는 공급 과잉 현상이 나타나고 있다. 전월세 상한제와 계약갱신청구권 제도가 도입되면 이러한 시장의 이중구조는 더욱 심화될 것이다. 일부 선진국의 사례가 우리에게 적용될 수 없는 이유이기도 하다. 기존 임차인은 단기적인 혜택을 누릴 수 있으나 장기적으로는 민간 임대 주택의 공급이 줄어들 가능성을 배제할 수 없다. 임대차 시장이 구조적으로 변화하는 시기에는 시장 참여자들이 시장 친화적으로 반응하는 대안적 정책들이 더 효과적이다.

문재인정부 들어서 전월세 상한제 도입이 다시 논의되고 있다. 한국경제신문은 전월세 상한제의 찬성과 반대 의견을 비교하는 기사를 2017년 7월 게재하였다([한국경제] **전·월세상한제는 바람직한 정책인가**_20170703).

월세상한제 도입에 따른 부작용 우려와 이에 대한 대책을 요구하는 주장이 제기되었다([파이낸셜뉴스] **주택임대차시장 엄청난 변화 온다**_20170511)([서울신문] **김동연 "전월세 상한제·계약갱신청구권 도입"**_20170606)([한겨레] **부동산 불안이 첫 시험대…_서민 주거안정_ 강한 소신**_20170614)([파이낸셜뉴스] **DSR·전월세상한제, 전셋값 급등 부를 수도**_20170520)([파이낸셜뉴스] **전월세상한제 찬반**

여론 팽팽… 실제 도입 시기는 불확실_20170527)([한국경제] **전월세 상한제 시행 땐 되레 '전셋값 폭등' 부를 수도**_20170529)([서울신문] **"전·월세 상한제 열쇠는 주택임대사업 등록 의무화"**_20170627)([파이낸셜뉴스] **전월세 상한제 부작용에 해법은 있나**_20170624)([한겨레] **전월세 상한제 하려면 임대료 실태 파악이 필수**_20170627).

서민 주거 안정 대책으로 전월세 상한제 도입의 당위성은 커졌으나, 2017년 11월 정부가 발표한 임대주택 안정화 방안에는 전월세상한제가 포함되지 않아 시민단체 등 일부에서 비판을 하였다. 정부가 임대사업자의 장기임대 등록을 유도하고 장기임대 주택은 전월세 증가액 상한이 있는 점을 고려하여 실실적인 전월세 상한제가 도입되었다고 보는 시각도 있다([한겨레] **전셋값 광풍, 강남보다 강북이 최대 5배 셌다**_20171012)([경향신문] **전월세상한제·계약갱신청구권… 세입자는 일단 제쳐둔 정부**_20171130)([파이낸셜뉴스] **전월세상한제 사실상 도입**_20171214).

민간 임대주택의 과도한 임대료 증액을 막기 위하여 임대료를 사전적으로 신고하는 방안도 추진된다([한겨레] **민간임대 '막무가내 임대료', 사전신고로 바꾸면 나아질까**_20170707).

5. 기업형 임대주택

박근혜정부는 임대시장에서 공공임대주택의 비중이 적고 대부분 민간임대 주택이 정부의 관리 범위 밖에 있는 상황을 고려하여 기업형 임대주택 제도를 도입하였다.

중앙일보와 한겨레신문은 기업형 임대주책정책에 관한 사설을

2016년 1월 각각 게재하였다. 중앙일보는 주택시장의 수요 요구에 부응하여 기업들의 참여를 유도함으로써 임대주택 공급을 활성화하는 정책을 긍정적으로 평가하였다([중앙일보] **기업형 임대주택 임대시장 키우는 계기돼야**_20160118). 그러나 정부 주도로 만들어진 정책의 한계로 수요자의 필요와 공급자의 의도가 불일치할 가능성이 크다는 점을 우려하였다. 신규 기업형 임대주택 뿐 아니라 개인이 공급하는 임대주택, 기존의 임대주택 등도 같이 아우르는 정책이 필요함을 강조하였다. 한겨레신문은 여러 가지 특혜로 기업형 임대주택이 공급된다고 할지라도 서민과 중산층의 주거비 부담 감소 보장이 없다는 측면에서 비판적이다([한겨레신문] **겉만 번지르르하고 실속 없는 기업형 임대 주택**_20160114). 주택시장의 구조적인 문제를 해결하지 않고 민간 임대주택을 공급하면 오히려 세입자의 부담이 늘어날 가능성도 있으니 공공 임대주택을 공급하는 것이 바람직하다. 수요자의 요구를 무시하고 부동산 시장을 활성화시키는 정책은 바람직하지 않다는 것이 한겨레신문의 주장이다.[22]

기업형 임대주택, 뉴스테이 사업은 기대와 우려를 안고 출발하였고 2017년 여름 처음으로 시장에 공급되었다([파이낸셜뉴스] **뉴스테이 투기꾼 먹잇감 안돼야**_20150922)([동아일보] **공영개발 방식 민간투자 '뉴스테이' 성공할까**_20170502)([중앙일보] **국내 첫 기업형 임대주택 진출…사업영역 확장**_20171030)([매일경제] **'기업형 임대' 12월 공급**_20171128).

문재인정부가 들어서면서 대대적인 사업 개편이 이루어지고,

---

22) 중앙일보와 한겨레신문의 사설 비교는 '[중앙일보]/[한겨레신문] **[사설 속으로] 기업형 임대주택정책**_20160127' 참조.

택지 공급도 사실상 줄어드는 등 뉴스테이 사업은 폐지 수순으로 들어갔다([서울신문] **제동 걸린 인천시 뉴스테이**_20170615)([문화일보] **뉴스테이 줄고 임대주택 는다**_20170511)([서울경제] **朴 주거정책 뉴스테이 대대적 수술 들어가나**_20170518)([동아일보] **뉴스테이, 임대료 내리고 입주요건은 강화한다**_20170718)([파이낸셜뉴스] **뉴스테이 공급방식 바꾸려니 쉽지 않네**_20170719)([동아일보] **뉴스테이 특례 용적률 절반 공공임대로 지자체에 내놔야**_20171115)([서울경제] **뉴스테이, 그린벨트 공급 사실상 중단**_20171115)([서울신문] **"기업형 임대주택 특례 용적률 최대 절반 공공임대로"**_201711150)([서울경제] **제대로 시행도 못해보고 폐지 길 밟는 '뉴스테이'**_20171116).

6. 청약제도

문재인정부의 '6·19'대책이 큰 효과를 거두지 못하자, 아파트 청약 1순위 자격을 대폭 강화하자는 목소리가 나왔다([매일경제] **서울 전지역 분양권 전매 못한다**_20170620)([매일경제] **청약통장 2년 지나야 1순위**_20170803)([서울경제] **아파트 청약 1순위 자격요건 강화**_20170721).

서울경제신문은 2017년 7월 관련하여 찬반 토론을 게재하였다([서울경제신문] **[어떻게 생각하십니까?] 아파트 청약1순위 자격요건 강화**_20170721). 찬성 측의 조명래 단국대 교수, 반대 측의 전재범 강원대 교수 모두 박근혜정부 들어서 통장 가입에 대한 규제가 대폭 완화되면서 국민 25%가 1순위인 청약제도가 현재의 부동산 시장 과열 원인 중의 하나이며 개선이 필요하다는 점에 동의하고 있다. 조명래 교수는 모든 지역에 대해 청약조건을 강화하는 것이 필요하다고 주장하며, 실수요자에게 확실한 혜택이 돌아가도록 청약제도를 손질하고 입주 때 까지 분양권 전매 제한, 의무거주기간도 도입하여야 한다고 주장한다. 반면 전재범 교수는 시장을 이길 수 없었던 노무현정부의 실패 사례를 제시하며 신중하고 세밀한 접근을 요구하였다. 지역별 특성과 시기를 고려한 대응이 필요하고, 하반기부터 예상되는 분양물량 급증과 금리 인상도 고려하여야 한다고 주장하였다.

'8·2'대책에 따라 주택청약제도는 청약 1순위 자격 요건을 강화하고, 가점제를 확대하며, 가점제를 적용한 아파트의 재당첨을 제한하는 방향으로 개선되었다([조선일보] **분양권 불법전매 차익, 1000만원 넘기면 최고 3배 벌금**_20170921)([서울신문] **1순위 자격 강화·가점제 확대…무주택자 당첨 문 확 넓어진다**_20170925)([서울신문] **자금조달·입주계획 신고 강화된 청약 1순위 자격 재건축 조합원 양도 제한**_20171002).

가입자의 수가 2,000만 명이 넘고 100 여 차례 이상 바뀐 주택청약제도를 바꾸는 것은 어려운 과제이다. 무주택 실수요자에게 혜택이 돌아가도록 청약제도를 손질하는 것이 제도 개선의 취지였다([동아일보] **"가입자 2300만명 이해관계 얽혀 손대기 쉽지 않아"**_20180331)([동아일보] **청약제 136차례 수정… "자격-가점 헷갈려" 당첨 뒤 취소 속출**_20180331)([서울신문] **가점 높은 무주택자 입지 좋은 곳 노려라**_20171016)([서울경제] **투기과열지구내 중대형, 50%만 가점제…1순위라면 노려볼만**_20171023)([한국경제] **"청약가점 낮은 2030, 신혼부부 특별공급·비조정지역 노리세요"**_20171026)([한국경제] **청약 가점 60점 넘으면 서울 강남권·마포 알짜단지 노려 볼 만**_20180222)([중앙일보] **청약**

가점제 주의… 무주택 기간 만 30세부터 산정_20180329).

여러 규제의 복합적인 영향으로 실수요자가 대출을 받기 어려워져 분양 신청을 하지 못하며 미분양이 양산되자, 자녀까지 동원한 복수 청약 사태가 발생하였고, 정부 당국이 대책 마련에 나섰다([매일경제] **실수요자 위한다던 청약규제의 '배신'**_20180214).

7. 재건축규제

재건축과 관련하여 논란이 되는 부분은 '초과이익 환수 유예 연장', '재건축 층수 제한', '안전기준 강화'와 '재건축 허용 연한 연장'으로 요약될 수 있다.

7.1. 재건축 초과이익 환수

2006년 노무현정부에서 도입된 초과이익 환수제는 조합원의 1인당 평균개발이익이 3,000만원이 넘으면 그 이상에 대해 최대 50%까지 정부가 환수하는 제도이다. 문재인정부 들어서 초과이익 환수제를 부활하여야 한다는 주장이 제기되고 있다([파이낸셜뉴스] **부담금 높아지는 재건축초과이익 환수제 부활하나**_20170516)([한국경제] **초과이익 환수제 시행이냐, 유예냐…내달 입법전쟁 예고**_20170831).

주택경기 등을 고려하여 초과이익 환수제가 2012년, 2014년 두 번 유예되어 왔는데, 서울경제신문은 유예 연장을 둘러싼 찬반 토론을 2017년 3월 게재하였다([서울경제신문] **[어떻게 생각하십니까?] 재건축**

초과이익 환수_20170331). 유예 연장을 찬성하는 권대중 명지대 교수의 논거는 다음과 같다. 초과이익 환수제는 도입 초부터 재건축에만 과세하는 형평성, 미과세 이익에 대한 과세라는 측면에서 위헌성 논란이 있었다. 환수제로 인한 주택가격 산정의 객관성 확보 미흡, 세금을 내는 사람과 이익을 얻는 사람이 다른 것으로 인한 조세부담 원칙의 위반 등도 문제점으로 지적되어 왔다. 손해를 보는 사람이 명확하기 때문에 시행에 있어서 신중한 접근이 필요한데 국내외 경제 여건이 어렵고, 향후 부동산에 대한 규제 강화가 확실한 상황에서 초과이익 환수제를 다시 시행하는 것은 바람직하지 않다. 노후주택이 상당하고 앞으로 수도권 1기 신도시 아파트 노후화로 도시 재생 사업의 필요성이 더욱 커질 것으로 예상되기 때문에 유예를 연장하거나 초과이익 환수제를 폐지하여야 한다.

반대 측의 조명래 단국대 교수의 논거는 다음과 같다. 초과이익 환수제는 주택가격 안정과 사회적 형평성 측면에서 도입되었으나, 글로벌 경제 위기 등 경기 침체로 두 번 유예되었고 유예가 결정된 2012년, 2014년 이후 강남 재건축 아파트 가격은 폭등하였다. 문재인정부 들어서 재건축 아파트 가격의 폭등세는 어느 정도 진정되었으나 향후 재발 할 수 있고 투기적인 자금은 강남 재건축 시장에 언제든지 유입될 수 있다. 위헌 논란이 있으나 이는 법리를 오해한 부분이 있고 사회 형평성 차원에서 자산의 양극화를 심화시키는 초과이익 환수제의 유예를 연장해서는 안 된다. 초과이익 환수금은 과세가 아니라 합리적인 기준에 의해 개발이익을 산정하여 부과하는 부담금이다. 재개발로 얻은 이익을 환수해 해당

지역의 주거 환경 개선을 위해 투자하는 것은 조세부담의 일반원칙에도 부합된다.

정부는 2018년 1월, 서울 강남권 일부 재건축 아파트의 초과이익분담금이 평균 4억 3,900만원, 최대 8억 4,000만원이 될 것이라고 발표하였다. 강남의 아파트 가격 상승이 진정되지 않자 충격 요법을 쓴 것인데 산정 기준의 합리성에 대한 논란과 함께 실제로 얻은 수익여부와는 상관없이 최종 입주하는 중도 매수자가 시세상승분에 대한 부담금을 모두 안게 되는 구조가 문제점으로 다시 지적되었다. 그리고 강남 3구는 국토부의 재건축 관리처분 타당성 검증을 거부하였다([조선일보] **강남 재건축에 충격요법, 평균 4억3900만원 뱉어내야**_20180122)([한국경제] **재건축 시공사 '5000억 공짜옵션 속임수' 적발…반포1단지 '좌불안석'**_20180323)([동아일보] **깜깜이 재건축 부담금 엿장수 마음대로**_20180419)([매일경제] **재건축 초과이익부담금 산출, 출발부터 갈등**_20180503)([서울경제] **850만원-수억대 격차에…정부 부담 느꼈나**_20180503)([한국일보] **국토부 지시에 반기 든 강남3구**_20180207).

헌재는 초과이익 환수제에 대한 위헌 소송 심판에서 2018년 4월 '아직은 잠재적 부담금에 불과'하다는 이유로 각하 결정을 하였다([파이낸셜뉴스] **재건축 초과이익 환수제 위헌 소송 각하**_20180418)([한국경제] **"헌법소원 자격 안돼" … 부담금 낸 뒤 소송 가능**_20180418).

초과이익 환수제 등 재건축에 대한 규제가 강화되면서 유동 자금이 다른 투자처를 찾아 이동하고 있다([서울경제] **재건축 떠난 돈 재개발로 몰려…1분기 입주권 거래 역대최대**_20180327)([세계일보] **재건축서 수익형부동산으로… 투자자 옮겨간다**_20180504)([한국일보] **강남서 늘어나는 1대 1 재건축… 초과**

이익환수제는 못 피해_20180418)([국제뉴스] **재개발사업, 보존과 개발이라는 두 가지 방향의 공존**_20180502).

7.2. 층수제한

서울시가 잠실 주공 5단지의 50층 건축 계획 승인을 유보했고, 대치동 은마아파트의 49층 건축 승인도 전망이 불투명해지면서 서울시의 재건축 35층 제한이 적절한지에 대한 논란이 있었다([매일경제] **도시정책 전문가 73% _35층 규제, 다시 논의해야**_20170515)([서울경제] **올림픽선수촌 '무상지분 200%' 재건축**_20170515)([매일경제] **'층수제한'에 막힌 압구정·은마 재건축**_20170526)([중앙일보] **35층 vs 50층 … 재건축 아파트 끝없는 '키높이 논란'**_20170704)([한국일보] **은마아파트 재건축 35층으로 낮춰… 층수제한 따르기로**_20171027)([서울경제] **압구정 50층 설계안 나오면 市 35층안과 여론조사**_20180129)([한국경제] **"서울시장·구청장 후보들에게 '35층 철폐' 공약 제안하겠다"**_20180322).

서울경제신문은 재건축 층수 제한에 대한 찬반 토론을 2017년 2월 게재하였다([서울경제신문] **[어떻게 생각하십니까?] 서울시 아파트 재건축 높이 35층으로 제한**_20170217). 찬성 측의 조명래 단국대 교수의 논거는 다음과 같다. 완화를 주장하는 측이 주장하는 랜드마크론, 스카이라인론, 조망권 등은 자기중심적 사고에서 비롯된 고도제한에 대한 잘못된 비판이여 주변 지역과 조화되는 전체적인 시각에서 도시 재개발을 하여야 한다.

반대 측의 이창무 한양대 교수의 논거는 다음과 같다. 인구가 줄고 있으니 서울시는 공가율이 높아야하나 공가율이 낮다. 주택 수요를 주택공급이 따라 가지 못하기 때문이다. 재건축과 재개발을 통해 도심지역에 고밀도 고층 아파트를 건립하여 도심 지역에서의 주택수요를 충당할 수 있다. 고층, 고밀도 아파트 건립을 통해 과거 문제가 되었던 '나 홀로 아파트'를 '다 함께 아파트'로 대체할 수가 있었다. 서울 내에서도 지역마다 주택 수요가 다르고, 다른 지역은 50층이 넘는 아파트가 있는데, 획일적으로 35층을 적용하는 것은 불합리하다. 경관적 측면뿐 아니라 기능적 중심성도 고려하여 고도 제한에 대한 재논의를 통해 보다 합리적인 기준을 정하는 것이 필요하다.

서울의 재건축 아파트 층수 규제는 규제 없는 외국 자본 유치에 힘입어 세계 최고층 빌딩 등 세계 건축물의 집합소가 된 두바이의 성공, 광주시의 무등산과 영산강 주변 지역의 고도 제한 등과 대조하여 생각해 볼 여지가 있다는 시각도 있다([한국경제] **[천자 칼럼] '명물 왕국' 두바이**_20171228)([한국일보] **무등산 등 4곳 경관심의 받는다**_20180105).

7.3. 안전진단 강화 & 재건축 허용 연한 연장

문재인정부 들어서 재건축 안전 진단이 강화되었다. 안전진단 평가 항목에서 구조안전성의 가중치를 높이는 것이 골자이다. 안전진단 강화로 과열된 재건축 아파트 시장을 진정시키고 강남의 집값도 안정화시키겠다는 복안이다.

정부는 규제 강화에 대한 우려와 주민들의 강력한 반대에도 불구하고 안전진단을 강화하는 조치를 2018년 3월 시행하였다([매일경제] **안전진단 강화로도 재건축 대상 절반 '뚝' 주민 반발·공급 축소 부작용 만만치 않아**_20180119)([서울신문] **반사이익UP 절반의 성공 지연 불가피**_20180226)([매일경제] **법 따를 수밖에…_ 구청들 부글부글**_20180221)([서울경제] **재건축 사지 말라는 시그널 공급 줄어 집값 폭등할 수도**_20180221)([한국경제] **안전진단 강화 '쇼크'…숨죽인 재건축 시장**_0180222)([국민일보] **안전진단 미통과 단지 저항 본격화**_20180227)([매일경제] **재건축 규제, 공정한 가**_20180227)([세계일보] **野, 재건축 안전진단 강화 반발 가세**_20180228)([매일경제] **99%가 '반대'하는데…안전진단 강화 밀어붙이는 정부**_20180303)([경향신문] **낡을수록 비싸지는 아파트, 정상인**_20180312)([중앙일보] **안전진단 오늘부터 강화… 목동 재건축 어려워진다**_20180305).

정부의 복합적 규제로 서울의 재건축 집값이 하락세로 돌아섰는데, 재건축아파트 안전진단 강화는 강남 재건축 아파트의 집값을 진정시키는 것이 주목적이었으나, 목동 등 양천구의 재건축에도 부정적인 결과를 가져 왔다([서울경제] **정부 부동산 규제 약발 받네_ 서울 재건축 집값 8개월만에↓**_20180428)([매일경제] **안전진단 강화 충격… 목동 집값 24주 만에 하락세**_20180316)([문화일보] **재건축 안전진단 강화 쇼크… 양천·노원구 아파트값 '속락'**_20180410).

서울경제신문은 2018년 3월 아파트 재건축 안전진단 강화에 관한 찬반 토론을 게재하였다([서울경제신문] **[어떻게 생각하십니까?] 아파트 재건축 안전진단 강화**_20180302). 찬성 측의 조명래 단국대 교수의 논거는 다음과 같다. 재건축 허용여부를 결정하는 가장 큰 기준인 구조안정성 가중치는 참여정부 시절 50%까지 올랐다가 2015년 20%로 낮춰졌다. 재건축 활성화를 위한 부동산 활성화 대책의 일환이었다. 2015년 이후 안전진단을 받은 재건축 아파트의 96%가 다시 지어야 할 치명적인 결함이 없으므로 지자체장이 알아서 판단하라는 조건부 재건축 판정을 받았으니, 거의 모든 아파트가 안전진단을 통과한 것이다. 재건축 허용 연한을 10년 단축하면서 백 수십만 가구가 일시에 재건축이 가능하게 됨으로써 재건축의 투기화를 부추겼다. 재건축에 대한 규제강화는 투기를 제어하기 위해 필요하다. 서울의 정비사업지 주택의 평균 연수가 20년에 불과한 것에서 나타나듯이, 보수 정비의 규제 완화는 건축물의 과소비를 조장하였다. 규제 강화를 통해 주택의 지속적, 장기적 사용을 강제하면 그 만큼 신규 주택 수요를 줄이는 효과가 있다.

반대 측의 서정렬 영산대 교수의 논거는 다음과 같다. 정부의 안전진단 강화 방안을 보면 다른 명분을 찾기 위해 안전진단 강화를 이용하는 것이 아닌가하는 의심이 든다. 현지 실사에 공공기관을 참여하도록 한 것이나 조건부 판정에 대해 공공기관의 적정성 평가를 의무화한 것은 정부 의지가 재건축 판정에 반영되도록 하기 위한 수단으로 보인다. 주거환경중심평가체계개편안을 보면 주민이 느끼는 주거환경 열악함보다는 공공기관이 평가하는 구조안전의 평가치를 높여 정부의 의도대로 재건축 여부를 판정할 소지를 높였다. 재건축은 사업범위가 단지 내에 국한되어 지극히 개인적인 재산권의 범위 내에서 사업이 추진되는데 정부 개편안은 개인적인 재산권의 행사에 공공기관이 과도하게 개입하는 결과가 된다. 강남 아파트를 조준하는 이번 대책이 강남 외의 다른 재건축에도 영향을 주어 수많은 재건축 사업을 중단하게 하는 부작용이 있다. 정부만이 할 수 있는 공공정책을 즉흥적으로 도깨비 방망이를 휘두르는 식으로 하는 것은 정부의 신뢰를 추락시켜 후유증이 크다.

아파트 재건축 연한은 2015년에 40년에서 30년으로 축소되었는데, 문재인정부 들어서 다시 40년으로 연장하여야 한다는 주장이 제기되고 있다([매일경제] **재건축 연한연장, 주택공급 막아 강남 집값에 기름 붓는 꼴**_20180120).

한국경제신문은 재건축 연한의 연장과 관련하여 찬반 토론을 2018년 1월 게재하였다([한국경제] **[맞짱 토론] 재건축 허용 연한 연장해야 하나**_20180127). 찬성 측의 이강훈 참여연대 민생회생본부 부본부장의 논거는 다음과 같다. 재건축에 기대어 일부 지역의 아파트 가격이 급등하여 서민들이 상대적 박탈감을 느끼고 정부의 주거안정대책을 위협하고 있다. 아파트 성능 수준이 높아졌기 때문에 허용 연한을 연장시키는 것이 오히려 합리적이다. 이해관계자의 이익은 침해될 수 있으나 허용 연한을 연장함으로써 오는 사회적 편익에 비해서는 상대적으로 크지 않다. 허용 연한 연장은 강남의 투기 바람을 억제하는 대책이지 강남 집값 안정화 대책이 아니다. 초과이익 환수제를 제대로 적용하고 부동산 투자 이익에 대한 적정 과세와 부담금을 징수하여야 한다. 서울지역의 과도한 수요를 광역교통망 체계 확립 등을 통하여 수도권으로 분산시켜야 한다. 재건축, 재개발에서 나오는 물량을 적절하게 관리하고 공공임대주택 공급도 확대하여야 한다.

반대 측의 두성규 건설산업연구원 선임연구위원의 논거는 다음과 같다. 현재 재건축 연한은 지자체, 건물 준공시기에 따라 다르다. 이를 획일적으로 규제하는 것은 형평성 논란을 키우고 기준을 임의대로 바꾸는 것은 재건축 사업을 예측하기 어렵게 하고 재산권을 침해할 소지가 있다. 안전진단 강화, 허용 연한 연장은 강남 집값의 희소성을 더욱 높여 강남·북 집값 격차를 더욱 심화시킬 것이다. 재건축 연한이 연장되면 그 대상이 되는 아파트의 85%가 강남 3구 이외 지역에 있으니 강북 지역의 소외감만 더욱 커질 것이다. 안전진단 강화도 마찬가지이다. 안전진단이 강화되면 불편함을 감수하는 생활을 10년 이상 더 인내하도록 강요하는 것이다. 특히 1988년 내진설계 기준이 정립하기 전에 지어진 아파트 주민들의 불안감은 증폭될 것이다. 공학적 기준이 아니라 타당한 근거에서 명확한 기준을 세워서 주민과 소통하고 이해를 구해야 한다.

Ⅷ

에너지

1. 탈원전
2. 탈석탄

1. 탈원전

2013년 10월 국가에너지기본계획 민관워킹그룹이 정부에 제시한 '제2차 국가에너지기본계획(2013~2035)'에 따르면 원전비중이 41%에서 22~29% 줄어든다([한국경제] **原電 비중 41% → 20%대로 낮춘다**_20131014)([경향신문] **원전 비중 목표, 41%서 20%대로_ 원전 확대 정책 '사실상 백지화'**_20131014).

원전 비중 축소에 대한 민간워킹그룹의 발표는 찬반 논란을 불러 일으켰다. 원자력발전을 지지하는 측은 원전비중의 급격한 축소, 시민단체 측은 여전히 원전의 비중이 높다는 것을 비판하였다([문화일보] **原電 비중 축소에 동의할 수 없는 4가지 이유**_20131014)([문화일보] **원전 리스크, 脫원전 리스크**_20131016)([한겨레] **원전 비중 낮춘다지만…2035년까지 12~18기 더 필요**_20131014)([한겨레] **신규 발전소 3곳 송전탑 258개, 백두대간 157만평 훼손 우려**_20131031).

원자력발전 과정에서 나오는 폐기물인 '사용후핵연료' 처리방안을 논의할 위원회가 출범하였으나 시민단체 대표 3명중 2명이 불참하였다([한국경제] **'사용후핵연료 공론화委' 출범**_20131031).

정부의 원자력발전 비중 축소 결정에는 일본 원전 사고 등으로 촉발된 국민들의 원전 안정성에 대한 불안감, 원전마피아의 불량부품 납품 비리 등이 큰 영향을 미쳤다([한겨레] **일 후쿠시마의 경고 잊었나**_20130527)([중앙일보] **일 원전 기준치 2만 배 오염수 유출**_20131004)([중앙일보] **'원전마피아' 불량품 유착 뿌리 뽑는다**_20130531)([문화일보] **폐쇄적 조직이 낳은 '구조적 비리'**_20130528)([한국경제] **전국 23개 모든 원전 안전 점검하라**_20130530)

([문화일보] **감사원, 원전비리 축소_… 檢, 전면 재수사**_20130531)([한겨레] **'원전 비리' 한수원 직원 '평균 뇌물 1억'**_20131007)([중앙일보] **원전 케이블 담합 8곳에 과징금 63억**_20131011)([한국경제] **원전 대망신… 또다른 '국가 위기'**_20130529)([경향신문] **'노후 원전' 고리 1호기 재가동의 '불편한 진실'**_20131001).

중앙일보와 한겨레신문은 2013년 10월 박근혜정부의 원전 비중 확대 철회에 대한 사설을 각각 게재하였다. 중앙일보는 일본 후쿠시마 원전 사태, 발전소 건설에 따른 지역 주민 반발 등을 고려하여 원전 확대를 포기한 것은 이해 할 수 있으나 전기 요금 인상 등을 통한 전력 소비량 감축이 현실적인 대안이 될 수 있느냐에 대해 의문을 제기하였다([중앙일보] **원전 확대 백지화 과연 현실성 있나**_20131014). 한겨레신문은 계획된 원전을 추가로 짓겠다는 정부의 계획에 비판적이다. 원전의 안정성에 대한 불안감, 과감한 탈원전정책으로 가고 있는 독일의 사례 등을 고려하여 우리도 과감하게 탈원전하고 신생에너지를 확대하는 방향으로 가야 한다고 주장하였다([한겨레신문] **탈원전으로 과감히 방향 전환해야**_20131016).[23)]

신고리 원전3호기의 송전과 관련되어 2008년 시작된 '송전탑 갈등'은 전국적인 이슈가 되면서 한전과 밀양 주민과의 갈등, 주민 간의 갈등, 경찰병력의 투입 등으로 진행과정에서 많은 갈등과 후유증을 남겼다([문화일보] **3兆들인 原電 준공 코앞… 송전선 없어 전력공급 '비상'**_20130509)([경향신문] **밀양 '송전탑 갈등' 일촉즉발 위기**_20130520)([경향신문] **밀양 송전탑 서두를 이유 없어졌다**_20131018)([경향신문] **"공사 강행 땐 또 다른 재앙…**

---

23) 중앙일보와 한겨레신문의 사설 비교는 '[중앙일보]/[한겨레신문] **[사설속으로] 원자력발전 비중 확대 철회**_20131029' 참조.

당장 중단해야"_20131017)([내일신문] **공익 앞세운 공권력에 희생 강요당하는 국민들**_20180424)([한겨레] **밀양 송전탑 반대 주민 '눈물' 씻을까**_20180118)([경향신문] **군사작전하듯 맨몸 저항 노인들 제압**_20180125)([한겨레] **밀양 할매들 "한전 비리 공익감사 청구"**_20180214).

밀양 송전탑 갈등의 경험은 한전이 새로운 변전소를 건설하면서 지역주민과의 공론화 과정을 거치는 변화를 가져왔다([국민일보] **제2의 밀양사태는 없었다… 한전, 신중부변전소 착공**_20170922).

문재인정부 출범이후 신고리 5·6호기 일시 중단 등 탈원전정책으로 상황의 반전을 일부에서 기대하며 송전선 철거 등을 요구하였으나 실현되지 않았다([서울경제] **밀양송전탑 등 정치권이 되레 갈등 부추겨...사회적 비용 '눈덩이'**_20170512)([경향신문] **밀양 송전탑대책위, 새 정부에 송전선 철거 요구**_20170602)([문화일보] **文 공약지켜라_ … 쏟아지는 지역 민원**_20170613)([경향신문] **밀양 송전탑 반대 할머니, 대통령에 큰절로 호소**_20170620)([한겨레] **이 노무 송전탑 우짤긴데**_20170629)([한겨레] **밀양 할매·할배들의 탈핵 원정대 출발~**_20170707)([문화일보] **사드 혼선만큼 심각한 法질서 붕괴**_20170908)([경향신문] **신고리 5·6호기 중단 땐 '밀양 송전탑'도 필요없다**_20170911)([한겨레] **공론화 이후, 밀양 주민에게는 무엇이 남았는가**_20171026)([문화일보] **不法시위를 公益인양 받드는 궤변들**_20171211)([서울신문] **과거의 빚 갚아 진실의 문 연다**_20180505).

중앙일보와 한겨레신문은 2013년 10월 밀양 송전탑 갈등에 관한 사설을 각각 게재하였다. 중앙일보는 정부가 법까지 바꾸어서 직접 보상이 가능하도록 하고 주민들이 합의하였으니 갈등은 종식시키고 송전탑은 건설되어야 한다고 주장하였다([중앙일보] **밀양 송전탑 공사는 재개돼야 한다**_20130912). 일부 주민이 요구하는 송전선 지중화는 비용, 기간 등을 고려하면 전문가들도 현실성이 없는 대안으로 결론을 내린 사안이니 무리한 요구를 접고 화해의 길로 갈 것을 주문하였다.

한겨레신문은 총리의 밀양 방문이 한전의 공사 강행의 터를 마련해주는 것이어서 실망스럽다는 입장이다([한겨레신문] **밀양 송전탑 갈등, 돈으로 해결될 일이 아니다**_20130913). 직접 보상 방안으로 주민간의 갈등을 더 크게 할 우려가 있다고 보았다. 밀양은 다른 지역보다 주민들에게 미치는 피해가 상대적으로 크니 시간을 가지고 대안을 찾을 것을 주장하였다. 신고리 3호기 송전을 위해 꼭 송전소 건설이 필요한 것도 아니고 3호기 건립이 예정보다 늦어지고 있는 점도 지적했다.[24)]

문재인정부 출범이후 단행된 대통령의 사면에 대한 기대감이 있었으나 이루어지지 않았고, 법원은 경찰의 농성장 강제 퇴거가 정당한 업무라고 판결하였다([한겨레] **강정·밀양 제외돼…노동계·시민단체 눈치보기 사면"**_20171230)([내일신문] **밀양송전탑 농성장 강제퇴거 법원 _경찰 업무 정당**_20180308).

문재인대통령은 후보시절 원전 정책을 전면 재검토하겠다는 의지를 피력했고 구체적으로 설계 수명이 다한 원전은 즉각적으로 폐쇄하며, 신규 원전 건설은 전면 중단하고, 건설중인 신고리 5·6호기 건설을 중단하겠다고 하였다. 2017년 6월 고리 1호기의 가동을 영구 가동중지하는 것으로 탈원전정책을 시작하였다([한국경제]

---

24) 중앙일보와 한겨레신문의 사설 비교는 '[중앙일보]/[한겨레신문] **[사설 속으로] 밀양 송전탑**_20131001)' 참조.

'脫원전' 정책 국정과제로 강행_20170530)([문화일보] 文대통령 "신규 原電건설 전면 백지화"_20170619)([한국경제] 아쉬움으로 남는 고리 1호기 퇴역_20170620)([경향신문] 탈원전, 에너지 전환 출발선_20170623)([문화일보] 脫원전, 결국 돈 문제 _발전비용 21% 증가_20170621)([한국경제] '脫원전 정책' 누가 만들었나 … 의구심만 더 키운 국정위 해명_20170630)([중앙일보] 원자력 발전, 탈핵 아닌 '제3의 길'이 있다_20170629)([문화일보] 60년 쌓은 '에너지 공든 탑' 파괴하나_20170629)([중앙일보] '탈(脫)원전'…고준위 방폐물 처리장 대책이 우선_20170607).

문재인정부 탈원전정책의 첫 번째 시험대는 신고리 5,6호의 공사 중단이었다. 정부는 탈원전정책에 대한 분열된 국민 여론, 지역 주민의 반발, 탈원전정책에 대한 에너지 전문가들의 우려를 고려하여 공정률 28%인 신고리 5,6 호기의 공사는 일단 중단하되, 최종적인 중단 여부는 공론화위원회를 구성하여 결정하겠다는 입장을 밝혔다([동아일보] 새정부 출범후 신고리 5, 6호기 운명은_20170525)([중앙일보] 신고리 5·6 호기 공사 중단한 정부 '여론'에 존폐 맡겨_20170628)([문화일보] 文 '原電제로' 공약, 단계적 감축으로 선회하나_20170601)([한국경제] '脫원전 정책' 한발 물러선 국정위_20170603)([문화일보] 위험한 직접민주주의觀_20170918)([중앙일보] 공론조사의 빛과 그늘_20170920)([한국경제] 재건축 35층과 신고리 원전 5·6호기_20170921).

중앙일보와 한겨레신문은 2017년 6월에 신고리 5,6호 일시 공사 중단과 공론화위원회를 통한 의사결정 방식에 대한 사설을 각각 게재하였다. 중앙일보는 비판에 귀를 닫고 밀어 붙이는 문재인정부의 탈원전정책의 과속질주에 대해 비판적이었다. 신고리 5,6호기 일시 건설 중단은 절차적으로 문제가 있고 수 많은 전문가의 참여와 관계자들의 협의를 거쳐 발전소 건설이 결정되었는데, 공론화위원회를 통해 결정하겠다는 것은 정책의 연속성 측면에서 문제가 있다고 보았다([중앙일보] **탈원전 대안 찾기에 "저의 의심스럽다"니..**_20170629). 건설중단의 매몰비용 2조 6천억원, 탈원전정책으로 인한 여러 가지 부작용 등을 고려하면 공론위가 아니라 국회, 국민투표 등을 통해 정책결정을 해야 한다고 주장했다.

한겨레신문은 공약사항인 신고리 5,6호기 공사 중단을 숙의민주주의 방식으로 결정한 것을 지지하였다([한겨레신문] **신고리 원전 시민배심원단 '숙의 민주주의' 보여주길**_20170629). 신고리 5,6호기가 건설되면 우리나라는 2082년까지 원자력 발전소가 가동하는 결과가 되니 탈핵시기를 앞당기는 대안 모색을 주장하였다. 공론회위원회에는 소수의 이해관계자를 배제하여야 하며 국민들의 공감 속에 결정이 이루어져야 한다고 보았다.[25]

공론화위원회는 3개월의 숙의 과정을 거쳐 2017년 10월 공사 재개 결정을 하였고 정부는 이를 수용하였다([한국일보] **신고리 공론화위 공정성 시비 '몸살'**_20170921)([동아일보] **감정싸움 치닫는 신고리 공론화위**_20170926)([동아일보] **20, 30대 "공사 재개" 절반 넘어… 원전 몰린 PK서도 64%**_20171021)([동아일보] **靑 "후속조치 차질없이 이행" 공론화위 결정 수용**_20171021)([한국경제] **'熟議민주주의' 첫 실험 … 또 다른 갈등 불씨**_20171021)([한국경제] **원전업계, 최악 피했지만 … '脫원전' 정책 유지에 '일감 절벽' 우려**_20171021)([한국경제] **제동 걸린 '脫원전' … 과학이 공포 이겼다**_20171021)([한국경제] **한수원, 공사중단 손실 비용**

---

25) 중앙일보와 한겨레신문의 사설비교는 '[중앙일보]/[한겨레신문] **[사설 속으로] 탈원전 정책 논란**_20170711' 참조.

1000억 떠안는다_20171021)([한국경제] **환경운동가가 만든 脫원전 '무리수' … 성급하게 밀어붙이다 '퇴짜'**_20171021)([동아일보] **한수원, 신고리 원전 본공사 내달 8일 재개할듯**_20171027)([내일신문] **탈원전 '찬성'… 신고리 공사중단 '찬반 팽팽'**_20171102)([한국경제] **신고리 원전 보상비용 최대 1340억 달할 듯**_20171204)([문화일보] **신고리 5·6호기 공론조사, 중립적 전문가 없었다**_20171206)([내일신문] **신고리 5·6호기 건설 시민참관단 모집**_20180412)([문화일보] **다음 공론조사 대상 '사용후 核연료 처리' 유력**_20171020).

중앙일보와 한겨레신문은 2017년 10월 신고리 5, 6호기 건설 재개에 대한 사설을 각각 게재하였다. 중앙일보는 20%p 차이로 재개 결정을 한 공론화위원회 결정을 대통령이 수용한 것은 긍정적으로 평가하나 1,000억원이 넘는 비용을 지출한 신고리 5,6호기 공사 일시 중단에 대해 대통령의 유감 표명이나 직접 언급이 없다는 점을 비판하였다([중앙일보] **신고래 재개 청와대 입장 표명 내용 형식 모두 실망스럽다**_20171022). '원전 완전축소'와 '원전 유지 및 확대'의 지지도 차이가 크지 않은데도 기존대로 탈원전정책을 추진하겠다는 것도 비판하였다. 전투하듯이 탈원전 정책을 밀어 붙이기보다는 경제 충격을 최소화면서 추진하는 전환정책을 주문하였다.

한겨레신문은 공론화위원회가 발전소 건설 재개를 결정하면서 원전 축소를 지지하는 측이 유지내지 반대 보다 높았는데, 친원전 진영 및 보수 언론은 원전 축소 결정을 의도적으로 왜곡하고 있다고 비판하였다([한겨레신문] **원전 축소 말라는 야당 보수언론의 공론조사 왜곡**_20171023).[26]

---

26) 중앙일보와 한겨레신문의 사설 비교는 '[중앙일보]/[한겨레신문] **[사설 속으로] 신고리 5·6호기 건설 재개**_20171031)' 참조.

신고리 5,6호기 공사 재개 결정에도 정부는 탈원전 정책을 지속적으로 추진하고 있다. 탈원전 정책에 대한 찬반 논란은 여전히 뜨겁다([한겨레] **정부 "에너지정책 전환 흔들림없어"…탈원전·탈석탄 속도**_20171021)([조선일보] **정권 바뀌자 뒤집힌 전력 예측… '원전 11기' 안 지어도 될 정도**_20170714)([중앙일보] **탈원전, 찬7 반2서 찬4 반5로 최대 반전**_20171228)([파이낸셜뉴스] **난장판 된 전력수급기본계획 수립 공청회**_20171229)([파이낸셜뉴스] **한전 사장 김종갑의 10년전 '반성문'**_20180503)([문화일보] **원자력이 主食이면 신재생은 間食일 뿐… '대안' 될 수 없다**_20171110)([세계일보] **한국 정부, 탈원전 정책 재고해야**_20171124)([서울경제] **에너지 승자 아직 몰라… 환경·안보·비용 고려한 최적조합 찾아야**_20171130)([서울경제] **에너지전환 더 많은 시간 걸려 … 비상상황 대비 유휴설비 유지를**_20171130)([한국경제] **'21兆 수주'에도 못 웃는 원전업계**_20171208)([문화일보] **'原電' 오해 풀고 수출 촉진 응원… 전국 돌며 100만인 서명 캠페인**_20180420)([한겨레] **한겨레·중앙일보 '촛불 1년 평가' 사설 비교해보기**_20171107)([경향신문] **공론화 이전으로 돌아가선 안된다**_20171120)([경향신문] **노후원전 조기 폐쇄하고 내진설계 확대해야**_20171117)([경향신문] **문 정부 '탈원전·탈석탄' 액션 플랜 가동**_20171228)([조선일보] **원안위, 원전 주변·암 발병 상관관계 재조사 나서**_20180323)([경향신문] **비핵화·탈원전에 역행하는 과기정통부**_20180503)([내일신문] **탈원전·석탄에 천연가스 수요 증가**_20180406)([뉴스웨이] **'회사이름에서 원자력 빼~'···정재훈의 '과속 스캔들'**_20180716)([한국경제] **'한수원이 교수들 줄 세우기 하나' 커지는 학계의 불안감**_20180716).

급속한 탈원전정책으로 인한 대체 에너지원 개발과 관련하여 예상되는 여러 장애요인이 제기되고 있다. 전기 요금 인상 가능성, 대체 에너지원 개발과 관련된 지원금에 대한 논란도 있다([매일경제]

탈원전 청구서…이 돈이면 공공화장실 수천개 짓는다_20171103)([동아일보] 여의도 168배 크기 땅 필요…환경파괴-주민반발 가능성_20171221)([세계일보] 탈원전 외친 환경단체, 결국 자기 잇속 챙기기였나_20171216)([조선일보] 脫원전에 퍼부을 세금에 눈독 들이는 사람들_20180413)([서울경제] 출발부터 삐걱대는 풍력발전의 실상 직시해야_20171226)([중앙일보] 한전의 '태양광' 비리… 탈원전 정책 이후가 더 걱정된다_20180210)([내일신문] 발전소 반대, LNG·태양광으로 확산_20180228)([서울경제] 원전 11기 중단 장기화 땐 한전 피해 2조 달할 것_20180324)([문화일보] 백지화된 영덕 천지原電 '토지 매입 요구' 訴 각하_20180502)([한국경제] "脫원전 땐 전기료 36% 오를 수도"_20170602)([한겨레] 백운규 _탈원전에도 전기료 인상문 거의 없을것"_20170720)([조선일보] 원전 줄인 나라, 하나같이 전기요금 인상… 캐나다는 71% 급등_20171215)([경향신문] 또 '전기요금 인상 거의 없다'는 정부_20171215)([한국경제] 정부 돈 20년간 빼먹을 기회... 땅투기 노린 '태양광 떴다방' 극성_20180618).

정부의 에너지관련 민간위원회의 기울어진 구성과 위원들의 전문성 부족 등이 비판의 대상이 되고 있다([문화일보] 정쟁·코드에 휘둘리는 원자력안전委_20171229)([한국경제] 과학적 기준보다 국민 눈높이에 맞춰 원자력 안전 판단하겠다는 원안위원장_20180103)([조선일보] 20년 에너지정책 짜는데… 原電 찬성 전문가 다 뺐다_20180320)([서울경제] 원전 전문가 빠진 에너지계획 설득력 있겠나_20180321)([매일경제] 文, 일방통행식 에너지정책 중단을_20180323)([매일경제] 녹색성장委, 脫원전 인사 대거 포진_20180419)

2018년 1월 전력부족으로 정부가 산업체에 대해서 급전지시를 수차례 하면서 8차 전력수급 기본계획, 이와 연관된 탈원전정책이 논란이 되었다([서울경제] 전력수요 예측 잘못해 놓고 공장가동 줄이라니_20180126)([한국경제] '빗나간 진실'에 근거한 脫원전_20180127)([문화일보] 강추위가 새삼

일깨운 脫원전 허구성_20180130)([서울경제] '혈세 낭비 논란' 급전지시 손 본다_20180214).

2018년 6월에는 1조원의 예산을 투입한 월성원자력발전소 1회 폐쇄 등과 관련되어 절차적 정당성의 문제가 제기되었다([세계일보] 1조원 탈원전 결정하면서 '도둑 이사회' 연 한수원_20180618)([한국경제] 6·13선거 여당 승리가 '탈원전 면죄부' 준 건 아니다_20180618).

2018년 7월 기록적인 폭염에 따른 전력비상사태로 전력예비율이 10% 이하로 떨어지면서 탈원전정책의 타당성에 의문이 제기되었다([한국일보] '끓는 7월' 사흘간 26곳 역대 최고기온 경신_201807230)([중앙일보] 전력수급 문제 없다더니 … 허둥지둥 원전 5기 더 돌린다_20180723)([서울경제] 脫원전 할땐 언제고…폭염에 원전 더 돌리는 정부_20180723)([매일경제] 급할때 원전뿐인데_…탈원전 괜찮을까_20180723)([서울신문] 최대전력수요 역대 최고… 전력예비율 9% 붕괴_20180724)([SBS] '전력예비율 사상 최저' 폭염에 전력수급 비상..원전 재가동_20180723)([한국경제] '최악 폭염' 덮치자 … 원전 다시 찾는 정부_20180723)([한겨레] 원전 5기 재가동이 폭염 때문_ 한수원 과욕이 부른 '오해'_20180725)([서울신문] 최대전력수요 연일 신기록… '블랙아웃' 불안 커진다_20180725)([조선일보] 원전 가동에 터무니없는 왜곡_… 文대통령 발언은 사실일까_20180725)([조선일보] 탈원전 2년만에… 원전 정비기간 2배 늘고, 이용률 79%→67%로 하락_20180726)([매일경제] 與野, 월성1호기 조기 폐쇄·탈원전 공방_20180726)([매일경제] 폭염에 연일 빗나간 전력수요… '탈원전 재검토' 목소리 커진다_20180725)([매일경제] 전기요금, 탈원전 궤도 수정으로 해결해야_20180725)([조선Biz] '탈원전' 대만, '블랙아웃' 겪어..한국 '전력예비율 7%' 괜찮을까_20180726).

우리나라의 높은 원전 기술력과 발전소 시공 능력은 UAE 원자력

발전소 수주에서 확인되었다. 그러나 국내의 탈원전정책이 원전 수출의 최대 장애요인이 되고 있다([한국경제] **대선후보들 "원전 수출 반대"에 中企협력사는 한숨만**_20170504)([서울경제] **원전 수출로 경제의 미래 다지자**_20180409)([동아일보] **정부, 해외선 원전수출 지원… 국내선 탈원전**_20171129)([서울신문] **탈원전 정책과 선긋기… 물밑 외교전 통했다**_20171208)([중앙일보] **한국 탈원전 역풍, 폴란드 원자로 일본이 수주**_20171222)([매일경제] **韓, 탈원전 눈치보느라 수출 지원 소극적_ 지적**_20180104)([동아일보] **脫원전 관련 근거없는 의혹서 시작… '군사협정'이 특사 발단**_20180108)([매일경제] **임종석·김성태 'UAE의혹' 매듭 한국당, 국정조사 요구 안할듯**_20180113)([문화일보] **原電수출, 韓 경세위기 극복할 확실한 대안**_20180320)([조선일보] **八面鋒_20180326)([서울경제] 지속적 원전수출의 성공조건**_20180425)([중앙일보] **탈원전 추진한 정부, 원전 수출 차질에 당혹**_20180801)([중앙일보] **영국에 22조 원전 수출 한전, 브레이크 걸렸다**_20180801).

독일, 프랑스 등 외국의 탈원전 정책에 대한 관심도 높아졌다. 대체 에너지 글로벌 시장, 4차 혁명의 전력수요에 대한 영향도 관심이다([문화일보] **대책없는 脫원전·脫석탄 정책…독일 聯政까지 발목 잡아**_20171120)([조선일보] **원전 비중 1위 프랑스 _독일식 탈원전 따르지 않겠다**_20171219)([서울경제] **獨 탈원전 모델 실패했다**_20171219)([서울경제] **獨 _2022년까지 원전 아웃**_20180502)([내일신문] **중국이 세계 절반 … 미국 규제에도 신규시장은 늘어**_20180327)([한국일보] **4차 산업혁명에 따른 전력수요 영향**_ 20171227).

한국경제신문은 2017년 6월 문재인정부의 탈원전, 탈석탄 정책에 대해 찬반 토론을 게재하였다([한국경제] **[맞짱 토론] 脫원전. 脫석탄발전 정책 바람직한가**_20170603). 찬성 측의 김해창 경성대교수의 논거는 다음과 같다. 탈원전은 안전성, 경제성, 대체가능성, 국민수용성 측면에서 옳은 정책방향이다. 국민을 핵발전사고의 위험으로부터 보호하는 것이 국가의 책무이다. 원전의 발전단가가 저렴하다고 하나 사회적 갈등비용 등 여러 비용이 포함되지 않았고 장래에는 원전 비용이 태양광이나 풍력 발전보다 비싸질 것이라는 분석도 있다. 핵발전을 단계적으로 줄이고 LNG 발전소 가동율을 높이는 등의 대안을 활용하면 전력 예비율 12～15%를 유지할 수 있다. 탈원전으로 전기요금이 25% 정도 오를 것으로 예상되는데, 이는 국민이 수용할 수 있는 수준이며, 전기 절약을 유도할 수 있는 전기요금 체계를 만들어야 한다.

반대 측의 정범진 경희대 교수의 논거는 다음과 같다. 원전과 석탄 발전을 줄일 경우 대안이 없다. 신생에너지 비율이 10%를 넘기면 전력공급의 최우선 순위인 안정성에 문제가 생긴다. 에너지원 배합을 고려할 때 경제성 등 여러 요인이 고려되는데, 원전은 안전성을 제외하면 매우 매력적인 에너지원이다. 후쿠시마 사고에도 불구하고 세계적으로 원전 건설이 증가하고 있고 대체에너지원의 비중이 높은 나라는 그럴 수 있는 자연 여건이 된다. UAE 원전 수출로 우리나라는 약 55조원의 수익을 얻었다. 원전을 수출산업으로 육성하여야 한다. 정책전환에 따른 전기료 인상 가능성 등 모든 상황을 국민들에게 알리고 동의를 구하는 과정이 필요하다.

서울경제신문은 탈원전정책에 대한 찬반 토론을 2017년 6월 게재하였다([서울경제신문] **[어떻게 생각하십니까?] 탈원전 정책**_20170630). 찬성 측의 김의중 동국대 교수의 논거는 다음과 같다. 우리나라와 달리 외국에서는 원자력이 비싼 에너지라고 평가한다. 폐로 비용, 핵폐기물 처리비용, 사고 발생 시 처리 비용(후쿠시마 원전의 사고 처리 비용은 현재까지 200조원이다) 등 해당 발전기가 수명을 다한 후 들어가는 비용을 고려하면 경제적 에너지가 아니다. 선진국은 원전 수를 줄여가고 있고, 개도국은 새로운 원전을 건설하고 있으나, 전체적으로는 사양산업이다. 세계 전기 생산량에서 재생에너지가 차지하는 비중은 22.8%, 원자력 10%인데, 우리나라는 원자력 30%, 재생에너지 1%이다. 원자력의 비경제성과 위험성을 고려하면 원자력을 획기적으로 줄이는 것은 옳은 정책방향이다.

반대 측의 김명현 경희대 교수의 논거는 다음과 같다. 우리나라는 원자력발전소 운영에 항상 안전성을 최우선 순위로 두어 왔고 지난 40년간 작은 사고도 없었다. 전 세계적으로 지진 때문에 원전사고가 난 경우가 없다. 후쿠시마 원전사고에 대해서는 잘 못 알려진 사실이 많다. 원전은 지난 20년간 소폭으로 꾸준히 증가하여 왔고 탈원전을 선언한 나라는 독일, 스위스와 대만뿐이다. 독일은 석탄발전에 기대어 전력요금이 크게 상승하였고, 스위스는 이웃 국가에 대한 의존도가 높아졌다. 대만은 원전 2기 재가동을 선언하였다. 많은 나라가 건설자금이 없어 원자력 발전소를 짓지 못하고 있는데, 우리로서는 좋은 수출기회를 날려 버리는 것이다. 우리나라는 신재생에너지에 대한 의존도를 높이고자 지난 10여년간 노력하여 왔는데, 비싼 토지가격 등으로 경제성이 낮아 성과가 없었다. 그와 같은 조건은 현재에도 변화가 없다. 결국 가스에 대한 의존도를 높여야 하는데, 가스는 안정적 공급, 안전성, 미세먼지 발생 등에 있어서 문제가 있다. 원자력은 검증이 되었고 미래

전망도 있는 기술이나 신재생에너지는 경제성 측면에서 검증되지 않은 에너지원이다.

2. 탈석탄

문재인정부는 탈원전정책과 함께 탈석탄정책을 추진하고 있다. 정부의 입장은 노후 석탄발전소의 가동을 중단하고 건립예정이나 착공하지 않은 석탄발전소를 다른 대체에너지 발전소로 전환하겠다는 것이다([조선일보] **석탄화력 발전 중단, 서둘면 안 된다**_20170629)([한겨레] **'탈석탄' 정책 긴장속 미세먼지 배출관리 총력**_20170626)([조선일보] **올 '脫석탄' 선언에도… 석탄 발전량 늘었네**_20170718)([한국경제] **"삼척 화력발전소 건설하라" … 삼척시민 상경 집회**_20170920)([한국경제] **이번엔 脫석탄… "발전소 4기 짓지 마라"**_20170927)([서울경제] **원전 건설 재개…석탄火電도 다시 불 지필까**_20171024)([한국경제] **당진 석탄화력 1·2호기 LNG발전소로 바꾼다**_20171108)([한겨레] **탈원전·탈석탄 방향 잡았지만, 석탄발전 설비용량 되레 증가**_20171215)([경향신문] **올해도 노후 석탄발전소 셧다운… 효과는 의문**_20180301)([한국경제] **미세먼지 감축 효과 미미한데 석탄발전 5기 또 가동중단**_20180301)([서울경제] **脫석탄 논란 당진에코, 결국 光電으로**_20180524)([서울경제] **해외 IPP 뚫어놓고 12년 공회전…'脫석탄' 겹쳐 1등 기술 흔들**_20180607).

중국의 탈석탄정책에 대한 관심도 높아지고 있다([한국경제] **中, 성급한 脫석탄 후폭풍… 남부도 가스 끊겨 한겨울 '난방 대란'**_20171225)([한국경제] **중국 '脫석탄 정책' 파장…천연가스 가격 급등**_20180125).

서울경제신문은 2017년 10월 현재 건설중인 석탄발전소 4기를 LNG발전소로 전환하기로 한 정부 결정에 대해 찬반 토론을 게재하였다([서울경제신문] **[어떻게 생각하십니까?] 석탄발전소 4기 LNG발전소 전환**_20171013). 찬성 측의 강희찬 인천대 교수의 논거는 다음과 같다. 건설중인 석탄발전소의 건설을 중단함으로써 발생하는 매몰비용보다는 석탄발전소에서 발생하는 미세먼지가 발전소 주변지역 및 다른 지역에 미치는 피해가 더 크다. 현재 중앙집중형 송배전방식을 분산형 전원방식으로 전환하는 계기가 된다는 점에서 상징성이 크다. 과거 정부에서 분산형 전원방식의 필요성을 인정하였으나 이해관계자들의 이해 조정이 어려워 추진이 되지 않았는데, LNG발전소 건설을 시작으로 본격적으로 추진하여야 한다.

반대 측의 신현돈 인하대 교수는 논거는 다음과 같다. 신재생에너지, 친환경적 LNG발전을 늘리는 당위성은 인정되나 현재 70%인 원자력과 석탄에 대한 비중을 줄이는 합리적이고 계획적인 대안이 없이 추진하는 것은 비합리적이다. 특히 인공지능 및 4차 산업혁명 시대에는 전력 수요가 급증할 것으로 전망되니 더욱 그러하다. 기후변화와 발전소 건설 기간을 고려하면 5년 후의 에너지배합을 고민하고 정책을 수립하여야 한다. 천연가스는 건설기간 등을 고려하면 10년 후를 고려하여야 한다. LNG를 수입에 의존하여야 하는 우리나라는 고유가시대도 대비하여 에너지 정책을 수립하여야 한다.

IX

성장 및 구조

1. 구조개혁
2. 규제혁신
3. 자원개발
4. 수도권규제/토지이용규제
5. 군복무기간 단축/모병제
6. 여성인력 활용/경력단절
7. 알파고 쇼크
8. 국가 R&D
9. 서머타임

1. 구조개혁[27)]

2017년은 외환위기로 인하여 우리나라 경제가 IMF 관리체제에 편입된 1997년으로부터 20년이 경과한 해이다. IMF는 우리나라가 노동개혁, 재정 투자 확대 없이는 잠재 성장률이 1%대로 추락할 것을 경고하였다([매일경제] **한국 잠재성장률 2030년 1%대 추락**_20180219).

국제신용평가기관인 무디스가 2015년 말 우리나라의 신용등급을 상향조정하자 중앙일보와 한겨레신문은 그 의의를 평가하고 우리 경세가 나아갈 방향에 대한 사설을 게재하였다. 중앙일보 사설의 논지는 다음과 같다([중앙일보] **사상 최고의 국가 신용등급에 자만할 때는 아니다**_20151221). 신용등급 상향 조정은 국제 시장에서의 자금 조달 금리를 낮추는 등 긍정적인 효과가 기대된다. 외환위기 경험, 일본의 사례 등을 보면 신용등급이 좋다는 것이 미래를 보장하여 주지 않는다. 우리경제가 저성장의 늪에 빠질 것이라는 우려가 있는데, 신용등급 상향 조정을 계기로 구조개혁과 체질 개선에 박차를 가하여야 한다.

한겨레신문 사설의 요지는 다음과 같다([한겨레신문] **무디스 국가 신용등급 상향 명암**_20151221). 신용등급 상향조정은 좋은 일이나 내용을 들여다보면 우리 경제가 가지고 있는 구조적인 문제가 반영되어 있다. 가계와 기업은 비틀거리는데 정부 곳간만 튼튼한 것을 긍정적으로 평가하여 등급을 상향 조정한 것이다. 국제신용평가기

27) 관련 정책인 IX장의 '2. 규제혁신'과 XI장의 '4. 노동개혁/임금피크제/양대 지침/사회적합의' 참조.

관이 보는 우리나라는 '돈이 될 만한 나라'이지, '건강한 나라'는 아니다. 가계 및 기업발 위기의 뇌관을 제거하려는 노력을 하여야 한다.[28)]

중앙일보와 한겨레신문의 구조개혁에 대한 관점의 차이는 우리 사회에서 여전히 진행형이다. IMF 위기 극복을 위해 시작된 공공, 금융, 노동, 기업 등 4대 개혁은 미진하며 4차 산업혁명 시대에 지속적인 성장을 위해서는 과감한 구조개혁이 되어야 한다는 주장이 있다([세계일보] **환란 20년… 경제체질 못 바꾸면 재앙 다시 온다**_20171120)([세계일보] **경제 체질개선 못해 '저성장 늪'… _지금이 구조개혁 적기**_20171121)([한국경제] **IMF 외환위기 20년…구조개혁은 계속돼야 한다**_20171127)([한국경제] **외환위기 3년 만에 극복했지만 구조개혁은 지지부진 한국의 노동생산성은 낮아 미국의 50%에 불과해요**_20171127)([한국경제] **IMF 20년…해외여행 2500만**_20171128)([서울경제] **미뤄놨던 산업 구조개혁 가속도, 소비 위축 고려 재정지출 채비도**_20171202)([동아일보] **외환위기 이후 20년, 남겨진 과제**_20171211)([세계일보] **외환위기보다 더 큰 고통 올 수 있다_는 이헌재의 경고**_20171211)([한국경제] **"소득 3만달러 시대 주력산업 재편 시급"**_20180101)([문화일보] **이대로 가면… '4차 미래 먹거리' 中에다 뺏긴다**_20180102)([서울경제] **인구·노동·교육도 '골든타임' 끝나간다**_20180102)([한국경제] **"선제적 구조조정·규제완화·노동 유연화 없인 올 3% 성장 어렵다"**_20180102)([문화일보] **제조업 시대에 멈춘 노동시장… '유연성' 확보없인 4차혁명도 없다**_20180201)([세계일보] **기득권 변화 필요… 올해가 구조개혁에 가장 좋은 시기**_20180201)([중앙일보] **구조조정 칼자루를 민간이 쥔다면**_20180308)([파이낸셜뉴스] **구조개혁**

---

28) 중앙일보와 한겨레신문의 사설 비교는 '[중앙일보]/[한겨레신문] **[사설 속으로] 무디스, 한국 국가 신용등급 상향**_20151229' 참조.

또 강조한 이주열 한은 총재_20180322)([매일경제] 中企 경제구조 개혁 5개년 계획 세우자_20180409).

외환위기로 인한 사회구조의 변화, 구조개혁으로 외환위기를 극복하였으나 구조조정 과정 중 희생된 근로자, 기업 등도 고려하여야 한다는 한겨레신문의 논조와 같은 주장이 제기되고 있다([동아일보] 외환위기 20년, 아물지 않은 상처_20171104)([서울경제] ①무너진 평생직장 신화…회사 충성심도 약해져_20171114)([파이낸셜뉴스] 경제자유 증진과 사회안전망 확충, 동시 추진해야_20171123)([경향신문] 20년 전 이맘때, 20년 뒤 이맘때_20171125).

문재인정부는 소득주도성장을 앞으로 내세우면서 혁신성장도 같이 추진할 것을 천명하였으나 혁신성장은 추진 실적이 미미하고 소득주도 성장의 성과도 가시화되지 못하자 과감한 혁신성장이 필요하다는 주장이 제기되고 있다([파이낸셜뉴스] 경제기조 대전환 없이 미래는 없다_20150410)([중앙일보] J노믹스의 희망고문_20171215)([파이넨셜뉴스] 소득주도·혁신성장 강한 의지 …최종 목표는 '삶의 질 향상'_2018011)([문화일보] 혁신성장·구조개혁 열매 없어 고민 깊은 'J노믹스'_20180424)([중앙일보] 혁신성장에 J노믹스의 명운을 걸어라_20171128)([서울경제] 규제혁파·노동개혁 없는 복지는 재앙이라는 경고_20180202)([한국경제] "성장 고삐 죄야 소득 3만弗 안착…정책은 거꾸로 가"_20180205)([동아일보] '구조 개혁의 봄'은 언제쯤 우체통에_20180306)([한국경제] "구조개혁 통한 고용 창출이 한국 경제 최우선 과제"_20180316)([한국경제] '기술포비아'와 '자본포비아'_20180404)([한국경제] '혁신성장 생태계' 조성하려면 기업에 대한 편견부터 깨야_20180423)([한국일보] 그런데 '혁신성장'은 언제 할 건가_20180428)([한국일보] 혁신성장본부, 실패한 朴정부 '무투' 모델 답습하나_20180613)([아시아경제] 정부도 예상 못한 '고용절벽' 혁신성장으로 해결 가능할까_20180609)([한국경제]

"분배악화, 돈 풀기론 개선 안돼... 혁신 제조 '강소기업' 키워야"_20180611)([문화일보] **韓銀 _구조개혁 통해 경제성장 잠재력 높여야**_20180727).

질적 성장을 도모하는 중국이나 소니의 사례는 우리에게 시사하는 바가 있다([매일경제] **과잉설비 줄이고 질적 성장 도모_…절대 경제강국 시동**_20180302)([한국경제] **"양적 경쟁으론 못 이긴다"…적자사업 버린 소니, 프리미엄 승부수**_20180402).

경제의 역동성을 키우기 위해서는 교육훈련 시스템을 기업 주도로 추진하고, 고용부와 교육부의 칸막이 철폐가 필요하다는 주장이 제기되고 있다. 우리 사회의 급격한 인구변동도 구조 개혁 시 고려하여야 할 변수이다([이데일리] **기업 역동성 키우려면 정부 주도 교육시스템 혁신을**_20180629)([한국경제] **미 정부조직개편안에서 눈길 끄는 교육부 고용부 통합**_20180623)([경향신문] **교육과 고용 정책은 둘이 아니다**_20180628)([중앙일보] **지금부터 10년의 인구 변동, 한국 사회 통째로 바꾼다**_20180702)([한국일보] **고졸 신규 인력 10년간 113만명 부족**_20171220).

2. 규제혁신[29)]

구조개혁과 규제혁신은 동전의 양면과 같다. 모든 정부는 규제개혁을 외치고 탈규제, 규제완화, 규제개혁, 규제철폐, 규제혁신, 규제혁파의 순으로 용어의 강도를 높여 왔으나 여전히 현장에서는

---

29) 관련 정책인 IX장의 '1. 구조혁신'과 XI장의 '4. 노동개혁/임금피크제/양대 지침/사회적합의' 참조.

규제 때문에 되는 일이 없다고 한다([동아일보] **규제혁파 립 서비스 '고마해라'**_20180208).

박근혜정부에서도 규제혁신은 중점 추진과제의 하나였다([조선일보] **규제 개혁, '件數 줄이기'로 가면 백전백패한다**_20140321)([한겨레] **년간 규제 2200건 폐지… 신설 규제는 '5년되면 효력정지'**_20140321)([중앙일보] **본지 보도 '천송이 코트' '갈라파고스 규제' 화제 160명 저녁식사 거른 채 7시간 토론 내내 긴장감**_20140321)([한겨레] **대통령, 규제와의 전쟁 선포… 결국 '줄푸세'로 회귀**_20140321)([서울신문] **"재벌 위한 규제 완화 안 돼"**_20140321)([서울신문] **YS 규제개혁 본격화, DJ땐 IMF 압박에 성과, MB 혼선 빚으며 후퇴**_20140321)([동아일보] **대통령앞 7시간 '규제 규탄'… 끝이 없었다**_20140321)

중앙일보와 한겨레신문은 박근혜대통령이 규제 개혁 관련 끝장 토론을 주재하며 규제 개혁을 주문하자 2014년 3월 각각 사설을 게재하였다. 중앙일보 사설의 논기는 다음과 같다([중앙일보] **끝장토론 끝이 아니라 시작이다**_20140321). 생중계로 전 국민에게 공개된 규제혁신 토론회는 규제 개혁의 강력한 수단이 될 것이다. 일몰제, 규제 총량제 등 구체적인 해법이 제시되었지만 우리 현실에 맞게 보다 정교하게 설계되어야 한다. 중앙부처 뿐만 아니라 지자체 수준에서의 규제혁신도 되어야 한다. 보이지 않은 규제, 여러 부처가 관계되는 덩어리규제 등은 대통령이 직접 챙겨야 한다.

한겨레신문의 사설 요지는 다음과 같다([한겨레신문] **규제 개혁 옥석 가리기에서 출발해야**_20140321). 규제 완화의 필요성에 대해 대통령과 일정 부분 공감하나 크게 걱정되는 부분이 있다. 총량제, 임기내 20% 규제 철폐 등과 같이 양적인 목표에 치중하면 필요한 규제가 같이 사라질 수 있다. 공무원들이 대기업의 민원을 별다른 검증이 없이 들어 줄 수도 있다. 없애야 할 규제와 필요한 규제를 가리는 작업이 선행되어야 한다. 경제주체들이 납득하고 이해할 수 있는 규제 완화를 하여야 한다. 대통령이 이야기하는 규제의 합리화가 이루어져야 한다. 출발점은 규제개혁위원회에 이해 당사자가 골고루 참여하여 논의할 수 있는 틀로 바꾸는 것이 될 수 있다.[30]

문재인정부에서도 4차 산업의 일자리는 제조업기반 성장체제의 틀 속에 갇힌 과거의 규제 및 기득권층의 반발에 묶여 창출되지 못하고 있다([문화일보] **진화하는 알파고, 퇴화하는 '규제 한국'**_20170501)([문화일보] **혁신막는 '거미줄규제' … 구글, 韓기업이면 17개사업 못한다**_20171201)([매일경제] **규제에 질식당한 4차산업 일자리**_20180105)([한국경제] **규제개혁 가로막는 5大 함정들**_20180205)([내일신문] **규제혁신 이번엔 성공할까**_20180209)([파이낸셜뉴스] **또 카풀·택시 갈등, 규제에 막힌 혁신성장**_20180309) ([서울경제] **경제 활력 높이려면 규제 완화하라는 한은총재의 지적**_20180321)([파이낸셜뉴스] **규제의 역설**_20180331)([파이낸셜뉴스] **신산업분야 외국인 비자규제 완화 일자리 침해 업종 취업요건 강화**_20180418)([파이낸셜뉴스] **4차 산업혁명 빠른 확산… 정부, 규제완화로 보조 맞춰야**_20180425)([서울경제] **'무늬만 혁신성장' 일자리 40만개 날렸다**_20180619)([한국경제] **'깜짝 놀랄만한 확대' 필요한 건 재정이 아닌 규제혁파다**_20180622)([아시아경제] **규제완화와 정책적 지원_ 장기성장 동력을 위한 1순위**_20180702)([조선일보] **5년새 투자 100배… 공룡들의 '헬스케어 전쟁'**_20171228).

우리나라의 규제가 다른 나라에 비해 과도하여 기업들이 해외로

---

30) 중앙일보와 한겨레신문의 사설 비교는 '[중앙일보]/[한겨레신문] **[사설 속으로] 규제 개혁 관련 끝장토론**_20140408' 참조.

나가고 4차 산업혁명의 성과 창출이 더디다는 주장이 제기된다([중앙일보] **"한국, 규제 탓 매력 떨어져"…기업 해외 고용 매년 9% 증가**_20180316)([매일경제] **세계는 4차산업혁명 성과..韓은 규제 바다서 '허우적'**_20180707).

3. 자원개발

박근혜정부 들어서 야권의 사자방(4대강 사업, 자원외교, 방산비리) 국정조사 요구를 여권에서 수용하였고 이명박정부의 자원외교 및 해외 자원개발에 대한 조사가 다각도로 이루어졌다. 정부의 해외자원개발 조사는 해외자원개발 사업의 구조조정으로 이어질 수 있기 때문에 이를 두고 공방이 치열하였다.

한국경제신문은 2014년 12월 해외자원개발 구조조정에 대한 찬반 토론을 게재하였다([한국경제] **[맞짱 토론] 자원개발 구조조정 서둘러야 하나**_20141213). 찬성 측의 고기영 한신대 교수의 논거는 다음과 같다. 이명박정부의 해외자원 투자는 95%이상이 일반적인 재무투자와 같이 기업 인수 내지 지분인수였는데, 대부분의 투자는 대규모 손실을 보고 있다. 국가적 차원에서 해외자원 개발을 하는 것은 안정적인 자원 공급처를 확보하고자 하는 목적이나 확보된 자원 중 국내도입이 가능한 것은 별로 없다. 40조원이 넘는 예산을 썼으나 56조원의 부채를 남겼고, 향후에도 엄청난 추가적인 자금을 부어야 한다. 조속히 정리하고 본연의 해외자원 개발로 돌아가야 한다.

반대 측의 허은영 서울대 교수의 논거는 다음과 같다. 무연탄 의존도가 30%가 넘었기 때문에 우리나라는 1970~1980년대 석유 위기를 넘길 수 있었다. 우리나라의 현재 상황은 그때 보다 심각하다. 에너지 안보수준은 세계 103위로 최하위권이고 자원의 99%를 수입에 의존하고 있다. 경제규모가 세계 20위안에 드는 나라 중 우리나라의 자원 확보율이 제일 낮다. 해외자원 개발은 선택이 아니라 필수이며 지금이 적기이다. 자원외교에 대한 국정조사는 하고 잘못된 것은 시정되어야 하나 세계 최하위인 우리나라의 에너지 안보 수준을 더 떨어뜨려서는 안 된다.

공기업이 주도한 이명박정부의 해외자원 개발에 관한 논란은 문재인정부까지 이어지고 있다. 광물자원공사는 다른 공기업에 통합되는 방안이 논의되고 있고 석유공사도 파산의 위험이 있다([내일신문] **해외자원개발 부실 규명해야**_20180504)([경향신문] **MB, 자원외교 용어 수정지시까지 깨알같이 업무 챙겨**_20171010)([세계일보] **공기업 해외자원개발 투자 회수율 36%**_20170926)([조선일보] **적폐로 찍힌 해외자원 개발, 신규사업 71→10**_20170926)([서울신문] **석유공사 4년 내 파산 위험**_20171020)([국민일보] **MB정부 자원외교 MOU '속 빈 강정'**_20171031)([내일신문] **'공기업 해외자원개발사업' 81개 전수조사**_20171115)([한겨레] **13조 손실에도…자원개발 공사들 '면피 반성문'**_20180103)([한국일보] **회의록도 안 남긴 '4조짜리 자원외교'**_20180110)([내일신문] **공기업 해외법인 4년 만에 가치 10조↓**_20180117)([매일경제] **광물公 구조조정 이어 다음 타자는 석유공사**_20180307)([서울경제] **가스공 加사업 3곳 철수한다**_20180309)([서울신문] **'MB 자원외교 실패작' 광물公 결국 문닫는다**_20180331).

해외자원 개발을 주도한 공기업 CEO에 대한 검찰 수사로 전임

CEO들은 기소되었으나 재심에서는 무죄 판결이 나고 있다([파이낸셜뉴스] **김신종 전 광물공사 사장 2심도 무죄**_20170928)([조선일보] **자원 개발 수사 줄줄이 무죄, 그걸 또 수사하자는 與**_20170929)([내일신문] **MB의 '사자방 비리' 의혹 수사하나**_20180402)([조선일보] **하명 수사의 결말… KT 이석채 결국 무죄**_20180427)([조선일보] **國調→검찰수사→監査→검찰수사→손배소… 자원개발 수난史**_20180727)([조선일보] **이번엔 '자원개발 무죄' 前사장들에 민사소송**_20180727).

문재인정부에서는 전임 정권에서의 자원개발을 적폐로 규정하고 부채 감축 등의 시각에서 해외 자원개발을 접근하고 있다. 정권 교체여부와는 무관하게 일관된 전략을 가지고 과거의 실패 경험을 국가적 차원에서 안정적 해외자원 확보라는 미래의 성공을 위해 활용하여야 한다는 지적이 있다([매일경제] **석유메이저 견제 뚫고 해외 자원개발 '쾌속 질주'**_20170719)([서울경제] **자원부국 中도 해외자원 확보 열 올리는데…_정부, 채굴기술 개발 등 적극 지원 나서야**_20170911)([조선일보] **해외자원 투자, 한국은 '샤워실 바보'**_20170926)([매일경제] **해외유전 매물 쏟아져도… 뒷짐진 한국**_20171013)([서울경제] **자원개발, 선택 아닌 의무**_20171014)([한겨레] **해외 사업으로 에너지 안보 높인다**_20171025)([서울경제] **해외자원개발 이젠 MB트라우마 벗어날 때 됐다**_20171212)([한국경제] **'자원개발 원조' 삼탄 "광산 신화 키데코 매각"**_20171215)([서울경제] **반복되는 '샤워실의 바보' 자원개발 포기해도 좋은가**_20180307)([서울경제] **5년전 '실패' 낙인 찍힌 阿 니켈광산, 이젠 광물公 구명줄인데…**_20180307)([서울경제] **한전이 2000년에 손뗀 호주 유연탄광 이듬해 인근 광산과 합병후 생산 급증**_20180307)([동아일보] **에너지자원 공공기관 기능 조정, 日 사례 주목을**_20180326)([이데일리] **'51조 빚더미' 해외자원개발 개혁 '총대' 멘 백운규 장관의 고민 셋**_20180701).

남북화해가 가시화되는 시점에서 공기업이 북한의 자원개발에서 주도적인 역할을 하여야 한다는 주장이 제기되고 있다([서울경제] **3,700조 北 광물자원 개발 광업공단법에 명시화 추진**_20180430).

4. 수도권규제/토지이용규제

수도권규제는 공장 등 인구집중 유발 시설을 수도권에서 증설하는 것을 예외적으로 허용하는 것이다.

박근혜정부 시절 "기요틴으로 수도권 규제에 관련한 모든 정책을 철폐"하려는 정책이 심각하게 고려되었다. 한국경제신문은 2015년 12월 수도권 규제 완화에 대한 찬반 토론을 게재하였다([한국경제] **[맞짱 토론] 수도권 규제 완화할 때 됐나**_20151206). 규제 완화를 찬성하는 유환익 전경련 산업본부장의 논거는 다음과 같다. 수도권 규제는 1982년 수도권정비계획법을 제정하면서 시행되었다. 법의 제정 목적은 수도권의 질서 있는 발전이나 법에 없는 국토의 균형발전이 법의 목적으로 둔갑하였다. 수도권에 공장을 못 짓게 하면 지방에 공장을 짓는 것이 아니라 베트남, 중국 등으로 공장이 이전된다. 수도권 규제 완화가 되면 지방의 공동화 현상을 우려하나 공장용지비 가격, 기존의 협력사와의 관계 등을 고려하면 비현실적인 주장이다. 수도권 규제로 발생하는 비효율이 국가경제와 기업에 미친 폐해가 크다. 영국과 프랑스는 이미 오래전에 일본은 2002년에 수도권 규제를 폐지하는 등 선진국은 수도권의 경쟁력이 국가 경쟁력이라고 보고 수도권 발전 프로젝트를 추진하고 있다. 수도권과 지역이라는 이분법적 시각에서 벗어나 국토 전체의 효율적 이용이라는 관점에서 수도권 규제의 패러다임 전환이 필요하다.

반대 측의 정초시 충북발전연구원 원장의 논거는 다음과 같다. 헌법에 규정되어 있듯이 지역 간의 균형발전은 대한민국의 보편적 가치이다. 면적 12% 지역에서 국가 경제 활동의 50% 정도가 이루어지고 있다. 수도권 규제를 완화하면 단기적인 경제 성장과 고용창출은 가능할지 모르나 청년들의 수도권으로의 이동과 이로 인한 수도권 출산율의 하락을 가속화시켜 국가 경쟁력의 원천이 허물어지는 결과가 될 것이다. 세종시 건설, 혁신도시 건설, 창조혁신센터를 통한 대기업과 지방의 중소기업 간의 협력네트워크 구축 등 기존의 지역균형발전정책과도 모순된다.

문재인정부 들어서도 수도권 규제가 시행된 지 30여년이 지났지만 지방 경제의 활성화에도 기여하지 못하고 국가 경쟁력의 제약 요인이 되니 완화하여야 한다는 주장이 제기되고 있으나 충청권을 비롯한 비수도권의 반대 목소리가 높다. 수도권 규제 완화로 수도권 기업의 지방이전 대신 해외로의 이전이 가속화되면서 국가 전체의 경쟁력이 저하되고 좋은 일자리를 창출하지 못하고 있다는 주장과 수도권의 규제와 지방에 대한 지원에도 불구하고 지방의 경쟁력이 약화되는 현실을 지적한 주장이 대립되어 있다([국민일보] **수도권 경쟁력 갉아먹는 거미줄 규제… 이번엔 완화될까**_20180220)([매일경제] **김진표 위원장의 수도권 규제 완화발언 맞는 방향이다**_20170609)([내일신문] **수**

도권 규제완화 추진에 충청 반발_20170904)([한국경제] 수도권으로 유턴하고 싶지만… 토지매입·설비투자금 지원 못 받아_20170518)([한국경제] "균형발전 위해 수도권 옥죄면 지역 하향평준화 초래"_20170801)([한국경제] "수도권 규제 풍선효과 없다 … 부산 아파트 거래 실종"_20170808)([매일경제] 규제개혁 효과 보려면 수도권규제 같은 큰 덩어리 건드려야_20180123)([한국일보] 기업의 지방분산이 만병통치약_20170705)([파이낸셜뉴스] 가파른 '지방소멸' … 잃어버린 20년_20180409).

2018년 6·13 지방선거에서 경기도의 경우 주요 이슈의 하나는 수도권 규제 완화였다([한국경제] "좋은 일자리 늘리려면 수도권 규제 풀어야"_20170608)([내일신문] '수도권 규제완화' '버스준공영제' 이번엔_자치의정_20180226)([한국경제] 경기북부 해결책은 '分道' 아닌 '수도권 규제 완화'다_20180324)([문화일보] 남경필 '수도권 차별' 비판…표심 잡기_20180409).

서울 등 대도시의 경쟁력이 세계의 다른 경쟁 도시에 비해 낮으며, 규제 정도에 따라 같은 서울내의 동네 경쟁력도 차이가 난다는 주장이 있다([한국경제] "런던·도쿄 등 세계적 도시 과감한 규제 폐지로 경쟁력 높여"_20180227)([매일경제] 지는 인사동, 뜨는 익선동… 규제에 명암 갈린 이웃 동네_20171014).

토지이용규제와 수도권 규제는 상호 연관된 규제이다. 국토교통부에 따르면 법률, 대통령령, 부령, 조례 등 710개의 규제에 의해 이용이 제한된 토지는 국토면적의 2배이다. 전국의 모든 토지가 평균 2개 이상의 규제를 받고 있는 것이다. 토지 이용 규제 중 가장 대표적인 것이 군사시설 보호를 위한 토지 이용 규제이다. 2017년 말 정부는 여의도 10배 면적의 군사시설 보호구역을 해제하였는데 지가 급등이 없는 것으로 보아 과잉규제였다는 해석도 있다. 현재 경기도가 토지 규제를 제일 많이 받고 있는데, 수도권 규제 외에 자연보전구역에 대한 규제까지 중첩되어 있다([경향신문] **여의도 10배 면적의 땅 군사시설 보호구역 해제**_20171228)([내일신문] **자연보전권역, 토지이용 최대 '5중 규제'**_20180424).

일부 규제 완화가 이루어지고 있으나 규제에 따른 불이익에 대한 보상과 함께 규제의 정상화를 주장하는 목소리가 높다. 토지 이용에 관한 과다한 규제로 도시의 글로벌 경쟁력이 떨어지고 있다는 주장도 있다([매일경제] **수도권 그린벨트 불법건물 양성화**_20180404)([조선일보] **농지 규제 완화… 썰매장·대양광 설치 쉬워져**_20180501)([내일신문] **규제해제는 특혜 아닌 정상화**_20180424)([내일신문] **보상 없는 규제는 위헌이다**_20180424)([한국경제] **용적률 3300% 맨해튼 vs 높이 규제 을지로…두 도시 '다른 풍경'**_20180226)([문화일보] **복지는 '진보', 안보는 '보수'…정책입장 바로미터 '경기도'**_20180521).

과거에 얽매어 있는 토지 이용에 관한 규제의 틀을 전면적으로 개편하여야 한다는 주장도 있다([서울신문] **토지 3694㎢ 이중삼중 규제… 민통선 이남 '틀' 깨고 조정 필요**_20170915)([동아일보] **"50년 넘은 용도지역제 개편해야"**_20180208)([국민일보] **"국가가 토지 이용 계획 잘못 세우면 빈부 격차 심화 등 사회적 문제 야기"**_20170509).

토지이용 규제는 토지 공개념과 연관이 있다([한국경제] **토지에 대한 공적규제를 하려면 …**_20180430)([내일신문] **공허한 토지공개념 논쟁**_20180409)([한국경제] **대통령 임기 현행 5년 단임제를 4년 연임으로 토지공개념·공무원 노동 3권 보장 등 논란 커**_20180402)([중앙일보] **토지공개념, 사유재산제와 충돌 … 노태우 때도 '부동산 3법' 논란**_20180314)([내일신문] **토지공개념, 투기억제·토지수용 강화**_20180322)([한겨레] **개헌안 통과 땐 종부세 등 부동산 보유세제 개편 탄력**_20180322)([경향신문] **토지공개념과 경제민주화**_20180326)([한겨레] **토지공개념과 부의 불평등**_20180327)([한국경제] **"토지공개념 모호한 조항 앞세워 광범위한 재산권 침해 가능성"**_20180322)([한국경제] **토지공개념 헌법 명시는 안 된다**_20180328)([조선일보] **1980년대 건설부 국장의 예언 _토지공개념 도입 안하면 중산층 붕괴**_20180428).

5. 군복무기간 단축/모병제

문재인정부 국정기획자문위원회가 100대 국정과제의 하나로 군복무기간 단축을 제시하자 찬반 논란이 뜨겁다. 군복무기간 단축은 병력 수 감축과도 연관이 된다. ([문화일보] **手順 뒤바뀐 兵役단축은 위험천만**_20170721)([조선일보] **섣부른 군복무 단축은 위험**_20170818)([경향신문] **군 감축과 사병 복무 단축, 더 늦출 수 없다**_20180120)

징병제 하에서 대체복무제 필요성이 지속적으로 제기되어 왔다. 헌법재판소가 2018년 6월 28일 병역법 5조에 대체복무를 병역의 종류에 포함시키지 않은 것에 대해 헌법불합치, 병역법의 입영기피 처벌 조항에 대해서는 합헌 결정을 하면서, 대체복무제 도입은 새로운 국면을 맞이하였다([국민일보] **종교적 병역거부 논쟁 다시 확산… 이번엔 끝내나**_20170629)([중앙일보] **"개인 신념 존중한 결정_ 현역 복무자 박탈감 어쩌나"**_20180629)([한겨레] **"하급심 무죄판결이 헌재 바꿔 판사들 스크럼 짜고 데모한 셈"**_20180629)([한겨레] **"2만명 '양심'의 고통, 오늘 끝나길"**_20180628)([한겨레] **대체복무 국회 입법시한 넘기면 '징병 공백' 대혼란**_20180629)([중앙일보] **엄격한 대체복무제 만들어 병역기피 반드시 차단하라**_20180629)([중앙일보] **국방부, 대체복무 3년**

검토 ... 복지·재난구호시설 근무 가능성_20180629)([서울신문] **"최저임금보다 적은 軍급여 위헌" 병역 거부 20대 실형**_20170918)([한겨레] **"대만, 대체복무제 뒤 군 인권 개선 한국도 '희망의 병역제' 도입하길"**_20180312).

일부에서 도입을 주장하여 온 모병제는 문재인정부 출범 이후 남북화해 분위기 속에서 더 논란이 될 전망이다([국민일보] **모병제 주장, 타당하지 않다**_20170506)([매일경제] **종전하면 입대 안해도 되나요_… 문의 빗발_북한_한반도정세**_20180430)([한겨레] **달라진 2030 "북한 땅 밟고 유럽 여행 가고파"**_20180430).

남북전쟁시 징병법과 병역면제권에 반발한 폭동, 징병세 도입 국가의 애로 사항 등이 병역제도 개편 시 고려하여 볼 요소이다([한국일보] **뉴욕 징병법 거부 폭동**_20170713)([서울신문] **유럽에 다시 부는 징병제 바람**_20180123)([국민일보] **고령화 벨기에軍 청년층 구애작전**_20180417).

국방부가 현재 21개월인 병사복무기간을 18개월로 단축하고 병력규모도 현 61만명에서 50만명 수준으로 줄이겠다는 계획을 발표하자 서울경제신문은 2018년 2월 군 복무기간 단축에 관한 찬반 토론을 게재하였다([서울경제신문] **[어떻게 생각하십니까?] 군복무 18개월로 단축**_20180202). 찬성 측의 임태훈 군인권센터 소장의 논거는 다음과 같다. 노무현정부는 인구 추이를 고려할 때 군인력 감축은 불가피하다고 보았으나 그 이후 정부는 신체검사 기준을 완화해 징집인력을 늘리는 땜질 처방을 하여 왔으며 복무기간을 연장하려는 주장까지 나오고 있다. 인구 감소에 따른 복무기간 단축은 피할 수 없다. 이 와중에 다수의 병사들이 전투와 관계없는 영역에서 일을 하고 동원되는 등 군인력이 비효율적으로 활용되고 있다. 감군은

하되, 군편제를 현대전에 맞게 개편하는 등 병력 운영 방식을 획기적으로 개선하는 계기로 삼아야 한다. 전문성과 고도의 기술을 갖춘 부사관을 대거 양성하고 전투하지 않는 비대한 군의 상층부도 줄여야 한다.

2014년 윤모일병 구타사망사건을 계기로 모병제 시행 등 군의 근본적인 개혁을 고민하여야 한다는 주장이 제기되었다. 한국경제신문은 모병제 전환에 관한 찬반 토론을 2014년 8월에 게재하였다([한국경제] **[맞짱 토론] 모병제 전환 가능한가**_2014 8 23). 찬성 측의 이상목 국방대 국방관리대학원장의 논거는 다음과 같다. 우리나라는 완전징집제를 채택하고 있기 때문에 사회계층적인 대표성이 확보되고 형평성도 높다. 그러나 여성은 병역미필자원으로 분류되고 남성병력자원이 군 소요인력보다 많기 때문에 군필자 가산제도, 고위공직자 병역비리, 양식적 이유에 의한 병역거부 등 논란이 그치지 않고 있다. 징병인력은 약 10조원 정도의 묵시적 세금 또는 현물세를 국가에 내고 있는 것으로 추정된다. 징병제는 현대전에는 부적합한 노동집약적 군을 가능하게 하는 요인이다. 모병제를 통해 형평성 문제를 해소하면서 군 인력의 효율적 활용, 전문화를 기할 수 있다. 다른 나라의 예를 볼 때 인구 대비 병력 규모를 현재의 절반 수준으로 감축하면 추가비용 없이 모병제로의 전환이 가능하다.

반대 측의 안석기 국방연구원 연구위원의 논거는 다음과 같다. 징병제 국가인 이스라엘, 모병제 국가인 미국의 예를 보면 군대내 반인권적 가혹행위를 징병제의 원인으로 보는 것은 무리이다. 현

시점에서 모병제로 전환하는 것은 어렵다. 연간 7조원 정도의 국가 재정이 필요하다. 현재 징병으로 충당되는 전경, 의경 등 사회복무요원 대체 시 추가적으로 2조원이 소요된다. 고학력화 된 젊은 층을 병사로 충원하는데 어려움을 겪을 것이다. 모병제를 하는 일본은 인력 충원에 어려움이 있고, 대만은 군인력 규모를 대폭적으로 줄였으나 인력 충원의 어려움으로 모병제로 전환하지 못하고 있다. 모병제하에서 병사들이 저소득, 저학력 층으로 충원된다면 국민의 대표성도 취약해 질 것이다. 통일을 고려하면 모병제 전환을 신중하게 하여야 한다. 독일도 2012년에 모병제로 전환했다.

6. 여성인력 활용/경력단절

2016년 기준으로 남자와 여자의 고용률 차이는 미혼의 경우 1.1%p, 기혼의 경우 29.2%p이다. 맞벌이가구 비율은 45%, 12세 이하 자녀가 있는 맞벌이 가구 비율은 53%이다. 30대 여성의 경력단절이 우리나라 여성의 경제 활동을 저해하는 주요 요소인데, 장시간 근로, 경직적 조직 문화 등이 원인으로 지적된다. 여성의 경제활동 참가와 저출산은 밀접한 관계가 있다.

모든 정부가 저출산 해소, 여성의 경제활동 참가 제고를 위해 여러 가지 대책을 제시하고 집행하였으나 가시적인 결과는 없었다([the Leader] **2017년 일·가정 양립지표[1_3]**_20180101)([중앙일보] **경제성장 위해 장시간 근로 허용했죠**_20170523)([매일경제] **경단녀 막게 '육아휴직'보다 '유연근**

무'가 바람직_20170616)([파이낸셜뉴스] 육아휴직 권장… 일·가정 양립 돕는다_20170623)([내일신문] '경단녀' 취·창업부터 경력단절 예방까지_20170731)([문화일보] 인생 100세 시대를 사는 지혜_20170906)([세계일보] 저출산 해소 범정부 차원 총력대응_20170919)([서울경제] 여성, 고부가 직업교육 확대…공공기관 유리천장 없앨 것_20171106)([한겨레] 신혼부부 36% '무자녀'…맞벌이·고소득 더 안낳아_20180103)([경향신문] 금융계 성차별 채용, 여성행원 승진 발목 잡던 '전환고시'의 21세기판_20180406)([중앙일보] 여성 경력 단절 막아야 기업과 경제가 큰다_20180409)([한국경제] 당정, 경단女 줄고 고졸취업 증가 기대 산업계, 일손 부족·노사 갈등 우려_20180511)([이데일리] 블루칼라 900만명 '육아휴직=퇴사'_20180608)([이투데이] 재벌이 알려주는 저출산 대책_20180529)([한국경제] 男.女 임금 격차 큰 이유, 경제학 배우는 여성이 적어서?_20180519).

문재인 정부는 2018년 7월 저출산 대책을 발표하였으나, 평가가 그렇게 우호적이지 않았다([세계일보] 취준생도, 경단녀도, 육아휴직자도 결국 문제는 'OO'_20180707)([세계일보] 재난 수준 저출산... 범정부 차원 특단대책 세울 때다_20180628)([중앙일보] 저출산 대책, 더 절실해질 수 없을까_20180628)([매일경제] '진짜 힘든건 보육인데...'_20180706)([동아일보] "재정 지원만 하는 저출산 대책은 100% 실패… 인프라 전체 개선해야"_20180719)([세계일보] 남성 육아휴직 통계 '착시' 유발한 고용부_20180724).

2014년 2월 정부가 '일하는 여성을 위한 생애주기별 경력유지 지원방안'을 발표하자 중앙일보와 한겨레신문은 사설을 게재하였다. 중앙일보 사설의 요지는 다음과 같다([중앙일보] 여성 경력 단절 막기 아무리 어려워도 꼭 해내자_20140206). 정부의 대책은 제대로 된 문제의식에서 출발하였으나 실효성 확보에 많은 난관이 있다. 기업측에서

비용 부담을 우려하고 있으나 정부는 뚜렷한 대책이 없는 듯하다. 육아휴직, 특히 남성 육아휴직을 촉진시키는 방안을 고민하여야 한다. 육아휴직자 차별을 금지하고 배려하는 기업문화 조성과 함께 사용의무화도 검토하여야 하다. 지원방안이 기존의 고용법이나 보육법과 충돌하는 것도 해결하여야 한다.

한겨레신문의 사설 요지는 다음과 같다([한겨레신문] **임신하면 사표 써야하는 현실부터 바꾸라**_20170205). 정부의 대책 중 육아휴직을 확대하고 보육부담을 줄이려는 대책이 눈에 띈다. 독일은 4년 만에 여성 고용률을 5.1%p 증가시켰다. 여성의 80%가 일하는 100인 이하 기업에서는 육아휴직, 출산휴가, 단축 근무는 먼 나라 이야기이다. 기업문화를 바꾸는 유인책과 함께 여성 인력을 차별하는 기업에 단호함을 보여야 한다. 기업도 장기적인 관점에서 여성 인력 활용이 경쟁력 제고에 도움이 된다는 것을 인식하여야 한다. 여성일자리가 저임금, 장기노동을 요구하는 비정규직에 몰려 있는 현실에서 이번 대책은 한계가 있다. 여성 일자리의 질을 높이는 노력도 함께 하여야 한다.[31]

7. 알파고 쇼크

알파고 쇼크는 "2016년 3월 9일 한국에서 열린 구글의 인공지능

---

31) 중앙일보과 한겨레신문의 사설비교는 '[중앙일보]/[한겨레신문] **[사설 속으로] 여성경력 단절**_20140304)' 참조.

'알파고'와 이세돌 9단의 대국에서 알파고가 4승 1패로 완승을 거둔 것에 사람들이 받은 충격을 말한다"(https://ko.dict.naver.com/search.nhn?query=%EC%95%8C%ED%8C%8C%EA%B3%A0%EC%87%BC%ED%81%AC&autoConvert=false).

알파고 쇼크는 인간과 기술의 융·복합 시대에 우리나라의 생존 능력에 대한 의문, 기계 종속적인 삶에 대한 두려움, 일자리 불안 등 우리 사회에 여러 가지 과제를 제시하고 있다 ([조선일보] **인공지능, 선물일까 재앙일까… 석학들의 '맞짱 토론'**_20160510)([문화일보] **진화하는 알파고, 퇴화하는 '규제 한국'**_20170501)([파이낸셜뉴스] **커제의 눈물에 맺힌 인류의 미래**_20170606)([매일경제] **인공지능 진화속도 예측불가 지금부터 불확실성 대비해야**_20171020)([경향신문] **인류 앞에 놓인 세 갈래 길**_20171109)([서울신문] **인재가 생명인 4차 산업혁명 시대**_20171110)([조선일보] **대학 교육이 바뀌어야 기업 혁신 이뤄진다**_20171116)([중앙일보] **무한진화 AI 생태계 "한국은 쫓기는 토끼"**_20171212)([조선일보] **'알파고 쇼크' 2년… AI로 삶은 편해졌지만 일자리 불안은 커져**_20180315)([한국경제] **교수 기득권에 막혀…'혁신 무풍지대' 된 대학**_20180309)([매일경제] **로봇 맹신한 일론 머스크**_20180424)([중앙일보] **로봇세상의 일자리 만들기**_20180606)([매일경제] **AI영재고 만든다더니…결국 없던 일로**_20180115).

2016년 3월 중앙일보와 한겨레신문은 알파고 쇼크에 관한 사설을 게재하였다. 중앙일보의 사설서의 요지는 다음과 같다([중앙일보] **알파고 쇼크를 축복으로 바꾸려면**_20160316). 이세돌 9단과 인공지능 A1과의 대결은 당초 전망과 반대로 끝났다. 인공지능 A1는 부분 전투뿐 아니라 전체 형세를 바라보는 능력도 탁월하였다. 정해진 규칙 내에서 움직이는 게임의 영역에서 인공지능 A1는 인간의 능력을 넘어섰다. 하드웨어에서 소프트웨어로, 개별상품에서 시스템으로의 통합이 산업과 일상을 바꿀 것이다. 중공업, 하드웨어 중심의 우리나라는 이 분야에서 뒤떨어져 있다. 게임산업을 유해산업으로 보고 규제하고 있다. IT 연구와 정부지원도 당장 성과를 내는 사업에 집중되어 있다. 산업과 사회, 문화를 아우르는 장기적이고 종합적인 계획이 필요하다. 사회적, 문화적 토론도 필요하고 최대한 일자리를 유지하여야 하며 교육도 개편하여야 한다.

한겨레신문의 논거는 다음과 같다([한겨레신문] **알파고 이후의 과제**_20160316). 인공지능은 놀라움 그 자체이지만 한계도 보여 주었나. 돌발상황에 대한 대처 능력이 부족하였다. 일상생활에 응용하였다면 치명적인 결과가 있을 수 있다. 모든 분야를 아우르는 융·복합적 연구개발 능력이 부족한 추격자 모델의 한계를 인식시켜 주었다. 창의적 사고가 뒷받침되어야 한다. 창조혁신센터와 같이 정부가 정해 놓고 단기적인 성과를 추구하는 과거의 방식은 인공지능 시대에는 지양되어야 한다.[32)]

8. 국가 R&D

2015년 8월 박근혜정부는 국방, 인문, 사회 분야를 제외한 19개 부처의 2016년 연구개발 예산을 12조 6,380억 원으로 발표하였다.

---

32) 중앙일보와 한겨레신문의 논설 비교는 '[중앙일보]/[한겨레신문] **[사설 속으로] 알파고 쇼크**_2016329' 참조.

2015년보다 2.3% 줄어들었는데, 정부의 R&D 예산이 축소되는 것은 1991년 이후 25년 만에 처음이다.[33]

한국경제신문은 국가 R&D 예산 축소가 바람직한 가에 대한 찬반 토론을 2015년 8월 게재하였다([한국경제] **[맞짱 토론] 국가 R&D 예산 축소 바람직한가**_20150815). 찬성 측의 임윤철 기술과 가치 대표이사의 논거는 다음과 같다. 각종 R&D 사업의 부진한 성과와 비효율적 추진 과정을 고려하면 향후 3년간 예산은 늘리지 말고 조정 성격으로 예산을 편성하여야 한다. 과제 관리의 용이성 때문에 하향식으로 연구과제가 추진되나 창의적 연구를 위해서는 상향식으로 예산을 배분하여야 한다. Fast follower가 아닌 First mover가 되기 위해서는 R&D 체제의 구조개혁이 필요하다. 정부 부처간에 칸막이가 쳐져 있고 그 안에서 개별 부처별로 연구가 이루어지는 체제에서는 창의적 융합연구를 기대할 수 없다. 중소, 중견 기업의 R&D 수행능력을 제고할 목적으로 하는 사업은 모든 부처가 관리 효율보다 자율적 경쟁의 관점에서 지원하여야 한다. 신진세대의 R&D 역량 제고를 위해 일정 부분 예산을 강제 배분하여야 하며 기업마인드를 접속시켜야 한다.

반대 측의 이덕환 서강대 교수의 논거는 다음과 같다. 정부는 우리 R&D 투자가 GDP 대비 비율로 세계 1위이고 투자규모도 세계 6위라는 것을 강조하고 있으나 투자 규모가 줄어들면 질도 떨어진다. 우리나라의 R&D 투자 규모는 미국의 10% 미만이고 중국,

---

33) 국회를 통과한 2016년 전체 R&D 예산은 19조1천억원으로 전년대비 2천억으로 늘어나나 전년과 거의 차이가 없었으나 전체 예산은 2.9% 증가하였다.

일본, 독일과 비교하기 어려운 수준이다. 투자 감축으로 설익은 성장 기반이 통째로 무너질 수 있다. 혁신을 통한 효율화로 투자 감축 문제를 극복할 수는 없다. 관료와 전문가가 아닌 연구자 중심의 체제로 전환되어야 투자 효율성이 제고될 수 있다. 복지 등의 예산 증액을 위해 R&D 투자를 줄이는 것은 미래의 복지를 포기하는 것이다. 2017년까지 국가 R&D 투자를 GDP대비 5%로 끌어올리겠다는 대통령의 공약 실현은 기대할 수 없게 됐다.

문재인정부 출범과 함께 4차 산업혁명시대를 맞이하여 국가 R&D 체계를 전면적으로 개편하자는 논의가 활발하다. 2018년 과학기술 분야 국가예산은 14조 5,920억 원이다([내일신문] **내년 국가R&D예산 14조6천억 1.3%↑**_20170630)([매일경제] **R&D체계 전면 개편하고 中企·벤처를 혁신 선봉에**_20171219)([문화일보] **국가 R&D 타당성 조사의 2大 원칙**_20180416)([서울경제] **R&D 중복 줄여라_…연구 사령탑 통합한다**_20180118)([서울경제] **눈앞 이익에 밀려 … 양자기술 개발 '예타'** _20171213)([서울경제] **소기업 R&D 도와 상업화… SBA, 서울형 '풀뿌리 경제' 다진다**_20171024)([서울경제] **시류편승·양으로만 평가… R&D혁신 외치지만 '연구적폐' 그대로**_20171222)([중앙일보] **코리아 R&D 패러독스, 발상의 전환으로 극복을**_20180208)([한국경제] **국가 R&D, 기관·영역 이기주의 극복해야**_20180105)([한국경제] **국가R&D 정책, 관행에서 벗어나야 한다**_20170622)([한국경제] **"정권 바뀌면 연구방향도 흔들… 국가 과잉개입 막아야"**_20170626).

9. 서머타임

서머타임(summer time)은 "여름철에 표준시보다 1시간 시계를 앞당겨 놓는 제도"이다([네이버 지식백과] **서머타임[summer time]**).[34)]

2018년은 미국에서 서머타임제가 시행된 지 100년이 되는 해이다. 서머타임제의 효과가 논란이 되고 있는데, 우리나라에서는 경기 활성화 등의 이유로 1990년 폐지된 이후[35)] 지속적으로 도입이 논의되어 왔다. 시간대 선정은 국가 외교정책과도 연관이 있다([동아일보] **美 서머타임 100년 1차 세계대전 중 조명에 쓸 연료 아끼려 도입 ...**_201803

---

34) 일을 일찍 시작하고 일찍 잠에 들어 등화를 절약하고, 햇빛을 장시간 쬐면서 건강을 증진한다는 근거로 주장되었다. 제1차 세계대전 중 독일에서 처음 채택하여 여러 나라로 퍼졌다. 그러나 불편하다는 이유로 시행하지 않는 국가도 많다. 일광절약시간(daylight saving time)이라고도 한다. 서머타임은 18세기 후반 미국의 B.프랭클린이 주장하였으나 시행되지 못하였다. 영국의 윌리엄 윌릿은 1907년 "일광의 낭비"에서 서머타임제를 적극 주장하였다. 서머타임을 실시하면 그만큼 일을 일찍 시작하게 되고, 일찍 잠을 자게 되어 등화를 절약할 수 있는 경제적 이유와 신선한 공기와 일광을 장시간 쪼이게 되어 건강도 증진된다는 이유를 내세워 일광절약 법안을 의회에 제출하였으나 부결되었다. 제1차 세계대전 중 독일에서 처음으로 서머타임이 채택되었으며, 그 후 유럽의 여러 나라가 이를 사용하기 시작하였다. 그러나 일상생활이나 학술적인 면에서 불편하고 혼란을 초래한다 하여 채택을 중단한 국가들이 많다. 유럽 여러 나라의 서머타임은 매년 3월 마지막 일요일에 시작되어 10월 마지막 일요일에 끝난다. 미국·캐나다의 서머타임은 매년 3월 두 번째 일요일에 시작되어 11월 첫 번째 일요일에 끝난다. 한국에서도 동경 127° 30′를 기준으로 한 표준시를 채택했던 1954년부터 1961년까지 실시되었다. 또 제24회 올림픽경기대회(서울올림픽)를 계기로 1987~1988년 동안 실시되었다가 1989년 다시 폐지되었다(두산백과) (https://terms.naver.com/entry.nhn?docId=1111042&cid=40942&categoryId=32295).

35) 우리나라는 1949년 4월부터 1960년까지, (올림픽 개최를 이유로) 1987년부터 1989년까지 시행된 적이 있다.

09)([서울경제] **서머타임 효과 논란**_20170926)([서울경제] **브라질 '서머타임' 중단 검토 다음 주부터 여론조사 예정**_20170926)([세계일보] **美, 내주 '서머타임'… 한국과 시차 1시간 줄어**_20180309)([중앙일보] **히틀러와 표준시 맞춘 프랑코 … 차베스, 미국과 30분 삐딱선**_20180504).

서머타임제 도입 논의가 한창이던 2015년 12월 한국경제신문은 서머타임제 도입에 관한 찬반 토론을 게재하였다([한국경제] **[맞짱 토론] 경기 진작 위해 '서머타임'도입이 필요한가**_20151219). 서머타임 도입을 찬성하는 유환인 전경련 산업본부장의 논거는 다음과 같다. 서머타임제가 시행되면 연 1,000억 원 이상의 야간전력, 냉방전력, 조명에너지가 절약된다. 여가활동이 늘어나 내수가 진작될 것이다. 삼성경제연구소의 추정에 따르면 1조원 이상의 생산유발효과가 있다. OECD 국가 중 백야현상으로 해가 지지 않는 아이슬란드를 제외하면 한국을 제외한 모든 국가가 서머타임제를 시행하고 있다. 내년도 경제 전망이 불투명한 상황에서 세계적인 추세인 서머타임제를 시행하여 경기를 활성화시켜야 한다.

반대 측의 한상일 한국기술교육대 교수의 논거는 다음과 같다. 최근 우리나라 경제는 지표상 경제와 체감경제 간에 차이가 있다. 대기업을 제외하고는 양적, 질적 성장을 못하고 있고 비정규직 비율도 높아졌다. 이런 상황을 타개하기 위해 서머타임제 도입이 주장되나 시기상조이다. 근로시간이 연장될 수 있는 서머타임제는 세계 최장의 노동시간을 가지고 있는 우리나라에서는 부작용이 있을 수 있다. 낮은 생산성을 장시간 근로로 보충하는 우리나라 경제체제에서 서머타임 도입으로 인한 생체 리듬에 부정적인 영향을 미쳐 국민의 건강이 위협 당할 수 있다. 중국과의 경제, 고령화, 높은 가계 부채 비율 등 한국경제의 문제는 보다 구조적이고 더 넓은 시각으로 해결방안을 찾아야 한다. 소비쿠폰 발행, 통신비와 의료비를 낮추기 위한 규제 완화 등 경제 활성화를 위한 다양한 대안이 많다.

X

대외경제

1. FTA와 보호무역
2. 환율
3. 관세

1. FTA와 보호무역

자유무역의 혜택에서 소외된 미국의 블루칼라 지지층, 미국의 무역적자 3분의 2(3,752억달러)를 차지하는 중국에 대한 불신 등으로 촉발된 트럼프 행정부의 보호무역 정책으로 WTO 체제의 붕괴우려가 나오고 있다. 트럼프 대통령은 취임 후 환태평양경제동반자협정(TPP)을 탈퇴하였다. 미국은 TPP 비준을 추진 중인 11개국 중 6개국과 이미 FTA를 체결하였고 일본에 대해서도 FTA 체결을 요구하고 있다([한국경제] **美 무역적자가 통상전쟁 이유일 수 없나**_20180404)([한국경제] **"FTA 하자" 美 압박에 日 난색 … 트럼프-아베 '브로맨스' 흔들리나**_20180417)([매일경제] **트럼프 _TPP 복귀 안한다_…아베 면전서 FTA 체결 압박**_20180420).

미국이 TPP를 탈퇴하자 중앙일보와 한겨레신문은 관련 사설을 2017년 1월 게재하였다. 중앙일보 사설의 요지는 다음과 같다([중앙일보] **봇물 터진 미 보호무역 한미FTA재협상 대비해야**_20170125). 트럼프 대통령은 취임직후 NAFTA 재협상을 요구했고 TPP도 탈퇴하였다. 우리나라에 대해서도 FTA 재협상을 요구할 것이다. 총력을 다해서 대비하여야 한다. 미국의 TPP 탈퇴는 미국에 대한 우리 기업의 시장 접근성을 떨어뜨릴 것이고 환태평양 지역에서 중국의 영향력 강화 계기가 될 수 있다.

한겨레신문 논설 요지는 다음과 같다([한겨레신문] **TPP 탈퇴로 본격화한 트럼프 발 보호무역 공세**_20170125). '미국 우선주의'에 기반 한 트럼프 대통령의 보호무역주의 공세가 예상보다 빠르게 격화되고 있다. FTA 재협상 요구, 환율 조작국 지정, 반덤핑 조사 확대 등 우리 경제에 미칠 영향이 클 것이다. 그러나 정부의 대응은 안이하다. 시나리오별 대응방안을 마련하여 보호무역주의 파고에 적극적으로 대응하여야 한다.[36]

미국은 지금까지 별로 사용하지 않았던 세이프가드(긴급수입제한조치), 안보이유로 수입을 규제하는 무역확장법에 의거하여 철강, 알루미늄 등에 고율의 관세를 부과하고 있다. 중국 뿐 아니라 유럽에 대해서도 통상전쟁을 벌이고 있다. 우리나라는 대외 의존적 경제구조를 가지고 있으므로 트럼프의 미국 우선주의로 촉발된 글로벌 통상전쟁이 장기화되는 것을 대비하여야 한다([한국경제] **美, 中 ZTE 제재·환율조작 경고 … 戰線 넓어진 G2 '통상전쟁'**_20180418)([한겨레] **미국의 새로운 '긴 전쟁'**_20180418)([서울신문] **美 '관세폭탄'에 獨·英·佛 삼각동맹**_20180501)([서울신문] **보호무역 기조 장기화, 홍수 대비 심정으로**_20180502)([한국경제] **"트럼프 보호무역은 틀렸다 … 대공황 악화시켰던 악몽 잊지 말라"**_20180505)([한국경제] **'존재 이유' 보여준 美경제학자들의 '백악관에 보낸 편지'**_20180507)([서울경제] **EU, 결국 美에 레드카드…보복관세로 '전면전' 예고**_20180608)([국민일보] **트럼프, G7 美관세 공세 격화 조짐에 "중도하차"**_20180609)([파이낸셜뉴스] **분열되는 G7… 뭉치는 중·러**_20180609)([한국일보] **서방 가치의 분열… G7 공동성명 뭉개버린 트럼프**_20180611)([세계일보 보호무역 반대] **G7 성명에… 트럼프 '어깃장'**_20180611)([연합뉴스] **트럼프 '수입차 조사 3~4주 내 완료'..WTO 탈퇴 부인**_20180630)([서울경제] **미중 보복 '전면전' 땐 대공황 재연.. 다시 공포 휩싸인 세계 경제**_20180617)([News1] **할리 데이비슨, 해외로 공장 이전한 진짜 이유는**_20180626)([중앙일보] **리**

---

36) 중앙일보와 한겨레신문은 사설 비교는 '[중앙일보]/[한겨레신문] **[사설 속으로] 미국의 환태평양경제동반자협정 탈퇴**_20170207' 참조.

커창 "무역전쟁 동참하라" 삼성·현대차 "배터리 문제 풀자"_20180702)([아시아경제] '트럼프관세' 곧 1조달러..中은 EU에 SOS 퇴짜_20180704)([머니 투데이] 6일 오후 1시 'G2 무역전쟁' 시작.. '꼬리위험' 공포, 세계 뒤덮다_20180704)([문화일보] 시작된 美·中 무역전쟁, 맞대응 나선 中.. '보복하되 선택적 전투하라'_20180706)([중앙일보] 트럼프 223조 2차 관세 폭탄 … 보복수단 고민하는 중국_20180712)([News1] 중국 보복은 하고 싶은데.. 실탄이 없다_20180712)([동아일보] 대형공사 4곳 2兆규모 사업 중단.. 中 돈줄 조이자 제주 휘청_20180709).

중국은 미국의 관세 폭탄에 대한 대응을 북핵과 연계시킬 가능성이 있다([중앙일보] 시진핑, 관세 폭탄 대응 위해 북핵을 지렛대 삼나_20180712).

트럼프는 우리나라와 일본에 대해서 안보와 통상을 연계하는 전략을 쓰고 있다([세계일보] 북핵협상에 FTA 연계_… 트럼프의 압박_20180331)([한국경제] 트럼프, FTA를 볼모로 잡다_20180331)([서울경제] 한미 FTA 재협상, 트럼프 시험무대 전략_20180404).

트럼프 대통령이 북한과의 핵 협상 타결 이후에 한미FTA 개정을 미룰 수 있다고 발언한 후 중앙일보와 한겨레신문은 2018년 3월 사설을 게재하였다([중앙일보] 한반도 비핵화 '그레이트 게임' 시작됐다_20180331). 중앙일보 사설의 요지는 다음과 같다. 한반도 비핵화를 둘러 싼 주변 정세가 숨 가쁘게 돌아가고 있다. 비핵화와 관련하여 미국과 북한의 입장은 다르다. 북미 간에 조율이 잘 되지 않으면 북한의 핵을 용인하거나 한반도에 전쟁이 일아 날 수도 있다. 우리나라 당국자가 리비아식 해법은 북한에 적용하기 불가능하다고 한 발언이나 트럼프가 한미 FTA를 미루겠다는 발언은 한미가 북한이라는 적 앞에서 분열되어 있다는 인상을 주고 있다. 북한이 비핵화 테이블에 나오게 된 것은 국제사회의 합종이 만들어낸 결과이다. 김위원장이 합종을 깨는 연횡을 구사하는 전략을 취하고 있는데, 초심을 잃지 말고 미국과 합심하여 비핵화를 이루어내야 한다.

한겨레신문 사설 요지는 다음과 같다([한겨레] **FTA를 북핵과 연계하겠다는 트럼프의 '장삿속'**_20180331). 트럼프의 비핵화와 한미 FTA를 연계하겠다는 발언은 이해가 가지 않는다. '미치광이 전략'인 듯한데, 최소한의 금도는 있다. 3월에 공동선언문까지 발표한 한미 FTA에 대해 딴 소리를 하고 있다. 미국은 일방주의 적 좌충우돌식 공세는 한국민의 여론을 악화시켜 한미공조를 깨뜨릴 수 있음을 알아야 한다.[37)]

미국 정부의 압력으로 시작된 6개월에 걸친 한미 FTA 개정협상이 2018년 3월 마무리되었으나 긍정적인 평가와 부정적인 평가가 엇갈리기고 있다. 정부는 철강과 농업을 지키고 자동차 등 일부를 양보하는 등의 성과가 있다는 입장이다. 그러나 철강에 대한 고율의 관세를 유예 받는 FTA 재협상결과는 원칙도 지키지 못했고 실리 측면에서도 크게 내세울 것이 없다는 주장도 있다([한국경제] **FTA 매듭지은 김현종…개선장군이냐, 패장이냐**_20180330)([조선일보] **"한·미 FTA타결 아주 잘한 일"**_20180403)([중앙일보] **잘 됐다던 한·미FTA … 미, 잇단 뒤통수**_20180402)([매일경제] **한미FTA 협상 타결, 그러나 이제 시작**_20180406)([세계일보] **한·미 FTA 재협상 얻은 것이 무엇인가**_20180409)([서울경제] **논란 커지는 한미FTA 재협상**

37) 중앙일보와 한겨레신문의 사설비교는 '[중앙일보]/[한겨레] **[사설 속으로] '트럼프의 북핵-FTA 연계 발언'**_20180410' 참조.

결과_20180406)([한국경제] 김현종, 그 참을 수 없는 가벼움_20180406)([국민일보] "韓·美 FTA 개정 합의는 한국의 큰 실수"_20180411)([서울신문] 한·미 FTA 조기 매듭 성과… 근본 대책은 미흡_20180509)([파이낸셜뉴스] 한·미 FTA '조기 매듭' 美 통상압박은 더 거세져_20180509)([조선일보] 한국, 미국 통상압박 논리에 반박조차 못했다_20180511)([매일경제] 美의 對中전략 모른 채 FTA 협상한 한국_20180403)([서울경제] 韓, 제조업만 수혜… 美는 IT서비스·車 판정승_20180410)([서울경제] 한미FTA 실속 美가 더 챙겼다_20180410).

한미 FTA 재협상 종료 이후 가장 큰 논란이 된 부분은 미국과 환율에 관해 별도의 합의가 있었느냐의 여부였다([한국경제] FTA이어 환율도 美에 양보했나…'한국판 플라자합의' 우려 증폭_20180330)([한국경제] FTA와 별개 협상 맞지만 … 美에 환율 양보 있었던 듯_20180331)([파이낸셜뉴스] 한·미 FTA 협상과 환율 논의 별개_ … 이면합의 선 그은 정부_20180331)([서울신문] "FTA와 환율은 별개"… 정부, 美에 강력 항의_20180330)([중앙일보] 미 USTR "환율조작 금지 합의" … 정부 "FTA 협상과 별개"_20180330).

농산물 부문에서 적극적으로 방어하였다는 정부의 주장과는 달리 USTR은 협상 종료 후 발표한 '2018년 무역장벽보고서'에서 이전에는 언급한 적이 없는 미국산 과일에 대한 우리나라의 비관세장벽 문제를 언급하였다([매일경제] 김현종 '농산물 레드라인' 지켰다더니 美 USTR, 사과·배 시장개방 카드 꺼내_20180402)([한겨레] 미국, FTA 협상 마치자마자 "과일도 문제"_20180402).

한미 FTA에 근거하여 삼성물산과 제일모직의 합병에 우리나라 정부가 부당한 압력을 행사하여 손해를 보았다는 소송을 미국계 헤지펀드가 우리 정부를 상대로 제기하였나([한국경제] 한·미 FTA 협상

때 논란된 ISD 7년 만에 한국기업 공격 무기로_20180501)([한겨레] 미국계 헤지펀드 엘리엇 한국정부에 '중재의향서'_20180502)([매일경제] 한미FTA 독소조항 손질 못해 투기자본 무차별 공격에 빌미_20180503).

2. 환율

모든 나라 정부는 환율 결정에 어느 정도 개입하고 있는데, 정도 및 방식은 차이가 있다. 우리나라는 환율 결정에 정부가 필요시 적극적으로 개입하여 왔으며, 이로 인한 미국 재무부로부터 환율조작국에 지정될 수 있다는 우려는 항상 있어 왔다.

2014년 원-달러 환율이 급격히 상승하면서 외환당국의 개입이 다소 적극적으로 바뀌었고 미국은 우리 당국이 경상수지 흑자를 위해 의도적으로 끌어 올린다고 비난하였다. 한국경제신문은 환율 하락에 따른 정부의 시장 개입에 대해 찬반 토론을 게재하였다([한국경제] [맞짱 토론] 가파른 환율하락 시장개입 해야 하나_20140531). 찬성 측의 김정식 한국경제학회 회장의 논거는 다음과 같다. 우리나라는 자본시장이 자유화되어 있고 외환시장 규모도 작아 투기세력의 공격으로 환율이 적정수준 이하로 내려갈 수 있다. 환율하락을 예상한 투기 세력의 공격이 우려되는 시점에서 적정 환율을 방어해야 한다. 환율 하락 속도를 줄이고 변동성을 낮추기 위해서는 시장개입을 하여야 한다. 미국이 출구전략을 쓰고 일본이 엔화가치를 크게 떨어뜨리고 중국도 환율을 높이는 상황에서 우리만 환율을 내리면 외환위기의 위험에 노출될 수 있다. 1997년 외환위기 직전이나 2008년 글로벌 금융위기 직전에도 우리나라는 비슷한 상황에 노출되었었다. 내수까지 침체된 상황에서 수출까지 줄어들면 침체 국면에서 벗어나기 힘들다. 경상수지 흑자가 지속적으로 이어지고 있으나 환율이 경상수지에 대한 영향은 시차를 가지고 나타난다.

반대 측의 허문종 우리금융경영연구소 수석연구원의 논거는 다음과 같다. 정부의 외환시장 개입은 불가피하나 현 상황에서 원화 강세에 따른 수출 감소 우려는 과장되어 있다. 원화 강세의 부정적 효과는 해외 생산 비중의 확대, 국내 제품의 질 경쟁력 제고, 차별적인 경쟁제품군 형성, 주요국의 경기 회복으로 상쇄되고 있다. 결제수단도 다변화되었고 원화강세로 구매 비용이 줄어드는 업종도 있으며 장기 납품계약을 맺은 기업에게는 그 효과가 미미하다. 수출의 낙수효과도 제한적인 상황에서 원화강세는 내수 진작에 긍정적이다. 투기세력에 대응하기 위한 개입은 불가피하나 과도한 개입으로 비용이 커지면 세금으로 메꿔야 한다. 글로벌 금융위기 이후 우리 기업의 실적은 환율이 아니라 제품경쟁력, 마케팅 능력, 글로벌 경기회복이 좌우했다.

한미FTA협상 타결이후 환율관련 이면합의가 있었다는 의혹이 있는 가운데 미국 재무부가 2018년 4월 14일 발표한 '주요 교역상대국 환율정책 보고서'에 한국을 (환율조작국의 前단계인) '관찰대상국'으로 분류하고 '투명하고 시의적절한 방식으로 외환시장 개입내역을 신속히 공개해야 한다'고 우리 정부를 압박했다. 우리나라 정부는 외환시장 개입 내역을 공개하기로 결정하였다. 대외의존도가 높은 우리 경제 구조상 정부의 외환시장 개입을 공개하는 것이 외환정책의 자율성과 독립성을 훼손할 가능성에 대해 우려의 목소리가 높다([문화일보] **환율 이면합의 사실이면 '日 잃어버린 20년' 답습할 우려**_20180402)([한국경제] **환율은 통상문제의 핵심이다**_20180420)([매일경제] **① 韓환율 개입내역 공개…직접 언급 대신 '투명성' 우회 압박할 듯**_20180409)([한국경제] **美, 韓 외환시장 개입 낱낱이 공개 요구…환투기 세력 먹잇감 우려**_20180411)([국민일보] **환율조작 의심받지 않을 방법 찾아야**_20180416)([한겨레] **원화 강세에 주가 타격_ 영향 크진 않을 듯**_20180413)([한국경제] **환율주권 침해 우려…원·달러 환율 1000원 깨지나**_20180416)([한국경제] **손발 묶인 외환당국…수출 벌써 '비상등'**_20180416)([동아일보] **외환시장 개입, 공개 불가피하다면 경제충격 없도록**_20180423)([서울경제] **외환개입 공개, 원화 국제화 계기로 삼자**_20180430)([내일신문] **미국 달러 강세시대**_20180511).

3. 관세

미국의 한국산 태양광, 세탁기에 대해 긴급수입제한 조치에 대한 맞대응으로 5,100억 원의 보복관세(양허정지)를 추진하기로 하는 등 통상전쟁이 치열하다([서울경제] **WTO제소로 '맞불작전'…다자무역 RCEP 적극 활용**_20171219)([서울경제] **美 노골적 한국산 철강 씨말리기…정부, 결국 WTO 제소로 맞불**_20171226)([연합뉴스] **한국, '세탁기 분쟁 패소' 美에 보복 절차 개시**_20180113)([파이낸셜뉴스] **강대국의 '관세폭탄'**_20180406)([국민일보] **"美 수입**

품에 5100억원 보복관세"_20180407)([매일경제] 韓, 美에 보복관세 5천억원규모 맞불_20180407) ([국민일보] "철강에 관세 부과하는 것은 상대국 보복조치 초래" _20180418)([서울신문] 美 철강 고율 관세 피했지만 쿼터 회복이 과제다_20180502)([한국경제] 美, 한국산 철강 관세 면제 하루만에 또 '반덤핑 폭탄'_20180503)([한국경제] 한국산 철강 9개 품목, 올해 美 수출길 막혔다_20180505)([조선일보] 미국 관세폭탄에… 철강기업마저 '코리아 엑소더스'_20180507)([세계일보] 세탁기 관세폭탄에도… 삼성·LG, 美 가전 점유 1·2위_20180509)([동아일보] "세이프가드로 美 소비자들 손해"_0180510)([한국경제] 對美 철강 수출 때 철강협회 승인 의무화_20180510).

국산 맥주에 대한 높은 세금으로 소비자는 즐거우나 국산맥주는 역차별을 받고 있다는 지적이 있다([서울경제] 수입산 4캔 5,000원… 역차별에 우는 국산맥주_20180511).

트럼프 대통령이 외국산 철강에 대해 고율의 관세를 부과하는 행정 명령에 서명하자 2018년 3월 중앙일보와 한겨레신문은 각각 사설을 게재하였다. 중앙일보 사설의 요지는 다음과 같다([중앙일보] 철강 관세 예외 인정으로 한·미 동맹의 힘 보여줘야_20180312). 철강에 25%의 관세가 부과되면 향후 3년간 국내 생산 손실이 7조 2,300억원, 1만 4,000개의 국내 일자리가 사라질 것으로 추정된다. 글로벌 무역 보복이 이루어지면 우리 경제는 큰 타격을 입을 것이다. 강력한 동맹국이자 FTA 체결국인 우리나라가 예외로 인정을 받도록 정부가 노력하여야 한다. 한겨레신문 사설의 요지는 다음과 같다([한겨레신문] 끝내 '세계 무역전쟁' 불붙인 트럼프의 무모함_20180310). 11월 중간선거를 의식한 트럼프의 무모함으로 무역전쟁이 불붙기 시작했다. 예외 인정을 위해 남은 기간 동안 정부는 최대한 노력을 해야 하며 인정받지 못하면 WTO 제소를 통해 피해를 구제받아야 한다. 철강 관세는 현재 진행 중인 한미 FTA 협상에도 영향을 줄 것이다. 철강 분야의 피해를 최소화하는 치밀한 대응전략을 세워야 한다.[38)]

38) 중앙일보와 한겨레신문의 사설 비교는 '[중앙일보]/[한겨레신문] **[사설 속으로] 미국의 수입산 철강 고율 관세 부과**_20180320' 참조.

XI

고용, 노동 및 교육

1. 청년실업/일자리/채용비리
2. 최저임금
3. 근로시간 단축/통상임금/포괄임금제
4. 노동개혁/임금피크제/양대 지침/사회적합의
5. 비정규직
6. 파리바게뜨 사태와 파견근로
7. 특수고용직 노동3권
8. 구조조정과 노조
9. 전교조/무노조경영
10. 노동이사제
11. 대학구조개혁
12. 수능 절대평가 전환/정시전형 확대
13. 자사고·외고 폐지/직업계 고교 현장실습 폐지
14. 학제개편
15. 초등교사임용

1. 청년실업/일자리/채용비리

청년실업은 외환위기 이후 지속적으로 문제가 되어 왔다. 19대 대선 시에도 각 후보들은 청년 일자리 문제에 대한 대안을 제시하였다([한국경제] **청년층 고용률 30%대로 추락…외환위기 때보다 악화**_20140116)([서울경제] **경제 56번·청년 32번 언급... _민생법안 조속처리 해달라**_20151028)([세계일보] **文, 고용의무할당제... 安, 중기 취업 지원금... 洪, 혁신형 기업 육성**_20170504).

2013년 청년실업이 악화되자 중앙일보와 한겨레신문은 2014년 1월 각각 청년실업 관련 사설을 게재하였다. 중앙일보 사설의 요지는 다음과 같다([중앙일보] **청년 실업 해소 '안녕들 한 사회'의 출발점**_20140118). 2013년 청년 실업률이 다시 8%대로 진입하였다. 전체 실업률이 떨어지는 추세에 있는데 청년 실업률은 올라가니 문제가 더 심각하다. 청년층 취업자는 비율뿐 아니라 절대 숫자도 줄어드는데, 50, 60대 취업자 수는 늘고 있다. 박근혜정부의 목표인 고용률 70% 달성을 위해서는 청년들이 원하는 일자리를 만들어 주어야 한다. 기업의 투자와 창업을 가로 막는 규제를 과감히 풀어 일자리를 만들 여건을 만들어 주어야 한다.

한겨레신문 사설의 요지는 다음과 같다([한겨레신문] **청년 고용률 30%대, 특단 대책 마련해야**_20140118). 전체 고용률 상승 증가세가 꺾였다. 박근혜정부가 취임 초 쏟아 부은 11조원의 일자리 사업의 별 효과가 별로 없다. 보다 실효성 있는 대책이 필요하다. 경기 침체로 신규 채용이 늘지 않아 청년 취업난이 심각하나 인력 부족을 호소하는 부문도 있으니 불균형을 해소할 맞춤형 일자리 대책이 필요하다. 중장년 취업자가 늘고 있으니 세대 간 상생이 가능한 정부의 일자리 지원 대책이 필요하다. 경력 단절 여성을 위한 일자리 지원은 긍정적이나 고용률을 높이는 것과 함께 일자리의 질도 중요하다.39)

서울시가 2016년 일정요건을 충족한 서울시 거주 청년들에게 구직활동비를 지급하는 조치를 밀어 붙이자 복지부가 강경대응하며 대법원에서 시시비비를 가릴 정도의 사태로 발전하였다([한국경제] **"청년수당, 정부 일자리정책 근간 흔든다"**_20160806)([한국경제] **정치인의 도덕적 해이 부추기는 '청년수당'**_20160825)([한국경제] **고용부 '구직수당', 서울시 청년수당과는 달라야**_20160813)([한국경제] **'이재명式 복지'와 다르다더니 … 성남시 따라간 서울 청년수당**_20160805)([한겨레] **'청년수당 흠집 내기'에만 골몰하는 치졸한 정부**_20160817)([한겨레] **정부의 '맞춤 취업패키지'_...취업알선도 잘 작동 안돼**_20160815)([한겨레] **청년수당 걸음마 떼자 법정으로...청년들은 혼란스럽다**_20160804).

2016년 8월 중앙일보와 한겨레신문은 서울시 청년수당을 둘러싼 복지부와 서울시의 갈등에 관한 사설을 게재하였다. 중앙일보 사설의 요지는 다음과 같다([중앙일보] **청년수당 충돌 서울시와 복지부 볼썽사납다**_20160805). 서울시 청년 수당은 중앙정부와 지방정부가 합심하여 새 복지 정책을 짜는 좋은 선례가 될 수 있으니 양측은 반성하고 후유증을 최소화하는 대책을 내 놓아야 한다. 한겨레신문 사설의 요지는 다음과 같다([한겨레신문] **서울시 청년수당 발목 잡는 정부의 옹졸함**_20160806). 청년실업이 최악인 상황에서 지자체의 자발적인 청

39) 중앙일보와 한겨레신문의 사설 비교는 '[중앙일보]/[한겨레신문] **[사설 속으로] 청년실업**_20140204' 참조.

년 취업 지원 사업을 중앙정부가 중단시키는 것은 옹졸함의 극치이다. 지자체의 여러 노력을 고무하고 지원하여, 성과 좋은 사업을 보편화하는 것이 정부의 역할이다.[40]

문재인정부에 들어서 청년수당은 정부와 지자체와의 마찰 없이 지급되었으나 중복 지급, 지급 목적 외 사용 등이 문제가 되었다([한국경제] **市에서 주는데…道에서 또 주겠다는 '청년수당'**_20170504)([한국경제] **시민단체 영향력 센 서울시 청년수당 지급 방법 등 혼선**_20170519) ([내일신문] **청년수당, 시혜 아닌 공정한 기회 제공**_20170524)([서울경제] **취준생 月30만원 수당…中企 취업 때 1,600만원 목돈 지원도**_20170606)([한국일보] **서울시, 청년수당 대상자 5000명 선정**_20170623)([내일신문] **청년에 의한 청년을 위한 정책 날개를 달다**_20170705)([경향신문] **경기 '청년수당' 28일부터 지급**_20170712)([문화일보] **술집·모텔·노래방으로 새는 '서울시 청년수당'**_20180202)([문화일보] **청년수당 애매한 공지에 … 받고도 또 신청 '혼선'**_20180503).

문재인정부에 들어서도 청년 일자리 문제가 악화되자 추경 편성을 통해 해결하고자 하였다([세계일보] **韓 청년실업률 상승폭 OECD 최고**_20170619)([세계일보] **文 _실업대란 방치 땐 국가재난 수준 위기**_20170613)([한국경제] **30분간 일자리 44번 언급한 文 "특단 대책 없으면 청년들 인생 잃어"**_20170613)([서울경제] **취준생 月30만원 수당…中企 취업 때 1,600만원 목돈 지원도**_20170606)([매일경제] **文정부 일자리 실험… 보육교사등 5만9천명 당장 뽑는다**_20170606)([한국일보] **공공기관 '일자리 잔치'의 함정**_20171216).

새정부의 일자리 정책에 대한 여러 가지 대안들이 제시되었다

40) 중앙일보와 한겨레신문의 사설 비교는 '[중앙일보]/[한겨레신문] **[사설 속으로] 서울시 청년수당 갈등**_20160816)' 참조.

([한국경제] **청년취업대책은 軍인력구조 개혁에서**_20170522)([매일경제] **일자리 정책이 중요한 까닭**_20170615)([문화일보] **일자리 창출 민간이 할 일… 정부가 나서는 건 마중물 역할**_20170616)([서울경제] **새 정부 일자리정책 성공하려면**_20170616)([동아일보] **진로교육 강화가 취업의 지름길**_20170620)([국민일보] **獨, 학업·직업훈련 병행… 낮은 실업률 유지**_20170627)([중앙일보] **청년실업 고착화에 숨어 있는 불편한 진실**_20171209).

정부는 추경 편성을 통해 중소기업 취업 청년들에게 재정으로 보조하는 것을 골자로 하는 대책을 발표하였다([동아일보] **고졸 中企취업자에 3년간 5300만원 지원**_20180406)([한겨레] **'중기 취업 지원'에 청년 5만명 몰려…추경 한시가 급하다**_20180507)([한겨레] **국회가 발목 잡는 청년들의 중소기업 취업**_20180508)([한겨레] **청년 품은 '근로장려금'의 진화…저소득층 구원투수 될까**_20180416)([내일신문] **대·중소기업 임금격차 없앤다**_20180417).

재정지원을 통한, 공공부문 중심의 청년 일자리 대책에 대해 비판의 목소리가 있다([매일경제] **中企재직자에 돈 더 주고 면세자 늘려… 혈세로 일자리 만드나**_20180406)([세계일보] **기재부 내서도 _춘경_ 비판… 선거 앞두고 선심성 돈풀기 논란**_20180406)([한국경제] **'무늬만' 청년고용 추경…취업자 175억 vs 재직자엔 1000억 지원**_20180406)([매일경제] **곶감 빼먹듯…中企 재직청년에도 '돈풀기'**_20180403)([매일경제] **'눈먼돈' 4대강 악몽 재현_ 청년일자리사업 예타 면제**_20180404)([매일경제] **일자리 추경, 청년표심 노린 정치적 추경 아니기를**_20180419)([문화일보] **정부, 청년실업문제 돈만 쏟아붓지 말고 솔직하게 소통을**_20180330)([매일경제] **15년간 붕어빵대책만 28번… 일자리 만드는 '노동개혁'은 손도 안대**_20180313)([서울경제] **① 연봉 구조 왜곡 ② 이직 부메랑 ③ 공시족 양산 ④ 퍼주기**_20180317)([조선일보] **靑年 일자리 대책, 기성세대의 부끄러운 미봉책이다**_20180324)([서울경제] **보조**

금 주는 일자리정책 실패한다는 KDI 경고_20180308)([한국일보] **"미래 일자리 정책, 청년들의 지역 사회 진입에 초점을"**_20180312)([중앙일보] **중기 다니며 3년간 600만원 모으면 보조금 얹어 목돈 3000만원 준다**_20180316)([한겨레] **'임금 더 줄테니 눈높이 낮춰라'… 청년 마음 모르는 유인책**_20180316)([동아일보] **"'고용 디딤돌' 내내 잡일만… 취업 디딤돌 꿈도 못꿔요"**_20180330)([서울경제] **신입-기존 직원 불협화음 뻔한데…신규 채용할 이유 없다**_20180320).

2018년 문재인정부가 청년실업의 주요 대책으로 재정을 통해 중소기업 취업 청년들을 지원하는 것을 발표하자 한국경제신문은 3월 찬반 토론을 게재하였다([한국경제] **[맞짱 토론] 중기 취업 청년에 재정으로 임금 보전해야 하나**_20180324). 찬성 측의 박철우 한국산업기술대 교수의 논거는 다음과 같다. 청년실업의 근본원인은 대기업과 중소기업의 임금 격차가 너무 크다는 것이다. 1980년대 후반 이후 산업생태계의 변화 속에서 대기업은 자동화, 해외신출 등으로 부가가치 생산성을 높여 왔으나 국내에 남은 중소기업은 낮은 수익을 감내하면서 저임금을 줄 수밖에 없는 구조이다. 대학진학률이 80%로 높아져서 과다 배출된 대졸자는 중소기업에 가지 않으려 하고 중소기업은 외국인 근로자에 의존하고 있다. 수 년 내에 노동시장에 신규로 진입하는 청년층이 급감한다고 보고 한시적으로 재정지원을 하겠다는 방침이다. 노동시장의 이중구조를 한시적으로 해결하겠다는 정책적인 결단으로 긍정적으로 평가된다. 다만 대기업 신입 사원 임금 동결, 중소기업의 생산성 제고 노력 등 자생적인 추가 노력이 수반되어야 한다.

반대 측의 이정희 서울시립대 교수의 논거는 다음과 같다. 청년

실업 문제에 대한 전체적인 방향 제시 없이 지자체 수준에서 논의할 만한 단기적이고 보조적인 정부의 재정지원을 통한 청년 일자리 지원사업을 전면에 내세우는 것은 보기가 민망하다. 청년들이 중소기업에 가지 않는 근본 원인은 단절된 노동시장으로 중소기업에서 대기업이나 공공기관으로 이직하지 못하기 때문이다. 과거 유사한 사업에서 소기의 목적을 달성하지 못하였으며 청년 일자리 재원 마련을 위해 세계잉여금을 활용하는 것은 국가재정법에 위배된다.

소득주도 성장이 시행된 지 1년여 경과하였지만 2018년 7월 시점에서 청년 실업 등 일자리문제가 오히려 악화되었다([문화일보] **OECD 청년실업률 매년 떨어지는데…한국은 逆주행**_20180501)([중앙일보] **청년 실업률 11.6% … 알바·공시생 포함하니 24%**_20180416)([조선일보] **10萬 일자리 만든다며 11兆 풀었는데… 7만여 개뿐**_20180412)([파이낸셜뉴스] **일자리정책 한달에 1개꼴 쏟아냈지만… 청년실업 '쇼크수준'**_20180509)([서울경제] **서울대40%. 고대5%. 성대 59%... 실제 취업률과 20P% 差**_20180515)([동아일보] **'동아리도 밥약속도 사치일뿐' 삶속 기름기**_20180526)([문화일보] **농어업 취업자 증가의 역설**_20180607)([이투데이] **엇갈리는 지표... 경기 둔화 논쟁 계속 될듯**_20180608)([세계일보] **고용지표 악화일로 청년실업 역대 최악**_20180615)([세계일보] **3040 일자리 '뚝'... 32만 목표 달성 힘들듯**_20180618)([한국경제] **청년 일자리와 낙인 효과**_20180621)([서울경제] **일자리 정부 '노오력'은 다 했는가**_20180621)([헤럴드경제] **사상 최악 청년실업... 대학생 창업 25% 급증**_20180629)([머니투데이] **까마득한 32만명_ 고용 눈높이 낮추나**_20180702)([문화일보] **상반기 채용 '줄였다' 25.1%, 늘렸다 20.6%**_20180706)([중앙일보] **"채용 늘린다" 6%뿐 출구 막힌 고용 쇼크**_20180712)([동아일보] **10년새 50대 일자리 84%**

늘고 20대는 3% 줄어_20180709)([문화일보] 신규취업자 또 10만명대_ 5개월째 늪에 빠진 고용_20180711)([한국일보] 일자리 쇼크 장기화되나_20180709)([한국경제] 차부품 제조업, 7개월째 고용 감소_20180709)([중앙일보] 생산인구 줄어 취업자 증가폭 둔화_ 실업자는 안 줄었다_20180712)([동아일보] 34조 쏟아붓고 낙제점… 제조업 쪼그라들고 공공부문만 커져_20180719)([머니투데이] 고용률 오르는데 고용 참사 ... '해석의 오류'_20180723)([매일경제] 단순노무 청년 25만명…역대최대_20180724)([동아일보] 17조 쏟아부은 일자리사업… 40%가 6개월내 퇴사_20180801)([헤럴드경제] 전세계가 일자리 호황인데 한국만 고용 쇼크_20180730)([서울경제] 올 취업자 증가폭 20만명 밑돌듯_20180803)[41].

일자리 악화에 대응하는 방안의 하나로 2018년 7월 정부는 저소득층 일자리, 소득지원 대책을 발표하였다([매일경제] '포용성장' 내세워 330만가구에 4조 뿌리고, 20대도 年150만원 지원_20180719)([서울경제] 정책실패 후유증 또 나라 곳간으로 막으려 히나_20180719)([중앙일보] 3% 성장 포기, 또 10조 쏟아붓는다_20180719)([중앙일보] 근로장려금 확대, 최저임금 속도조절 예고_20180719)([중앙일보] 근로장려금 늘리고 기초연금 올리고 … 또 '세금주도 성장'_20180718).

일자리 창출 부진의 요인으로는 현장의 필요를 반영하지 못하는 정책, 소득주도성장 기조하의 일자리 정책의 한계, 행정편의주의, 일부 노조의 과도한 요구 등이 제시되었다([서울경제] 현장 모르는 정부, 22번째 대책도 효과 '글쎄'_20180320)([한국일보] 억지 일자리 지원책으로는 '고용 대란' 극복 못한다_20180616)([이데일리] 실업률 최악인데... 곳간서 잠자는 '일자리 예산'_20180618)([동아일보] 울산 공공기관의 인재 채용비율이 4년 연속 꼴찌인 까닭은,,,?_20180525)([아시아투데이] 은행권, 일 줄이고 사람 늘려 정부 코드 맞춘다_

41) 관련 정책인 II장의 '1. 소득주도 성장' 참조.

20180523)([서울경제] **청년채용 늘려야 하는데... 금융노조 '62세 정년' 고집**_20180711)([서울경제] **청년내일채움공채에 두번 우는 중기 새내기**_20180709)([서울경제] 행정편의주의에 날아간 청년 일자리_20180713).

일본 대학생의 취업률이 100% 수준인 것은 우리나라와는 달리 시장 순응적 일자리 정책을 추진하였기 때문이라는 시각이 있다([한국경제] **'시장'이 원하는 일자리 해법 찾는 日...'정규직'만 집착하는 韓**_20180529)([중앙일보] **일본이 못해도 좋다 일손 부족한 日, 외국인 노동자 정책 대전환**_20180530)([한국경제] **23% vs 0%…한·일 일자리 격차 제조업이 갈랐다**_20180604).

노동개혁, 규제 완화, 기업의 기를 살리는 정책 등 보다 근본적인 혁신이 청년 일자리 창출을 위해 필요하다는 의견들이 다수이다[42]([서울신문] **KDI "첫 직장 급여, 10년간 고용·임금 좌우"**_20180307)([매일경제] **中企 취업기피 임금탓 아니었네**_20180326)([한국경제] **'先취업·後진학' 통로 넓혀 고졸인재 날개 펴게 하자**_20180331)([중앙일보] **위기의 고용노동부**_20180402)([조선일보] **청년실업 가장 큰 원인은 정부의 3대 규제**_20180410)([국민일보] **'탁상행정' 청년 일자리 대책**_20180413)([동아일보] **"中企 취업대책 돈에만 치중… 재직자 만족도부터 높여야"**_20180420)([동아일보] **청년실업, 인구구조만의 문제가 아니다**_20180428)([문화일보] **韓 공공분야 일자리 정책 한계 규제 풀어 민간 고용 창출해야**_20180501)([한국경제] **대기업 옥죄면 청년 일자리 어떡하나**_20180502)([매일경제] **산업정책 없이 일자리 급급… 고용質 악화**_20180504)([매일경제] **청년실업률 높이는 公試 열풍**_20180505)([세계일보] **힘 못 쓰는 소득주도 성장, 고용 악화… 경제 민주화는 '진전'**_20180508)([서울경제] **기업 시름 깊은데…고용부 '친노동' 가속**_20180509)([아시아경

42) 관련정책인 IX장의 '2. 규제혁신'과 XI장의 '4. 노동개혁/임금피크제/양대 지침/사회적합의' 참조.

제] **정부도 예상 못한 '고용절벽' 혁신성장으로 해결 가능할까**_20180609)([한국경제] **'분배악화, 돈 풀기론 개선 안돼... 혁신 제조' 강소기업 키워야**_20180611)([헤럴드경제] **주력산업 약화·신성장 부재·정책 실패...'3악재'가 고용 발목**_20180615)([국민일보] **또 고용 충격... 경제 정책 근본적 수정해야**_20180616)([뉴스1] **정부 일자리 목표 '버블'..취업자 32만명↑ 과욕, 실제는 10만명**_20180711)([동아일보] **대통령은 일자리 부탁하는데 정부, 여당은 기업 손발 묶어서야**_20180711)([헤럴드경제] **일자리 양극화는 노동개혁 실패의 당연한 결과**_20180709)([경향신문] **'처음 겪는 상황'에 주저앉은 일자리..무엇이 문제일까**_20180715).

프랑스의 노동개혁에 대한 관심이 높다([한국경제] **'노동자의 천국'이라면서 청년실업률 무려 25% 마크롱의 노동개혁이 '프랑스 병' 고칠지 관심**_20170619).

정부는 2018년 하반기 일자리 전망치를 수정하였다([조선일보] **33兆 쏟으면서도 '일자리 목표' 절반 낮췄다**_20180719).

광주지역에서는 과도하게 높은 임금이 청년 일자리 창출의 걸림돌 중의 하나인 현실을 극복하기 위해 지자체와 지역 소재 대기업이 협력하여 새로운 형태의 일자리를 만드는 실험을 시도하고 있으나 노조의 반대로 향후 전망은 불투명하다([동아일보] **'광주형 일자리 첫걸음... 지역사회 지지-정부 지원에 성공 달려'**_20180604)([중앙일보] **노조 "임금 하향 평준화되고 고용 불안 불 보듯"**_20180609)([중앙일보] **'반 값 연봉 자동차 공장' 광주의 실험 =, 떠나는 제조업 붙잡을 수 있나**_20180609)([세계일보] **'광주형 일자리' 사업 주춤_ 투자협약 돌연 연기... 완성차 공장 설립 사업 '공회전'**_20180714).

이명박정부와 박근혜정부에서 추진되었던 일자리 대책은 동력을 상실하고 좌초하는 상황이다([파이낸셜뉴스] **고졸취업자의 눈물**_20180601)([이투데이] **공공기관중 361 곳 중 247곳, 고졸 정규직 채용 '0'**_20180620)([매일경제] 고졸자-中企 일자리 미스매치 줄여야_20180723)([매일경제] 학교에 떠넘기지 말고…고용부가 나서달라_20180723)([매일경제] 정권 바뀌었다고…외면당한 고졸취업_20180723)([매일경제] 청년취업 대책에서 소외되는 '고졸'_20180724)([매일경제] 文 정부, 고졸은 찬밥 … 공공기관 채용비중 11.7→8.2% _뚝_20180723).

청년의 기준 등에 대한 논란이 있다([서울신문] '고무줄' 청년 나이_20180326).

청년 실업이 심각해지면서 채용비리, 취업사기 등이 큰 사회적 문제로 대두 되었다. 공공기관과는 달리 민간기업인 은행의 경우 채용의 자율성이 있어 공공기관 잣대로 판단하기는 불합리한 측면이 있다. 공정성이 이슈가 되면서 채용방식에 있어서는 오히려 획일적인 과거의 방식으로 돌아가고 있다([헤럴드경제] 공정이 경쟁력인데... 다시 등장한 '봉미'_20180515)([서울뉴스] SR임원, 청탁받고 24명 채용...노조 위원장도 1억 수수_20180515)([서울신문] 3000만원 이상 '뇌물 채용' 公기관 임원 신상 공개_20180526)([동아일보] 기아차 노조 前간부 취업사기 수사 박차_20180713)([아시아경제] 노조에 단호하게 'no'... 유광렬의 품격_20180626)([서울신문] 무더기 채용비리 고소, 불공정 고리 끊는 계기 돼야_20180618)([이투데이] 임직원 추천 채용 사라졌지만... 외부 청탁자 처벌 못한다_20180607)([아시아투데이] '채용비리 의혹'에 은행권 긴장... 무리한 흔들기 도마_20180604)([한국일보] '채용비리 의혹' 함영주 하나은행장 영장 기각_20180602)([머니투데이] 40대 신입행원, 뽑자니... 안뽑자니... 고민에 빠진 은행권_20180614)([머니투데이] 거꾸로 가는 은행 채용 방식_20180613).

2. 최저임금

'최저임금 1만원'은 새정치민주연합의 당대표 경선에서 이슈화 되었다. 이인영 후보에 의해 제기되었는데, 당시 문재인 후보는 급격한 인상에 대해서는 유보적인 입장이었다([내일신문] **진흙탕서 건진 '최저임금 1만원'**_20150205).

2016년 최저임금 결정 당시 여당이었던 신한국당, 최경환 부총리 등이 중심이 되어 최저임금의 대폭적인 인상을 강조하였으나 8.1% 오른 시급 6,030원으로 결성되었다([파이낸셜뉴스] **與 '최저임금 인상'으로 선회**_20150306)([동아일보] **"최저임금 올려야" 黨政靑 한목소리**_20150307)([한겨레] **정부, 빠른 속도로 올린다더니...'희망고문'으로 끝난 최저임금**_20150710).

최저임금을 1만원으로 인상하여야 한다는 주장이 조기 대선 국면과 겹치면서 논란이 되자 한국경제신문은 2017년 2월 찬반 토론을 게재하였다([한국경제] **[맞짱 토론] 최저임금 1만원으로 인상 타당한가**_20170225). 찬성 측의 이정식 최저임금위원회 근로자위원의 논거는 다음과 같다. 최저임금 1만원은 OECD 회원국인 한국의 경제력에 부합되는 수준이다. ILO, IBRD 등 국제기구에서 강조하는 소득주도성장과도 맥을 같이 한다. 소모적 논쟁을 지양하고 최저임금 1만원의 긍정적 효과를 극대화하고 부작용을 최소화할 방안을 노사정이 찾아야 한다. 최저임금을 급격히 올리면 자영업자와 중소영세업자의 경영난이 심각해 질 것이라는 우려가 있다. 영세자영업자의 어려움은 과당 경쟁, 높은 임대료 등 다른 제도적 요인에 기인하며 경제민주화가 진전되면 해소될 수 있다. 여러 정책적 수단과 함께 최저임금이 올라가면 한계 상황의 자영업자가 임금노동자로 흡수되면서 영세 자영업자들 간의 과당 경쟁도 해소될 것이다. 최저임금 인상으로 고용이 늘어난 사례도 있다. 1930년 미국의 대공항은 소득분배의 불평등 등을 방기한 정부의 무능으로 더욱 악화되었다. 조세부담률을 2007년 이전으로 올리면 연간 24조원의 추가세입 확보가 가능하고 중소기업을 선별 지원하면 정부 재정으로 최저임금 1만원을 지급할 수 있다.

반대 측의 김강식 한국항공대 교수의 논거는 다음과 같다. 최저임금은 정치권에서는 인기 있는 테마이다. 최저임금을 1만으로 올리면 양극화로 고통 받는 저임금근로자에게 큰 희망이 될 수 있으나 다음과 같은 문제점을 내포하고 있다. 최저임금을 일시에 57.7% 인상시키면 자동화, 공장 해외 이전 등으로 저임금 근로자의 일자리가 오히려 줄어든다. 기업의 고용능력을 악화시켜 특히 50, 60대 중노년층과 주부들의 취업을 어렵게 한다. 다수 중소기업, 소상공인, 자영업자의 생존을 위협한다. 저임금으로 인한 빈곤문제는 다른 정책수단으로 해결하여야 한다. 임금인상 주장으로 근로자들의 환심을 구하는 포퓰리즘의 세력이 득세하면 사회 전체가 그 대가를 혹독하게 치를 것이다.

서울경제신문도 최저임금을 2020년까지 1만원으로 인상하는 것에 대한 찬반 토론을 게재하였다([서울경제신문] **[어떻게 생각하십니까?] 최저임금 2020년까지 1만원으로 인상**_20170616). 찬성 측의 이재희 경성대 교수의 논거는 다음과 같다. 최저임금 인상으로 저소득층의 인간다운 생활의 기반을 마련해주고, 소비성향이 높은 빈곤층의 소비가 늘어나 경제 성장에 도움이 되고 빈곤에 대한 정부의 복지 지출이 대폭 줄어든다. 최저임금은 미시적으로 해당 산업의 고용을 줄이나 거시적으로는 국민경제의 지출을 늘려 고용을 증가시킨다. 최저임금 인상이 고용에 부정적인 영향을 주거나 물가를 인상시킨다는 것을 확인시켜주는 연구는 거의 없다. 미국 캘리포니아, 영국 등에서 최저임금을 대폭 인상시켰고 우리나라 최저임금 수준은 OECD 회원 중 절대적, 상대적 수준에서 하위권이다. 최저임금을 인상시키면서 보완책을 같이 마련하여야 한다. 보다 근본적으로 자영업자를 양산시키는 경제구조를 개편하고 최저임금의 실효성도 높여야 한다. 최저임금 결정에는 사회정책적 고려가 반드시 필요하다.

반대 측의 백필규 중소기업연구원 수석연구위원의 논거는 다음과 같다. 최저임금을 1만원으로 올리면 300만 명이 넘는 소상공인의 수익은 근로자 임금보다 낮아지는 결과가 된다. 최저임금으로 일자리가 줄어들면 소득 총량이 줄어들어 의도하는 소득주도 성장은 실현될 수 없다. 현재도 14%가 넘는 사업주가 최저임금을 지키지 못하는데 불법 사업주만 양산될 것이다. 임금 상승은 생산성 증가와 같이 가야 한다. 임금 상승이 생산성 증가 이상으로 가면 고용이 줄거나 불법이 만연할 수밖에 없다. 최저임금 인상으로 소상공인의 혁신과 구조조정이 촉진되나 구조 조정된 소상공인과 근로자는 갈 곳이 없다. 중소기업에 빈 일자리가 25만개이고 잠재 실업자를 포함하여 일자리를 찾는 사람은 300만 명이다. 누군가는 창업을 해야 일자리가 만들어진다. 생산성 혁신 주도 성장, 창업주도 성장이 이루어져야 제대로 된 일자리가 만들어진다.

2017년 7월 2018년 최저임금이 시급기준으로 전년대비 16.4% 인상된 7,530원, 소상공인 부담 완화를 위해 정부가 재정으로 3조원 이상 지원하는 것으로 결정되었다([한겨레] **최저임금 인상 '1060원의 숨통'**_20170717)([중앙일보] **국민 세금으로 메꾸는 최저임금 7530원**_20170717)([한겨레] **노동자 463만명 삶 바꿔…2020년 1만원 향한 '대전환' 시작**_20170717)([한국경제] **거수기로 전락한 공익위원**_20170717)([경향신문] **생활비·시간 여유 생기겠지만… 고용 불안감 떨쳐낼 수 없다**_20170717)([한국경제] **"물가 동반상승 … 서민 부담 커질 것"**_20170717).

2018년 최저임금이 전년대비 16.4% 인상되자 중앙일보와 한겨레신문은 각각 사설을 게재하였다. 중앙일보 사설의 요지는 다음과 같다([중앙일보] **최저임금 충격, 한국 경제가 견뎌낼 수 있나**_20170717). 최저임금의 급격한 인상에 따른 영향은 예단하기 어렵다. 경제 전반에 걸쳐, 특히 영세 상인들에게 충격이 클 것이다. 취약계층은 일자리가 줄 수 있다. 여성, 청년층, 중고령층, 30인 이하 사업체 근로자를 중심으로 일자리가 줄어 들 것이다. 정부도 부작용을 최소화하기 위해 연간 4조원 이상의 재정을 투입할 계획이다. 최저임금을 올려도 소득격차 효과가 크지 않고 물가 상승이 우려된다. 납품, 협력 업체로의 비용 전가 가능성도 있다. 거대하고 새로운 정책 실험의 부작용을 줄일 수 있도록 사후 관리를 치밀하게 해 나가야 한다.

한겨레신문 사설의 요지는 다음과 같다([한겨레신문] **최저임금 7530원 후속대책이 관건이다**_20170717). 최저임금 16.4%는 파격적인 조치이다.

소상공인, 영세중소기업을 위한 대책이 치밀하게 시행되어야 하고 중장기 로드맵이 뒤따라야 한다. 이번 최저임금 결정은 2008년 이후 처음으로 노, 사 한 쪽의 퇴장도 없이 이루어졌다. 지난 대선에서 모든 대선 후보가 시기에 차이는 있지만 1만원을 공약하였듯이 우리 사회에 공감대가 형성되었기 때문이다. 정부 지원으로 소상공인, 영세중소기업의 어려움이 어느 정도 해소되겠지만 지속 가능하지 않으며 산업구조 체질을 바꿀 수 있을지 의문이다. 최저임금 인상이 분수효과를 가져오려면 상가임대차 공정화, 프랜차이즈 합리화 등 근본적인 구조를 해결하여야 한다. 최저임금 제도의 합리적 개선을 위한 논의도 시작할 때다.[43)]

2018년 최저임금이 시행되면서 정부가 소상공인 지원 대책으로 제시한 일자리안정자금의 신청 실적이 저조하자 모든 부처가 나서서 독려한 결과 4월 24일 기준으로 대상 근로사의 75%가 신청한 것으로 나타났다([매일경제] **최저임금 부작용에도 밀어붙이기, 고용부 '준수 여부 현장조사'**_20180109)([매일경제] **'月13만원 지원' 일자리 안정자금, 中企엔 그림의 떡**_20180108)([서울경제] **13만원 받으려 누가 4대보험 가입하겠나**_20180113)([한국일보] **일자리 안정자금 신청률 25%… 여전히 저조**_20180220)([국민일보] **"최저임금 인상 국민부담, 숨은 1조2600억 더 있다"**_20180221)([한국경제] **'해결사' 역할 못하는 일자리 안정자금**_20180312)([한국경제] **'일자리자금' 소진에 온갖 무리수… 이러려고 세금 올렸나**_20180314)([문화일보] **고용부 '일자리안정자금' 실적에 올인_김영주장관 _다른업무 줄여서라도 추진**_20180316)([한국경제] **"일자리자금 실적 닦달…**

43) 중앙일보와 한겨레신문의 사설 비교는 '[중앙일보]/[한겨레신문] **[사설 속으로] 내년 최저임금 확정**_20170725' 참조.

못해먹겠다"_20180313)([매일경제] **中企 임금역전 혼란…정부 해명도 탁상공론**_2018 0320)([문화일보] **핀란드 기본소득 포기…文정부 '세금으로 월급' 접으라**_20180425) ([세계일보] **'일자리 안정자금' 75%가 신청**_20180430)([매일경제] **일자리안정자금이 좀비 자영업자 양산 경제 펀더멘털 망쳐**_20180717).

정부가 재정으로 최저임금 인상분의 일부를 보존하기로 한 것에 대해 논란이 커지자 한국경제신문은 2017년 11월 찬반 토론을 게재하였다([한국경제] **[맞짱 토론] 최저임금 인상분 세금으로 지원해야 하나**_2017 1125). 찬성 측의 성재민 한국노동연구원 동향분석실장의 논거는 다음과 같다. 우리나라는 OECD 회원국 중 저임금 근로자의 비중이 제일 높은 나라이다. 최저임금의 빠른 인상은 불평등 완화를 넘어 경제성장까지 도모할 수 있는 정책수단이다. 큰 폭의 최저임금 인상의 부정적인 영향을 완화하기 위해 대비책을 세우는 것이 바람직하다. 일자리 안정자금을 통한 지원은 유럽에서 저임금 근로자를 고용하는 사업주에 대해 사회보험료를 지원하는 것과 같은 방식이며 노동수요 감소의 부작용을 최소화할 수 있다. 고용보험에 가입하게 함으로써 저임금 근로자의 사회적 보호를 강화하는 효과가 있다. 저임금 부분에 현금을 공급함으로써 경기 부양 효과도 기대할 수 있다. 일자리 안정자금이 저임금 부분 맞춤형 경기진작책 중에 성공적인 정책으로 평가받는다면 추경예산의 상당 부분을 집행하는 것으로 지지받을 수 있다.

반대 측의 이정희 서울시립대 교수의 논거는 다음과 같다. 최저임금에 기반 한 소득주도 성장이론은 이론적 타당성이 부족하고 '소득주도 성장'이라는 용어를 활용해 소득재분배정책의 이미지를 바꾸는 눈속임이다. 최저임금제도는 고용의 기회를 줄이고 비숙련 근로자가 시장에 신규 진입하는 기회를 막는다. 근로장려세제라는 부작용은 최소화하고 소득재분배 효과가 있는 정책 수단을 두고 최저임금인상을 고수하는 것은 정치적 동기가 있다. 근로소득을 증가시키기 위해서는 교육훈련에 투자하여야 하고 적극적 노동시장 정책으로 근로자의 질을 사용주의 수요에 맞는 역량수준으로 높여야 한다. 최저임금 인상분에 대한 재정지원은 부작용이 큰 약을 처방하고 그 부작용을 치료하겠다고 또 다른 잘못된 약을 처방하는 것과 같다. 비효율적인 정책을 남발하지 말고 시장경제가 효율적으로 작동할 환경 조성을 하는 것이 정부의 역할이다.

최저임금의 급격한 인상의 영향으로 여러 가지 부작용이 나타나고 있다. 최저임금인상은 중소기업, 영세업자에게 부담이 되고 있다. 을(乙)끼리의 전쟁으로 되었다는 지적이다([중앙일보] **숫자에 담긴 최저임금의 눈물**_20180507)([매일경제] **최저임금 부작용에도 밀어붙이기…고용부_준수여부 현장조사**_20180109)([서울경제] **600만 자영업자 '최저임금 아우성'…與 지지율 10%P 넘게 급락**_20180113)([서울신문] **"상가임대료는 최저임금 문제와 별개 이쪽 손해 저쪽에서 채우는건 아닌 듯"**_20180113)([서울경제] **일자리 줄자 '속도조절' 꺼내…CEO들 _최저임금 병주고 약주나**_20180209)([한국경제] **中企, 커지는 '최저임금 고통'**_20180223)([중앙일보] **최저임금 충격, 영세업자·근로자 '을끼리 전쟁' 부추긴다**_20180403)([문화일보] **최저임금도 '대기업 떠넘기기' 경영 압박에 협력사까지 도와**_20180430)([매일경제] **최저임금 인상·근로시간 단축… 기업들 _막막하다**_20180501)([이투데이] **밥집 덮친 '최저임금 그늘'**_20180611)([중앙일보] **홍종학, 최저임금 인상 부작용 인정했지만 '결국 자영업자에 도움 될 것'**_20180713)([조선일보] **최저임금**

못 맞춰 준 영세업체 적발된 곳 작년보다 44% 늘어_20180712)([아시아 경제] **최저임금 직격탄... 편의점 수 증가 3분의 1 '뚝'**_20180710)([매일경제] **최저임금 직격탄… 편의점株 '휘청'**_20180717)([서울신문] **"최저임금 7% 이상 오르면 중기조합, 납품가 인상 요청"**_20180717)([중앙일보] **"2년 새 인건비 34% 늘어 26년 키운 공장 문 닫습니다"**_20180718).

기업들은 근로자를 줄이거나 노동시간을 단축하고 있다([서울경제] **최저임금 불똥… '셀프주유소' 늘어난다**_20180416)([서울경제] **대학생 알바 자리도 사라졌다**_20180702)([문화일보] **최저임금 부담에… 피자집 27%가 '배달대행' 쓴다**_20180419)([조선일보] **낮엔 有人, 밤엔 無人… 매일 변신하는 편의점**_20180502)([동아일보] **최저임금 인상이후 근로시간 16.8% 줄어**_20180504)([한국일보] **고용 부진이 노동생산성 끌어올리는 기막힌 현실**_20180507)([문화일보] **최저임금 인상에 알바 '별따기'**_20180529)([아시아경제] **최저임금 인상에 편의점 '최대 격전'**_20180608)([한국경제] **기업이 어려운데 근로자 복지 나아지겠나**_20180528)([아시아경제] **최저임금 인상 반년편의점發 '고용 쇼크'..알바생 줄이자 일자리 12만개 사라져**_20180703)([문화일보] **'최저임금 충격' 도소매 요식업 취업자 급락**_20180615)([동아일보] **한국 최저임금 인상 유례없는 수준 도소매업- 음식점 등 고용 둔화 영향**_20180621)([중앙일보] **근로자도 일자리 걱정 '최저임금은 8000원대'**_20180710)([조선일보] **최저임금 6개월, 서민 일자리 月평균 11만개 날아갔다**_20180712)([연합뉴스] **알바 생 4명중 3명 "시급올랐다"... 70% '일자리 줄어 구직난**_20180614)([동아일보] **"임금 올라도… 일자리 잃을까 더 걱정"**_20180717)([서울경제] **소매·음식점 5개월새 3만4,000개↓…'일자리 완충지대' 사라진다**_20180717)([세계일보] **구직자 63% _하반기 구직난 더 심화**_20180717).

생활 물가가 오르고 있다([서울신문] **핑계는 최저임금 인상… 밥값 폭등, 묻**

지마 횡포_20180317)([세계일보] 최저임금 인상 여파 '날개 단 물가'··· 감자도 못 사 먹겠네_20180503)([한국일보] 외식물가 '나 홀로 상승' 왜_20180503)([문화일보] 최저임금 인상 여파··· 가공식품 가격 20% '껑충'_20180504)([국민일보] 가공식품 값 줄줄이 인상··· 소비자 부담↑_20180505)([파이낸셜뉴스] 가맹점 생존 위해선 당연_ vs. _치킨값 올리기 위한 꼼수_20180508)([문화일보] 최저임금 인상 여파··· 가공식품 가격 20% '껑충'_20180504)([아시아경제] 확 오른 최저임금 때문에...외식 불가_20180711)([서울신문] '고공행진' 외식값 더 오르나··· 업계 "추가 인상 불가피"_20180717).

실업급여 신청자도 급증하고 있다. 일자리 안정자금을 3조원 이상 투입하면서 실업보험의 가입을 이무화하였기 때문에 고용보험 가입자 수 증가를 일자리 증가로 해석하는 것은 무리이다([문화일보] 反시장 정책이 부추긴 失業급여 급증_20180418)([뉴스토마토] 최저임금 인상에도'서비스 업 고용'증가_20180514)([문화일보] 제조업 고용지수 101개월來 최저 5월 일자리 진실은? 고용보험기입지 33만명 증가_20180611).

2018년 4월 이후 악화된 고용지표가 개선되지 않고 있다([한국경제] '노동 존중'도 일자리가 있어야 가능하다_20180502)([서울경제] 가뜩이나 힘든데···필요할 때만 쓰는 게 낫다_20180301)([문화일보] 최저임금 여파... 제조업 고용도 감소_20180503)([동아일보] 출범 1년 일자리, 정책 헛바퀴만 文대통령 '업무지시1호' 유명무실_20180514)([세계일보] 제조업상용 일자리 3분기 연속 감소세_20180514)([이데일리] 일자리 정부 '유턴정책' 유명무실_20180515)([매일경제] 체감 실업률 13개월째 치솟아_20180528)([서울경제] 최저임금 영향 없다니... 올 불황 폐업실직자 41만명_20180606)([한국경제] 최저임금 긍정 효과 90이라더니 모든 고용 지표 외환위기 수준 '추락'_20180615).

2018년 1/4분기 가계소득 분배구조가 악화되는 것으로 나타나면서 논란이 더욱 가열되었다([경향신문] **올 1분기 소득분배 사상 최악... 문정부 '소득주도성장' 흔들**_20180525)([경향신문] **'J노믹스' 취지와 거꾸로... '성장과실' 고소득층에만 집중**_20180525)([동아일보] **최저임금인상이 줄여버린 일자리... 저소득층만 더 힘들어졌다**_20180525)([국민일보] **부인 못할 최저임금의 역설**_20180529)([세계일보] **저소득층 소득 줄었는데 이자부담은 가중**_20180604)([한국경제] **최저임금 파격적 인상 이후 소득 불평등 되레 커졌대요**_20180604)([한국경제] **소득주도성장이 大.中企 임금격차 더 키웠다**_20180531)([서울경제] **최저임금, 저소득층에 충격 더 줬다**_20180604)([문화일보] **재정보조로 버틴 저소득층 이전소득 근로소득 첫 추월**_20180529).

최저임금 효과에 대한 공방에는 청와대, 기재부, 국책연구기관, 국제기구 전문가까지 가세하였다([국민일보] **김동연 "고용부진, 최저임금 탓 아냐"**_20180417)([국민일보] **올 16.4 인상효과 이견... 결론 어떻게 나도 논란 불가피**_20180515)([매일경제] **'내달부터 고용개선' 현실모르는 靑**_20180521)([한국경제] **'내 탓' 반성 찾아볼 수 없는 청와대 경제 참모들**_20180522)([아시아 투데이] **고용, 분배 악화가 모두 '인구' 탓?**_20180528)([서울신문] **文대통령, '최저임금 인상' 직접 방어..정부대응은 질책**_20180531)([동아일보] **최저임금 효과 설명때 非노인소득 더 급감**_20180611)([동아일보] **KDI '최저임금 1만원일땐, 일자리 32만개 감소'**_20180605)([동아일보] **전문가 '靑, 여러 통계 아전인수 해석한듯'**_20180602)([동아일보] **'최저임금 불협화음' 진화나선 정부... 학계는 '고용불안' 초래**_20180606)([매일경제] **靑 '6월부터 고용개선'... 시장은 글쎄**_20180521)([서울경제] **분배지표 역대 최악으로 추락... KDI '소득주도론 일자리 못풀어'**_20180525)([서울신문] **"최저임금이 소득주도 성장 정책 전부 아니다, 영향 분석 어려운 일"...KDI, 어이없는 실수**_20180607)([동아일보] **'고용부'라는 이상한 부처이야기**_20180608).

공방의 과정 중 정부가 최저임금 효과를 설명하는 데 있어서 통계를 자의적으로 해석하였다는 주장이 제기되었다([서울경제] **최저임금 '90효과' 맞나**_20180602)([한겨레] **'최저임금 인상효과 90' 문대통령 발언 근거는..**_20180602)([서울경제] **납득 어려운 고용부의 '최저임금 후폭풍' 해명**_20180609)([서울경제] **文의 '90% 효과' 잘못된 통계서 나왔다**_20180602)([조선일보] **'제 발등' 찍은 통계청 조사**_20180609)([중앙일보] **통계 못 믿는 사회**_20180604)([한국경제] **'최저임금 긍정효과 90, 우리 결론 아니다'**_20180607)([한국일보] **'최저임금 긍정효과 90, 靑 요구 꿰맞춘 것 아니다'**_20180606)([중앙일보] **보고 싶은 것만 보는 청와대의 일지리 통계 해석**_20180522)([경향신문] **최저임금 효과 90%**_20180604)([매일경제] **최저임금 통계라면서 … '최저임금 피해자' 쏙 뺀 靑**_20180604)([한겨레] **청와대 소득통계는 '통계조작'인가 '논증의 가중치'인가**_20180606)([문화일보] **두 국책기관, 靑-기재부 '대리戰' 노동硏-KDI, 최저임금 정반대 분석**_20180605)([한겨레] **"'하위층 소득 감소쏙 사상 최대' 통계청 발표 부정확"**_20180717)([동아일보] **'제 발등' 찍은 통계청 조사**_20180609)([한국일보] **비키니 통계**_20180621)([중앙일보] **통계는 공공재, 소수가 독점해선 안돼**_20180614)([서울경제] **이현령비현령 통계**_20180614).

2018년 상반기 고용 및 분배 관련 모든 지표가 악화되면서 최저임금의 부정적 효과, 최저임금이 주요 기반인 소득주도 성장에 대한 공방이 이루어졌다([매일경제] **'최저임금 직격탄' 韓銀통계도 경고**_20180131)([중앙일보] **최저임금 자화자찬 … 후유증 진화가 더 급하다**_20180308)([매일경제] **現정부 '돈풀기' 경쟁력 더 떨어뜨려**_20180320)([조선일보] **'몇 년 만에 처음' 부정적 경제 지표들 근본 원인 뭔가**_20180426)([매일경제] **韓정부 親노동정책, 고용 줄이고 사회갈등 심화시킬 우려**_20180418)([서울뉴스] **文대통령, '최저임금 인상' 직접 방어..정부대응은 질책**_20180531)([서울경제] **'경기 하강 자체는 사실... 근본 문제는 이념. 지**

지층에 치우친 정책'_20180519)([매일경제] **'최저임금 탓 고용 악화... 지금은 침체 국면' 전문가 한목소리**_20180519)([매일경제] **취업자 수 3만명 줄었는데... 창업성과만 자랑한 서울시**_20180528)([동아일보] **요란하던 '소득주도 성장' 어디로 갔나...**_20180518)([서울경제] **'소득주도성장 역효과' 강병구도 인정**_20180607)([헤럴드경제] **아웃소싱회사 자회사로... 연환계 쓴 적벽대전 연상**_20180607)[서울경제] **실패한 소득주도성장 대책은 또 '소득주도'**_20180530)([파이낸셜뉴스] **소득 주도성장의 역설**_20180528)([한국경제] **분배 개선하고 근로의욕 높이려면 '근로장려세제' 확대해야**_20180609)([한국경제] **'소득주도 성장, 절대빈곤 때나 통했을 정책'...'저소득층 더 힘들어져'**_20180528)([한국일보] **최저임금 인상, 소비 진작 효과도 미비**_20180714)([국민일보] **'소득주도 → 혁신성장' J노믹스 무게추 옮기나**_20180717)[44].

최저임금 인상이 여전히 필요하며, 경제의 근본 틀을 바꾸어 소득주도 성장을 지속하여야 한다는 주장이 제기되고 있다([한겨레] **최저임금 인상 '역효과 뻥튀기'··· 보수는 여론몰이 중**_20180111)([경향신문] **최저임금 인상에도 경비원 대량해고는 없었다**_20180316)([한겨레] **최저임금 인상으로 인한 고용쇼크인가**_20180522)([경향신문] **변협 산하 재단 수습변호사 최저임금도 못 받고 일 한다**_20180509)([경향신문] **최저임금 논란과 소득주도 성장**_20180608)([경향신문] **통 큰 복지로 사람 중심 경제 실현을**_20180517)([국민일보] **"최저임금 인상만으론 소득주도성장 안 돼"**_20180607)([한겨레] **본질이 실종된 '최저임금 1만원' 공방**_20180606).

중앙일보와 한겨레신문은 최저임금 인상의 효과에 대한 공방이 치열해지자 2018년 6월 각각 사설을 게재하였다. 중앙일보 사설의 요지는 다음과 같다([중앙일보] **청와대의 통계 꿰맞추기에 KDI마저 최저임금 우려**_20180605). 청와대가 최저임금의 긍정적 효과가 90%라는 문재인

---

44) 관련 정책인 II장의 '1. 소득주도 성장' 참조.

대통령의 발언을 놓고 본래의 주장을 굽히지 않고 있다. 최저임금의 급격한 인상의 피해자인 실업자와 자영업자를 제외한 임금근로자만을 대상으로 분석해 긍정적 효과를 논하는 것은 아전인수격의 자의적 통계해석이다. 장밋빛 해석을 멈추어야 한다. KDI는 최저임금의 부정적 일자리 효과는 악화될 것이고 근로자의 지위상승 욕구가 억제되고 노동시장의 임금질서가 교란될 것이라고 경고하였다. 국민을 볼모로 한 정책실험을 멈추어야 한다.

한겨레신문 사설의 요지는 다음과 같다([한겨레신문] **'최저임금 논쟁'보다 '사각지대 보안책'이 중요하다**_20180605). 최저임금이 부정적인 측면만을 고려해 소득주도성장이 실패하였다고 단정을 지어서는 안 된다. 정부도 논쟁에 일일이 대응하기 보다는 사회안전망의 사각지대 해소에 역량을 집중하여야 한다. 100% 완벽한 정책은 없다. 영세기업, 소상공인, 일자리에 대한 부정적 효과를 보완할 대책을 정부가 강구하여야 한다. 정부는 근로소득세제 확대나 기초연금 인상 등 정책 선택의 폭을 확대하여야 한다.[45]

2018년 최저임금이 결정되고 급격한 인상에 대한 우려로 최저임금제도 개편이 본격적으로 논의되었다. 최저임금 인상으로 고임금근로자가 혜택을 보면서 최저임금이 임금격차를 악화시키는 결과를 낳음에 따라 최저임금 산입범위가 최대 이슈였다([한국경제] **최저임금제 30년 만에 대수술 … 정부·정치권 '훈수' 안된다**_20171011)([서울경제] **使 _근로자 전체 보수를 산입범위에_ 勞 _무리한 확대 안 돼…현행 유지해야만**_2017

45) 중앙일보와 한겨레신문의 사설 비교는 '[중앙일보]/[한겨레신문] **[사설 속으로] 최저임금 인상과 소득주도 성장**_20180619' 참조.

1228)([한국일보] **노조 "양보 없다" 버티고, 정치권은 대안 없이 표 단속만**_20180302)([조선일보] **'상여금 포함' 결론 못낸 최저임금委… 국회로 공 넘겼다**_20180308)([매일경제] **노조에 발목…국회서도 최저임금 산입범위 '난항'**_20180317)([한국경제] **최저임금 범위 개편 진통…정부 '플랜B' 가동하나**_20180414)([파이낸셜뉴스] **최저임금, 주휴수당 더하면 9045원**_20180420)([서울신문] **연봉 3700만원 대기업 고졸 신입_내가 최저임금자라고요**_20180421)([한국경제] **장애인은 최저임금 예외…"시급 714원 받아도 하소연 못해"**_20180421)([조선일보] **최저임금 혼선 속 '범법자 사장' 양산**_20180423)([중앙일보] **최저임금 인상 수혜자 따져보니 빈곤층은 30% 중산층이 63%**_20180403)([동아일보] **경총 '국회서 논의 중단하자'… 중기중앙회 '뒤통수 쳤다'**_20180523).

문재인정부 출범이후 최저임금 1만원 인상의 주장이 힘을 얻으면서 최저임금에 포함되는 임금의 범위가 논란이 되자, 한국경제신문은 2017년 11월 최저임금 산입범위 확대에 대한 찬반 토론을 게재하였다([한국경제] **[맞짱 토론] 최저임금 산입범위 확대**_20171111). 찬성측의 하상우 한국경총 경제조사본부장의 논거는 다음과 같다. 급격한 최저임금 인상으로 영세 중소상인들의 어려움이 가중되고 있으며 생산성 상승을 초과하는 임금 인상은 고용에도 부정적인 영향을 미칠 것이다. 최저임금이 시행된 지 30년이 지났지만 제도가 변화하는 노동시장 현실을 반영하지 못하고 있다. 특히 근로자가 지급을 보장받는 상여금 등이 최저임금의 산입 범위에 포함되지 않아 고임금 근로자의 임금이 최저임금 인상률만큼 오르는 결과가 되고 근로자간의 임금 격차가 더욱 확대된다. 최저임금제도 취지에 맞지 않는다. 영국, 프랑스 주요 선진국도 산입 범위를 광범위하게 하고 있다. 최저임금을 1만원으로 인상하자는 것은 현재

1,600만 원 정도의 연봉 근로자의 임금을 2,500만원 수준으로 올려 주자는 것이지 4,000만원 연봉 근로자의 급여를 6,000만원으로 올리자는 것은 아니다.

반대 측의 이창근 민주노총 정책실장의 논거는 다음과 같다. 통상임금과 최저임금은 성격을 달리하는 임금이다. 저임금 근로자의 생활 안정을 위한 임금을 초과 수당 산정의 기준이 되는 통상임금과 비교할 수 없다. 통상임금 범위 확대에 대한 사회적 논란이 지속되고 있어 두 기준을 일치시키는 것은 더 큰 사회적 혼란을 가져올 수 있다. 상여금을 최저임금에 포함하면 최저임금 제도의 본질이 훼손된다. 식대, 숙박비 등 생활 보조적 성격의 급여를 최저임금에서 제외하는 것 또한 제도의 본질을 훼손하는 것이다. 최저임금의 산입 범위 확대는 현장에서의 편법, 불법을 합법화하여 주는 것이다.

서울경제신문도 2017년 12월 최저임금에 상여금을 포함하는 것에 대한 찬반 토론을 게재하였다([서울경제신문] **[어떻게 생각하십니까?] 최저임금에 상여금 포함**_20171222). 찬성 측의 최강식 한국항공대 교수의 논거는 다음과 같다. 현행 최저임금제도 하에서는 총액으로 최저임금을 웃도는 임금을 지급함에도 불구하고 법적으로 최저임금을 위반하는 사업장이 생긴다. 특히 올해는 최저임금이 급격히 올라 대기업을 포함하여 범법자가 양산될 전망이다. 최저임금 인상으로 최저임금법의 보호를 받을 필요가 없는 고임금 근로자의 임금도 크게 올라 기업의 인건비 부담을 크게 증가시킨다. 같은 임금총액을 지불하고도 임금체계 및 구성에 따라 최저임금의 실효성이 달라지는 등 정책효과가 떨어지게 된다. 상여금이나 수당을 더 많이 받는 일부 대기업 고임금 근로자의 급여가 더 많이 올라 임금 격차가 확대되는 최저임금의 도입 취지와 반대되는 결과를 가져온다. 많은 나라에서 상여금을 최저임금에 포함하고 있어 국제비교에서 우리나라가 저평가되는 착시효과를 가져오고, 이것이 다시 대폭 최저 임금 인상 주장의 근거가 되는 소모적 논쟁이 반복되고 있다.

반대 측의 김기덕 민주노총 노동법률원 변호사의 논거는 다음과 같다. 문재인 대통령의 최저임금 1만원 공약은 현 법제도하에서 제시된 것이다. 상여금을 포함하는 것은 그 만큼 최저임금을 줄이는 효과가 있어 근로자의 권리를 침해하는 것이다. 통상임금과 최저임금은 서로 다른 목적을 가진 임금인데 통상임금에 상여금이 포함되었다고 최저임금에 포함되어야 한다는 논리를 수용할 수 없다. 상여금을 포함하자는 근로자의 권리를 삭감해 이득을 챙기려는 사용자의 욕심이거나 법의 형식적 정합성에 대한 학자의 관심일 뿐이다.

산입범위 확대가 노사정 협의에서 결론이 나지 않은 채 국회에서 산입범위를 확대하는 법이 통과되자 노동계가 반발하는 등 논란이 확산되었다([한국경제] **연봉 6000만원 넘는 근로자 5만명도 '최저임금 이하'**_20180529)([매일경제] **어정쩡하게 타협한 한노위의 최저임금 산입범위 조정**_20180526)([문화일보] **年소득 2500만원 안팎 근로자는 제외… 기준 모호 논란도**_20180529)([뉴시스] **최저임금법 국회 통과…'인상무력화' vs '부담경감'**_20180528)([경향신문] **민주노총, 저소득층 조합원 602명 급여 명세서 분석**_20180525)([경향신문] **저임금 노**

동자, 내년 기대월급보다 10만원 넘게 줄을 수도_20180526)([내일신문] 개정 최저임금법 21만명 기대이익 감소_20180530)([서울경제] 민노총은 '산입확대 피해자' 30%라는데 고용부 '불이익 받는 근로자 6% 불과'_20180530)([한겨레] 학교 비정규직 "최저임금 개악에 연100만원 손실" 아우성_20180604)([아시아경제] 최저임금법 개정안 반대46%, 찬성39%_20180531)([이데일리] 최저임금산입 후 폭풍_20180528).

노동계는 노동계를 제외하고 최저임금의 산입범위를 확대한 것에 반발하여 최저임금심의위원회와 사회적 대화 참여를 거부하였다. 한국노총은 민주당과 통상임금 범위를 확대하기로 합의하면서 복귀하였다([경향신문] '최저임금 개편, 중요한 것은 과정... 이번에 급작스러운 면 있어'_20180607)([한겨레] "최저임금법 개악, 정치권 밀어붙이기 관성 탓"_20180609)([SBS] 최저임금법은 어쩌다 이렇게 '개정' 됐을까_20180603)([다음뉴스] 노동계, 최저임금법 반발 확산, '대정부 투쟁 경고'_20180610)([조선일보] 與 대표 前 대법원장 위협하는 민노총, 치외법권에 있다_20180609)([한겨레] 민주노총 '사회적 대화 불참'...'최저임금 산입 범위' 갈등 확산_20180523)([매일경제] 靑행정관 '민주노총, 시대변화 읽어라'_20180609)([조선일보] 靑행정관·민노총 카톡 방 설전_20180609)([중앙일보] 노동계 반발에 최저임금 재논의 가능하다는 노사정위원장_20180612)([파이낸셜뉴스] 경총, 최저임금 사회적 대화 거부_20180612)([한겨레] 최저임금 위 내일 전원회의 연기 노동자 위원들 "개정안 헌법소원"_20180613)([서울경제] 노사정위, 최저임금 勞 반발에 '통상임금 당근책'으로 무마하나_20180612)([머니투데이] 기득권 노총, 노동정책 '태클'_20180628)([한겨레] 깊어지는 최저임금 노정 갈등 정부 노동인식 재점검 필요_20180618)([서울신문] 최저임금 보완 '3대 축' 확 뜯어 고친다_20180618)([국민일보] 민주당 한국노총 최저임금 제도 개선 합의_20180628)([서울경제] 노 대화 복귀 대가로... 기업에 22조 인건비 폭탄 안긴 여_20180628).

산입범위 확대 논란이 우리나라의 불합리한 임금체계 개편의 계기가 되어야 한다는 주장도 제기되었다([매일경제] **최저임금 개정안, 임금체계 개편 단초 돼야**_20180601)([한국경제] **'임금체계 간소화'없이는 최저임금 논란 언제든 재연된다**_20180526).

2019년 최저임금을 논의하면서 속도 조절론 주장이 제기되었다([동아일보] **"최저임금 결정에 문 대통령 영향_ 안 받으면 바보지"**_20171225)([조선일보] **최저임금 이 상태서 더 올리면 소상공인들 길바닥서 데모할 것**_20180127)([서울경제] **최저임금 속도조절_ 소신 밝힌 어수봉 _사용자 편향적_ 퇴진 요구하는 노동계_**20180201)([한국일보] **어수봉 위원장 사과, 최저임금委 가까스로 정상화**_20180221)([한국경제] **막 오른 2019 최저임금 심의 '3대 관전 포인트'**_20180402)([중앙일보] **"최저임금 사실상 1만원 올해 같은 충격은 그만"**_20180403)([매일경제] **최저임금委 임기 끝났지만 노동계 늑장에 공백 불가피**_20180424)([서울경제] **해도 너무한 노동계, 방관하는 정부**_20180425)([동아일보] **최저임금위, 진보성향 위조로 개편**_20180512)([동아일보] **최저임금 정책에 '인권 대못' 박는 법무부**_20180501)([동아일보] **중기 48% "내년 최저임금 동결해야"**_20180503)([경향신문] **부작용만 보고 최저임금 올리지 말자 바보 같은 소리**_20180611)([서울경제] **노동계 내년 최저임금 20 % 인상요구**_20180527)([이데일리] **노동계, 최저임금 인상폭 확대 요구 불 보듯... 내년에 올해보다 더 오르나**_20180528)([중앙일보] **최저임금위, 내년에도 대폭 올리나... 속도 조절론에 경고**_20180531)([중앙일보] **"최저임금 사실상 1만원 올해 같은 충격은 그만"**_20180403)([서울신문] **소득분배 악화... 최저임금 인상 속도 조절 불가피**_20180525)([연합뉴스] **문대통령 "2020년까지 최저임금 1만원 못갈 수도.. 최대 노력"**_20180601)([중앙일보] **홍영표 "노조, 무조건 최저임금 1만원으로 올리라니 답답"**_20180622)([서울경제] **누구를 위한 최저임금 만원인가**_20180621).

최저임금이 급격히 인상되면서 업종별, 지역별로 최저임금을 달리 하여야 한다는 주장이 제기되고 있다. 최저임금법에는 사업 종류 별로 구분할 수 있도록 되어 있으나 제도 시행 첫 해인 1988년에만 시행되었다. 업종별, 지역별 최저임금의 차등화가 2019년 최저임금 결정의 이슈 중의 하나이다([연합뉴스] **속도조절대신 근본적인 해법을... 커지는 최저임금 차등 적용요구**_20180531)([한국경제] **한국당, 지방선거 1호 공약은 '최저임금 업종별 차등 적용'**_20180512)([서울경제] **고용대란 부른 최저임금 인상 사업자별 구분적용 도입해야**_20180705)([매일경제] **美·日 어디에도 최저임금 '낙인' 없다**_20180724).

한국경제신문은 2018년 2월 지역별, 업종별 최저임금 차등화에 관한 찬반 토론을 게재하였다([한국경제] **[맞짱 토론] 최저임금 업종지역별로 차등화해야 하나**_20180224). 찬성 측의 이재원 중소기업중앙회 인력지원본부장의 논기는 다음과 같다. 최저임금 인상의 취지는 공감하나 올해 최저 임금이 너무 급격히 올랐기 때문에 논란이 그치지 않고 있다. 중소기업들은 업종별, 지역별로 최저임금을 차등화 하는 것을 요구하고 있다. 업종 간 최대 3배의 임금 격차가 발생한다. 최저임금 인상에 따른 부작용이 업종별로 다르게 나타나는데 단일 최저임금제를 적용하고 인상수준을 높이니 부작용이 생길 수밖에 없다. 법에는 이미 업종별로 최저임금을 달리 할 수 있도록 되어 있고 1998년에 두 그룹별로 최저임금수준을 달리한 경험도 있다. 일본, 미국 등의 사례를 참고로 할 수 있다. 지역 간 임금 차이가 30%, 지역 간 물가 차이도 나기 때문에 지역별로 최저 임금을 달리 하여야 한다. 최저임금의 지역별 차등화로 해외로 가는 공장을 국내로 들어오게 할 수 있다. 지역별 임금수준 격차에 대한 조정은 중앙정부가 가이드라인을 통해 할 수 있다.

반대 측의 김기선 한국노동연구원 연구위원의 논거는 다음과 같다. 최저임금이 사실상 기준임금이나 표준임금으로 활용되는 현실에서는 최저임금이 낮게 설정된 업종은 저임금업종으로 낙인 찍히고 업종을 이유로 근로자간 불공정성이 발생한다. 지역별로 최저임금을 차등화 하는 것은 국민 통합을 저해시키고 고임금 지역으로의 인구 이동으로 도농 간 격차가 더욱 심화될 것이다. 연령별로 차등화 하는 것도 고령자에 대한 차별이다. 업종별. 지역별로 최저임금을 차등화 하는 것은 노동시장의 이중구조를 더욱 심화시키고 또 하나의 '2등 국민'을 양산하는 결과가 될 것이다.

2019년도 최저임금 인상 심의에는 민주노총은 처음부터 참석하지 않았고, 한국노총은 처음에는 거부하였다가 민주당과 통상임금의 범위확대를 합의한 후 복귀하였다. 사용자측은 동결을, 한국노총은 1만원 이상의 인상을 최초 요구안으로 제시하였다. 사용자측은 사업자별 구분적용이 부결되자 심의에 참여하지 않아 민주노총 측과 사용자 측 없이 2019년 최저임금은 전년도 대비 시급 기준 10.9% 오른 8,350원으로 의결되었다([문화일보] **최저임금 심의기한 코 앞에... 노동계 눈치만 보는 정부**_20180625)([서울신문] **최저임금 결정 오해와 진실**_20180623)([조선일보] **최저임금 업종별 차등 적용안 부결_ 사용자위원 전원 '앞으로 회의 불참'**_20180711)([조선일보] **7530원 vs 1만원... 격차 좁힐 시도 단 한번도 없었다**_201800714)([NEWS1] **류장수 '고용악화로 최저임금 속도조절'..경영계 보이콧 '최초'**_20180714)([매일경제] **19시간 진통… 30년만에 使측 없이 '반쪽 결정'**_201807

16)([한국일보] 경영·노동계 '최저임금 8350원' 아전인수 해석_20180717)([아시아경제] 중기의 울분 ... '공익위원들, 차등적용 관심조차 없었다'_20180719)([매일경제] 경총, 최저임금 인상 재심의 요청하기로_20180720).

2019년 최저임금 인상에 대해 자영업자들은 불복종운동을 전개할 것을 공언하는 등 강력하게 반발하고 있다([서울경제] 최저임금 위반 3배 증가, 범법자 양산 현실로_20180709)([동아일보] 사측 '최저임금 동결시키기 위해 최대한 싸울 것'_20180711)([조선일보] 코너 몰린 자영업자 _최저임금 불복종 투쟁_20180712)([경향신문] '최저임금 불복종' '편의점 공동휴업' 단체행동 나선 소상공인들_20180713)([한겨레] 진척없는 경제민주화... 최저임금 또 '을들의 다툼'_20180713)([한국일보] '을들의 갈등'으로 번진 최저임금의 역설_20180713)([국민일보] '최저임금아, 나를 잡아가라'... 소상공인들 '배수진'_20180713)([한국경제] "지불능력 고려 않는 일방적 최저임금 이행 못해"_20180714)([아시아경제] 경총 '최저임금 고율 인상, 영세상인·중소기업 존폐 위기 내몰 것'_20180714)([중앙일보] 최저임금 후폭풍에 당황한 정부_20180713)([중앙일보] 노동자만 국민인가_201807117)([중앙일보] 소상공인 연합회 "5인 미만 사업장 차등 적용을 … 농성·집회 투쟁"_20180718)([조선일보] 최저임금 인상 반대 '소상공인 생존권 연대' 24일 출범_20180721)([문화일보] 日보다 높아진 최저임금 … 不服 확산 간과해선 안 된다_20180726)([세계일보] 소상공인聯, 최저임금 고시 집행정지 신청_20180731)([문화일보] "생존 저항 시작할 것"...'자영업의 분노' 거리로 나선다_20180803).

2019년 최저임금에 대해 시각의 차이가 있다. 최저임금의 과도한 인상으로 경제에 악영향을 미칠 것이라는 주장이 야당을 포함하여 제기되었다([조선일보] 최저임금 밑돌 400만명… '범법자 사업주' 속출할 듯_20180716)([중앙일보] 최저임금 2년 만에 29% 인상 … 근로자 25%가 대상 됐다

_20180716)([중앙일보] **실질 최저임금 1만원 … 속도조절 없었다**_20180716)([한국경제] **"최저임금 폭주 막겠다" … 시장경제살리기 손잡은 보수 야당**_20180716)([동아일보] **2년간 29% 인상… 최저임금 사실상 1만원**_20180716)([매일경제] **자영업 죽이는 '3종세트' 완결판**_20180716)([내일신문] **한은도 못 피해가는 최저임금 논란**_20180719)([국민일보] **자기반성이 먼저다**_20180721)([중앙일보] **최저임금 후폭풍, 듣고 싶은 소리만 골라 들어서야…**_20180731)([서울경제] **최저임금이 고용쇼크 불러…2년간 27% 인상은 부적절_ 80%**_20180802)([동아일보] **구운 돼지고기와 소득주도성장**_20180731)([이데일리] **기업들 희망고문의 시대**_20180731)([조선일보] **첫 단추 잘못 끼운 뒤 줄 잇는 무리수**_20180803)([문화일보] **경영위협요인은... "최저임금" 34% - "내수위축" 29%**_20180803)([이데일리] **'최저임금 1만원 공약 반성한다'**_20180803).

산입범위 확대로 2년 연속 과도한 인상이라는 주장은 착시이며, 임대료 인하 등 후속조치를 국회에서 진행하여야 한다는 시각도 있다([한겨레] **산입범위 확대의 덫 최저임금 인상 '착시'**_20180716)([경향신문] **최저임금안, 이젠 '정부·국회' 손으로**_20180716)([경향신문] **최저임금안, 이젠 '정부·국회' 손으로**_20180716)([한겨레] **영세상인 보호 입법 '미적'…최저임금 갈등 키운 국회**_20180714)([경향신문] **최저임금, 을과 을의 싸움으로 몰아가지 마라**_20180717)([한겨레] **문대통령 '최저임금' 사과, 후속대책 마련 총력을**_20180717)([내일신문] **이번 기회에 근원적인 해결책 모색해야**_20180719)([경향신문] **샤워실의 바보는 안된다**_20180731)([중앙일보] **노동연구원 "고용 쇼크, 업체 포화 때문" 원장은 "최저임금 탓"**_20180803).

정부는 임대료 인하, 카드 수수료 인하 등을 관련업계에 설득 중이나 급속한 최저임금의 후유증을 민간에 떠넘기려 한다고 정부 대책에 대해 비판적인 시각도 있다([서울신문] **최저임금보다 내수 회복 급한데… 정부 후속대책은 재탕·삼탕**_20180716)([매일경제] **'최저임금 뒷수습' 바쁜**

정부… 재정 더 풀고 임대료 압박 나서나_20180716)([중앙일보] 최저임금 부담 기업에 떠넘기는 김상조_20180717)([아시아경제] 산업부, 편의점 4사와 '최저임금 회의' … 공정위 이어 압박_20180718)([이데일리] 최저임금 불똥에 신용카드업 사라질라_20180720)([중앙일보] '을의 고통' 지적에 … 김상조, 예정 없던 대기업 갑질 조사 카드_20180717)([매일경제] '최저임금 29% 폭탄' 던져놓고 … 뒷감당은 기업·세금에 떠넘겨_20180717)([한겨레] '갑질 근절'을 '대기업 때리기'로 호도하는 보수 언론_20180718)([한겨레] 갑질 근절 대책도 최저임금 탓이라는 보수의 궤변_20180718)([조선일보] 편의점 본사들 _우리도 죽을 맛… 최저임금 부담 왜 떠넘기나_20180718)([조선일보] '남주머니'로 최저임금 해결 20180721)([중앙일보] 승용차 개소세 연말까지 30% 인하 쏘나타 최대 68만원 싸진다_20180719)([한국경제] '최저임금 억지'에 임대·결제시장까지 죽게 생겼다_20180727)([서울경제] 최저임금 인상 부담 일방 전가_… 카드노조도 _대정부 투쟁_20180730)([한국경제] "건물주 탓하지 말고 '정책 갑질'부터 멈추라"는 호소_20180803).

문재인대통령은 2018년 7월 17일 수석보좌관회의에서 "최저임금위 결정은 존중하나 정부 의지만으로 안 돼, 1만원 목표 어려워졌다"는 최저임금의 인상 속도 조절을 시사하는 발언을 하였다. 문대통령의 지지율은 큰 폭으로 떨어졌다([파이낸셜뉴스] '최저임금 1만원 공약' 결국 후퇴_20180717)([동아일보] 정부 '乙들의 전쟁' 확산에 부담… 경제현장 어긋난 '과속' 인정_20180717)([세계일보] 노사 모두 반발에 입장 정리… '속도조절론'에 힘 실어주기_20180717)([동아일보] 文대통령 지지율, 취임 후 최대폭 하락_20180720)([한겨레] 문 대통령 지지율 하락에 담긴 '민심' 잘 새겨야_20180720)([중앙일보] 가라앉는 경제지표, 차갑게 식는 국정 지지율_20180720)([서울경제] 윤종원 _최저임금 1만원, 고용 감안_20180719).

2019년 최저임금에 대해 한국경영자총협회, 중소기업중앙회가 정부에 재심의를 요청하였으나 정부는 2018년 8월 2일 그대로 확정, 고시하였다([서울경제] **최저임금 재심의 요구는 절박함의 표출이다**_20180724)([문화일보] **근로자 40%임금, 시장 아닌 국가서 결정하는 셈**_20180723)([문화일보] **고용부_ 전례 없어_ … 전문가들 _보완해야**_20180723)([한국경제] **"최저임금보다 못벌어 식당 물려줄 생각 접어" … 文에 쏟아진 하소연**_20180727)([파이낸셜뉴스] **최저임금 재심의, 건성에 그쳐선 안돼**_20180727)([한국경제] **중기중앙회도 최저임금 재심의 요구**_20180727)([아주경제] **민주 '임대료, 본사갑질 해결' vs 한국 '최저임금 재심의'**_20180727)([매일경제] **경총, 최저임금 재심의 압박… 이의 보충의견 제출**_20180728)([문화일보] **내년 최저임금 8350원 재심의 없이 告示 강행**_20180803)([문화일보] **"내용·절차 문제없다"… 고용부, 예상대로 '마이웨이'**_20180803).

이해 당사자인 노사가 참여하는 최저임금 결정 방식을 바꾸어야 한다는 주장이 제기되고 있다([이데일리] **최저임금 결정 방식 바꾸자**_20180614)([서울경제] **갈등으로 점철된 최저임금 결정 31년... 노사 표결 참여는 15차례뿐**_20180714)([한국경제] **'파행 고착된 최저임금 결정 방식...이대론 안된다'** _20180714)([서울경제] **최저임금 결정구조 안 바꾸면 경제충격 계속된다**_20180716)([중앙일보] **최저임금 재심의하고, 결정 시스템도 손질하라**_20180717)([파이낸셜뉴스] **현장 외면하는 최저임금委 뜯어고쳐야**_20180717)([조선일보] **공익위원 전원 정부가 뽑아… 최저임금, 결국 정권 입맛대로**_20180717).

최저임금의 인상이 외국인 근로자의 급여 인상으로 이어지나 외국인 근로자의 임금인상은 국내 경기에는 크게 도움이 되지 않아 소득주도 성장과 무관하다는 시각도 있다([파이낸셜뉴스] **최저임금 인상과 외국인 근로자**_20180613).

최저임금 1만원의 가장 큰 장애 요인은 일자리이고, 국민들도 취지는 공감하나 부정적인 효과 또한 인식하고 있다([중앙일보] **'최저임금 1만원되면 일자리 14만개 감소'**_20180605)([한국일보] **취지엔 긍정적, 효과엔 부정적 최저임금 인상 '두 얼굴 여론'**_20180609)([국민일보] **'최저임금, 정부 나서기보다 기업·노조에 맡겨야'...**_20180526)([서울신문] **노동시장 이중구조와 최저임금**_20180112)([문화일보] **최저임금 넘어선 삶의 질 보장_ 광역 12곳-기초 79곳 도입 9000원 이상도 많아… 민간 '상대적'**_20180202).

우리나라의 최저임금의 급격한 인상, 재정을 통한 보전에 대해 세계적인 석학, IMF, OECD 등 국제기구에서 우려하고 있다([중앙일보] **급격한 최저임금 인상, 분배·일자리에 악영향**_20180607)([국민일보] **'최저임금인상은 긍정적이지만 정부 직접 임금 보전은 신중해야'**_20180525)([한국경제] **IMF "최저임금 추가 인상 신중해야"**_20180219)([동아일보] **'한국 최저임금 리스크' OECD의 경고**_20180531)([매일경제] **韓정부 親노동정책, 고용 줄이고 사회갈등 심화시킬 우려**_20180418)([한국경제] **억지로 올리는 한국 임금 vs 경기 좋아 올라간 일본 임금**_20180418)([중앙일보] **프랑스, 최저임금 과속 부작용에 인상 중단... 전문가'청와대도 귀 기울여야'**_20180605)([한국경제] **OECD '한국, 최저임금 인상으로 고용악화 우려'**_20180530)([한국경제] **세계적 연구대상이 될 한국의 최저임금 인상**_20180630)([동아일보] **英은 성공, 헝가리는 실패… '경제 체력'이 최저임금 성패 갈랐다**_20180718)([매일경제] **IMF _한국 최저임금 인상 너무 빠르다**_20180727).

3. 근로시간 단축/통상임금/포괄임금제

19대 대선 과정 중에 근로시간 단축이 이슈화되자 한국경제신문은 근로시간 단축을 법으로 강제하는 것에 대한 찬반 토론을 2017년 4월 게재하였다([한국경제] **[맞짱 토론] 근로시간 단축 法으로 강제해야 하나**_20170401). 찬성 측의 정문주 한국노총 정책본부장의 논거는 다음과 같다. 우리나라 노동시간이 긴 것은 법정노동시간이 적용되지 않은 대상자가 광범위하고 기업이 인력규모를 최소화하려고 하고 있으며 잔업, 특근에 맞추어진 불안정한 임금체계와 저임금 구조 그리고 오래 일하는 노동문화가 있기 때문이다. 근로자의 60%는 법정근로시간을 적용받지 못하고 있다. 법정 근로시간이 적용되는 근로자는 주 52시간까지 일하도록 되어 있다. 그러나 정부가 휴일근로가 연장근로에 해당되지 않는다고 행정해석을 하고 있기 때문에 1주 68시간 근로가 가능하고 100만 명이 주 52시간 이상을 일한다. 법원의 판례는 노동부의 행정해석과는 다르다. 시간이 부가가치를 만들던 사회에서 아이디어와 창의력이 부가가치를 생산하는 사회로 가기 위해서는 근로시간 단축을 법으로 강제하여야 한다.

반대 측의 노민선 중소기업연구원 연구위원의 논거는 다음과 같다. 근로시간 단축으로 중소기업의 추가비용은 연 8조 6,000억원으로 추정되고 중소기업은 근로시간이 줄어든 만큼 임금을 줄일 가능성이 높다. 내국인을 구하기 어려운 중소기업은 외국인에 대한 의존도를 심화시킬 것이다. 법으로 강제하기 보다는 노사간

합의로 자율적으로 운영하는 것이 바람직하다. 노사정 대타협에서 휴일근로를 연장근로에 포함하는 것과 시행시기를 4단계로 구분하는 등의 합의가 이루어졌으나 정치권의 갈등으로 실현되지 못하였다. 현재 정치권에서 논의되는 방안은 노사정 대타협 수준 이상의 부담을 기업에 요구하고 있으며 국제기준보다 높은 수준이다. 외국은 노사합의에 의해 추가 연장근로가 가능하다. 노사간 자율영역을 남겨두고 법적으로 강제하여야 한다.

문재인대통령이 2017년 정기국회에서 근로시간 단축관련 법 개정이 이루어지지 않으면 고용부의 행정해석을 폐기하겠다는 방침을 밝히자 서울경제신문은 2017년 10월 찬반 토론을 게재하였다([서울경제신문] **[어떻게 생각하십니까?] 노동시간 단축 위한 행정해석 폐기 추진**_20171027). 이주희 이화여대 교수의 논거는 다음과 같다. 휴일근로를 연장근로에 포함시키지 않는 행정해석은 법의 원칙을 훼손한 것이기 때문에 폐기되어야 한다. 장시간 노동에 기대는 기업 경영의 미숙함을 떨쳐 버리고 원하청 거래 질서 확립으로 영세 기업의 지불 능력을 높여주는 방안도 고민하여야 한다. 형사처벌, 임금 청구소송 사태가 일어난다는 것은 기우이다. 행정해석을 폐기하는 것과 함께 장시간 노동을 할 수 밖에 없는 상황에 있는 근로자들의 노동시간을 줄이는 방법을 고민하여야 한다. 행정해석의 폐기는 시작일 뿐이다. 불법 파견, 비정규직에 대한 차별 등 노동조합에 의해 보호받지 못하는 여러 분야의 노동자들의 권익을 행정당국이 적극적으로 보호하여야 한다. 근로시간 단축과 같은 노동관련 현안을 요원한 법 개정에 미루지 말고 현 법 체계 내에서 행정적 개선 방안을 찾아야 한다.

반대 측의 이승길 아주대 교수의 논거는 다음과 같다. 근로시간 단축에 관해서는 2014년 노사정 공감대가 형성되었고 관련 법 논의는 19대 대통령 선거 이후에 다시하기로 국회에서 합의된 바 있다. 근로시간 단축 논의는 휴일연장 근로의 중복할증, 특별연장근로시간, 기업규모별 단계 적용 등 여러 관련 이슈와 연계되어 있다. 휴일 연장근로 중복할증은 관련 사건은 대법원에 계류되어 있다. 지금까지 정부의 행정해석에 기준하여 형성된 노사관행과 상식을 스스로 폐기하는 것은 불합리하다. 노사정 논의와 국회에서의 법 개정으로 풀어야 한다.

주 52시간으로 근로시간을 단축하면서 30인 미만 영세기업에 대해 특별 연장근로를 추가적으로 8시간 허용하는 것이 이슈였다. 서울경제신문은 2018년 1월 관련하여 찬반 토론을 게재하였다([서울경제신문] **[어떻게 생각하십니까?] 영세 중기 주8시간 특별연장근로 허용**_20180105). 찬성 측의 김대종 세종대 교수의 논거는 다음과 같다. 문재인정부의 노동정책 기조는 근로시간을 줄여 추가 고용을 하라는 것이다. 특별연장근로가 허용되지 않으면 일자리는 늘어나지 않는다. 중소기업에 빈 일자리가 약 26만개이다. 인력난을 겪는 중소기업은 사람을 더 쓰려고 해도 쓸 사람이 없다. 사람을 구할 수 없으니 생산차질이 생기고 외국인 근로자에 대한 의존도만 높아진다. 현재도 일부 업종은 외국인 의존도가 90%이다. 근로시간 감소로 인한 수당감축으로 급여가 줄면서 서민경제가 타격을 받을 것이다. 특별연장근로 허용은 중소기업과 근로자 모두 원하는 것이다. 시

간을 가지고 대책을 강구할 수 있도록 하여야 한다.

반대 측의 김성희 고려대 노동문제연구소 교수의 논거는 다음과 같다. 특별연장근로시간 허용이 의미가 있으려면 주 68시간까지 일할 수 있도록 법을 해석한 고용부 행정해석이 폐기되어야 한다. 잘못된 행정해석으로 특별연장근로 허용과 같은 부수적인 문제가 발생한다. 현재도 5인 미만 사업장 근로자는 법의 사각지대에 있는데, 특별연장근로를 허용하는 것은 근로기준법을 무력화시키는 것이다. 5인 미만 사업장 근로자를 포함한 모든 근로자가 근로시간 단축으로 삶의 질이 향상되어야 한다. 현 법체계 내의 3개월 단위 탄력시간제, 26개 특례업종 등 실질적인 근로시간 단축을 저해하는 요소도 개선되어야 한다.

국회에서 2018년 7월 1일부터 단계적으로 주 최장 근로시간을 52시간으로 하는 근로기준법 개정안이 2018년 2월 말 통과되면서 OECD 국가 중 두 번째로 긴 근로시간이 획기적으로 줄어 들 수 있는 전기가 마련되었다. 그러나 5인 미만 사업장은 제외되고 30인 미만 사업장은 특별연장근로시간이 허용되는 등 단계적으로 시행되며 근로시간이 양극화되었다는 비판도 제기되었다([동아일보] **휴일할증은 野, 특례축소는 與 뜻대로**_20180228)([경향신문] **금전 보상 대신 휴식… 빈부 격차 커진 노동시간**_20180228)([경향신문] **휴일근무도 연장근로로 인정… '저녁이 있는 삶' 첫발**_20180228)([동아일보] **탄력근로제 도입땐 3개월이내 평균 근로시간 계산**_20180301).

국회 환경노동위원회에서 주당 근로시간을 최대 68시간에서 52시간으로 줄이는 근로기준법 개정안을 동과시키자 중앙일보와 한겨레신문은 2018년 2월 각각 사설을 게재하였다. 중앙일보 사설의 요지는 다음과 같다([중앙일보] **영세기업 외면한 근로시간 단축, 땜질 보완책 우려된다**_20180228). 근로기준법 개정으로 저녁이 있는 삶과 일자리가 늘어 날 것으로 기대된다. 한국경제연구원 추정에 따르면 근로시간 단축에 따른 추가비용은 12조 1,000억 원이고 이중 70%를 중소기업이 부담한다. 사업장 규모에 따라 적용시기를 달리 하는 등 보완책이 있으나 최저임금 과속으로 허덕이는 영세 기업과 영세기업 근로자들을 위해 탄력적 예외조항이 본회의에서 통과되는 본안에서는 확대되어야 한다.

한겨레신문의 요지는 다음과 같다([한겨레신문] **'노동시간 단축' 전기 마련한 근로기준법 개정**_20180227). 노동계에는 사전 설명이 없었고 여러 건의 법원 1, 2심에서는 인정된 휴일근로 중복 할증이 포함되지 않은 점은 아쉬우나 근로기준법 개정은 근로시간 단축의 전기를 마련하였다. 민간기업도 법정공휴일을 유급휴일화하기로 한 것, 특례업종을 축소한 것은 바람직하다. 그러나 단계적으로 시행하고 특별 연장근로를 허용하는 것은 노동시장의 양극화를 악화시킬 것이다. 저녁이 있는 삶이 가능하게 되고 일자리 나누기 효과까지 있기 위해서는 과제가 많다. 시행을 엄격히 하면서 노사정 모두 지혜를 모아 보완대책을 찾아야 한다.[46]

주52시간 도입을 문재인정부 출범과 함께 예견하고 있었기 때문에 신세계 등 일부 대기업은 자체적으로 주52시간을 시행하고

---

46) 중앙일보와 한겨레신문의 사설 비교는 '[중앙일보]/[한겨레신문] **[사설 속으로] 노동시간 단축**_20180313' 참조.

있는데, 집중근무 등 시스템 혁신을 통해 노동생산성을 끌어 올리기 위해 많은 노력을 하고 있다([서울경제] **노동생산성을 높이는 길**_20180309)([동아일보] **'집중 근무시간' 도입하고 PC '셧다운 시스템'으로 야근 줄여**_20180228)([서울경제] **美 절반수준 노동생산성, 노사 '일터 혁신'으로 끌어올려야**_20180228)([중앙일보] **주 52시간제가 '워라밸' 문화 정착시키려면**_20180306)([동아일보] **"하루 5시간 집중근무 뒤 나머지는 자율조정"**_0180313)([중앙일보] **집중근무시간엔 흡연실 폐쇄 … 야근 다음날은 낮 퇴근**_20180321)([매일경제] **디지털 시대에 아직도 '카우보이 경영'**_20180406).

탄력적 근로시간제 개선방안을 2022년까지 미루고 특례업종도 5개로 대폭 축소하는 등 52시간제 도입이 획일적으로 되면서 현장에서 우려하는 목소리가 있다([문화일보] **'규제의 덫'에 빠진 근로시간 단축**_20180305)([중앙일보] **무조건 주 52시간, 연구개발직까지 '공장 마인드' 규제**_20180404)([중앙일보] **주 52시간 지키려면 기사 1만여명 더 필요…버스대란 예고**_20180405)([문화일보] **'탄력근무' 묶어놓고 근로시간 단축… _한국만 역주행 우려**_20180305)([동아일보] **성수기-비수기 뚜렷한 업종 "탄력적 근로시간제 확대해야"**_0180228)([문화일보] **근로자 위해서도 화급한 탄력근무제**_20180312)([동아일보] **주당 최대 52시간 범위내 상황따라 선택 적용 가능**_20180319)([중앙일보] **근무시간 줄면 일자리 는다더니… 꼼수만 작렬**_20180322)([동아일보] **초과 근무한 만큼 휴가로 저축 … "덜 바쁠 때 장기휴가 갑니다"**_20180405)([문화일보] **근로시간계좌제로 인간답게_ 바른미래당 '생활공약' 발표**_20180405)([이투데이] **탄력근무 묶어놓고..혈세로 땜질하겠단 정부**_20180522).

주52시간제가 도입되면서 탄력근로시간제를 현행 3개월보다 연장하여야 한다는 주장이 제기되자 서울경제신문은 2018년 1월 잔

반 토론을 게재하였다([서울경제신문] **[어떻게 생각하십니까?] 탄력 근로시간제 1년으로 확대**_20180309). 찬성 측의 김강식 한국항공대 교수의 논거는 다음과 같다. 주 52시간제 도입으로 근로자는 소득감소, 기업은 생산감소, 비용증가, 인력문제 등의 과제를 안게 된다. 기업의 경영상황은 일정하지 않기 때문에 유연성을 확보하는 것이 중요하다. 탄력적 근로시간제는 인력난에 허덕이는 중소기업이 생산수요 변동 등 불확실한 상황에 대응할 수 있도록 하고, 수주량의 계절적 변동이 심한 업종에서 근로시간을 유연하게 하는 제도이다. 현행 탄력적 근로시간제는 주68시간까지 근로할 수 있는 시스템 하에서 만들어진 제도이다. 52시간으로 줄어든 주 최장근로시간에 맞추어 탄력적 근로시간제도 1년으로 연장되어야 한다. 선진국에서 1년 단위 탄력적 근로시간제가 시행되고 있다. 다만 부작용 방지를 위한 보완책은 필요하다. 실 근로시간과 소정근로시간 간의 차이를 적립하고 추후에 사용하는 계좌제 도입도 고려하여야 한다.

반대 측의 김성희 고려대 노동문제연구소 소장의 논거는 다음과 같다. 탄력적 근로시간제는 단위기간 내에 시간 한도를 넘으면 초과노동에 대한 할증이 없이 일을 하는 사용자 편향적 제도이다. 주40시간제 도입도 반대급부로 노동자측이 양보하여 현행 제도가 도입되었다. 독일은 기준근로시간을 40시간 미만으로 할 때 도입한 것이다. 현재는 기준근로시간 단축을 하는 것이 아니기 때문에 논리적 설득력이 없다. 40만 명에 불과한 주 52시간 이상 근로자를 위해 1,600만 근로자에게 불이익을 주는 제도를 도입할 수 없다.

근로시간 특례 업종 종사자가 400만 명이고, 5인 미만 사업체 종사자는 아직 근로기준법 대상이 아니다. 선진국제도인 탄력적 근로시간제를 논의하는 것은 블랙코미디이다. 지금까지는 68시간까지 일을 할 수 있어 많이 활용되지 않았으나 3개월 단위 탄력근로시간제가 앞으로는 많이 활성화될 것으로 예상된다. 그러나 수당 감소 등으로 직원들 사기가 저하되는 것을 고려하면 급증하지는 않을 것이다. 노동자의 입장에서는 불편하고 손해가 나는 제도를 잘못된 관행을 정상화시키는 대가로 도입하여서는 안 된다. 주 40시간 근로가 표준이 되었을 때 탄력적 근로시간제도는 의미가 있다.

근로시간 단축에 대해 저녁이 있는 삶에 대한 기대와 함께 중소기업을 중심으로 경영의 어려움이 가중될 것이라는 우려의 소리도 있다([인보스트] **주52시간제에 대한 기대와 우려**_20180530)([동아일보] **잘 쉬어야 일도 잘한다_ 기업문화 변화의 바람**_20180228)([한국경제] **파이팅 워라벨!**_20180320)([한국경제] **이젠 저녁 있는 삶 "어색했던 칼퇴·유연근무 자연스러워졌죠"...**_20180403)([한국경제] **디테일 무시한 '획일주의'에 경제 곳곳이 멍든다**_20180228)([한국경제] **근로시간 단축 아슬아슬 줄타기 노사 비명소리만**_20180303)([문화일보] **근로시간 단축…중소기업 대책 세워야**_20180302)([서울경제] **'충원·시설투자가 말처럼 쉽나'.. 법 지키며 사업 가능할지 걱정**_20180531)([매일경제] **근로시간 단축 명과 암**_20180308)([조선일보] **기업 78% _근로시간 단축, 경영 차질**_20180319)([경향신문] **'8시간만 일하게' 40년간 모양새 바뀐 노동자들의 외침**_20180619)([경향신문] **선순환이냐 악순환이냐… 노사 새 화두는 '일과 돈의 균형'**_20180622)([한국경제] **급변하는 노동시장... 로범 사손심 내결 시삭됐다**_20180621)([중앙일보] **늘 반짝였던 한국의 밤..'심야 상권'**

이 사라진다_20180711)([한겨레] **과로사가 없어지는 날**_20180713).

주52시간 근무제 시행이 다가 오면서 대기업을 중심으로 각 자 방식으로 문제점을 해결하고 있다([이투데이] **퇴근 카드 미리 찍기 등 각종 편법 '노사갈등' 빌미될 수도**_2080523)([서울경제] **삼성전자 월간 노동시간 근로자 스스로 조정한다**_20180529)([동아일보] **한화케미칼, 2주 80시간 탄력 근무제 도입**_20180530)([매일경제] **회계법인 _재량근무_로 주52시간제 돌파**_20180627).

근로시간 단축에 따른 급여삭감에 대한 우려가 있다([조선일보] **중소 제조업체 근로자들 _연봉 600만원이상 깎인다_ 걱정**_180302)([조선일보] **근로시간 52시간으로 단축되면… 월급 평균 37만원 감소**_20180314)([조선일보] **中企 직원의 주52시간 하소연 _월급이 150만원 넘게 줄었어요**_20180321)([한국경제] **근로자휴식권 보장되지만 급여 줄어들 수밖에 없어 부담 기업들 '생산성은 그대로인데 시간만 줄이면 어떡하나' 한숨**_20180521)([한국경제] **기업 70% '실질임금 줄어도 임금보전해 줄 계획 없다'**_20180530)([한국일보] **주52시간에 홀쭉해진 월급통장 '月 100시간 덜 일하고 160만원 줄었다'**_20180607)([서울신문] **'저녁 있는 삶' 좋지만...급여 감소, 업무 부담 가중**_20180709).

근로시간 단축으로 정부는 일자리가 늘어 날 것으로 기대하나 많은 기업에서는 추가고용보다 혁신을 통한 노동생산성 제고에 중점을 두고 있는 것으로 나타났다([한국경제] **"公기관 근로시간 단축 땐 3만명 추가 고용"**_20180302)([매일경제] **시간외근무 10시간 단축… 정규직 일자리 창출**_20180319)([한국경제] **기업 10중 9곳 '추가 채용 안 한다'**_20180530)([한국경제] **근로시간 줄여 일자리 창출? 선진국은 실패했다**_20180714)([국민일보] **한경연 "근로시간 단축으로 2020년까지 일자리 33만6000개 감소"**_20180716)([아시아경제] **근로시간 단축으로 인한 추가고용계획_ 4%뿐**_20180702)([중앙일보] **'공짜야근' 없앤다더**

니 포장만 바뀌나_20180607)([파이낸셜뉴스] '지금도 자금난에 일손 부족 추가고용은 커녕 문 닫을 판'_20180625).

노선버스가 근로시간 단축으로 기사를 더 뽑아야 하지만 자격을 갖춘 기사를 양성하는 데 시간이 소요되는 등의 이유로 대안을 고민하고 있다([동아일보] 월급 깎이고, 잘리고... 기업 임원 운전기사 1만명 아우성_20180518)([한국일보] '7월 근로시간 단축에 기사부족' 경기 버스업체 3000여명 뽑는다_20180518)([서울신문] 버스대란 없게 노사정, 노선버스 탄력근무제 도입_20180601)([중앙일보] 노선버스 탄력근무 한다지만 8000명 필요한데 500명 확보_20180601)([문화일보] 준공영제 확대위해 ... 버스업체에 국고지금 추진_20180626)([한국경제] 고속버스 예매 중단 속출 근로시간 단축 '대란조짐'_20180607)([조선일보] 버스가 안 온다… 근로 단축에 기사들 '지방 탈출'_20180611)([동아일보] 버스대란 오나... 펑크난 주 52시간 대책_20180618)([한국경제] 버스 감축 현실화에도 대란 없다는 국토부_20180622)([매일경제] 시골, 소도시 버스대란 현실로_20180704).

의약품, IT, 연구개발 분야도 근로시간 단축으로 영향을 많이 받는 업종이다([헤럴드경제] '의약품 개발 생산, 시간이 생명인데' 주 52시간 근무 어쩌나_20180523)([뉴스토마토] 주52시간 근무제 임박...제약사 희비교차_20180608([국민일보] '주52시간'의 역설... 이민 꿈꾸는 IT인재들_20180710)([뉴시스] ICT 업종 '특별연장근로' 허용 방침에... IT 노조 반대_20170630)([머니투데이] 2년차 연구원의 '주52시간'_20180711).

365일, 24시간 체제로 운영되는 문화계는 유예 기간 동안 해결책을 마련하여야 한다([한국경제] 근로시간 단축에 문화계 '속수무책' '전전긍긍'_20180602)([경향신문] 대중문화 업계 '주52시간 근무' 법 적용은 유예됐지만..._20180626).

정규직의 근로시간 단축으로 자영업자들의 업무가 폭주하는 부작용이 있다([한국일보] **'근로시간 밀어내기' 직격탄맞은 위탁 택배원**_20180515)([한국경제] **'주 52시간' 불똥 … 勞勞갈등 불거진 집배원**_20180712)

경직적 제도 운영으로 비상시 상황에 대한 대처 방안을 고심하고 있다([매일경제] **재난 발생때 IT시스템은 누가 복구하나…연장근로 예외 있어야**_20180611).

건설업은 날씨 등의 영향을 받을 수밖에 없는 건설공사의 특성, 해외 건설현장까지 적용대상인 점이 근로시간 단축에 따라 해결하여야 할 도전과제다([파이낸셜뉴스] **이란특수 마저 사라져… 해외시장 어쩌나**_20180611)([파이낸셜뉴스] **공공 공사 9월부터 '일요 휴무' _현장 모르는 정책_ 업계 속앓이**_20180716).

금융산업은 주52시간 근무제 시행이 1년 유예되었다. 그러나 노조의 요구로 주52시간 근무제 조기 시행과 함께 '주 5일 이하(주 4일 근무하는 것도 가능한) 근무제'를 협의하였으나 노사합의 실패로 일부 공공 금융기업을 제외하고는 7월 1일부터 시행되지 못하였다([매일경제] **금융노조 _주5일이하 근무_ 사실상 주4일제 첫 공론화**_20180331)([세계일보] **'주52시간근무제' 연내도입 서두르는 은행권**_20180526).

주 52시간제 도입에 따른 기업의 어려움을 정부는 신규 채용에 따른 인건비 지원 등 재정에 의존하는 방식으로 해결하고자 하는데, 이에 대한 비판의 목소리가 있다([동아일보] **주52시간 근무 기업에 신규채용 인건비 지원**_20180307)([한국경제] **정부 '주 52시간' 안착 총력전 신규채용 비용·임금감소분 지원**_20180307)([동아일보] **근로 단축 인건비도 4700억 '세금 땜질'**_20180518)([중앙일보] **13개 부처 머리 짜냈다더니...맹탕인 근로시간 단축대책**_20180518)

([동아일보] '기업들 지원금 더 준다고 채용 안늘려...국민 부담만 늘어가'_20180518).

고용노동부가 구체적인 주52시간 지침을 너무 늦게 제시하였고, 내 놓은 가이드라인도 구체성이 떨어졌기 때문에 많은 비판을 받았다([연합뉴스] 주 52시간 가이드 라인 고용부 직장인 회식 동상이몽_20180613)([매일경제] 주 52시간 대혼란 고용부 '불 구경'_20180606)([매일경제] 저녁식사도 근무... 고용부 모르겠다, 靑 신문고에 올려봐라_20180606)([세계일보] 근로시간 단축 혼란 '강 건너 불 보듯' 하는 고용부_20180607)([경향신문] 이제야 주 52시간 지침 낸다는 노동부의 뒷북_20180608)([한국일보] "출장 이동시간은 근로시간" 이견 없어_20180611)([한국일보] 근무 중 휴식, 사용자 지휘 아래 있다면 근로시간_20180611)([한국일보] '근로시간 단축' 뒷북 가이드라인 내놓는다지만…_20180611)([매일경제] 회식·접대·워크숍은 근무시간_20180611)([머니투데이] 답 없는 52시간 근로제_20180611)([중앙일보] 하루 15시간씩 주 3일 일해도 연장근로 12시간 넘겨 위법_20180611)([조선일보] 사업주 감옥 보내는 法 시행 20일 앞두고 '준비 미흡'이라니_20180612)([조선일보] 김영주 장관 _준비·대응 미흡하지 않았는지 돌아봐야_20180612)([조선일보] 회사 휴게실서 커피 한잔은 '근로'… 직원 단합 워크숍은 '非근로'_20180612)([중앙일보] 상사가 참석 강요했더라도, 회식은 근로시간 포함 안 돼_20180612)([한겨레] '잠시 커피 한잔' 근무지만, '끝나고 한잔' 회식은 아니에요_20180612)([중앙일보] 버스기사 배차 대기 o, 근무지 동일지역 출퇴근 출장 x_20180628)([이투데이] 유연근로 도입, 노사합의가 필수... 현장 정착 쉽지 않을 듯_20180627)([아시아경제] 주52시간_끝없는 논란_20180627)([한국경제] 거래처와 식사후 법카 결제는 근로시간_20180628)([한국일보] 특별연장근로, 포털 해킹 대응은 되고 석유·화학업계 정기 대보수는 안 되고_20180724).

근로시간 단축 시행 10일을 남겨두고 정부가 6개월간의 계도기간을 둔다고 발표하여 논란이 되었다. 부처 간, 당정 간에도 협조가 잘 되지 않아 서로 다른 목소리를 내면서 비판을 받았다([국민일보] **근로시간 단축 계도기간 논란**_20180622)([한겨레] **시행 열흘 남기고 유예… '정부 월권 노동 정책 뒷걸음' 지적**_20180621)([동아일보] **주 52시간, 보완 입법 안하면 6개월 뒤에도 혼란**_20180621)([서울신문] **고용부 장관의 근로시간 단축 뒷북 정책**_20180619)([아시아투데이] **혼란 키운 주52시간 근무제**_20180622)([서울경제] **'주52시간 위반 처벌' 입장 바꾼 고용부**_20180706)([한국경제] **고용장관 _주52시간 문제없다_ 뒷짐에 … 결국 부총리가 보완책 발표**_20180626)([서울경제] **근로단축 논란에도… 따로 노는 정부 여당**_20180630).

노동계와는 달리 근로시간 단축의 논의과정에서 경제 단체들이 역할을 하지 못하고 있다는 지적도 제기되었다([서울신문] **양대 노총 "근로시간 단축 등 노동현안 공조"**_20180113)([헤럴드경제] **근로시간 단축 혼란에도 존재감이 약한 경제단체**_20180614).

주52시간제도가 시행된 지 한 달이 경과한 시점에서 제도 시행에 따른 명암이 엇갈리고 있다. 2018년 12월 말까지의 계도기간 중에 현장의 목소리를 반영하는 정부의 실천적 정책 대안에 대한 기대가 높다([머니투데이] **주52시간 근로, 한달_ 명, 여유 늘고..칼 퇴근후 취미생활 '워라밸'_ 암, 지갑비고… 수당벌로 소공장으로 '이직'**_20180730)([전자신문] **'주52시간의 역설'… 수당 줄어들자 '소규모 사업장으로'_ 300인이하.. 주52시간 유예**_20180730)([한국경제] **대리운전 투잡 vs 어학원서 자기계발 주 52시간 근로시대 울고 웃는 직장인**_20180730)([한국경제] **"건설工期 맞추려다 범법자될 판 … 업종 특성 반영한 제도 보완 절실"**_20180730)([동아일보] **근로단축 역풍… 10시도 안돼 막차가 끊겼다**_20180730)([동아일보] **버스업계 "근무표 못짤 판" 정부 "준공영제 확대 검토"**_201807

30)([매일경제] **문화계 '워라밸' 기대감 속 종사자는 '남의 얘기'**_20180801)([매일경제] **돈없는 직장인들 퇴근후 '방콕' 고소득자는 취미생활·자기계발**_20180801)([동아일보] **"오후 8시 45분 이후에는 버스 없습니다"**_20180730)([동아일보] **저녁있는 삶은 늘었지만… 업무성과 부담에 "일 싸들고 집으로"**_20180801)([이데일리] **'주52시간 근무제' 한달 ... 달라진 오후 7시**_20180801)([한겨레] **중소기업에도 좋은 노동시간 단축**_20180731)([이데일리] **'주52시간 근무' 한달, 일자리 2.9만개 늘어**_20180802)([문화일보] **'주52시간' 던져놓고… 혼란 대책은 한달째 감감**_20180801).

우리와 같이 근로시간 단축을 추진하고 있는 일본은 보다 유연하게 접근하고 있고 독일, 프랑스 등 다른 나라들도 우리나라 보다 유연한 근로시간제를 가지고 있다, 우리 기업들이 글로벌 시장에서 경쟁하고 있다는 것 등을 고려하여야 한다는 주장이 제기되고 있다([매일경제] **日 '주 최대 65시간 노동' 법안 국회제출**_20180407)([서울경제] **'근로단축' 예외 인정한 日 획일적 적용 집착하는 韓**_20180407)([한국경제] **日, 고소득 전문직 근로단축 제외 vs 韓, 예외업종 外 획일적 적용**_20180407)([매일경제] **24시간 깨있는 글로벌 기업... 52시간은 일하다 말고 퇴근하란 꼴**_20180515)([동아일보] **獨 '근로시간 저축제'로 유연성 확보**_20180228)([매일경제] **獨 하르츠개혁…해고 유연화로 채용 늘려**_20180314)([조선일보] **주 35시간 프랑스, 스타트업·中企엔 _60시간 일해도 괜찮아**_20180323)([한국경제] **독일 '근로시간 저축제' 미국 '탄력적 근로시간제'등 보완 한국은 노동시장 경직돼 유연하게 대응 못해 충격 커**_20180521)([매일경제] **실리콘밸리선 '52시간 강제' 말도 안 돼**_20180523)([한겨레] **"일본은 시간외근무 월45시간 넘으면 처벌"**_20180716)([중앙일보] **주 52시간 근무, 일본이었다면 가능했을까**_20180720)([조선일보] **같은 근로단축法… 일본은 기업 숨통 터줬다**_20180803).

"통상임금의 산정은 시간급 통상임금은 시간급임금인 경우 금액을 소정근로시간으로 나눈 금액으로 하며 일급 통상임금은 시간급 금액을 1일 법정근로시간 또는 그 이내에서 정한 시간을 곱한 금액으로 하는 등 〈통상임금 산정지침〉에 따른다. 정기상여금의 통상임금 적용 여부에 대한 논란이 계속되었는데, 2013년 대법원에서 통상임금의 적용 범위와 관련 '신의칙'의 적용이 필요하다는 판례를 내려 이후 논란이 가속되었다. 2017년 기아자동차 소송 건에서는 신의칙이 반영되지 않은 판결이 내려지면서, 법적용의 혼란을 방지하기 위한 정부와 입법부의 대책이 요청되었다."[다음백과] (http://100.daum.net/encyclopedia/view/b22t3391a).

서울중앙지법이 2017년 9월 18일 기아차의 통상임금 소송에서 정기상여금과 중식비는 통상임금에 포함시켜야 하며 근로자측이 청구한 1조 926억원 가운데 4,223억원을 지급하라고 판결하였다. 사측은 노사합의에 따른 것이며 '신의성실의 원칙'을 지켜야 한다고 주장하였으나 받아들여지지 않았다. 기아차는 하반기 흑자를 기대하기 어려운 상황이 되었고 주한미국상공회의소는 통상임금의 정의를 법적으로 명확히 하여 줄 것을 정부에 요구하였다.

중앙일보와 한겨레신문은 각각 사설을 게재하였다. 중앙일보 사설의 요지는 다음과 같다([중앙일보] **기아차 통상임금 판결 성과급으로 가는 계기가 돼야**_20170901). 이번 판결은 우리나라의 후진적 호봉제 임금체계에 대한 경고이다. 2013년 대법원은 정기상여금이 고정성, 정기성, 일률성을 충족하면 통상임금으로 보아야 한다고 판결하여 우리나라 임금체계 개편의 불을 댕겼다. 그러나 기득권을 지키려는 노조에 회사가 원칙 없이 휘둘리는 자동차 업종 등 여러 업종에서는 아직도 호봉제를 고수하고 있다. 정부가 제안한 근로기준법 개정안도 몇 년째 국회에서 발이 묶여 있다. 이번 판결을 계기로 통상임금관련 법제를 정비하고 성과급 중심의 임금체계로 가야 한다.

한겨레신문 사설 요지는 다음과 같다([한겨레신문] **기아차 노조 통상 임금 승소 '연대 기금에서 해법 찾자'**_20170901). 통상임금관련 2013년 대법원 판결에서 기업의 중대한 경영상의 이유가 있는 경우에는 예외로 인정할 수 있다고 하면서 통상임금 관련 혼란이 현장에서 가중되었다 이번 판결에서 사측이 중국의 사드 보복 등 여러 이유를 들었으나 재판부는 인정하지 않았다. 그러나 중대한 경영상의 어려움이 매우 추상적이어서 재판부마다 판결을 달리하고 있다. 기아차뿐 아니라 금호타이어 등 대기업이 지연이자까지 감수하면서 통상임금 소송에 매달리는 것은 심각한 문제이다. 통상임금 논란은 비정규직 남용과 장시간 노동으로 이익을 내는 경영관행을 개선하는 계기로 삼아야 한다. 소송전 대신 금속노조가 제안한대로 연대기금을 만들어 일자리 창출, 근로시간 단축, 비정규직 처우 개선에 쓰는 것을 사측이 전향적으로 검토하여야 한다.[47]

근로자들이 사용자 측을 대상으로 제기한 여러 건의 통상임금 관련 소송이 진행되고 있다. 2018년 6월 대법원 전원합의체는 (주52시간제를 도입한 근로기준법 개정안이 휴일근무수당을 통상임금의 150%로 규정하였듯이) 개정 이전 근로기준법 체제에서도

---

47) 중앙일보와 한겨레신문의 사설 비교는 '[중앙일보]/[한겨레신문] **[사설 속으로] 기아차 통상임금 판결**_20170919' 참조.

근로자가 휴일에 근무를 하더라도 연장근로수당을 지급할 필요가 없다고 판결하여 10년 논란에 마침표를 찍었다([한겨레] **현대·기아차 _통상임금 소송중인 돈으로 생색_ 금속노조 _대법 판례 따르면 회사가 떼먹은 돈**_20170621)([한국경제] **'사회연대' 카드 꺼낸 勞 정부, 맞장구 치며 使 압박**_20170621)([동아일보] **'노사 통상임금 합의' 무시하고 "확대지급" 지시한 정부**_20171128)([한국경제] **하룻 새 엇갈린 '휴일수당'**_20171201)([파이낸셜뉴스] **법원 _휴일근로는 연장근로 아니다**_20180101)([한국경제] **大法 "야간·연장 수당 기준은 통상임금"**_20180117)([국민일보] **휴일근로수당, 통상임금의 150%냐 200%냐**_20180119)([동아일보] **"근로자의 일주일은 7일" vs "토요일-일요일 빼고 5일"**_20180119)([서울경제] **법·행정해석 따랐을 뿐…사측에 책임 전가 안돼**_20180119)([조선일보] **통상임금 패소 기아車, 작년 영업이익 73% 감소**_20180126)([경향신문] **중첩수당 소송 대법원 공개변론을 보고**_20180127)([동아일보] **일수당 지급률, 대법 판단이 변수**_20180301)([한국일보] **공휴일 8시간 일했다면 통상임금의 250% 받아 노사 합의해도 연장근로 불법…어기면 징역형**_20180301)([서울경제] **통상임금 계산 잘못해 수당 덜 지급… 고의성 없어**_20180303)([서울경제] **통상임금訴 우발채무 8,400억 _다 받아내겠다_는 GM노조**_20180308)([한겨레] **"통상임금 재판에 '박근혜 청와대 개입' 문건 있다"**_20180321)([서울경제] **'휴일수당 중복할증' 법적다툼은 당분간 계속될 듯**_20180228)([한국경제] **"휴일수당은 150% … 연장근로 아니다"**_20180622).

주52시간제 도입, 최저임금의 급격한 인상과 맞물리면서 임금체계 개편이 시급하다는 주장이 제기되고 있다. 근로시간 단축의 부정적 효과를 줄이기 위해서는 장시간 근로체제에 적합한 호봉제 임금체계를 성과 보상 중심 임금체계로 개편하여야 한다는 주장이 제기되고 있다. 최저임금 산입범위 확대와 관련하여 노사정

대화 거부를 선언한 한국노총에 대해 여당인 민주당은 복귀 조건으로 통상임금에 상여금을 포함하는 근로기준법 개정을 약속하였다([서울경제] **500대기업 43% 호봉제…임금체계 '시간'보다 '성과' 보상으로**_20180302)([한국경제] **文대통령 "근로시간 단축 임금체계 개편과 같이 가야"**_20180306)([중앙일보] **'과로 사회' 벗어나려면 … 자영업 근로시간부터 줄여야**_20180314)([한국경제] **왜곡된 임금체계, 개편 서둘러야**_20180301)([파이낸셜뉴스] **근로시간 단축 다음은 임금체계 혁신**_20180411)([한국일보] **근로시간 단축 눈앞… 통상임금 논의는 감감**_20180412)([한겨레] **"최저임금·통상임금 범위 동시입법을"**_20180316)([서울신문] **연봉 3,700만원 대기업 고졸 신입 _내가 최저임금자라고요**_20180421)([매일경제] **통상임금 따로… 최저임금 따로… 勞, 희한한 계산법**_20171227)([한국경제] **'헛바퀴' 도는 최저임금 범위 개편, 정부 총대 멘다**_20180510)([조선일보] **'최저임금에 넣는 상여금 통상임금에 포함되어야'**_20180628)([서울경제] **노 대화 복귀 대가로... 기업에 22조 인건비 폭탄 안긴 여**_20180628).

주52시간제가 도입되면서 근로시간 단축의 사각지대에 있는 포괄임금제를 폐지하는 방침을 정부가 밝혔다. 포괄임금제가 폐지되면 주52시간제의 실효성은 강화되나 기업들은 인건비 급증에 따른 경영의 어려움을 호소하고 있다([한국경제] **기업 '週 52시간' 인건비 부담 급증**_20180601)([한국경제] **근로시간 단축과 포괄임금제 해법**_20180601)([매일경제] **포괄임금 지침 발표 지연 중소·중견기업 '전전긍긍'**_20180607)([매일경제] **또 하나의 태풍 '유연근로시간제'에도 답 못내놔**_20180606)([한겨레] **'양날의 검' 재량근로제 어찌할 꼬**_20180604)([한국경제] **"포괄임금제 폐지 땐 월급 더 늘어날 수도" '전전긍긍'하는 재계**_20180601)([한겨레] **포괄임금제 규제마저 늦춰.. 정부가 고삐 좨야 주52시간 인착**_20180630)([연합뉴스] **포괄임금제 없앴더니…위메프, 야근 44%↓ 월급**

5만원↑_20180710)([NEWS1] IT 포괄임금제_20180716).

2018년 6월 매일경제신문은 포괄임금제 폐지에 관한 찬반 토론을 게재하였다([매일경제] [이슈 토론] 포괄임금제 폐지_20180614). 반대 측의 노민선 중소기업연구원 연구위원의 논거는 다음과 같다. 4차 산업혁명의 가속화로 일하는 방식이 다양해지고 있는데 경직된 근로환경에서는 기업들이 적절히 대응할 수 없다. 10인 이상 사업장 절반, 영세기업 4곳 중 1곳이 포괄임금제를 적용하고 있다. 포괄임금제가 규제되면 이미 인력난과 인건비 상승이라는 이중고에 시달리는 중소기업에 피해가 집중될 것이다. 일과 휴식의 경계가 모호해지고 있는 상황에서 법체계 정비 없이 규제를 하는 것은 불합리하다. 오히려 사업주가 휴게시간을 엄격히 관리하고 업무 강도를 높일 것이다. 우리나라 근로자의 시간당 생산성은 OECD 평균 대비 70%이다. 정량적 근로시간 규제보다는 자율성을 보장하면서 성과를 내는 방향으로 포괄임금제를 개선하여야 한다.

찬성 측의 김기선 한국노동연구원 연구위원의 논거는 다음과 같다. 우리나라 장시간 노동의 주요 원인 중 하나는 포괄임금제이다. 2017년 기준 10인 이상 사업체의 52.8%에서 활용되고 있다. 포괄임금제는 연장, 휴일, 휴일 노동이 일상적으로 이루어지는 것을 전제로 하여 장시간 노동을 고착화시킨다. 노동자들은 일한 만큼 정당한 대우를 받지 못한다. 법원도 포괄임금제는 노동시간 측정이 어려운 경우에만 허용하는 추세이다. 노동연구원 조사에 의하면 노동시장 산정이 가능한 일반사무직 노동자에게 포괄임금제를 적용하는 기업이 41.3%이다. 포괄임금제는 시간에 대한 노동자의 주권은 최소화하고, 사용자의 처분 권한은 극대화하는 제도이다. 장시간 노동 해소를 위해서는 포괄임금제에 대한 강력한 규제가 필요하다.

4. 노동개혁/임금피크제/양대 지침/사회적합의

노동개혁은 추진과정 중에 노정갈등을 일으킨다. 보수정권으로 정권 교체를 한 이명박정부는 법과 원칙에 의거한 노동개혁을 추진하였다. 공공기관에 대해 노사 이면합의 등을 강력하게 제재하는 등 공공기관장이 주도적으로 노동개혁을 추진할 것을 요구하였다([한국경제] **산별노조의 얼토당토않은 요구**_20080520)([한국경제] **폭력시위 법대로 단호히게 대치헤야**_20080527)([한국경제] **겹치기 교섭에 협상만 6개월...언제 일하나**_20080519)([한국경제] **제밥그릇 깨는 촛불시위 노동자**_20080530)([한국경제] **경제위기로 '노사공멸' 위기감 속 노노갈등까지 겹쳐**_20090615)([한국경제] **알리안츠 파업 법대로 처리 흔들리나**_20080326)([한국경제] **기업에 부담주는 '노동규제' 개혁**_20080520)([한국경제] **기관장들, 노조 권력에 질질 끌려다녀…이면계약·특혜 심각**_20090622)([중앙일보] **'떼쓰기 파업' 안 통해 ... 법과 원칙이 '노사 판' 바꿨다**_20100114).

이명박정부에서는 수차례 연기되어 오던 사업장단위 복수 노조 허용, 사용자의 노조 전임자 임금 지급 금지가 노사정합의를 거쳐 시행되면서 노사관계의 큰 틀이 변화되었다([한국경제] **'타임오프' 도입 논란...재계 _현행 전임자 임금지급과 뭐가 다른가**_20090925)([한국경제] **노사발전 시금석 '타임오프제'**_20100211)([한국경제] **근면위 공익위원 '타임오프 해법' 살펴보니…**

_20100312)([중앙일보] **50명 미만 노조도 유급 전임자 가능**_20130615)([파이낸셜뉴스] **복수노조 시대 7월 개막… 노사 뒤흔들 '태풍'온다**_20110103)([매일경제] **복수노조 7월부터 시행되면 기업 35% _신규노조 생길 것**_20110225)([매일경제] **無노조 기업 긴장…노동부간부 영입해 매뉴얼 만들어**_20110225)([문화일보] **여야, 이번엔 親노동 포퓰리즘**_20110621)([연합뉴스] **헌재, 노조 운영비 지원금지 노조법 '헌법 불합치' 결정**_20180603).

2016년부터 300인 이상 사업체부터 단계적으로 정년 60세가 법으로 강제화 되면서 정부는 청년 고용을 위한 대안으로 일정 연령에 이르면 임금이 줄어드는 임금피크제를 대안으로 제시하였다. 임금피크제 도입이 지지부진 하자 2015년 5월 정부는 정년이 늘어나서 생애 임금 측면에서 손해가 없으니 (즉 불이익 변경이 아니니) 노조나 근로자의 동의 없이 임금피크제 도입을 할 수 있다는 행정해석을 내놓으면서 논란이 되었다.

2015년 5월 중앙일보와 한겨레신문은 임금피크제 강행에 대한 사설을 각각 게재하였다. 중앙일보 사설의 요지는 다음과 같다([중앙일보] **의견 수렴 거쳐 임금 피크제 도입해야**_20150529). 청년고용을 위해 정부가 노력하는 점은 인정이 되나 일방적으로 임금피크제를 밀어붙여서는 안 된다. 노사 간에 충분한 협의를 거쳐서 도입하여야 한다. 통상임금 행정 해석과 같은 결과로 노동 시장에 혼란만 올 수 있다. 노동계도 2013년 일자리 협약에서 임금체계 개편에 동의하였듯이 정년 연장에 따른 임금 체계 개편 논의에 적극적으로 임하여야 한다. 경영계도 실질적으로 근로자의 이익을 해치지 않은 대안을 제시하고 노동계를 설득하여야 한다. 한겨레신문 사설의 요지는 다음과 같다([한겨레신문] **노사 불신만 키우는 임금 피크제 진행**_20150529). 정부가 노조 동의 없이 임금피크제 도입을 밀어 붙이는 이유를 이해할 수 있는 측면이 있으나 사회 통념을 이유로 강행하는 것은 문제가 있다. 임금피크제 도입으로 손해를 보는 근로자들이 있는 상황에서 실효성이 의심되는 임금피크제를 일방적으로 강요하여서는 안 된다. 구체적인 세부 실행 방안을 가지고 사회적 대화를 통해 해결하여야 한다.[48)]

정부 공공기관에 대해 임금피크제 미 도입 시 다음년도 임금 인상률을 50% 삭감하는 등 강력한 제제를 함께 권고하였고 한국노총과 협의를 거치면서 모든 공공기관에서 임금피크제 도입이 2015년에 완료되었다([한국경제] **임금피크제 직원 업무 놓고 국민은행 勞使 날선 대립**_20150617)([한겨레] **임금피크제, 대화로 풀자**_20150728)([한국경제] **임금피크제로 '장년 고용 유지+청년 취업'땐 年 2160만원 지원**_20150618)([한겨레] **임금피크제 한다고 청년고용 늘진 않는다**_20150528)([한국경제] **"임금피크제 실시하면 청년 일자리 31만개 창출"**_20150615)([한겨레] **노사정 '일반해고·취업규칙 완화' 잠정 합의**_20150914)([한겨레] **노사정 합의, 끝이 아닌 '갈등의 시작'**_20150916)([한겨레] **'임금피크제=청년고용 확대' 정부 주장 모순**_20150814)([한겨레] **공공기관 임금피크제 몸살...직원 불러 "찬성하라"**_20150824)([한겨레] **노사정위 재가동…공공부문 임금피크제 협의체 설치 합의**_20150828)([한국경제] **임금피크제 법제화 못한 대가가 115조원!**_20150721)([한국경제] **"이젠 노동계가 결단할 때 … 公기관 임금피크제는 타협 대상 아냐"**_20150907)([한국경제] **"임금피크제 도입 안한 공기업 임금 불이익"**_201509

48) 중앙일보와 한겨레신문의 사설 비교는 '[중앙일보]/[한겨레신문] **[사설 속으로] 임금피크제 논란**_20150609' 참조.

08)([조선일보] **공공기관 임금피크제… 청년 일자리 4440개 늘어**_20151224).

정부가 시한을 정하고 임금피크제 도입을 강력히 권고하면서 여러 기관에서 정년연장의 혜택을 받는 연령층의 적정 급여 삭감액, 임금피크제 적용 대상 직원의 업무 등에 대해 충분한 협의가 이루어지지 않았다. 이에 따라 문재인정부 출범 이후 임금 피크제의 보완 논의가 노사 간에 이슈가 되었다([내일신문] **임금피크제, 청년고용 효과 없었다**_20170529)([국민일보] **'임금피크제 지원금 제도' 3~5년 연장한다**_20171221)([한국경제] **공기업 '무늬만 임금피크제' 임금삭감률, 은행의 3분의 1**_20171031)([국제뉴스] **한전KDN 임피제 인사 오락가락 빈축**_20180105)([한국경제] **남부발전 "퇴직 앞둔 베테랑들이 사회적기업 지원"**_20180111)([파이낸셜뉴스] **임금피크제 반발한 직원 면직처분 법원 _문제제기 가능_…회사 패소**_20180125)([경향신문] **작년 기업 평균 정년 61.1세**_20180129)([파이낸셜뉴스] **60세 정년이 청년 일자리 줄였다**_20180213)([한국경제] **국민銀, 임금피크제 직원 급여 15%P 인상**_20180223)([한국경제] **노조 "정년 63세로 연장" vs 사측 "무리한 요구"**_20180409)([국민일보] **청년 일자리 올인 한다더니… '세대 간 상생지원 사업'**_20180420)([내일신문] **불합리한 임피제 개선요구 커**_20180502)([내일신문] **은행권, 보완책 나섰지만 '험난'**_20180502)([내일신문] **증권가, 임피제 적용 대상자 늘어나**_20180502)([내일신문] **임금피크제, 정년연장 일환으로 시행돼야**_20180509)([내일신문] **직장생활, 굵고 짧게 아니라 가늘고 길게**_20180509)([내일신문] **고령화 문제된 일본 정년연장형 임피제 정착**_20180509)([내일신문] **은행권 노사, 임피제 개선 격돌 예고**_20180509)([내일신문] **임금피크제 지난해 22.2% 도입**_20180509).

박근혜정부도 공공기관을 시작으로 노사정대화를 통해 노동개혁을 같이 추진하였다([한국경제] **295 개 공공기관 개혁 시동… 실적 부진 기관장**

해임 건의_20140430)([한국경제] '걸리면 불법' 파견근로 '툭하면 소송' 통상임금 "숨통 꽉 막혀서 한국서 기업 하겠나"_20141215)([한국경제] 노사정-민노총 위원장 4년 만에 만난다_20140530)([한국경제] 재계 _노·사·정 합의론 노동개혁 못한다_20150916)([중앙일보] 노사정 대타협 합의문 서명_20150916)([서울경제] 귀족노조 기득권 챙기려 '노동개악' 운운하는 민노총_20150916)([세계일보] 민노총 삭발 투쟁_20150916).

정부가 공공기관뿐 아니라 금융기관에 대해서도 성과급 임금체계 도입을 강력히 권고하면서 노사 이슈가 되자 한국경제신문은 금융사 성과주의 임금체계 도입에 대한 찬반 토론을 2015년 11월 게재하였다([한국경제] [맞짱 토론] 금융社 성과주의 임금체계 도입 필요한가_20151114). 찬성 측의 우광호 한국경제연구원 선임연구위원의 논거는 다음과 같다. 금융산업은 임금수준도 높고 호봉제 임금체계를 가지고 있으나 수익성이 높지 않아 정규직 인원을 최소화하고 비정규직을 많이 활용하고 있다. 정규직도 50대 중반이 되면 무조건 퇴직하여야 하고 축척된 경험을 다른 산업에서 활용하지 못하고 있다. 성과주의 임금체계가 도입되면 중고령층이라도 성과가 우수할 경우 보다 긴 기간 일할 수 있다. 현재 은행 업무에서 직무 구분이 뚜렷하지 않아 임금체계 개편의 걸림돌이나 해외 은행과 같이 전문적 업무와 단순 업무를 구분하여 업무 성격에 따라 임금체계를 달리 할 수 있다. 많은 임금을 적은 시간에 받고 일찍 퇴직하는 구조에서 임금 수준이 조금 낮더라도 오래 일할 수 있는 구조로 바꾸는 게 보다 합리적이다.

반대 측의 김민석 전국금융산업노동조합 정책국장의 논거는 다음과 같다. 현장에서 은행 업무가 영업점 단위로 이루이지고 개인간 직무 구분이 명확하지 않기 때문에 성과주의 도입은 현실에 맞지 않다. 은행권의 경우 성과가 우수해도 다른 은행으로의 전직은 거의 없다. 노동시장이 횡적 구조인 상황에서는 합리적인 직무급 제도가 은행에 도입될 수 없다. 은행 업무는 공공성도 요구되는데 단기 실적이 우선하는 은행 간 과당 경쟁은 은행 부실을 초래할 수 있다. 호봉제, 조직 내 저성과자 문제는 은행도 고민하는 사안인데, 호봉제 비율이 높다고 정부가 민간기업인 은행에 임금 체계 개편을 강요하는 것은 심각한 월권행위이다.

한국노총과 1차 노사정합의 후 노동개혁과 관련하여 구체적인 성과를 도출하지 못하자 정부는 2015년 12월 30일 일반해고(저성과자 해고) 가이드북 초안과 취업규칙 변경에 관한 운영지침 초안을 발표하였다. 노동계는 강력 투쟁을 선언하였으나, 경영계는 정부안이 미흡하다는 반응이었다([한국경제] **성과 현저히 나쁘다는 객관적 자료 있으면 해고 가능**_20151212)([한겨레] **희망 없는 '희망퇴직'...쉬운 해고로 이어진다**_20151218)([서울경제] **노동개혁 5대 법안 분리 처리 고용구조 악화 방치하자는 것**_20151229)([파이낸셜뉴스] **노동5법 연내통과 안되면 사실상 폐기**_20151228)([한국일보] **노동개혁 교착, 이견 차 적은 것부터 先 처리를**_20151228)([동아일보] **저성과자 해고지침, 고용부 장관이 職을 걸고 추진하라**_20151230)([세계일보] **한노총, 노사정 합의 파기**_20151231)([경향신문] **양대 노총 _사업자에 칼날 쥐여줘_ 격앙**_0151231).

정부는 양대 지침을 우선 공공기관, 금융권을 중심으로 추진하기로 결정하였고, 이에 반발하여 한국 노총은 노사정 대타협 파기를 공식적으로 선언하였다([조선일보] **이룬 것 없는 노동개혁, 헛심만 쓴 정부**_20160112)([한겨레] **한국노총 "노사정 대타협 파탄" 공식선언**_20160112)([서울신문]

이기권 "대타협 파기, 근로자 외면" 한노총 "정부가 원칙 부정"_20160113)([세계일보] **한노총 _노사정 합의 파탄_... 노동개혁 안갯속**_20160112)([한겨레] **한국노총-정부여당 제 갈길 가나**_20160113)([국민일보] **"해고 면허증… 노동착취 지침에 불과"**_20160123)([한국경제] **"연봉제만으론 低성과자 독려 못해" IBK證 노사 공감**_20160204)([국민일보] **지금도 경쟁 치열한데… '성과'가 더 필요하다고요**_20160212)([국민일보] **이룬 것 없이 잊혀진 '노사정 대타협'**_20160223)

한국경제신문은 2016년 1월 정부의 일반해고 지침에 관한 찬반 토론을 게재하였다([한국경제] **[맞짱 토론] '정부의 일반해고 지침' 논란**_20160109). 찬성 측의 박지순 고려대 법학전문대학원 교수의 논거는 다음과 같다. 성과중심의 인사제도가 확산되는 현실에서 고용정책과 노동관계법도 새로운 방향성을 추구하여야 한다. 성과 부진, 능력 부족, 적격성 결여 등을 이유로 한 해고도 정당한 해고로 인정받을 수 있는 여지가 커지고 있으나 기업에서는 아직도 과거 방식의 노무관리를 유지하고 있는 경우가 적지 않다. 합리적인 기준 없이 저성과자로 분류하여 합당하지 않은 이유를 들어 퇴출하는 프로그램을 운영하는 사례가 많다. 평가의 공정성과 객관성을 구체화한 인력 운영에 관한 가이드북을 제시하는 것은 정부의 몫이다. 정부의 가이드북이 행정지침이 아니라 우리나라 노동시장의 발전을 위한 문서가 되기 위해서는 노사정이 충분한 협의를 하는 것이 책무이다.

반대 측의 이승길 아주대 법학전문대학원 교수의 논거는 다음과 같다. 정부의 가이드라인은 기존의 법률관계와 판례에 근거하여 고용의 규칙을 정리하여 노동관계 분쟁을 사전에 예방한다는 인사관리상의 의미가 있다. 정부안은 그 간 축척된 판례를 체계화한 것에 불과하기 때문에 오히려 통상해고가 어려운 현 체제를 고착화시킬 가능성이 크다. 정당한 통상해고의 구체적인 판단 기준도 제시하지 못하고 있고 정부안을 따라도 법원의 판결이 다르면 오히려 노사갈등과 경영상의 손실이 예상된다. 저성과자에 대한 해고는 매우 어려운데, 여러 기회 부여에도 불구하고 저성과자로 남는다면 해고할 수 있는 법의 제정이 필요하다.

성과연봉제 도입과정에서 공공기관 내부에서 노사갈등이 있었다. 성과연봉제 도입에 따른 인센티브와 페널티를 정부가 명시적으로 제시하면서 2016년 상반기에 모든 공공기관에 성과연봉제가 도입되었다. 그러나 성과연봉제 도입을 두고 노정갈등은 계속되었다([국민일보] **공공기관도 저성과자 퇴출 가능해진다**_20160319)([내일신문] **무역보험공사, 성과연봉제 전격 도입**_20160414)([국민일보] **朴, 공공기관 성과연봉제 확산 직접 챙긴다**_20160426)([서울경제] **'성과연봉제 확대' 이후의 과제**_20160429)([경향신문] **노동법 절차 무시한 공공기관 성과연봉제 도입 결정**_20160430)([내일신문] **공기업 성과연봉제 '편법 판친다'**_20160503)([경향신문] **주택금융공사 사장 사의…성과연봉제 부결 때문**_20160505)([한국경제] **금융공기업 성과연봉제 도입 '난항'**_20160505)([내일신문] **여야정 _성과연봉제는 노사협의로_ 공감**_20160523)([서울경제] **성과연봉제 2라운드로**_20160603)([국민일보] **"이사회 결의 성과연봉제 무효 소지"**_20160609)([한겨레] **공공기관 성과연봉제의 묵시록**_20160609)([동아일보] **공공기관 성과연봉제 도입 완료 기재부 권고안 발표 5개월만에**_20160611)([동아일보] **성과연봉제는 꼭 성공해야 한다**_20160613)([파이낸셜뉴스] **성과연봉제 반대, 기득권 보호 때문**_20160615)([문화일보] **勞使 2년간 협의 거쳐 최종합의 성과 따라 임금인상률 차등 적용**_20160616)

([내일신문] **성과연봉제 갈등, 결국 파업으로 가나**_20160624)([내일신문] **성과연봉제, 급히 먹는 밥이 체한다**_20160627)([서울경제] **성과연봉제·임금피크제 원칙적으로 찬성**_20160627)([한국경제] **성과연봉제 반대하는 공기업이 옳을까요**_20161010)([한국일보] **최순실 수렁... 정부 노동개혁 법안도 '허우적'**_20161123).

2016년 9월 정부의 공공기관 성과연봉제 지침 강행에 대해 노동계가 파업을 하자 중앙일보와 한겨레신문은 각각 사설을 게재하였다. 중앙일보 사설의 요지는 다음과 같다([중앙일보] **귀족노조 줄파업, 철회가 마땅하다**_20160927). 소득 상위 10%내에 속한 귀족노조들이 제 밥그릇을 지키기 위해 줄 파업을 하고 있다. 성과연봉제를 반대하는 노조들의 분야는 공공서비스분야이고 혜택도 받고 있다. 한국경제는 수년째 2%대 성장률, 10%의 청년 실업률, 6개월 이상 장기 실업자가 최대인 등 어려운데, 임금이 적다는 이유로 현대차 노조까지 12년 만에 파업에 나섰다. 완성차 5개사의 연봉은 노요타, 폭스바겐 보다 높으며 강성노조를 피해 국내 자동차 업계는 강성노조를 피해 해외에 공장을 짓고 있다. 성과연봉제를 도입하면 인력구조 조정의 필요성이 줄어들어 고용의 안정성이 높아진다. 비정규직도 넘쳐 나고 실업자도 많은 현실을 직시하고 파업을 철회하여야 한다.

한겨레신문 사설의 요지는 다음과 같다([한겨레신문] **노동계 파업에 법적 조치만 되뇌는 정부**_20160922). '노동개혁'이란 명분으로 정부가 해온 일련의 조치로 노동계가 파업을 할 수 밖에 없는 상황으로 몰렸다. 지난해 노사정합의에서 자율적으로 추진하기로 한 성과연봉제를 일방적으로 밀어 붙였나. 격차해소와 일자리 창출을 위해 상위 10%

노동자들이 임금피크제와 성과연봉제를 받아 들여야 한다는 것이 정부의 논리이나 근거가 희박하다. 박근혜정부는 출범이후 200여 명이 넘는 전문성 없는 인사를 낙하산으로 금융권에 내려 보내 혁신을 논할 자격이 없다. 지난해 노조 동의 없는 임금 피크제를 밀어 붙였는데, 이는 근기법을 위반한 것이다. 법의 명분 규정을 무시하고 지침을 밀어 붙이고 있으니 정부가 노동자들의 불신을 받는 것이다. 노동계가 요구한 정부, 여야, 노동계의 연석회의 개최를 정부가 수용하여야 한다.[49)]

문재인정부 들어서 노동계의 요구로 박근혜정부가 추진하던 양대 지침은 폐기되었으나 민주노총 등 노동계는 추가적인 정부의 조치를 요구하면서 노사정 대화에 즉각적으로 복귀하지 않았다 ([경향신문] **'대통령 결단'이면 당장 풀리는 노동현안들**_20170511)([서울신문] **한국노총 "양대지침 폐기가 우선 노사정위 복귀 계획은 전혀 없다"**_20170831)([한겨레] **쉬운 해고 '양대 지침' 폐기…노동계 '사회적 대화' 복귀할까**_20170926)([한국경제] **일반해고 지침 低성과자 해고 길 열어 취업규칙 지침 勞 동의 없어도 임금피크제**_20170926) ([서울경제] **양대지침·행정해석 폐기 '선물' 걷어찬 민노총, 상생 의지 있나**_20171025) ([서울경제] **지침 폐기해도 성과연봉제 정착돼야 노사정 대화창구도 하루빨리 복구를**_20170926).

성과연봉제를 도입한 공공기관, 금융권은 상당수가 성과연봉제를 폐기하였다. 노조가 제기한 소송에서 노측의 손을 들어 준 1심 판결들도 나왔다. 공무원 성과연봉제도 성과급적 요소가 축소되

---

49) 중앙일보와 한겨레신문의 사설 비교는 '[중앙일보]/[한겨레신문] **[사설 속으로] 성과연봉제 논란**_20161011' 참조.

었다([매일경제] 성과연봉제 어찌하오리까 … 지침을 달라_20170720)([매일경제] 법원 _기업銀 성과연봉제 도입 무효_20170811)([서울경제] 예보 _성과연봉제 없던 일로_20170901)([세계일보] 노동부 산하 공공기관들 소송전 휘말려_20171018)([문화일보] 超고연봉 받는 금융 공공기관 특혜 누리고 평가는 안 받기로_20171024)([조선일보] 연봉제 신입사원까지 호봉제로… 코레일의 역주행_20171118)([한국경제] 포괄임금 규제, 호봉제 회귀…거꾸로 가는 임금유연성_20171120)([파이낸셜뉴스] 성과연봉제 폐지 물꼬 트나_20171213)([매일경제] 공무원 성과연봉제 개선_20171215)([한국경제] 정권 바뀌자 … IBK투자증권 '低성과자 퇴출' 없던 일로_20180105).

성과연봉제 폐지는 성과연봉제 도입에 따라 지급된 인센티브 반납 등 또 다른 논란을 가져왔다. 정부는 노사자율로 폐지 여부를 결정하라는 입장이었다([문화일보] 公기관 성과연봉제 재협상 잇따라 작년 인센티브 1600억 반납 '논란'_20170620)([한겨레] 상생연대기금, 사회적 대화 모범 가장 절실한 상생의 희망 보여줘_20171222)([매일경제] 노사 힘께 22억 공공 기금 출연 비정규직 처우개선·일자리 창출_20180130)([한국경제] 성과급 반환은 못한다는 '철밥통' 공기업 노조_20180224)([매일경제] 공공노조, 비정규직 기금 1600억_20170814)([파이낸셜뉴스] 노조 동의 없는 일방 도입은 위법 각 기관 노사합의 통해 자율 시행_20170629).

노동계는 2개 지침 추진에 주도적 역할을 한 기관장을 중심으로 블랙리스트를 작성하고 해임을 요구하였다. 고용부는 양대 지침의 불법성을 조사하였고 관련자를 사법당국에 고발하였다([서울경제] 성과연봉제 앞장섰다고… '블랙리스트' 꺼내든 노동계_20170719)([동아일보] 고용노동부 적폐청산, 勞요구 대폭 반영 朴정부 개혁정책-2대 지침 불법성 조사_20180108)([한겨레] 비열하고 조직도 파괴한 마시회의 '지성과자 교육'_20180103)([서울경제]

朴정권 노동개혁 노총 압박 등 혐의 고용부, 이병기. 김현숙 수사의뢰_20180605).

보수정권하에서 노동탄압 등을 조사하기 위해 설치된 고용개혁위원회는 2018년 7월 말 활동을 종료하면서 노조법 개정 등을 권하였는데, 친노동적이라는 비판을 받았다([매일경제] **과거 고용부 판단도 뒤집는 권고안**_20180802)([서울경제] **勞에 기울어진 고용개혁위…기존 행정조치 대거 적폐로 몰아**_20180802)([문화일보] **고용부 개혁委가 입법부인가 _노조법 개정_ 권고 월권 논란**_20180802)([헤럴드경제] **경총 "고용노동개혁위 권고안, 노동계 쏠림 심하다"**_20180802)([한겨레] **개혁위 "현대기아차 불법파견 14년 방치…고용부가 해결하라"**_20180802).

2017년 9월 문재인정부가 노동계의 요구로 박근혜정부에서 추진한 2대 지침을 폐기하자 중앙일보와 한겨레신문은 각각 사설을 게재하였다. 중앙일보 사설의 요지는 다음과 같다([중앙일보] **진보정부일수록 기업과 노동개혁이 우선이다**_20170927). 일자리는 기업이 만드는데 문재인정부는 기업을 궁지로 몰아가고 있다. 박근혜정부가 추진하던 노동개혁의 상징이었던 2대 지침을 폐기하였다. 비정규직의 정규직화를 압박하고 통신비를 끌어 내리고 최저임금을 대폭 올리는 등 기업의 부담을 늘리는 정책을 줄줄이 시행하고 있다. 글로벌 경쟁에서 이길 수 있도록 기업하기 좋은 환경을 만들어 주어야 한다. 노무현정부의 노사관계 로드맵에도 양대 지침과 유사한 내용이 포함되어 있다. 진보의 적폐는 진보정권이 정조준 하여야 한다.

한겨레신문의 사설 요지는 다음과 같다([한겨레신문] **노·정 모두 사회적 대화 물꼬부터 터라**_20170925). 노동존중을 내건 문재인정부의 출범과 함께 우리사회는 노동문제와 관련하여 큰 변화를 맞고 있다. 정부는 사회적 대화를 제안하고 있으나 민주노총은 일정 조건을 충족하지 않으면 대화에 응할 수 없다는 입장이다. 노동시장 양극화 해소 등 노동 현안이 많은 상황에서 전제 조건을 달고 대화를 하겠다는 것은 국민 여론을 거스르는 것이다. 정부도 형식에 얽매이지 말고 대화를 지속하여야 한다.[50)]

정부는 성과연봉제 대신 직무급을 공공기관에 도입하기로 하였으나 강제하지 않고 평가 등을 통해 유도하는 것으로 정하였다([파이낸셜뉴스] **SK식 임금모델 두루 확산돼야**_20170911)([한국경제] **이번엔 직무급제… 앞뒤가 바뀐 노동 아젠다 너무 많다**_20171108)([한국경제] **양대 노총 중심 노동계 구도 흔들리나**_20171107)([한국일보] **공공기관들 맞춤형 보수체계 만든다**_20170822)([국민일보] **임금체계 바꾼 기업 절반이 고용 늘렸다**_20180510)([이투데이] **공공기관 직무급제 강제 않는다**_20180627).

지속적인 성장, 청년 일자리 창출을 위해서는 문재인 정부에서도 노동개혁을 추진하여야 한다는 주장이 제기되고 있다([동아일보] **노동적폐에 밀리는 청년일자리**_20171003)([동아일보] **"지금도 해고 가장 어려운 나라… 신규채용 줄일 수밖에 없어"**_20180502)([매일경제] **성장세 좋은 지금… 노동시장 구조개혁 단행할 절호의 기회**_20171115)([서울경제] **실업 사회안전망 구축 정규직 과보호 지양을**_20171115)([동아일보] **文정부, 親노동-기업규제 강화… 일자리 창출 발목 잡을수도**_20171122)([매일경제] **盧 경제브레인 변양균의 충고…_노동개혁이 먼저다**_20171123)([서울경제] **노동시장 유연성 제고·규제혁파로 경제 '체질' 바꿔야죠_**

---

50) 중앙일보와 한겨레신문의 사설 비교는 '[중앙일보]/[한겨레신문] **[사설 속으로] 노동계 양대 지침 공식 폐기**_20171024' 참조.

20171129)([서울경제] **임금체계 모순·강성노조·시장경직성이 노동 효율 떨어뜨려**_20171218)([서울신문] **文 "1년만 믿고 힘 실어 달라"… 노사 대타협 주문**_20171222)([파이낸셜뉴스] **노동개혁 노사정 대타협 없이는 일자리·지속성장도 없어**_20180101)([매일경제] **2018 노동정책의 문제점과 해결 방안은**_20180202)([서울경제] **IMF _노동개혁 제대로 하면 잠재성장률 年 0.6%P 오를 것**_20180219)([매일경제] **現노동정책 사용자에 불리 노동유연성도 함께 다뤄야**_20180222)([한국일보] **"단기 재정지원+중장기 구조개혁… 투트랙 접근 필요"**_20180313)([서울경제] **노동시장, 개혁 속도 높여야**_20180302)([중앙일보] **새로운 일자리 정책이 필요한 이유**_20180315)([한국일보] **노동시장 구조개혁 안 보이는 '특단의 대책'**_20180316)([한국경제] **日 고용시장 호전 비결은 다른 데 있다**_20180327)([세계일보] **고용절벽 어떻게 넘나**_20180402)([중앙일보] **'1,035만원의 민낯', 착한 정책이 낳은 갈라파고스 정책쇼**_20180402)([서울신문] **마크롱 철도개혁에 노조 3개월 파업 맞불**_20180404)([한국일보] **'제2의 근로혁명' 성공하려면**_20180411)([서울경제] **노동개혁 허송세월… 7년간 늘어난 일자리 절반은 저임금 서비스업**_20180413)([한국일보] **고용노동정책의 우선순위**_20180416)([문화일보] **한국 성장위기는 인적 자본 추락 탓**_20180420)([중앙일보] **일자리 추경에 목 매는 정부…노동시장 개혁은 언제하나**_20180420)([문화일보] **변화 시급한 文정부 노동정책**_20180424)([중앙일보] **개헌안에 숨겨진 시장경제를 겨눈 칼날**_20180430)([서울경제] **韓, 경직된 노동시장 방치하고 정책마저 역주행 '예고된 참사'**_20180503)[51].

현행 법체계와(국회에서 통과는 되지 않았지만 정부가 국회에 제출한 개헌안에서 알 수 있듯이) 문재인정부는 대기업 중심의 노조를 과도하게 보호하고 있으며, 기득권 유지에 양보가 없는 노조

51) 관련정책인 IX장의 '1. 구조혁신' 및 '2. 규제혁신'과 XI장의 '1. 청년실업/일자리/채용비리' 참조.

들도 변하여야 한다는 주장이 있다([경향신문] '대통령 결단'이면 당장 풀리는 노동현안들_20170511)([한국경제] "대통령 직접 나와라" … 조건 또 내건 노동계_20170927)([중앙일보] 후퇴하는 노동개혁…정책도 담당 직원도 뒤엎은 고용부_20170926)([서울경제] 누구 덕에 정권 창출했는데…_ 사사건건 밥그릇만 챙기려는 勞_20180712)([매일경제] 단체행동권 과잉보장… _파업공화국 될라_20180323)([머니투데이] 해마다 '으르렁' 노사협력 꼴찌... '구태' 버려야 내일 열린다_20180317)([한국경제] 현재 노동운동은 미래 없다_20180411)([조선일보] 정부는 조직 근로자보다 사회적 약자를 대표해야_20180625)([매일경제] 文개헌안, 귀족노조만 과잉보호…특정 정파적 시각 경계해야_20180324)([조선일보] 우리나라 대기업 강성노조들, 자기 이익만 챙기는 남미형 노조가 됐다_20180427)([한국경제] 현대重 노조, 5년 연속 파업하나_20180428)([한국경제] '비상경영' 중에 희망퇴직 놓고 파업하겠다는 현대重 노조_20180430)([중앙일보] 도대체 누구를 위한 노동운동인가_20180623)([한국경제] 노사가 합의한 근로조건, 제3자가 막을 권한이 있나_20180624)([매일경제] 대기업 노조 양보해야 하도급업체 상생_20180501)([문화일보] 일감 없어 공장 멈춰 설 판인데 _임금 더 달라_ 파업 나선 조선업_20180719)([조선일보] 이 와중에… 車 노조는 또 파업중_20180720)([문화일보] 파업, 이젠 강력한 압박수단 안돼… 새 방식 찾아야_20180724)([매일경제] 조선2社 연속 적자…파업겹쳐 하루 83억 손해_20180724)([헤럴드경제] 서울교통공사 '노조, 불법투쟁 강력이 대처'_20180709)([조선일보] 日최대노조, 파업카드 꺼내자... 노조원 70 % 탈퇴_20180529)([문화일보] 이익집단 돼버린 귀족노조… 경제개혁 막는 가장 큰 걸림돌_201808).

노조조직이 10%이고, 대기업 중심인 것은 고용불안이 심한 비정규직이 많은 노동시장 구조, 사용자들의 노조에 대한 공격적 적대적 성향에 기인한다는 지적이 있다([한겨레] "해고당할래_"…'노조 포비아'

조장이 조직화 막는다_20180501).

대립적 노사문화 속에서도 노사협력, 생상의 길을 가는 노사도 있다([서울신문] **SK이노 '착한 노사문화' 활짝**_20180316)([경향신문] **20년 넘게 '무파업'… 모범적 노사 상생 실천 '철강종가'**_20180430).

김대중정부 때 외환위기를 극복하는 과정에서 노사정위원회가 역할을 하면서 노사정협의를 통한 사회갈등을 조정하려는 시도가 지속적으로 있었다. 박근혜정부도 노동개혁, 연금 개혁 등 사회갈등 이슈를 사회적 합의기구인 노사정위원회를 통하여 풀려고 하였으나 성공하지는 못하였다.

노사정위원회를 통한 사회 갈등 해결이 기대하였던 결과를 얻지 못하자 사회적 합의기구 무용론이 일각에서 제기되면서 한국경제신문은 2015년 5월 사회적 합의의 필요성에 대한 찬반 토론을 게재하였다([한국경제] **[맞짱 토론] 이해당사자 참여하는 '사회적 합의 기구' 필요한가**_20150509). 찬성 측의 김동원 고려대 경영대학장의 논거는 다음과 같다. 사회적 합의기구를 통한 시도가 구체적인 결과가 없을지라도 양극화, 비정규직 등 사회갈등 이슈가 많은 우리 현실에서는 사회적 합의기구의 존재, 사회적 합의기구를 통한 협의 과정이 갈등의 정도를 줄일 수 있다. 사회적 합의기구의 존재 자체가 폭력적 상황, 극단적 선택으로 발전되는 것을 방지할 수 있다. 이해관계자 한쪽의 일반적인 입장만이 강요되거나 정부 주도로 밀어 붙이면 사회적 갈등 비용은 더 커질 것이다. 우리나라는 1988년 설립된 노사정위원회를 통해 17년간 전문성을 구축하고 노사정 네크워크를 구축하여 왔는데, 지금 없앤다면 귀중한 무형자산을 잃어버리는 결과가 될 것이다. 외국의 예를 보아도 사회적 대타협은 일거에 이루어지는 것이 아니다. 수년간의 협의 과정을 통해 이해관계자들의 공감대가 형성되면서 기적과 같은 대타협이 될 수 있다. 사회적 대타협이 이루어지지 않을 때마다 합의기구를 폐지할 수는 없다. 미조직근로자, 청년실업자, 비정규직 등을 포함하여 논의의 폭을 넓히고 여러 이해관계자들의 입장과 이익이 고려되는 제도적 보완은 필요하다. 이번 노사정 대타협은 실패하였지만 더 큰 개혁의 밑거름이 될 수 있다.

반대 측의 신중섭 강원대 교수의 논거는 다음과 같다. 사회적 합의는 명분에서는 좋으나 결과는 기대치 이하이다. 노사정위원회에서의 노동개혁관련 타협은 노조 반발로 실패하였고 공무원연금 개혁은 합의되었으나 노조가 많이 챙겨가서 국민적 관점에서는 실패하였으면 좋았을 것이다. 민주주의란 이름으로 포장된 사회적 합의기구에서는 이해당사자들이 참여하여 국민의 이익이 아니라 자신들의 이익만을 생각한다. 이해당사자가 중요한 국가정책에 참여하는 것은 공익으로서는 최악이다. 사회적 합의기구에 대한 기대를 접어야 한다. 최선의 대안은 정부의 집단적 의사결정을 줄이고 개인의 선택권을 늘리는 것이다. 연금도 국가연금이 아니라 개인연금을 유도하여 국가의 역할을 줄여야 한다. 국가의 온정주의적 간섭을 배제하는 것이 집단 이익 추구의 장으로 타락한 민주주의를 구하는 길이다.

문재인정부는 노사정합의를 통한 일자리 등 노동현안 해결에 적극적이다([한겨레] **문 대통령, 일자리 해법으로 '사회적 대타협' 제시**_20170612)

([한겨레] **'일의 미래' 함께 논의할 사회적 합의기구 만들다**_20171116)([한겨레] **일자리위를 '사회적 합의' 창구로…노사정위와 투트랙 운영**_0170612)([한겨레] **시민 직접 참여로 '탈핵논쟁' 결론…_투명한 정보공개가 핵심**_20170628)([중앙일보] **문성현 "24일 노사정 6자 회의 열자…그 후 문 대통령 주재 회의 검토"**_20180112)([파이낸셜뉴스] **첫걸음 뗀 노사정 대표자 회의**_20180201)([한국일보] **설렘·불안 교차… 8년 만에 모두 모인 노사정 대표**_20180201)([아주경제] **소득주도성장 '헛바퀴' 최저임금 인상 노동시간 단축 소모적 논쟁... 노사정 머리 맞대야**_20180628).

5. 비정규직

2014년 11월 기획재정부 장관이 정규직과 비정규직의 보호가 적절한 균형을 이루는 노동시장 개혁이 필요하다고 하자 중앙일보와 한겨레신문은 각각 사설을 게재하였다. 중앙일보 사설의 요지는 다음과 같다([중앙일보] **망국적 정규직·비정규직 격차, 방치할 수 없다**_20141128). 정규직의 과보호와 열악한 비정규직 양산이라는 우리나라 노동시장 이중구조는 우리사회의 여러 난맥상의 집합체이다. 비정규직은 경활인구의 32%로 그 수가 상당하다. 정규직의 임금이 높고 해고가 어렵기 때문에 비정규직이 늘어나고 임금 및 근로조건의 격차가 확산되고 있다. 사회보험 가입률도 큰 차이가 있다. 기업의 여력을 고려하면 정규직에 대한 과보호를 낮추어 비정규직의 정규직 전환률을 높여야 한다. 정규직 노조의 대승적 결단이 필요하고 노사정위원회에서 노사정이 한 마음으로 해결책을 찾아

야 한다. 양대 노조, 청년대표, 비정규직 대표도 참여하는 노사정 위원회가 필요하다.[52)]

한겨레신문 사설의 요지는 다음과 같다([한겨레신문] **번지수 잘못 짚은 경제부총리의 '정규직 과보호론'**_20141127). 정규직에 대한 과보호를 해소하고 고용 유연성을 높이겠다는 정부의 방침은 황당하다. 정규직과 비정규직의 격차와 차별이 심한 것은 우리나라 노동시장의 구조적인 병폐, 거시 경제적 요인이 복합되어 나타난 것이다. 정규직 과보호론에 기반 한 노동시장 개편은 오히려 고용불안을 야기시키고 내수 기반을 약화시킬 것이다. 일부 대기업을 예외로 하고 정규직에 대한 보호수준은 국제비교 관점에서도 과하지 않다. 경영계 일각에서도 내부의 질적 유연화가 우선되어야 한다고 주장한다. 정부가 일방적으로 밀어 붙이기보다는 사회적 논의기구를 구성해 공감대를 쌓는 과정을 거쳐야 한다. 정부의 정책역량은 비정규직의 처우 개선과 근로조건을 개선하는데 집중하여야 한다.

정부의 여러 노력에도 불구하고 비정규직의 수는 오히려 늘고 있다. 정규직 대비 임금이나 처우 격차도 커지고 있다([한국일보] **비정규직 '제로' 선언에도…650만명 돌파**_20171104)([국민일보] **같은 1시간 일해도…비정규직 임금, 정규직의 66%**_20170527)([매일경제] **비정규직 임금 정규직의 66%**_20170527)([세계일보] **정규·비정규직 차별적 임금차 23만원**_20171215)([매일경제] **비정규직 95%는 中企 다닌다**_20170612)([내일신문] **여성 비정규직 임금차별 타파하라**_20170511)([조선일보] **비정규직 비중, 재계는 _15%_ 노동계는 _45%_… 왜 이렇게**

---

52) 중앙일보와 한겨레신문의 사설 비교는 '[중앙일보]/[한겨레신문] **[사설 속으로] 정규직 과보호 논란**_20141209' 참조.

다를까_20170605)([경향신문] **여전한 비정규직 임금 격차**_20180426)([매일경제] **10년간 노동개혁 외쳤지만 더 커진 정규-비정규직 임금 격차**_20180430).

문재인정부는 노사정 고통분담을 통해 비정규직 문제 해결을 하겠다는 입장이다. 공공부문이 중심이 되어야 하고 3년 안에 공공부문 비정규직 20만 명을 정규직화 하겠다는 방침이다([한국경제] **文 "노·사·정 고통분담… '비정규직 해법' 사회적 대타협 필요"**_20170513)([서울경제] **文 '공공 비정규직 제로' 선언 … 민간기업 비상**_20170513)([서울신문] **공공기관 경영평가 '대수술'… 일자리 창출 가중치**_20180103)([동아일보] **정규직으로 바꾸는 공기관 가점… 인천공항 "연내 1만명 전환"**_20170513)([매일경제] **서울지하철 1288명 전원 정규직 전환**_20180101)([국제뉴스] **양산시,기간제근로자 74명 정규직 전환 확정**_20180504)([세계일보] **5년내 민간 관광 일자리 1만5000개**_20180328)([동아일보] **고용부 '지자체 출연기관 1만 6000명 정규직전환'**_20180601)([중앙일보] **문 대통령 "인천공항이 세계 공항의 미래 … 올림픽 손님맞이 만전 기해달라"**_20180122)([서울경제] **비정규직 570만명의 예우**_20110126)([한국일보] **노동시장 삼겹의 이중구조**_20180707)([한국일보] **"비정규직 꼬리표 없는 세상이 되게 노력할게"**_20171229)([경향신문] **죽음 부른 도로 한복판 '정위치 근무'**_20180125)([한겨레] **나를 보듬어준 정규직 전환**_20180130).

정부는 계획 추진 후 1년간 대상 공기업 비정규직의 64.6%를 정규직화하였다([내일신문] **공공부문 13만3천명 정규직 전환**_20180719)([문화일보] **公共부문 정규직화도 차별_ … 기간제 92% - 파견직 64%**_20180719).

2018년 7월에는 KTX에 파견직으로 근무하였다 해고된 해고 근로자들이 KTX에 직고용되는 것으로 KTX와 합의함으로써 12년만에 사태가 해결되었다([동아일보] **KTX 해고승무원 280명중 180명 12년 투쟁 끝 코레일 복직**_20180723)([조선일보] **盧정부 때 해고됐다, 文정부 때 복직한 KTX 승**

무원들_20180723)([한겨레] 코레일, 내년 상반기까지 3차례 직접 채용_20180723)([한국일보] 사회적 책임 일깨운 'KTX 해고'와 '삼성전자 백혈병' 합의_20180723)([한겨레] "대법서 KTX판결 뒤엎은 직후 가장 힘들어…사법농단 밝혀야"_20180723)([서울신문] 희망했던 승무원 아닌 사무영업직 복귀 노조 "KTX 승무업무 직접고용 투쟁 계속"_20180723).

준비가 안 된 일방적인 공공기관 비정규직의 정규직화에 대한 우려의 목소리가 있다([국민일보] 비정규직→정규직 전환 '일방통행'_20171225)([한국경제] '밀린 숙제' 연내 끝내려는 듯 서둘러 밀어붙인 정규직 전환_20171230)([한국경제] "공공부문 폭탄 될 것" 20180504)([한겨레] "간병사 직원 모두 이미 정규직인데 정부 정규직 정책으로 어려운 상황"_20180214)([이데일리] 정규직 전환하니 잇속 챙기기 바쁜 노조_20180627)([경향신문] '무기계약직이 웬 교육... 공무원보다 더 공무원 같아' 20180529).

예산의 추가적인 지원 없이 정규직화를 추진하면서 정규직직원들의 급여 삭감 등이 맞물린 갈등, 비정규직 중 정규직 전환 대상 직원의 선발 등이 갈등의 주요 요인이다([매일경제] 서울시 산하 공기업 노조도 청년정규직 중심 거센 반발 年內 정규직화 물 건너갈 듯_20171226)([한겨레] "공공 정규직화, 이유 없는 전환예외 많아"_20180411)([경향신문] '공공부문 정규직화'와 반대로 가는 발전 5사_20180413)([한국경제] 발전소 파견 나온 민간 근로자도 공기업 정규직으로 해달라고_20180305)([문화일보] 대책 없는 '금융공 비정규직 제로화' 압박.. 남은 건 노노갈등_20180705)([머니투데이] SH공사 정규직 전환, 내부갈등 확산_20180709).

공공부문 비정규직 제로의 상징인 인천공항공사에서도 전원 정규직이 되지 못하였고 노노, 노사 갈등이 심했다([국민일보] 인천공항

公 비정규직 3000명 본사가 정규직으로 채용 방침_20171227)([매일경제] **勞勞갈등 예고된 인천공항의 비정규직 직고용**_20171227)([서울신문] **노노갈등 불씨 안고 출발한 인천공항 정규직화**_20171227)([파이낸셜뉴스] **인천공항公 정규직화, 후유증 따져봤나**_20171227)([경향신문] **정규직 될 거라더니…공항 폭발물처리 요원 공채 대거 탈락**_20180105).

계약직 교사, 강사 등 여러 형태의 비정규직이 많고 예산의 제약이 있는 교육 분야는 비정규직 관련 갈등이 많은 분야이다([국민일보] **"교육현장 정규직 전환 소극 예외 대상자 엄격히 적용을"**_20180215)([한국일보] **"교육분야 정규직 전환, 정부 가이드라인 준수를"**_20180215)([내일신문] **학교비정규직_해고대란 막아 달라**_20180118)([NEWS1] **시간강사도 '교원'...1년 이상 임용하고 방학에도 임금 지급**_20180713)([한국경제] **교대생도 가세 … "초등학교 강사 정규직化 반대"**_20170714).

연구 사업의 특성상 계약직 비정규직을 활용할 수밖에 없는 국책연구기관들도 골머리를 앓고 있다([한국경제] **쫓겨나는 국책硏 비정규직 박사들**_20180416)([동아일보] **과기 출연硏 25곳, 비정규직 업무 66.8% 정규직 전환**_20180502)([동아일보] **과기 출연硏 25곳, 비정규직 업무 66.8% 정규직 전환**_20180502)([서울경제] **'정규직 안 바꾸는 곳 공개' 26개 국책연 압박 논란**_20180626).

공공부문 비정규직의 정규직화가 청년 취업준비자의 고통을 외면하고 있다는 지적이 있다([세계일보] **'비정규직 제로화'에 한숨 쉬는 취준생**_20180106)([서울경제] **공공부문 비정규직 폐지?… 공시족 심각성 모르나요**_20180501)

주로 단순 업무에 종사하는 비정규직에 대해 호봉제 등 공공부문 임금체계를 개편하지 않으면 향후 상당한 후유증이 예상된다는 지적이다([한국경제] **호봉제 유지한 채 정규직 전환하면 … 20만명 인건비 年**

2조 더 든다_20180504)([세계일보] **10만명 정규직 바꾼 공공부문, '신의 직장' 수술 왜 안 하나**_20180411)([세계일보] **'천차만별' 공공 비정규직 임금 표준안 만든다**_20180505)([한국경제] **국책硏도 경고한 '임금체계 개편 없는 정규직화' 후폭풍**_20180505)

비정규직의 정규직화와 관련된 공공기관의 채용비리도 적발되고 있다([경향신문] **'빽' '연줄'로 특채 뒤 점수 조작해 정규직 전환 '그들만의 리그'**_20180126)([매일경제] **정규직 뽑은 뒤 _계약직 일해**_20180319)([국민일보] **'자격미달' 특정인, 계약직 채용 뒤 정규직 전환**_20180130).

서울경제신문은 2017년 11월 공공부문 정규직 전환에 관한 찬반 토론을 게재하였다([서울경제신문] **[어떻게 생각하십니까?] 공공기관 20만명 정규직 전환**_20171103). 찬성 측의 김성희 고려대 노동문제연구소 교수의 논거는 다음과 같다. 기업은 비정규직을 활용하면서 인건비를 절약하나 우리 사회는 더 큰 비용을 부담한다. 문재인정부의 공공부문 비정규직의 정규직하는 다른 어느 정부보다 진전된 대책이다. 무기계약직은 제외되었지만 간접고용까지도 포함함으로써 대상을 확대하였다. 민간부분에서 창출되는 일자리의 80%가 비정규인 현실에서 공공부문부터 시작하는 것이 합리적이다. 직접고용이 확대되면 중간 용역업체가 가져가는 비용이 절감됨으로써 추가재원은 최소화된다. 현재 간접고용 형태로 고용되어 있는 직원을 채용하는 것이기 때문에 신규 노동시장 진입자의 일자리가 줄어드는 것이 아니다. 단계적으로 추진하기 때문에 자회사 형태로 추진되거나 비용부담 논란으로 주춤거리고 있다. 비정규직의 정규직화는 보다 과감하게 추진되어야 한다.

김대종 세종대 경영학과 교수의 논거는 다음과 같다. 우리나라

15세 이상 인구 40%가 비고용 상태이다. 공공부문 비정규직화는 신중하게 접근하여야 한다. 노동시장은 탄력성이 필요하다. 1997년 외환위기 이후 대량 실업상태에서 비교적 해고가 용이한 비정규직이 많이 생겼다. 기업들이 해고가 어려운 정규직 채용을 꺼렸기 때문이다. 비정규직의 정규직화로 향후 공공부문의 고용이 축소되면 40% 비고용상태의 인구가 갈 자리가 줄어든다. 우리나라 기업들이 해외로 나가 일자리를 만드는 것은 노동시장의 경직성이 가장 큰 이유이다. 재원 문제가 확실하지 않다. 공기업 부채를 고려하면 우리나라 국가 부채가 안심할 수준이 아니다. 비정규직으로 들어 온 사람들이 정부 도움으로 정규직이 되면 처음부터 정규직으로 들어 온 직원과 차별성이 없어지고 공정성이 문제 된다. 전교조가 기간제 교사의 정규직화를 반대한 이유이다. 선진국은 기업이 고용과 해고를 자유롭게 하기 때문에 우리와 같은 비정규직이 없다. 공공기업의 경영악화가 우려된다.

문재인정부 출범과 함께 비정규직의 기대 수준이 높아지면서 고용보장이나 처우 개선의 목소리가 높아지고 있으며 민간부문에서도 어느 정도 가시적인 결과도 있다([조선일보] **우리도 정규직으로 안해주면 파업_… 봇물 터진 비정규직**_20170515)([서울경제] **최저임금 인상·비정규직 차별 해소·재원 마련 등 '산 넘어 산'**_20170519)([조선일보] **이마트 노조 '비정규직 차별' 소송**_20170606)([동아일보] **"동일 가치로 일하는 비정규직 정규직과 같은 임금 받게 법제화"**_20170608)([서울경제] **'차별시정제' 강화 땐 기업부담 눈덩이 고용 축소·공장 해외이전 초래할 수도**_20170515)([경향신문] **대형마트 비정규직, 노동자 권리찾기 분투**_20180113)([한겨레] **동국대, 내년까지 청소노동자 직접고용 전환한다**_20180425)

([조선일보] **농협, 비정규직 3200명 연내 정규직 전환**_20180306)([파이낸셜뉴스] **시간제 정규직 전환 앞장_ 맥도날드, 고용확대 기여**_20180317)([동아일보] **tbs교통방송 프리랜서 259명 정규직 전환**_20180125)([한국경제] **홈플러스, 500여명 정규직 전환**_20180202)([경향신문] **LG유플러스 협력사 직접고용 알고 보니 처별 피하려는 '꼼수'**_20180705).

정부의 강력한 권고에 의해 비정규직을 정규직으로 무리하게 전환하는 것의 부정적인 효과를 우려하는 소리도 있다([매일경제] **'정규직 전환'의 역설… 대형마트 채용 스톱**_20170529)([한국경제] **"비정규직, 무조건 안된다는 건 현실에 안맞아" "기업가가 새로운 프랑스다" "비트코인, 가즈아…"**_20171230)([서울경제] **'경직된 정규직화'에 코너몰린 기업…결국은 일자리 축소**_20180109).

한국GM은 불법파견 판결로 사내하청근로자를 직접 고용하여야 하나 구조조정으로 인력을 감축하는 중이기 때문에 직접 고용대신 과태료를 내고 있어 논란이 되고 있다([한겨레] **"한국GM, 정부 돈 받아 '불법파견' 과태료 내나"**_20180719)[53].

비정규직 확대, 정규직과의 격차에는 대기업 노조의 이기주의가 일정 부분 책임 있다는 지적이 있다([조선일보] **통곡하고 싶다는 노동운동가**_20170519)([중앙일보] **대기업 노조가 임금 양보해야 일자리 만들어진다**_20170525)([중앙일보] **대기업-협력업체 임금 격차 해결 어려운 이유는**_20180503)([서울경제] **勞가 대·중소기업 임금격차-비정규직 차별 해소 나서야**_20171020)([한국경제] **"최저임금도 못주는 中企 많은데 … 노조서 무리한 요구 말아야"**_20171109)([내일신문] **노사함께 비정규직·양극화 해소 노력**_20180418)([파이낸셜뉴스] **비정규직 특별채용 막은 현대차 노조**_20171226)([뉴스토마토] **현중 노조, 사내하청 사무직 노조 통합**_2018

---

53) 관련 정책인 XI장의 '7. 구조조정과 노조' 참조.

0711)([조선일보] **노동운동이 근로자간 격차를 심화시켰다 이럴 줄 알았으면 30년 노동운동 안했을 것**_20180726)([조선일보] **"내 삶의 남은 목표, 격차 해소하는 노사관계 만드는 것"**_20180726)[54].

비정규직 축소, 차별 해소를 위한 여러 대안이 제시되고 있다. 노조, 비노조, 정규직, 비정규직 등을 모든 계층을 포함하는 새로운 틀을 짜기 위한 노력도 있다([매일경제] **비자발적 비정규직 축소에 초점 맞춰야**_20170624)([중앙일보] **정규직으로 모두 전환은 현실성 약해, 비정규직 임금 더 줘야**_20170624)([내일신문] **비정규직 차별 없애기_20170817)([한겨레] 정규직 전환 81% 공감하지만, "비정규직 차등도 불가피" 61%**_20180205)([서울신문] **차별과 합리적 차이**_20180126)([매일경제] **노조·非노조 아우르는 '勞使政대화' 새판짜기**_20180120)([문화일보] **공공부문 축소·노동유연성 확대… 한국당 '혁신과제' 文정부와 대결 예고**_20180124).

6. 파리바게뜨 사태와 파견근로

고용노동부가 파리바게트 본사에 협력 업체 소속인 제빵기사를 직접 고용하라는 명령서를 2017년 9월 28일 보내면서 제빵기사가 파견법을 위반하였는지의 여부가 쟁점이었다. 제빵기사를 자회사에 직고용 하는 것으로 노사합의하면서 파리바게트 사태는 종료되었다. 그러나 인건비 증가(제빵 기사에게는 임금 상승), 제빵 기사의 고용불안, 일부 협력업체의 경영 악화, 3개 노조간의 주도권

54) 관련 정책인 XI장의 '4. 노동개혁/임금피크제/양대지침/사회적합의' 참조.

다툼 등 향후 과제가 많다([매일경제] **노노갈등에 꼬이는 파리바게뜨 사태**_20180109)([서울신문] **제빵사 임금 기존보다 16.4% 인상… 본사 과태료 '백지화'**_20180112)([조선일보] **세계에 없을 파리바게뜨 8者 합의, 勞使가 정치판**_20180112)([한겨레] **'불법파견 안 된다' 확인한 파리바게뜨 합의**_20180112)([중앙일보] **제빵사 직고용 압박하더니 돌고돌아 결론 낸 건 파견**_20180113)([한국경제] **파리바게뜨 사태, 결국 승자는 아무도 없었다**_20180113)([한국경제] **파리바게뜨 제3노조 "합의안 수용 못 해"**_20180115)([파이낸셜뉴스] **파리바게뜨 사태, 불씨는 여전하다**_20180116)([서울경제] **파리바게뜨 대표 만난 김상조 위원장**_20180118)([파이낸셜뉴스] **파리바게뜨, 가맹사 업주와 '최저임금 인상' 분담**_20180126)([동아일보] **기업 옥죄는 '특별근로감독' 4배 껑충**_20180413)([중앙일보] **불법파견 덫에 걸린 정부**_20171222).

한국경제신문은 고용노동부가 파리바게트에 제빵기사 직고용 명령을 내린 후 2017년 9월 찬반 토론을 게재하였다([한국경제] **[맞짱토론] 파리바게뜨, 제빵 기사 직접 고용해야 하나**_20170930). 찬성 측의 정흥순 한국노동연구원 연구위원의 논거는 다음과 같다. 본사가 제빵기사에게 파견 노동자처럼 업무를 지시하고 관리하여 왔기 때문에 불법파견이다. 불법파견의 소지가 있음에도 불구하고 제빵기사의 역량에 따라 제품의 품질이 좌우되기 때문에 인건비를 절감하기 위해 도급계약을 맺고 관리하여 온 것이다. 인건비의 급상승으로 회사 경영이 어려워진다는 이유 등을 들어 직고용이 불가하다고 하는데, 그간 침해된 제빵기사들의 권리와 이익을 고려하면 수용할 수 없는 주장이다.

반대 측의 박주영 숭실대 교수의 논거는 다음과 같다. 파리바게트는 대기업이지만 가맹주는 소상공인이다. 제빵기사를 직고용하라고 하는 것은 인상된 제품 가격을 가맹주와 소비자에게 전가하는 것이다. 가맹점의 경영이 어려워지면 지금과 같이 강압적 방법으로 본사를 압박하여 정부가 사태를 해결할지 묻고 싶다. 제빵기사가 본사 직원이 되면 갑을관계가 역전되어 가맹점주가 계약해지나 재계약을 걱정하여야 할 처지로 몰릴 수 있다. 본사는 가맹점의 생산성 제고를 하여야 할 의무가 있는데, 제빵기사를 통한 질 관리를 파견법 위반으로 보는 것은 업종의 특성을 이해하지 못하였기 때문이다. 가맹점주들이 회사를 만들어 직고용하겠다는 의사를 고용부에 전달하였으나 노조의 동의가 전제되어야 한다고 수용되지 않았다고 한다. 어느 일방의 이해관계자 의견만을 정부가 들어서는 사회갈등이 풀릴 수 없다.

중앙일보와 한겨레신문도 9월 관련 사설을 게재하였다. 중앙일보 사설의 요지는 다음과 같다([중앙일보] **현실외면한 '직접고용' 명령 노동개혁이 근본 해결책**_20170925). 제빵기사를 직고용하면 본사는 적자로 돌아 선다. 고용부의 직고용 명령은 제빵기사가 가맹주의 지시에 따라 일한다는 상식적 측면을 고려하지 않은 것이다. 제조업에 적용되는 파견법 법리를 프랜차이즈에 적용하는 것은 잘못이다. 협력업체가 고용하더라도 불법파견 논란을 피할 수는 없다. 문재인 정부의 성급한 '직접 고용' 드라이브가 빚어낸 촌극이다. 고도화된 산업구조에서 낡은 파견법을 바꾸어야 한다.

한겨레신문의 논거는 다음과 같다([한겨레신문] **파리바게뜨 제빵기사 논란, '불법파견'이 본질이다**_20170925). 직고용 명령은 파리바게뜨 본사가 법이 허용하는 수준을 넘어서는 지시 및 관리를 하였기 때문에 불가피하다. 정규직 고용을 강제한 것이 아니라 어떤 형태로든 직고용하라는 것이고 다른 업체도 파견법을 위반하였는지 살펴보아야 하며 파리바게뜨와 같이 법을 위반하였는지 현재는 확실하지 않다. 직고용하면 비용이 상승한다는 것은 이해할 수 있으나 파리바게뜨가 주장하는 정도는 아니라고 본다. 가맹사업법이 허용하는 법의 특수성을 고려하여야 한다는 주장보다는 관계자간의 협의를 통해 해결책을 찾아야 한다.[55]

7. 특수고용직 노동3권

특수고용직은 사용자와 근로계약이 아닌 용역, 도급, 위탁계약을 맺고 있기 때문에 자영업자로 분류되어 대부분이 실질적인 근로자임에도 불구하고 법의 보호를 받지 못하고 있기 때문에 근로자성을 인정하여야 한다는 주장을 노동계에서 지속적으로 하여왔다([서울신문] **플랫폼 노동자의 권리**_20180511).

인권위가 2017년 5월 특수고용직에게 근기법상 근로자성과는 별개로 노동 3권을 보장하도록 법을 개정하라고 권고하고 고용노동부도 적극 수용하겠다는 방침을 밝히면서 특수고용직 노동권 보장이 논란이 되었다. 특수고용직의 권익은 신장될 수 있는 길이 열리나 신분이 바뀌면 소득세 등에서 불이익을 감수하여야 하기

55) 중앙일보와 한겨레신문은 사설 비교는 '[중앙일보]/[한겨레신문] **[사설 속으로] 파리바게뜨 제빵기사 불법 파견 논란**_20171017' 참조.

때문이었다([경향신문] **인권위, 특수고용직 '노동3권 보장' 권고**_20170530)([한국일보] **인권위 "특수고용직 노동3권 위해 입법 나서야"**_20170530)([파이낸셜뉴스] **노조·보험 도입 시급하지만… 업무환경 제각각, 일괄보장은 부담**_20170605)([내일신문] **특수고용직 노동3권 보호**_20171017)([문화일보] **'230만명' 거대 노동세력 출현 예고… 재계 _일자리 감소**_20171017)([문화일보] **고용보험 여파… 보험설계사 2만명 급감**_20180807).

한국경제신문은 인권위 권고를 받아들여 고용부가 특수고용직의 노동3권을 보장하는 방안을 추진하겠다는 입장을 밝히자 찬반 토론을 2017년 10월 게재하였다([한국경제] **[맞짱 토론] 특수고용직도 노동3권 보장해야 하나**_20171028). 찬성 측의 유정엽 한국노총 정책실장의 논거는 다음과 같다. 230만명으로 추정되는 특수고용직이 다양한 형태로 확산되고 있어 보호대책이 시급하다. 특수 고용직의 보호 필요성에 대한 공감대는 이미 오래 전부터 형성되어 있으며 비정규직중 중에 비정규직이라 할 수 있는 특수고용직의 보호 필요성을 인지하여 권익위도 권고한 것이다. 특수고용직의 근로자성은 법 체계에서 부정되나 법원이 개별 사건에서 근로자성을 보다 넓게 해석하는 판례가 늘어나고 있다. 개별적인 소송에 의존하는 것보다는 법체계 정비를 통해 보호대책을 마련해야 한다. 고용 형태의 다양화에 따라 선진국도 노동법적 보호를 확대하고 있다. 우리도 개별적 노동관계법은 선별적으로 적용하더라도 노동3권은 조속히 보장하여야 한다.

반대 측의 김영완 한국경총 노동정책본부장의 논거는 다음과 같다. 특수형태 종사자는 다양한 직업군이 있고 같은 직종 내에서도 업무 형태가 다르기 때문에 일률적으로 규제하기 보다는 회사와 위임, 위탁 계약을 체결하고 업무 수행 방식을 자율적으로 결정한다. 특수형태 종사자는 산업 구조가 다양화되면서 새로운 직종이 추가될 것이다. 계약 형태와 업무 수행 방식이 다양한 특수형태 종사자를 노동관계법에 편입시킬 경우 큰 혼란이 예상된다. 노동3권의 인정은 계약자유의 원칙과도 위배된다. 노동3권이 보장되면 회사는 노동 절약적 업무 수행 방식에 보다 의존하기 때문에 일자리는 줄어들 것이다. 보호방안을 고민하여야 하는 것은 올바른 방향이나 노동권 상화보다는 부당한 계약해지나 불공정한 거래 관행을 없애 주는 것이 자율성, 실적에 비례하는 보수, 일과 가사의 병행이라는 특수형태 종사자의 업무 특성을 고려한 합리적인 대안이다.

택배기사 노조가 특수고용직 중 첫 번째로 합법화되었고 표준계약서가 의무화되고 산재보험의 혜택을 받게 되었다([조선일보] **택배기사 등 처우개선 기회_되레 일자리 줄어들 수도**_20171018)([중앙일보] **택배기사·캐디 노조설립 가능해진다**_20171018)([문화일보] **勞組 허용_ 농성… 특수고용직 실력행사 본격화**_20171120)([서울신문] **택배發 특수고용노동자 노조 불씨 '근로자 권리 보장' 확대 불 지피나**_20171106)([경향신문] **마침내 합법화한 택배노조, 특수고용노동자 삶의 질 높여야**_20171106)([경향신문] **택배기사 표준계약서 쓴다… 산재보험도 의무화**_20171129)

2018년 6월 대법원은 학습지 교사의 노동3권을 부인한 원심을 파기 환송하여 노조 설립의 길을 열었다([서울신문] **대법 "학습지 교사도 노동자… 노조·파업 보장"**_20180616)([경향신문] **반갑고도 아쉬운, 대법원의 '노조할**

권리' 인정_20180623).

정부가 보험설계사 등 특수고용직도 근로자로서 실업급여를 받는 방안을 추진하면서 논란이 되고 있다([내일신문] **'보험설계사도 고용보험 적용 당연' vs '자영업자 고용보험 활용해야'**_20180711)([조선일보] **보험설계사, 택배기사, 캐디도 실업급여 받게 된다**_20180711).

서울시는 복지부와의 협의를 거쳐 특수고용직, 일용직 노동자의 병가 등을 추진하고 있다([서울신문] **아파도 못 쉬는 일용직 병가 추진**_20180405).

소사장제로 운영되는 시스템 하에서 열악한 처우에 있던 제화공들의 요구가 집단행동으로 이어졌고 요구가 어느 정도 수용된 사례가 있다([한겨레] **'억지 사장' 제화공의 파업 "노예계약 이제 그만"**_20180417)([서울신문] **'8년간 최저임금도 못 미쳐' 탠디 1300원 인상 합의**_20180512).

8. 구조조정과 노조

2018년 초 금호타이어, STX 조선, 한국GM 등이 법정관리의 위험에 처해 있었다. 3곳 모두 노사 및 관계자 간에 합의가 잘 이루어져서 법정관리로 가지 않았으나 구조조정 시 노조의 역할 등에 대해 많은 생각을 하게 하는 사례였다([경향신문] **웃으며 사진 찍을 수 없었던 한 사람**_20180402)([동아일보] **구조조정 막는 정책에… _사람 뽑았다가 미래 리스크 될 우려**_20180402)([한겨레] **쌍용차 해고자들의 아픔은 진행형이다**_20180324)([경향신문] **밧줄로 쌍용차 끌며 _출근하고 싶다**_20180423)([매일경제] **달라도 너무**

다른 GM 韓·美노조_20180405).

2009년 경영부실로 워크아웃을 신청하였던 금호타이어는 경영이 정상화되지 않아, 2018년 3월 중국타이어업체 더블스타에 '3년 고용 유지, 노조 합의 존중'이라는 조건으로 매각되었다. 정부의 일관된 입장 유지가 조속한 합의를 이끌어 냈다는 평가였다([국민일보] **산은 "금호타이어 中에 매각 재추진" …노조 반발**_20180303)([경향신문] **더블스타 _3년 고용보장_ 노조 _기술 먹튀 우려 10년 담보를**_20180323)([매일경제] **금호타이어와 한국GM 노조의 벼랑끝 전술**_20180331)([경향신문] **금호타이어 사태의 극적 반전이 남긴 교훈**_20180331)([한국경제] **"정치 논리루 해결 않겠다"는 靑의 원칙 … 버티던 금타 노조 돌려세워**_20180331)([동아일보] '더블스타' 새 주인 맞는 금호타이어… 8년만에 정상화 꿈_20180402)([문화일보] **금호타이어 '희망의 4월' vs '잔인한 4월' 한국GM**_20180402)([조선일보] **대통령이 원칙 지키자 금호타이어 노조 생떼 바로 끝났다**_20180402)([경향신문] **웃으며 사진 찍을 수 없었던 한 사람**_20180402)([매일경제] **금호타이어 '먹튀'를 막는 방법**_20180403).

2013년 시작된 STX조선의 구조조정은 고정비 40% 삭감 등 자구계획에 대해 노사가 2018년 4월 합의하면서 두 번째 맞은 법정관리의 위기를 벗어났다. STX조선은 시한을 안 지키면 법정관리에 들어가겠다는 정부의 입장이 여러 번 번복되면서 논란이 되었고, 정부가 정한 시한보다 9일 늦게 노사 합의가 되었다([한국경제] **최종구 "STX조선 노조에 더 이상 시간 주지 않겠다"**_20180405)([서울경제] **'운명의 날' 임박 STX조선·GM 버티는 노조에… 결국 파국 가나**_20180409)([한국일보] **STX조선 노사 구조조정 극적 합의… 법정관리 피할 듯**_20180410)([한국경제] **STX조선 노조에 끌려다닌 産銀…'구조조정 원칙' 스스로 깼다**_20180411).

한국GM은 법정관리로 갈 경우의 국내 경제에의 충격, GM본사의 입장 등 여러 변수가 추가적으로 고려되면서 2018년 4월 24일 군산공장을 폐쇄하고 GM과 산업은행이 출자하는 것으로 마무리 되었다([동아일보] **국회 찾아간 한국GM 노조**_20180220)([문화일보] **한국GM 사태의 본질과 올바른 처방**_20180221)([서울경제] **'5,000명 감원설' 한국GM 대대적 정리해고 돌입하나**_20180303)([서울경제] **전면전 선포한 한국GM노조**_20180307)([조선일보] **GM 협력업체들 _제발, 빨리… 두달도 버티기 힘들어**_20180322)([중앙일보] **한국, 신기술 도입도 노조 허락 필요 … 영국, 경영간섭 불가**_20180323)([한국경제] **혈세로 잔치판 벌이는 좀비기업 누가 키웠나**_20180330)([한국경제] **한국GM·STX조선도 靑 "경제논리로 풀겠다"**_20180402)([매일경제] **쇠파이프로 제 밥그릇 깬 노조… GM철수 구실만 키웠다**_20180407)([조선일보] **한국GM 노조 27시간 만에 사장실 점거 풀어**_20180407)([중앙일보] **GM과 귀족노조가 한국 납세자 갈취하는가**_20180411)([매일경제] **노조 반발·정부 지원금 사이 줄타기하는 한국GM**_20180412)([매일경제] **노조의 존재이유**_20180413)([조선일보] **나흘 남았는데… GM·산은·노조, 헛바퀴만 돌고 있다**_20180416)([매일경제] **자본금 거덜난 한국GM, 연봉은 9천만원**_20180417)([매일경제] **김동연 _노사 합의 실패하면 15만명 일자리 위협**_20180421)([서울경제] **법정관리 모면한 한국GM 정부와 협상 '큰 산' 남았다**_20180424)([중앙일보] **군산공장 680명 희망퇴직·전환배치, 무급휴직은 철회**_20180424).

GM 사태가 마무리된 후 GM이 지속가능성 있는 계획안을 내놓고 정부가 이를 확인하여야 한다는 주장이 제기되었다([경향신문] **GM, 이 순간만 모면하겠다는 생각은 곤란하다**_20180424)([중앙일보] **파국 막은 한국GM … 이젠 GM 책임이 중요하다**_20180424)([한겨레] **파국 피한 한국지엠, 이젠 미국 본사가 책임 다해야**_20180424)([한겨레] **파국 피한 한국지엠, 이젠 미국 본사가 책임 다**

해야_20180424).

GM 사태를 통해 대기업이 우리 경제에서 차지하는 비중이 확인되면서 대기업 규제를 강화하면 어디서 일자리를 늘릴 것인가라는 주장이 있다([한국경제] **한국GM 사태에서도 확인된 '대기업 낙수효과'**_20180425)

이제 GM 사태는 마무리 되었으나 감원에 따른 후유증, 심각한 군산지역 경제, 비정규직 등 여러 과제가 산적해 있다([서울경제] **'10년 연명자금' 받았지만…생산성 향상·고객 신뢰회복이 숙제**_20180427)([문화일보] **한국GM 갈길 먼 정상화**_20180514)([머니투데이] **GM과 정부의 '계약결혼'**_20180523)([조선일보] **GM 진짜 떠날 줄 몰랐다, 위기를 느꼈어야 했는데**_20180602)([파이낸셜뉴스] **군산 내려간 민주 _일자리 만들 것_ 견제구 날린 민평 _여당 염치없다**_20180602)([한겨레] **"죄다 날라 버리니께 일 잃은 사람들이 여기까지 오제"**_20180609)([한국일보] **한국GM 사내하청 직접 고용 명령.. 노동계 '환영'**_20180530)([한국경제] **한국GM, 정상화 '가시밭길' ... 이번에 비정규직 노조가 사장실 점거**_20180710).

9. 전교조/무노조경영

2014년 6월 전교조가 고용노동부를 상대로 한 법외노조 통보처분 취소 청구소송에서 패소하였다. 해직교사를 노조원으로 인정한 전교조 규약이 교원노조법을 위반한 것으로 판단한 것이다.

중앙일보와 한겨레신문은 각각 사설을 게재하였다. 중앙일보의 사설의 요지는 다음과 같다([중앙일보] **전교조는 판결 존중하고 정부는 후속**

조치를_20140620). 전교조가 판결에 대한 비난 성명을 낸 것은 적절하지 않다. 전교조 소속 선생님들은 학생들에게 준법정신을 가르치고 있다. 전교조는 판결에 일단 승복하여야 한다. 진보 교육감들도 판결의 취지에 맞게 정책을 집행하여 정부와 갈등을 빚어서는 안 된다. 판결의 쟁점은 교원노조법의 조항이 헌법을 위헌하였는지의 여부였는데, 법원의 판단은 존중되어야 하나 국제 기준에 맞지 않는 법률 조항은 손 볼 필요가 있다.

한겨레신문의 사설 요지는 다음과 같다([한겨레신문] **국제기준 및 법 취지에 어긋나는 전교조 판결**_20140620). 이번 판결로 6만 조합원의 전교조가 15년 동안 누려온 합법적 지위를 상실하였다. 법조문에 대한 기계적 해석이 낳은 비극이다. 노조의 자주성을 보장해 주는 법 조항이 노조의 자주성을 질식시킨 것이다. 법을 국제기준에 맞게 개정하여야 한다. 지난 6·4 지방선거에서 17개 시도교육감 중 13명이 진보 쪽이고 8명이 전교조 출신이다. 민심에서 확인된 전교조에 대한 판단을 정부와 여당이 거슬러서는 안 된다.[56]

문재인정부 출범과 함께 전교조의 정치적 영향력이 확대되고 있다([경향신문] **'교장공모제 확대' 교총 반발에 발목잡히나**_20180207)([서울신문] **"전교조 전임 휴직 허용해야"**_20180223)([조선일보] **전교조 전임 무리수 '자율연수'로 풀어라**_20180307)([문화일보] **진보좌파 一色 국가교육회의 전문委 전면 재구성해야**_20180419)([조선일보] **선거 앞둔 진보 교육감들… 전교조 전임자 싸고돌기**_20180511)([한겨레] **'법외노조' 굴레 벗어나는 전교조**_20180314)([내일신문] **국정교과서 시국선**

---

56) 중앙일보와 한겨레신문의 논설비교는 '[중앙일보]/[한겨레신문] **[사설 속으로] 전교조 법외노조화**_20140701' 참조.

언교사 징계 풀어야하면_20180329).

전공노가 규약 개정을 통해 합법화되고 단체교섭권을 가지게 되면서 유일한 법외 노조인 전교조도 정부가 직권으로 합법화하여야 하다는 주장이 제기되고 있다([서울신문] 전공노, 9년 만에 합법화_20180330)([경향신문] '합법화'로 단체교섭권… 근본적 해법은 '공무원노조법' 개정_20180330)([조선일보] 법외노조, 전교조만 남았다_20180330)([경향신문] ILO 핵심협약 비준, 전교조 법외노조 처분부터 바꾸자_20180108)([한국일보] "전교조 소송 중이라…" 정부, 33명 전임 불허_20180213)([한국일보] 단결의 자유_20180521).

전교조는 문재인정부가 사법부의 판단에 따라 법외노조로 결정한 박근혜정부의 조치를 취소하여 달라고 요구하고 있고 이를 관철시키기 위한 연가투쟁 등을 하고 있다([아시아경제] 靑 전교조 법외노조 직권 취소는 불가능_20180620)([조선일보] 법외노조 문제 놓고 전교조와 흥정했나_20180627)([한국일보] 전교조 '법외노조 직권취소 하라' 연가투쟁_20180707).

고용노동부가 설치하여 9개월 활동한 고용개혁위원회는 활동을 종료하면서 전교조 법외노조 통보를 정부가 취소할 것을 권고하였으나 친노동적이라는 비판을 받았다([국민일보] 고용개혁위 "전교조 법외노조 통보 취소하라"_20180802)([헤럴드경제] 경총 "고용노동개혁위 권고안, 노동계 쏠림 심하다"_20180802).

문재인정부 출범이후 삼성의 무노조경영 기조가 허물어지고 있다([한국일보] 삼성, 대체인력 투입비 지원 노조 와해 전략 이행한 정황_20180419)([한겨레] 노조결성 온몸 던진 사람들 "살맛나는 일터 우리 손으로"_20180430)([한국경제] 검찰 또 무리하나?_20480602)([매일경제] '무노조 경영' 삼성전자에 첫 노조 설립_20180601)([한겨레] '삼성 노조 와해' 관련 영장 줄줄이 기각_20180613)([서울신문]

삼성 노조 영장_20180613)([문화일보] **검 '삼성 봐주기 의혹' 고용부 압수수색**_20180713)([동아일보] **넉달 뒤진 '삼성노조 와해' 의혹... 10번 영장, 9번 기각**_20180613)([한국경제] **한 사건으로 삼성전자 10회 압수수색한 검찰**_20180711)([내일신문] **'노동조합 와해 기획' 전 삼성전자 전무 구속**_20180807).

10. 노동이사제

문재인정부는 100대 국정과제의 하나로 근로자대표가 기업의 최고 의사결정 과정에 참여하도록 하는 노동이사제(근로자이사제) 도입을 추진하고 있다. 2019년부터 공공기관에 도입하고 민간부분에 확산시킨다는 계획이다([한국경제] **벌써 5명… '노동이사제' 속도내는 서울시**_20170513)([매일경제] **공공기관 '노사협의회' 활성화 노동자 경영참여 길 터준다**_20170623)([서울신문] **내년부터 공공기관 노동이사제**_20170720)([국제뉴스] **이재명_경기도 산하기관에 노동이사제 도입**_20180501)([국제뉴스] **이완영 의원, '노동이사제 도입' 등 대표발의!**_20180501)([서울뉴스] **서울시 노동이사 정원 늘리고 임추위 추천 없애야**_20180520)([조선일보] **최종구_민간금융에 근로자 추천 이사制는 아직…**_20171222)([한국경제] **윤 '금융권 노동이사제' 다시 불붙여... 금융위와 갈등**_20180710)([서울경제] **KB 이어 우리銀도…'노조 경영개입' 전방위 확산**_20180103).

고용이 보장되고 개혁이 필요한 공공부문과 금융기관에 노동이사제를 도입하는 것에 대해 많은 우려가 있다([한국경제] **公기관 방만경영 개선 급한데 … '노동자 이사'가 개혁 찬성할까**_20171013)([파이낸셜뉴스] **노동이사제가 성공하려면**_20171215)([매일경제] **신의직장 금융노조에 경영간섭 '완장'까지**_2017

1221)([서울경제] **노조추천 이사에 우려 나타낸 외국인 주주**_20180228)([내일신문] **노동이사제와 금융지주회사 개혁**_20180302)([서울신문] **금융주총 화두는 '연임·코드인사·노동이사제'**_20180314)([동아일보] **노동이사제, 민간기업 경영권 뒤흔들 '트로이 목마'**_20180317)([파이낸셜뉴스] **노동이사제 도입 논의 물꼬**_20180326)([매일경제] **또 불붙은 노동이사제**_20180503)([파이낸셜뉴스] **'노동이사제' 도입 움직임… 노사공방 재연되나**_20180503)([문화일보] **본고장 유럽은 폐기하는 노동이사制**_20171226).

중국자본에 매각된 금호타이어에서 첫 노동계 추천 교수가 이사가 되었다([서울경제] **'댓글' 엎친데 '勞 사외이사' 덮친 네이버** _20180521)([국민일보] **금호타이어, 첫 노동이사 추천... 후보에 최홍협 교수**_20180706).

한국경제신문은 2017년 10월 공공기관 노동이사제 도입에 관한 찬반 토론을 게재하였다([한국경제] **[맞짱 토론] 공공기관 노동이사제 도입 필요한가**_20171021). 찬성 측의 김호균 교수의 논거는 다음과 같다. 문재인정부 출범과 함께 경제 패러다임이 부채 주도 성장에서 소득 주도 성장으로 바뀌었다. 패러다임 이행기에 발생할 수밖에 없는 마찰과 갈등을 최소화하기 위해서도 노동이사제가 필요하다. 헌법에 의거하든 경제 이론에 근거하든 노사가 효율적이고 공평한 협력을 하도록 하는 제도이다. 노동측에 권한과 함께 책임을 부여함으로써 생산성 제고에 기여할 것이다. 비정규직 문제 해결의 기반이 될 것이다. 노동 억압적 기업문화로 발생하는 갑질과 오너 리스크에 대한 근본 처방이다. 비자금 조성 등 끊이지 않는 범죄 행위를 정경유착, 전관예우에 갇혀 있는 국가에만 맡겨서는 예방할 수 없다. 4차 산업혁명의 성공을 위해서도 필요하다. 독일의 노사협력은 노동이사제의 결과이지 전제 조건이 아니다.

반대 측의 최완진 교수의 논거는 다음과 같다. 우리가 노동이사제 도입의 전형으로 삼고 있는 독일은 노조대표가 아니라 노조가 추천하는 외부 전문가가 기업 활동을 감사하는 제도를 채택하고 있다. 독일에서도 노동자들이 기업 경영의 실질적인 경영권은 가지고 있지 않다. 유럽에서도 근로자 경영참여가 위축되는 추세이다. 독일은 이해관계자 자본주의를 근간으로 하고 있는데, 자유시장경제체제를 근간으로 하는 우리 헌법에서는 수용하기 어렵다. 노조의 정치적 영향력이 커져 공기업 경영을 장악당할 우려가 크다. 공기업 개혁이나 구조조정이 어려워질 것이다. 공공기관 기관장이 낙하산이나 친 노조 성향이면 노조에 끌려 다닐 가능성이 크다. 민간부분으로 확산되면 신속한 의사결정을 방해하는 등 부정적인 영향이 크다. 기존의 노사협의회 제도를 활성화하는 것이 바람직하다.

서울경제신문도 2017년 9월 공공기관 노동이사제에 관한 찬반 토론을 게재하였다([서울경제신문] **[어떻게 생각하십니까?] 공공기관 노동이사제 도입**_20170728). 찬성 측의 김재훈 대구대 교수의 논거는 다음과 같다. 유럽에서 경제민주화 요구는 기독교회, 자유주의 사상가, 개혁적 보수진영에서 나온 것이다. 공공기관 노동이사제는 첫째 운영의 투명성을 높여 부패와 비리를 예방하는 시스템이 될 수 있다. 둘째, 노사가 성과와 책임을 공유하여 대 국민 서비스의 질을 향상시킬 수 있다. 셋째, 구상과 실행이 통합을 이뤄 모든 조직원을 지적으로 자극하고 현장 상황이 경영전반에 곧바로 반영될 수 있다. 넷째, 창조적 파괴는 희생과 불편을 요구하는데, 참여형 조직에서는 외부 위기에 대한 대응력이 높다.

반대 측의 숭실대 전삼현교수의 논거는 다음과 같다. 공공기관에 노동이사제를 도입하여 사내 의사결정구조를 민주화하면 공공기관의 효율성 제고를 통한 국민의 이익이 훼손될 것이다. 노동이사제가 긍정적인 역할을 한 사례는 도입 초기 독일을 제외하면 찾아보기 힘들다. 기존의 일자리가 사라지고 새로운 일자리가 만들어지는 4차 산업혁명시대에 근로자들에게 새로운 일자리를 만드는 역할을 주는 것은 모순이다. 감사 제도를 강화하여 노사 간의 담합을 방지하겠다고 하나 현 체제에서는 감사의 독립성을 실현하기 어렵다. 민간부분에 확산하려는 계획이라면 백지상태에서 다음과 같은 문제점을 고민하여야 한다. 유럽의 경우 기업의 신속한 의사결정이 필요한 상황에서 지연된 사례가 많다. 전문성이나 능력보다는 노조의 지지를 받는 정치력 높은 자가 최고경영사가 되기 쉽다. 투자자의 권리가 약화되어 투자가 위축된다. 외국인 직접투자가 위축될 우려가 있다.

11. 대학구조 개혁

2014년 1월 27일 박근혜정부는 대학 입학정원을 2023년까지 16만 명을 줄이는 대학 구조개혁을 단행한다고 발표하였다([경향신문] **대입정원 9년간 16만명 감축**_20140129)([한겨레] **교육 학생수 자연감소 따른 대책… '지방대 몰락' 막을까**_20140129)([중앙일보] **지방·수도권 내학 서로 _우리에게 불공정**

_20140129)([한겨레] **지방대 특성화·지역경제 기여가 주요 잣대**_20140129)([중앙일보] **대학구조개혁, 부실대학부터 퇴출시켜야**_20140129)([내일신문] **대학의 경쟁력 강화를 위하여**_20140128)([경향신문] **"지방대·순수학문 죽이기 될 것"**_20140129)([내일신문] **'4류대학'은 이제 사라져야 한다**_20140129).

중앙일보와 한겨레신문은 대학 구조 개혁에 관한 사설을 각각 게재하였다. 중앙일보 사설의 요지는 다음과 같다([중앙일보] **대학 구조개혁의 대원칙은 경쟁력 강화다**_20140121). 대학 구조 개혁의 목표와 기준을 세워야 한다. 첫째 대학경쟁력이 강화되는 방향이 되어야 한다. 대학의 틀을 바꾸어야 한다. 이해 관계자의 목소리에 휘둘려 정원감축만 하는 방식이 되어서는 안 된다. 큰 대학, 작은 대학, 글로벌 대학, 산학협력 중점 대학 등 각 대학이 지향점을 가지고 특성을 강화하는 방향이 되어야 한다. 대학마다 여건이 다르니 대학에게 선택권을 주고 지원 대책을 마련하여야 한다. 학령인구의 감소라는 도전적 과제를 피할 수 없으니 선제적으로 경쟁력을 강화하는 방향으로 가야 한다.

한겨레신문 사설의 요지는 다음과 같다([한겨레신문] **대학 구조개혁 공공성, 형평성, 투명성 유지해야**_20140129). 학령인구 감소에 따라 대학 구조조정에 정부가 나서는 것은 피할 수 없다. 대학의 자율적 개혁의 성과는 부진하였고 약자인 지방대, 전문대 등이 취약해지고 있다. 교육부 계획은 절대평가 결과에 따라 차등적으로 정원을 줄이는 것이다. 공익성과 형평성이 평가 기준이 되어야 한다. 공익성 측면에서 전문대는 고유 역할이 있고 지방대 위기는 해당 지역의 위기라는 것이 고려되어야 한다. 형평성 측면에서 역량이 미달하는 대학을 무조건 배려할 수 없다. 평가의 투명성과 신뢰성을 높여야 한다. 평가에 대한 대학의 수용성을 높이는 방식으로 진행되어야 한다. 대학도 정원 유지에 집착할 것이 아니라 특성에 맞게 대학의 질을 높이는 것을 고민하여야 한다.57)

학령인구가 지속적으로 줄어들고 있는 상황에서 문재인정부도 대학 구조 개혁을 지속적으로 추진하고 있다. 문재인정부의 대학 개혁은 자율성을 존중하는 방향에서 추진되고 있는데, 대학으로서는 평가에서 일정 기준 미만이면 정원을 감축하고 정부로부터 재정지원을 받지 못하기 때문에 교육부 평가에 대해 초긴장으로 대응하고 있다([서울신문] **대학 평가 6→3등급·인원 감축 5만→2만으로 완화**_201712018)([세계일보] **정원 자율감축 대학 60%로 대폭 늘린다**_20171201)([서울경제] **학생수 급감하는데 대학구조개혁 자율에 맡겨서야**_20171202)([문화일보] **구조개혁 평가 앞두고… 대학들 '몸집 줄이기'**_20171215)([파이낸셜뉴스] **자율개선대학 반드시 진입 할 것**_20180305)([조선일보] **160개 대학들 _찍히면 문 닫는다_ 초긴장**_20180328)([국민일보] **대학 재정지원 방식 통폐합… 자율성 높인다**_20180322)([한겨레] **퇴출 위기 강원대 '취업률' 덕분에 방긋**_20180124)([동아일보] **급변하는 시대 흐름 속 교육의 본질-역할에 충실**_20180328)([한겨레] **지방대 몰락 막는다더니... 정원 감축 75% 지방대서 이뤄졌다**_20180605).

등록금이 수년간 동결되었고 대학 평가 지표에 맞추어 대학이 투자를 하면서 대학의 재정이 고갈되고 대학 여건을 고려한 미래에 대한 투자가 이루어지고 있지 못하다는 지적이다. 정부의 대학에

---

57) 중앙일보와 한겨레신문 사설의 비교는 '[중앙일보]/[한겨레신문] **[사설 속으로] 대학구조 조정**_20140225' 참조.

대한 투자는 오히려 줄어들고 있다는 것이 현장의 소리이다([내일신문] **무한경쟁식 대학평가, 재정고갈 가속화**_20180503)([내일신문] **4년제 대학 96% 등록금 동결·인하**_20180430)([내일신문] **대학생 1인당 공교육비 'OECD 평균의 60%' 불과**_20180430).

재정난에 시달리는 많은 대학들이 자구 노력을 강화하면서 일부 부작용도 나타나고 있다([매일경제] **계약직 교수라도 하려면 연구비 6억 따와라_ 대학 甲질**_201711048)([매일경제] **'도넘은' 정원외 모집 대학에 재정삭감 칼 빼든 교육부**_20171221).

대학교육이 혁신되어야 한다는 요구는 지속적으로 있어 왔으나 교수의 기득권, 정부의 규제 방식 등이 대학 혁신의 장애 요인으로 지적되고 있다([중앙일보] **"대학 100곳으로 줄여야"…허투루 들을 일 아니다**_20180115)([세계일보] **대학 개혁의 길, 애리조나주립대 '실용주의'보라**_01711138)([조선일보] **대학 교육이 바뀌어야 기업 혁신 이뤄진다**_201711168)([세계일보] **대학 구조개혁 '성공의 조건'**_20180106)([한국경제] **교수 기득권에 막혀…'혁신 무풍지대' 된 대학**_20180309).

반값 등록금, 대학에 대한 재정 지원 등으로 교육부의 대학에 대한 규제는 강화되고 있는데, 규제 방식의 혁신이 필요하다는 지적이다([한국경제] **"통제 일변도의 낡은 규제 바꿔야"**_20171202)([서울경제] **정부 R&D 과제 선정방식 객관식 수능 같아… 창의력 나올 수 없어**_201710288)([조선일보] **교육부는 대학의 '수퍼甲'**_20180406).

대학의 구조조정이 본격적으로 이루어질 것을 예상하면서 부실사학, 비리사학 등의 잔여 재산, 교직원 고용, 지역 경제 등 대학 폐교에 따른 문제들이 본격적으로 발생하고 있다([국민일보] **이렇게 끝**

난 李 욕심 재학생·교수 흩어지고 대학촌은 적막 속으로_20180207)([경향신문] 비리 사학 '먹튀방지법'_20180102).

12. 수능 절대평가 전환/정시전형 확대

"대학수학능력시험(大學修學能力試驗, College Scholastic Ability Test/CSAT)은 1994학년도부터 대한민국의 대학 입학 평가에 도입된 시험이다. 대학수학능력시험이라는 용어는 '대학에서 수학할 수 있는 능력을 평가하는 시험'을 의미한다. 일반적으로 대수능 혹은 수능이라고 부른다. 수능은 대학 진학을 원하는 고등학교 졸업 예정자 및 이미 졸업한 자, 또는 검정고시 합격자를 비롯한 그에 상응하는 학력을 소지한 자 등을 대상으로 시행한다."[위키백과](https://ko.wikipedia.org/wiki/%EB%8C%80%ED%95%99%EC%88%98%ED%95%99%EB%8A%A5%EB%A0%A5%EC%8B%9C%ED%97%98).

문재인정부는 2021학년도부터 수능을 절대평가로 바꾸는 것을 공약으로 하였다. 교육부는 2017년 8월 10일에 2021학년도부터 수능을 절대 평가로 전환하는 것에 대한 의견 수렴을 하겠다고 발표하였다([동아일보] 수능 전 과목 절대평가 가능성… 수시-정시 통합될 수도_20170511)([조선일보] 수능영어 절대평가에… 반영비율 반토막 낸 대학들_20170531)([한국일보] "수능 절대평가, 변별력 떨어질 것… 학종 확대 불가피"_20170607)([매일경제] 학력고사 세대_20170620).

한국경제신문은 2017년 5월 문재인정부 출범과 함께 수능 절대

평가 전환에 관한 찬반 토론을 게재하였다([한국경제] **수능 절대평가제 전환 바람직한가**_20170513). 찬성 측의 안상진 사교육걱정없는세상 정책대안연구소 소장의 논거는 다음과 같다. 학령인구의 감소는 우리교육의 경쟁, 서열, 승자 독식 주도를 바꿀 수 있는 기회이다. 4차 산업혁명시기에는 지식 암기 위주의 교육이 아니라 역량을 키워주는 교육이 필요하다. 수능 상대평가는 과도한 경쟁을 조장하고, 줄 세우기 위해 어려운 문제를 내니 학생들은 사교육에 의존할 수밖에 없고, 줄 세우기를 하니 객관식 평가에서 벗어 날수 없는 문제점을 가지고 있다. 4차 산업혁명시대에는 맞지 않은 변별을 위한 시험이다. 절대평가가 도입되어 있는 과목과 상대평가를 하는 과목이 혼재되어 여러 부작용이 나타나고 있다. 수능의 변별력 확보와 대학 서열화가 서로 물고 물리는 악순환의 구조를 깨야 하는데 안타깝다. 수능 변별력이 확보되지 않으면 대학별 본고사 내지 구술고사를 허용해야 한다는 주장에도 동의할 수 없다. 현재 영어와 한국사의 9등급 평가는 충분히 변별력을 가질 수 있다. 모집단위나 전공 특성에 맞는 가중치가 주어진다면 변별력은 더 높아질 수 있다. 외부환경과 교육과정 변화와 입시가 맞물리는 지금이 수능개편의 호기이다.

반대 측의 박남기 광주교대 교수의 논거는 다음과 같다. 대입제도의 뿌리, 기대하는 효과가 나타날 수 있는 전제조건을 고려하면 수능 절대평가제는 득보다는 실이 크다. 절대평가제 전환을 주장하는 측이 기대하는 효과가 나타나지 않는다. 절대평가로 전환하면 내신 경쟁이 치열하여 질 것이고 본고사가 부활할 수도 있다. 학생들의 사교육 부담이 더 커질 수 있다. 대입제도 개선이 의도하였던 것과는 정반대의 결과가 예상되는 것은 유럽 국가와는 달리 우리 사회는 무한경쟁의 승자독식사회라는 점 때문이다. 대입제도의 미세조정으로는 이러한 구조를 타파할 수는 없다. 개인의 입장에서는 형태 여부와는 관계없이 최선을 다해 통과하여야 하는 것이 대입제도이다. 미래의 창의 인재를 육성하기 위해서는 수능의 내용, 측정방법, 결과 활용을 개선하는 방향으로 논의의 초점을 맞추어야 한다. 과거의 예비고사제도, 일정기준이 넘은 학생을 대상으로 추첨하는 제도 등을 고려하여 볼 수 있다. 대입제도의 변화만으로는 대입제도가 가지는 문제점을 해소할 할 수는 없다. 일자리 양극화와 이원화 해소 대책, 복지체제 개혁이 병행되어야 한다.

서울경제신문도 2017년 5월 찬반 토론을 게재하였다([서울경제신문] **[어떻게 생각하십니까?] 수능절대평가 전환**_20170519). 찬성 측 숭실대 이경화교수의 논거는 다음과 같다. 규제지향적 상대평가가 아니라 목표지향적 절대평가가 교육적인 평가방법이다. 절대평가로 전환되면 교육이 정상화되고 입시 경쟁이 조금이라도 줄어 들 것이다. 학교 교육과정을 기반으로 절대평가 기준을 설정하는 것이 합리적이다. 일정 수준이상이면 1등급을 부여하거나 절대평가로 하되 점수제로 운영할 수 있다. 공교육 정상화를 위해서는 절대 평가 전환 시 예상되는 어느 정도의 문제는 감수하여야 한다.

반대쪽의 안선회 중부대 교수의 논거는 다음과 같다. 수능을 절대평가로 전환하면 심각한 부작용을 초래할 것이다. 사교육비 절감은 현 실태를 모르는 주장이다. 내신관련 사교육의 비중이 수능

관련 사교육보다 더 높다. 고교 내신 평가가 더 지식 중심적이다. 수능이 절대평가로 전환하면 결과적으로 부풀리기 혹은 조작 의혹이 있는 내신에만 의존하는 대학 전형이 된다. 내신의 상대평가는 줄 세우기가 더 심하다. 수능전형도 계열별, 진로별로 하면 한 줄 세우기에서 벗어 날수 있다. 절대평가는 내신부터 적용하여야 학교 교육이 정상화된다. 수능의 변별력이 없어지면 학생부종합전형이 전형의 절대 기준이 되면서 공정성 파괴와 교육 불평등은 더욱 커질 것이다. 국가 장학금을 받지 않은 학생비중은 수시 비중이 높은 서울대가 제일 높다. 수능 전형은 최소한 공정하다. 학생부종합전형이 확대되면 교사, 교수, 학교의 권한만 강화되고 오히려 패자 부활전의 기회, 계층 상승의 기회마저 앗아갈 것이다.

교육부는 찬반 토론이 격화되자 개편시점을 2022학년도로 유예하는 것으로 결정하였다([매일경제] **文대통령 _입시 공정·단순해야_…금수저 논란 '학생부종합전형'이 첫 타깃**_20170901)([한국경제] **수능 절대평가 밀어붙이더니… 여론에 좌초한 '김상곤의 마이웨이'**_20170901)([서울경제] **수능 절대평가 우려에 과학고 지원 800명 급감**_20171011)([동아일보] **학교현장 암흑터널로 밀어넣은 수능 개편안 유예…교육초심으로 개편안 찾자**_20171024).

1년 유예 결정을 하는 과정에서 많은 토론과 주장이 있었다([동아일보] **수능 연기…고교학점제 추진**_20171229)([조선일보] **'김상곤 성토장' 된 교육계 신년교례회**_20180110)([중앙일보] **수능 등급제 데자뷔**_20180406)([서울신문] **교육부 설익은 정책 실험… 여론수렴 없이 추진 땐 '역풍'**_20180409)([세계일보] **'절대평가 적용 범위' 보·혁 갈등까지… 1년 내 해법 나올까**_20170901)([문화일보] **修能 방식보다 '학생 선발권'이 본질**_20170830)([문화일보] **高校 다양화와 大入 자율 확대가 正道**

_20170904)([서울신문] **공정성, 만족도 51%의 열쇠**_20170908)([중앙일보] **균형감 있는 전문가가 교육 틀 짜야 vs 교사·학부모·대학도 태도 변화 필요**_20170912)([한겨레] **굿바이, 수능**_20171124)([한국경제] **복잡한 대입 정시전형 … 교사들도 궁금해요**_20171206)([중앙일보] **학생·학부모 "수능 1년에 2회 환영" 교사들은 찬반 갈려**_20171215)([문화일보] **수능 영어 4등급 서울大 합격과 절대평가 불공정성**_20180208)([매일경제] **4차산업혁명 시대… 입시 대학에 맡기고 교육부는 손 떼야**_20180312)([문화일보] **私교육 더 늘리는 본말전도 教育정책**_20180321).

교육부가 각 대학에 2019년 대입 전형에서 수능 최저 기준을 없애고 정시를 확대하라고 요구하면서 논란이 되었다. 정시전형 확대는 수능을 절대평가로 전환하여 수능의 변별력을 약화시킨다는 정부의 방침과 부합되지 않기 때문이다. 2018년 4월 11일 발표한 교육부의 2022학년도 대입제도 개편 시안 보고서에도 정시, 수시 적정 비율이 논의 사항의 하나로 포함되어 있다([서울신문] **서울 주요대학들 내년부터 정시 확대한다**_20180402)([국민일보] **이러니 교육부 폐지론까지 나오는 거 아닌가**_20180403)([국민일보] **금수저 전형_ '학종 사다리' 서민층이 더 많이 올라**_20180404)([서울신문] **정시 확대 여부, 교육부 생각은 대체 뭔가**_20180412)([문화일보] **장·차관·실장 논의해 정시확대 결정_… '김상곤 패싱' 진화나선 교육부**_20180411).

서울경제신문은 2018년 4월 정시전형 확대와 관련된 찬반 토론을 게재하였다([서울경제신문] **[어떻게 생각하십니까?] 대입 정시전형 확대**_20180420). 찬성 측의 안선희 중부대 교수의 논거는 다음과 같다. 대학 입시에서 수시의 비중이 76.2%인데, 수시 중 학생부종합전형(학종)의 비중이 평균 24.3%이지만 서울대 78.5% 등 주요대학에서의 비중은 50%가 넘는다. 여러 요소를 종합적으로 고려하여 정성적으로 평가하는 학종은 불공정전형이 될 수밖에 없다. 약 11%의 사회적 약자를 배려하는 수시전형만이 의미가 있다. 학종이 확대되면서 사교육비가 상승하고 있으며 서울시내 주요 8개 대학의 재학생의 72.5%는 국가 장학금을 지원받지 않거나 받지 못하는 최상류층이다. 정시전형은 능력, 노력, 학업 성취가 객관적으로 확인될 수 있는 공정한 전형이다. 정시전형이 최소 50%까지 확대되어야 하며 수능제도 개선을 위한 노력도 병행되어야 한다.

반대 측의 정성식 실천교육교사모임 회장의 논거는 다음과 같다. 21세기에 시작된 7차 교육과정부터는 고교에 선택형 교육과정이 도입되었고 문재인정부는 고교학점제를 추진하고 있는 등 창의적 교육시대가 열리고 있다. 수능은 선발시험으로서의 기능을 상실했다. 변별력을 높이기 위해 억지로 고난도의 문제를 포함하는 등 우연과 불공정성이 내재되어 있다. 수능 전형은 부정의 소지가 완전히 차단된다는 장점은 있으나 알파고 시대, 4차 산업혁명시대에는 도태되어야 하는 획일적 교육시스템을 오히려 강화시켜 준다. 정성적 평가에 의한 학생 선발이 미래를 대비한 전형이다.

2018년 4월 교육부는 대학입시의 주요 쟁점을 국가교육회의에 공론화하여 줄 것을 요청하고, 공론화 결과에 따라 대입전형 계획을 8월말까지 확정하겠다고 하였다. 교육부가 국가교육회의에 주요 쟁점 사항을 정리하여 줄 것을 요청하면서 보수, 진보, 전문가 모두 교육부를 비판하였다. 그러나 적지 않은 예산이 들어간 공론화에도 불구하고 사실상 결론 도출에 실패하였다([내일신문] **수십년 논쟁, 비전문가에 떠넘겨**_20180412)([조선일보] **입시 제도 100개 던져놓고 '골라달라'는**

교육부_20180412)([한국일보] **"공론화 과정, 신고리 원전 사례와는 다를 것"**_20180417)([매일경제] **하청에 재하청, 교육 백년대계 이렇게 떠넘겨도 되나**_20180418)([한국경제] **교육부 2022년 대입제도 개편 5개 시안 논란 수능 절대평가, 수시·정시 통합여부가 핵심 쟁점**_20180423)([서울경제] **기울어진 대입제도특위…친정부·진보 일색**_20180424)([매일경제] **'누더기 수능' 진보도 보수도 폭발… 핀란드선 20년 걸쳐 제도 개혁**_20180426)([국민일보] **이번엔 '김영란 수능' 대입 개편 내놓나… 공론화위원장 위촉**_20180430)([파이낸셜뉴스] **10명중 8명 수시 선발… 역대 최고치**_20180502)([서울신문] **"정시 확대" vs "학종 유지"… 대입개편 '불꽃 토론'**_20180504)([한국경제] **"대입정책 원칙·방향 제시도 없이 여론에 따르겠다는 건 책임회피"**_20180504)([한국일보] **학종 유지냐, 정시 확대냐 대입개편 첫 공청회 난상토론**_20180504)([경향신문] **미루고 떠넘기기 바빴던 대입제도 개편안 의지만 앞선 백년대계, 큰 그림 없이 후퇴**_20180510)([서울경제] **공론화 끝낸 대입개편…절대평가 확대되나**_20180730)([한겨레] **"사교육비 주범은 수능 아냐" "수능 확대한다고 기회 늘겠냐"**_20180730)([연합뉴스] **돌고 돌아 얻은 결론 '대입은 난제'…"공론화 사실상 실패"**_20180803)([매일경제] **교육부 '결정장애'가 부른 예고된 참사..대입 혼란만 더 키웠다**_20180804)([매일경제] **헛심만 쓴 空론조사…'수능 절대평가' 文공약도 물건너 갈 듯**_20180808).

13. 자사고·외고 폐지/직업계 고교 현장실습 폐지

우리나라 고교는 일반고등학교, 특수목적고등학교, 특성화고등학교 및 자율고등학교(자율형 사립고등학교 및 자율형 공립고등학교)로 구분되어진다.

"특수목적 고등학교(이하 특목고)를 초중등교육법시행령 제90조에서는 '특수 분야의 전문적인 교육을 목적으로 하는 고등학교'로 정의한다. 일반고등학교와 달리 특목고에서는 과학, 외국어, 수산, 해양, 예술, 체육 등 각 특수하고 전문적인 분야를 미리 학생들에게 습득시켜 그 분야의 전문가를 조기 양성을 하는 목표로 설립되었다. 과학 고등학교, 외국어고등학교, 예술고등학교, 체육고등학교, 국제 고등학교 등의 특목고가 있다. 규정상 과학영재학교는 특목고가 아니나, 입시목적의 분류편의상 특목고로 간주되는 경우도 있다. 특히 최근에는 특목고가 일반적으로 과학 계열인 과학고등학교와 외국어 계열인 외국어고등학교를 지칭할 때 주로 쓰인다. .... 2010년 10월 교과부가 공개한 대학 신입생 현황에 따르면, 신입생 중 특목고 출신 비율은 연세대가 28.0%, 서울대가 25.9%, 고려대가 20.7%인 것으로 나타났다. 2010년 이후로 직업교육 전문 특성화고인 공업, 상업, 농업계열등의 특수목적고등학교가 모두 사라지고 모든 전문계고가 특성화고로 전환되었다. 이에 따라 산업수요 맞춤형 고등학교(마이스터고등학교)가 특수목적고등학교로 신설되었다."[위키백과] (https://ko.wikipedia.org/wiki/%ED%8A%B9%EC%88%98%EB%AA%A9%EC%A0%81_%EA%B3%A0%EB%93%B1%ED%95%99%EA%B5%90).

"자율형 사립 고등학교는 이명박 정부의 '고교다양화 300 프로젝트'라 불리는 국정과제와 「초·중등교육법 시행령」 개정 등 관계 법령 제·개정에 의거하여 사립학교의 건학이념에 따라 교육과정, 학사운영 등을 자율적으로 운영하고, 학교별로 다양하고 개성있는 교육과정을 실시하는 고등학교다. 모집구분은 전기이기 때문에 특수목적고등학교와 같은 전기고등학교(前期高等學校)와는 중복해서 지원할 수 없다. 입학 전형은 대체적으로 중학교 내신성적을 일부 반영한 추첨 방식과 필기고사를 제외한 자기주도학습전형으로 나뉘며, 2010년 12월 기준 50개교가 자율형 사립고로 지정되었다. 기존의 자립형 사립고보다 학교의 자율성을 더 확대, 발전시킨 것이다. 자율형 사립 고등학교는 의무적으로 모집인원의 20%를 사회적배려 대상자로 선발하여야 하며, 재단은 법인전입금을 도 소재 사립고등학교의 경우 3% 이상, 특별시·광역시 소재 사립 고등학교의 경우 5% 이상 출원해야 한다. 경기도에서만 예외적으로 광역시가 아님에도 불구하고 법인전입금 5% 이상 출원하여야 한다. 선발은 광역단위 모집이 원칙이나, 법인전입금을 20% 이상 출워하면, 전국단위 모집이 가능하다. 또한, 경상남도, 충청북도, 제주특별자치도, 세종특별자치시에는 자율형 사립고로 지정된 학교가 없기 때문에 이 지역 학생들은 전국 자율형 사립고 어디에든 지원할 수 있다[58]."[위키백과](https://ko.wikipedia.org/wiki/%EB%8C%80%ED%95%99%EC%88%98%ED%95%99%EB%8A%A5%EB%A0%A5%EC%8B%9C%ED%97%98).

2014년 교육감선거에서 당선된 진보 교육감 13명은 자율형 사

58) 미림여자고등학교와 우신고등학교의 경우, 지난 2015년에 서울시교육청 자사고 평가 과정에서 학생 충원 미달과 학교 운영 문제로 서울시교육청으로부터 자사고 지정 취소 승인을 얻은 이후에, 2016학년도 신입생부터 평준화 지역 후기 고등학교로 전환하였다. 2012년과 2013년에 동양고등학교와 용문고등학교가 사사고 신입생 정원을 충당하지 못해 평준화 지역 후기 고등학교로 전환했다.

립고 폐지와 혁신학교 확대를 공약으로 내걸었다. 진보교육감의 당선으로 교육현장에서 자사고 폐지가 논란이 되었다([서울신문] **평준화 강화… 혁신학교 늘어나고 자사고 축소 불가피**_20140610)([서울경제] **학생들이 무슨 죄 있나**_20140613)([서울신문] **"교육감 눈치에"… 자사고 평가 올스톱**_20140612)([경향신문] **일반고 황폐화… 8~9월 자사고 재지정 '엄격 평가' 예고**_20140611)([한겨레] **상위 50% 학생 끌어가고도 성적향상 '미미' _입학경쟁 가열시켜 사교육 부담만 늘게 해**_20140611)([한겨레] **일반고에 악영향 등 따져 8월초까지 자사고 존폐 정할 듯**_20140611)([중앙일보] **권한 없는 교육감들 _대입 개혁_ … 2017대선 핫이슈 될 수도**_20140610)([한국경제] **"외고·과학고도 설립 취지와 다르면 일반학교 전환"**_20140611)([한국경제] **'개천의 용' 타령은 이제 그만**_20140611)([한국경제] **진보교육감 인수위 '진보색' 뚜렷… 교육계 '긴장'**_20140611).

한국경제신문은 자사고 폐지에 관한 찬반 토론을 2014년 6월 게재하였다([한국경제] **[맞짱 토론] 자율형 사립고 폐지**_20140614). 찬성 측의 김달효 동아대 교수의 논거는 다음과 같다. 입시전문기관으로 변질된 자사고는 학교 서열화와 사회 양극화를 초래하고 있다. 미국, 영국 등 다른 나라의 자사고 형태의 학교선택제도 유사한 결과를 가져 왔다. 자사고는 성적이 우수하고 사회경제적 여력이 있는 사회적 강자를 위한 제도이며 일반고의 슬럼화 현상을 초래해 공교육 정상화의 장애요인이다. 고교평준화가 학교 선택권을 침해한 것이 아니라는 헌법재판소의 판결에서 확인되듯이 사회적 공익을 위해 자사고를 선택할 수 있는 자의 권리가 제한될 수 있다. 자사고를 일반고로 전환하여 교육의 보편성을 추구하고 전반적인 교육의 질을 높여야 한다.

반대 측의 양정호 성균관대 교수의 논거는 다음과 같다. 자사고의 뿌리는 수월성 교육에 대한 국민의 요구에 부응하여 김대중정부에서 도입한 자립형 사립고이다. 고교평준화 도입 이후에도 학생들의 학교선택권은 확대되어 왔다. 자사고가 일반고의 황폐화를 초래하였다는 진보교육감들의 인식에 동의할 수 없다. 내신 50%에 속한 학생들을 추첨으로 미리 선발하여 다양한 교육과정을 운영하는 전체 고교의 2.7%인 자사고가 전체의 65%인 일반고의 위기를 초래하였다는 주장은 잘못된 것이다. 일반고 위기는 사교육에 의한 선행학습에서 초래된 것이다. 일반고의 위기는 오히려 자사고 확대로 극복될 수 있으며 외형상 평준화를 추구하면 더 심각한 일반고 위기가 올 것이다.

서울시 교육청이 2014년 9월 일부 자사고를 일반고로 전환하겠다고 하면서 학부모들이 반발하는 등 논란이 되자 중앙일보와 한겨레신문은 각각 사설을 게재하였다. 중앙일보 사설의 요지는 다음과 같다([중앙일보] **자사고·일반고 상생방안 찾아야**_20140904). 자사고는 국민의 50% 이상이 선택한 정권에 의해 결정된 것인데, 일부 교육감이 그들의 뜻대로 폐지하는 것은 옳지 않다. 자사고 학생들의 권리도 존중하여야 한다. 자사고를 없앤다고 일반고가 살아나지는 않는다. 오히려 편을 나누어 갈등을 일으키는 것이 자율적인 혁신 노력을 저해한다. 일반고도 학생들의 요구에 귀를 기울여 혁신한 사례가 다수 있다. 자사고 폐지가 아니라 일반고들이 혁신적인 일반고들을 따라가도록 지원하여야 한다. 교육부가 동의하지 않으면 일반고로 전환할 수 없는데, 서울시 교육감은 교육 현장에 갈등을 조장하지 말아야 한다.

한겨레신문 사설의 요지는 다음과 같다([한겨레신문] **교육부 '불량 자사고' 감싸겠단 말인가**_20170902). 자사고 폐지를 과제 1순위로 꼽았던 조희연 서울시 교육감이 평가 결과에 기초하여 14곳 중 8개를 폐지하겠다는 것은 대단히 온건한 조치이다. 자사고 측은 행정 소송을 준비하고 있고 교육부는 교육청이 재량권을 일탈, 남용한 것이라는 입장이다. 그러나 서울시 발표 이후 교육부와의 '사전협의' 조항을 '사전동의' 조항으로 바꾸려는 교육부의 처사에서 알 수 있듯이 교육부는 시행령의 사전협의 조항을 무리하게 확대 해석하고 있다. 자사고 폐지에 대한 찬성이 60%를 넘는데 교육부는 민심을 거스르고 교육청의 자사고 폐지를 무력화시켜서는 안 된다.[59]

문재인정부는 자사고와 외고 폐지를 공약으로 내걸었고 김상곤 교육부총리가 취임하면서 외고와 자사고 폐지를 추진하겠다는 입장을 밝히면서 논란이 되었다. 정부의 자사고 폐지 방침에 따라 일반고로 전환하는 자사고가 늘어나고 자사고의 지원자도 감소하였다. 2017년도 말 정부는 2019년도 입시부터는 자사고, 외국어고, 국제고의 우선선발권을 폐지하고 일반고와 입시를 동시에 치르도록 시행령을 개정하였다([문화일보] **부모 소득이 아이 교육수준 정하는 왜곡된 시스템 고쳐야**_20180223)([한겨레] **교육 적폐, 외고·자사고 폐지해야**_20170613)([문화일보] **외고·자사고 폐지_… 혼돈속 여름방학 맞은 '中3'**_20170714)([동아일보] **"저도 경기고 쳤다가 떨어지긴 했지요"**_20170717)([세계일보] **자사고·외고 우선선발권 폐**

---

59) 중앙일보와 한겨레신문의 사설비교는 '[중앙일보]/[한겨레신문] **[사설 속으로] 자사고 일반고 전환**_20140923' 참조.

지… 혁신학교로 공교육 강화_20170831)([한국일보] 외고·자사고 폐지 맞아_ 떨어지면 재수_ 더 꼬인 방정식_20170831)([한겨레] 특목·자사고-일반고 내년 동시선발… "최종 목표 자사고 폐지"_20171103)([중앙일보] "진영 논리에 갇힌 평준화 교육으론 알파고 못 만든다"_20171208)([매일경제] 자사고 폐지는 국가폭력…헌법소원도 불사_20171213)([한국경제] 교육감이 자사고 폐지 여부 결정_20171213)([한국일보] 재정난 자사고들 잇따라 "일반고 전환"_20170712)([서울신문] 서울 자사고 7곳 미달 평균 경쟁률 1.29 대1_20171115)([서울신문] 대입 공정성 핫이슈 자사고 존폐도 쟁점_20180221).

외고, 자사고 폐지가 일반고교간의 격차를 확대시키고 수월성 교육이 후퇴하면서 4차 산업혁명 시대에 필요한 인재 육성의 걸림돌이 될 것이라는 주장이 있다([문화일보] 외고·자사고 폐지 앞장선 이재정 교육감의 시대착오_20170614)([중앙일보] "외고 준비해 온 딸, 갑자기 바뀐 정책에 울상"_20170616)([한국경제] '불리한 진실'엔 눈 감는 色盲정책들_20170622)([중앙일보] 진영 논리에 갇힌 평준하 교육으론 알파고 못 만든다"_20171208)([매일경제] 자사고 폐지는 국가폭력…헌법소원도 불사_20171213)([동아일보] 결국 자사고 폐지 수순으로 가는 '교육 포퓰리즘'_20171227)([문화일보] 특목·자사고 폐지 추진에 교육수요 '강남 U턴'_20180108)([중앙일보] "자사고·외고 없어진대" 대치동 집 찾는 마포맘_20180123)([조선일보] 지역 내 좋은 일반고 없으면 자사고 지원… 일반고 결심했다면 '학교정보' 잘 따져야_20180205)([매일경제] 양극화 심화시키는 교육정책들_20180209)([한국경제] "고교서열 없애겠다"는 文정부 '교육 1번지' 강남 흔들릴까_20180331)([서울신문] 특목고 옥죄더라도 일반고 살릴 방책 먼저 내놔야_20171103)

서울경제신문은 2017년 7월 자사고와 외고를 폐지하는 것에 대한 찬반 토론을 게재하였다([서울경제신문] [어떻게 생각하십니까?] 자사고·외고 폐지_20170707). 찬성 측의 성기선 가톨릭대 교수의 논기는 다음과 같다. 보통교육제도의 근간을 흔들고 있는 자율형 사립고, 외고 등 특수유형의 학교를 통합하여야 한다. 누구나 질적으로 우수한 교육을 받도록 해야 한다는 공교육의 취지가 훼손되고 있다. 외고, 국제고 등은 명문대 진학의 통로로 전락하였다. 자사고는 김대중정부때 도입된 자율형 사립고의 시범 운영에 대한 평가 없이 이름만 바꾸어 도입된 절차적 정당성도 지키지 않은 제도이다. 결국 자사고는 법률이 아니라 시행령에 근거하여 국회의 동의도 거치지 않고 정권 입맛에 맞게 도입된 것이다. 교육을 통한 사회 이동성을 훼손시켜 교육 양극화가 계층 서열화로 연결되는 것을 막아야 한다. 학교가 공존, 협력, 소통하는 공동체 의식을 길러 주도록 고교 체제가 개편되어야 한다. 소수의 몇몇 학교, 소수의 공부 잘하는 아이들만의 공교육은 그 차제가 모순이다.

반대 측의 양정호 성균관대 교수의 논거는 다음과 같다. 지금까지의 몇 차례 자사고, 외고 폐지 논란의 경험에 보면 비생산적 논란만 있고 결과적으로 당사자인 학교와 학부모만 거리로 내모는 안타까운 사태로 귀결된다. 자사고와 외고는 교육평준화로 인한 교육의 질 저하에 대한 학부모들의 불만을 수용하여 만들어진 제도이다. 자사고는 연 50억 원에 달하는 정부 지원 없이 운영하고 있어, 폐지되면 국민들 부담이 늘어난다. 일반고 위기는 자사고나 외고 때문이 아니라 고교 평준화 시작과 함께 시작된 것이다. 특히 노무현정부때부터 사교육과 집값 폭등으로 일반고교간 격차가 고착화되었다. 일반고 배정도 학생들의 선호도를 반영하기 때문에 격차가 더욱 확대되고 있다. 2,300여 개 고교 중 수능 1등급을 받는 학생이 1명도 없는 학교가 1,000여 개에 이르는 사실에서 나타나듯이 우리가 알고 있는 고교평준화는 말로만 평준화지 실제로는 지역 격차, 집 값 격차를 반영하고 있다. 전체 고교의 3%에 불과한 자사고, 외고에서 일반고 위기의 원인을 찾기 보다는 일반고간 학교 서열화에 대해 어떻게 할 것인가를 고민하여야 한다. 교사들의 사기를 끌어올릴 방안도 고민하여야 한다. 소모적 폐지 논쟁보다는 일반고의 역량을 끌어 올릴 방안을 고민하여야 한다. 취지에 맞지 않게 운영되는 자사고와 외고의 부분은 개선하면 된다. 제도 변경은 최소한 3년의 유예기간을 주도록 법에 명기되어 있다. 교육정책의 직접 당사자는 학생과 학부모라는 사실을 알아야 한다.

특성화고교의 취업을 위한 현장실습은 이명박정부, 박근혜정부에서 모두 문제가 되었다. 현장실습생으로 실제로는 노동을 하면서 법적인 보호를 받지 못하고 제대로 된 실습도 이루어지지 못한다는 비판이 주였다([서울경제] **특성화고생 현장실습 빙자 야간·휴일근무 시키면 처벌**_20130826)([한국경제] **특성화고 실습 내실화방안 발표**_20130826).

2017년 11월 19일 제주도의 한 특성화고등학교 3학년 학생이 현장실습 중 사망하면서 현장실습은 다시 논란이 되었다. 현장실습 폐지에 대한 특성화고의 반대에도 불구하고 정부는 2018년부터 특성화고 현장실습을 폐지하고 학생 안전이 확보된 기업에 한해 중도 채용을 허용하는 방침을 발표하였다([한겨레] **이런 현장실습, 이젠 그만**_20171201)([경향신문] **'제2의 이민호' 나오지 않게 '조기취업형 현장실습' 폐지**_20171202)([한겨레] **공기업도 표준협약서 안 쓰는데…우수 실습업체 발굴 '시급'**_20171202)([매일경제] **현장실습 없애면 취업은…특성화고 학생들 멘붕**_20171204)([내일신문] **완전 폐지해야_ _경쟁력 떨어질 것**_20171220)([내일신문] **'산업체 파견 현장실습 폐지 반대한다'**_20171220)([내일신문] **'산업체 파견 현장실습 폐지하라'**_20171220)([내일신문] **'실습 폐지 여부' 학생 의견 수렴해야**_20171221)([문화일보] **특성화高 학생 채용 기업에 인센티브**_20180110)([한국일보] **특성화고 현장실습 폐지… 선도기업 지정해 고졸 일자리 3만개 확보**_20180224)([내일신문] **학습중심 현장실습 정책 교사 63% _부적절**_20180406).

서울경제신문은 2017년 12월 직업계 고교 현장실습 훈련의 폐지에 관한 찬반 토론을 게재하였다([서울경제신문] **[어떻게 생각하십니까?] 직업계 고등학교 현장실습 폐지**_20171215). 찬성 측, 반대 측 모두 현장실습은 필요하며 현재의 현장실습은 폐지내지 대폭 개선하는 것에는 동의하고 있다. 찬성 측의 김형렬 가톨릭대 교수의 논거는 다음과 같다. 정부가 조기취업형 현장실습을 내년도부터 폐지하기로 한 것은 의미가 있다. 그러나 구체적으로 보면 아쉬움이 남는다. 정부는 2003년과 2013년에도 종합 대책을 발표하였으나 현장실습 환경은 변하지 않았다. 정부의 이번 대책에 포함되어 있는 3개월의 '학습중심 현장실습'은 그 이전의 대책과 차이가 모호하다. 취업과 실습은 다르다. 학교 대신 취업현장에 보내 놓고 방치하는 것이 아니라 제대로 배울 수 있고 안전한 실습 환경을 제공하여야 한다. 제대로 된 현장실습이 이루어지기 위해서는 학교 내 실습환경을 개선해 제대로 된 실습교육이 이루어져야 한다. 안전한 훈련기관을 만들어 학생들이 실습할 수 있도록 하는 것도 대안이다. 안전한 현장실습을 제공할 수 있는 기업체에서만 실습이 허용되어야 한다.

반대 측의 이병욱 충남대 교수의 논거는 다음과 같다. 현장실습은 전문 직업인을 양성하는 데 필수적인 과정이다. 직업계 고교의 현장실습은 현장성 있는 기술 습득과 훈련의 기회를 제공한다. 현재 현장 실습에서 사망사고가 발생하는 것은 기술전수 프로그램이 부실하고 실습 학생의 인권과 안전을 보장할 수 없는 환경 때문이다. 미성년자인 실습학생뿐만 아니라 우리나라 근로자들은 상대적으로 위험한 작업환경에서 일하고 있다. 현장실습을 폐지하기 보다는 근로감독을 철저히 하고 현장에서의 안전문제를 개선하여야 한다. 이해당사자인 학생 그리고 기업 모두 프로그램이 존속을 원하고 있다.

14. 학제개편

2015년 10월 새누리당이 저출산, 고령화 대책의 하나로 학제 2년 단축을 추진한다고 발표하면서 논란이 되었다. 자녀를 초등학교에 보내고 나면 여성 취업률이 올라간다는 것에 근거한 주장인데, 시행과정에서 형평성 논란 등의 문제가 지적되었다([서울경제] **초·중등 과정 단축 추진... 취업·출산 앞당긴다**_20151022)([한겨레] **새누리 "취학연령 만5살로 낮추자"**_20151022)([서울신문] **입학·취업 앞당겨 출산 유도_… 교육부 "입시 등 큰 혼란 우려"**_20151022)([중앙일보] **새누리당의 '총선용' 저출산 대책**_20151023)([한국경제] **학제단축 바람직할까요**_20151109).

한국경제신문은 저출산 대책의 하나로 학제를 개편하는 것에 대한 찬반 토론을 2015년 10월 게재하였다([한국경제] **[맞짱 토론] 저 출산 해결 위한 학제개편 논의 타당한 가**_20151031). 찬성 측의 박정수 이화여대 교수의 논거는 다음과 같다. 학제 개편이 논의될 시점이다. 우리나라의 과도하게 낮은 출산율, 높은 사회진출 연령을 고려하면 국제화 등에 대응하기 위해 전면적인 학제 개편이 필요하다. 진로 교육 강화를 통한 노동시장간의 원활한 연계, 취학 연령의 하향조정, 학교별 수업연한의 조정, 조기 진급과 졸업제도의 도입, 직업 교육의 강화, 학벌중심 문화의 개혁 등을 고려하여 종합적으로 학제 개편을 살펴보아야 한다. 학제 개편은 민간과 정부의 투자 보완성 강화, 교육재정의 체계적인 성과관리제도 정착, 국공립학교 질의 제고를 통한 교육 격차 해소, 창의성 있는 인재 육성을 위한 미래 교육의 방향에서 논의되어야 한다. 저소득층 교육지원제도가 강화되어야 학제 개편의 의미가 있다. 인적자원 관련 정책 및 사업 부처 간의 연계와 조율이 강화되면서 열린 방식으로 학제 개편이 논의되어야 한다.

반대 측의 이원영 중앙대 교수의 논거는 다음과 같다. 너무 이른 나이에 초등학교에 보내 지식습득 뇌를 활성화하면 인성관련 유전자의 발현에 부정적인 영향을 주어 추후에 사회적으로 더 큰 비용을 지불할 가능성이 크기 때문에 취학 연령의 하향 조정은 바람직하지 않다. 유아 교육과 보육의 통합, 영아 교육 전문화 등 양질의 교육이 이루어져야 한다. 외형적인 제도만 바꾸려고 하지 말고 제대로 된 인성교육, 학생들의 잠재력을 이끌어 내는 교육, 영유아들이 부모의 사랑과 관심을 받을 수 있는 가정친화적 정책을 펼치는 것이 보다 중요하다.

19대 대통령 선거에서는 선거연령 인하와 연계한 학제개편이 중요 쟁점의 하나였다([국민일보] **文·沈, '학제 개편·단설유치원' 놓고 安 협공**_20170503)([한국경제] **文 "학제개편은 최악의 공약" 安 "文의 고교학점제 10兆 필요해"**_20170503)([경향신문] **김성태 원내대표의 '18세 투표 허용'을 환영한다**_20180202)([파이낸셜뉴스] **지방선거·개헌투표 '3대 쟁점법안' 2월 국회처리 빨간불**_20180212)([내일신문] **한국당 학제개편 전제한 선거연령인하는 사실상 반대**_20180405).

15. 초등교사임용

교대와 사대는 목적형 대학으로 산업화과정에서 교사 인력을 안정적으로 확보하는 역할을 해 왔는데, 교사가 가장 안정적인 직업군이 되면서 새로운 패러다임이 요구되고 있다.

초등학생 수가 급격히 줄어들면서 초등학교 교사 임용시험에 합격하고도 발령받지 못한 교사수가 3,000명을 넘어 섰고 일부는 3년 동안 발령받지 못해 규정상 임용취소를 당할 처지에 있다. 서울교육청이 임용자 수를 축소하려고 하자 초등학교 교사 임용 대기자들이 집단 반발하였다. 한편 강원 등 일부 지역은 구인난이다. 정년이 61세인데 고령화 추세에 맞추어 정년 연장을 주장하는 목소리도 있으나 청년 임용대기자가 많은 현실에서는 쉽지 않다([매일경제] **임용대란의 민낯**_20170814)([동아일보] **임용절벽, 교대-사대 통합으로 해결해야**_20170905)([국민일보] **교육부, 내년도 초등교사 정원 동결 14만8245명… 서**

울은 292명 줄어_20170913)([한국경제] **846명 → 105명 → 385명 … 서울 초등교사 임용 '오락가락'**_20170914)([한국일보] **초등교사 구인난 탈출구가 안 보인다**_20170919)([한국경제] **초등 교사 임용 시험, 현직 교사들과 경쟁한다**_20171030)([한국일보] **서울 초등교사 382명 뽑았는데… 809명 임용 대기 중**_20180123)([한국경제] **'정년 65세 연장' 담합 시나리오**_20180302).

중앙일보와 한겨레신문은 2017년 8월 각각 사설을 게재하였다. 중앙일보 사설의 요지는 다음과 같다([중앙일보] **구멍 뚫린 교사 수급, 땜질 처방은 이제 그만**_20170805). 교육부와 교육청의 '폭탄 돌리기'가 눈 꼴 사납다. 조희연 교육감이 문재인정부 공약인 '1수업 2교사 제도'를 조속히 시행하겠다고 하였으나 기존 교사들이 반대하는 이 제도가 대안이 될 수는 없다. 교사의 전문성을 높여 교육의 질을 강화하는 방향으로 추진되어야 한다. 노량진 학원가에서 암기 위주의 시험공부를 통해 임용되는 현 시스템의 근본적인 개혁이 필요하다.

한겨레신문 논설의 요지는 다음과 같다([한겨레신문] **초등교사 임용, 내년 늘리고 중장기 수급전망 내야**_20170807). 정부의 수급정책 실패의 책임을 임용교사 수를 대폭적으로 줄이면서 임용대기자에게 넘기는 것은 무책임하다. 우리나라는 아직 OECD 국가들에 비해 교사 수가 부족하다. 문재인정부는 '1수업 2교사제도' 도입을 공약으로 내세웠다. 정규직 증원 등 내년도 선발인원을 늘리기 위해 관계 당국이 힘을 합하여야 한다.[60]

---

60) 중앙일보와 한겨레신문의 사설 비교는 '[중앙일보]/[한겨레신문] **[사설 속으로] 초등교사 수급 갈등**_20170818' 참조.

XII

사회보장

1. 무상보육-누리과정
2. 무상급식
3. 아동수당
4. 기초연금
5. 기초생활보장법의 부양의무제
6. 노인정책: 노인연령/불효자방지법
7. 건강보험과 문재인 케어
8. 공무원연금 개혁
9. 국민연금 개혁
10. 국민연금기금 운영:
    스튜어드십 코드/공공투자 허용/코스닥투자 확대

1. 무상보육-누리과정[61)]

누리과정에 대한 중앙정부와 지방정부의 재정 부담비율과 관련된 갈등은 박근혜정부 초부터 있었다. 중앙정부 부담 비율을 늘리려는 법안의 국회 심의가 기재부의 요청으로 보류되었기 때문이다([경향신문] **국회 개정안 표류…지자체 무상보육 끊기나**_20130502)([조선일보] **서울시 양육수당 고갈 攻防**_20130506)([조선일보] **無償보육 대란 눈앞… 양육예산 부족한 市郡區 217곳**_20130506)([국민일보] **지자체 1분기 지방세수 4300억 급감 '비상'**_20130506)([중앙일보] **재정자립도 1위 서울, 양육수당 예산 편성률은 꼴찌**_20130523).

한국경제신문은 누리과정에 대한 국가 지원 비율을 상향 조정하는 것에 대한 찬반 토론을 게재하였다([한국경제] **[맞짱 토론] 보육지원 정부지원 타당한가**_20130515). 찬성 측의 김홍환 전국시도지사협의회 책임연구위원이 논거는 다음과 같다. 2008년 전까지 차상위계층에만 지급하던 양육수당을 올해는 모든 계층에 지원하는 등 보육지원정책은 확대, 강화되어 왔고 재정부담도 3배 이상 증가하여 왔다. 중앙정부와 지방정부의 재정부담 비율은 법에 정해져 있다. 보육지원에 따른 지방재정의 어려움으로 지난 해 12월 중앙정부의 부담비율을 20%P 상향조정하는 법 개정안이 관련 국회 소위를 통과하였고 이명박대통령도 약속한 바 있어 지방정부는 이에 근거하여 예산을 편성하고 있다. 그러나 박근혜정부가 내년도 예산에 반영하지 않아 갈등이 발생하고 있는 것이다. 보육에 대한 국가의 책임은 필수이다. 중앙정부의 부담을 20%P 인상하는 개정안을 조

61) 관련 정책인 II장의 '2. 복지와 증세(담배세 인상 등) 참조.

속히 통과시켜 현장에서의 혼란을 막아야 한다.

반대 측의 박상원 한국외국어대 교수의 논거는 다음과 같다. 무상보육과 같이 전국적인 사업은 국가에서 재정을 부담하는 것이 교과서 논리로는 맞다. 공공서비스 부담을 지자체가 부담하게 하면 재정여건에 따라 서비스가 달라지기 때문에 국민이 정서적으로 받아들이기 힘들다. 중앙정부가 지방정부에 보조금을 주는 것은 재정여건이 좋지 않은 지자체에 대한 지원적 성격이기 때문에 중앙정부가 그 기준을 정하는 것이다. 재정 여건이 제일 좋은 서울시가 재정부담 비율에 따른 갈등을 촉발시킨 것은 좋은 시선으로 볼 수 없다. 앞으로 더욱 폭발하는 복지 재원 수요를 중앙정부와 지자체가 어떻게 분담할 것인가는 주요 이슈이다. 중앙정부가 많이 부담하면 그 만큼 다른 사업을 할 수 없다. 중앙정부에 비해 지방정부가 예산 운영을 방만하게 운영하여 온 것을 부인할 수 없다. 지자체가 재정을 효율화하고 사업의 구조조정을 선행한 후에 중앙정부에 보조금 증액을 요구하여야 한다. 무상보육이 중앙정치의 산물이라고 사후적으로 재원 확대를 요구하기 보다는 논의 과정에 적극 참여하여야 한다. 국가보조사업의 기준과 보조율은 행안부가 정하도록 되어 있는데, 무상보육만 법으로 정하는 것은 원칙에 맞지 않는다. 서울시의 무상보육 예산 부족 사태가 무상보육 자체를 원론적으로 다시 검토하는 계기가 되어야 한다.

무상보육의 재원 부담을 두고 발생한 무상보육 갈등은 서울시가 지방채 2,000억 원을 발행하여 부담하는 것으로 종료되었다. '증세 없는 복지'를 주장하는 정부와 국가 사업의 정부 부담 확대를 반영하는 법 통과에 대한 지자체와의 입장 차는 여전하여 갈등은 재연될 소지가 있었다([한겨레] **벼랑에 선 '무상 보육'**_20130905)([경향신문] **'보육대란' 위기, 올해는 가까스로 넘겼지만**_20130906)([중앙일보] **한계 드러난 무상보육, 근본적으로 뜯어고쳐야**_20130907)([한겨레] **학부모가 바라보는 무상보육 논쟁**_20130922)([중앙일보] **무상복지 논쟁**_20130924)([내일신문] **박근혜정부 무상보육 공약 버렸다**_20130926)([중앙일보] **무상보육 국고보조율 10%P 인상_ 지자체 _법 개정안대로 20%P 올려라**_20130926)([내일신문] **무상보육 부족분 2천억 지방채로 메운다**_20130927)([내일신문] **박근혜정부 무상보육 공약 버렸다**_20130926)([한국경제] **무상 보육하면 '대박' 날 줄 알았는데… 위기의 민간 어린이집… '쪽박'의 공포**_20131019).

무상보육 재원을 둘러 싼 정부와 서울시의 갈등이 마무리되면서 중앙일보와 한겨레신문은 2014년 9월 각각 사설을 게재하였다. 중앙일보 사설의 요지는 다음과 같다([중앙일보] **한계 드러난 무상보육, 근본적으로 뜯어고쳐야**_20130907). 정부와 서울시의 갈등은 봉합되었으나 근본적인 재원 조달 방법이 마련되지 않으면 언제든지 재연될 수 있다. 갈등과정에서 무상보육 논란이 정치적 대립으로 비화되면서 본질이 흐려지고 있다. 이번 대란은 무상보육 대상을 전면 확대하기로 하면서 누군가가 부담하여야 하는 무상이 아닌 무상보육의 재원조달 대책을 미리 마련하지 않았기 때문에 예견된 것이다. 중앙정부와 지방정부 모두 세수가 부족하니 서로 떠넘기는 일이 발생한 것이다. 무상보육이 여성 고용률을 높이는 데 효과가 없고 저소득층 영유아 발달도 저해한다는 연구 결과도 있다. 무상보육의 실효성과 재원조달 방법을 근본적으로 다시 검토하여야 한다.

한겨레신문 사설의 요지는 다음과 같다([한겨레신문] **무상보육 논란 계기로 복지재정 근본해법을**_20130906), 서울시의 무상보육 갈등이 2009년 이후 4년 만에 지방채를 발행하면서 봉합되었으나 여전히 갈등이 재연될 소지가 있다. 법사위에 계류되어 있는 법이 개정되어 국고 비중을 높이는 것이 해결책이다. 국고보조 사업은 정부가 주도하고 지방정부가 보조하는 사업인데, 국고보조 사업의 규모는 늘고 있으나 정부의 부담 비율은 줄고 있다. 무상보육과 같이 지자체 특성을 반영하지 않은 사업은 전액 국고로 하여야 하며, 관련법과 제도를 고쳐야 한다. 이번 논란은 정부가 증세 없는 복지를 한다고 하여 초래된 것이다. 다른 나라에 비해 현저히 낮은 GDP 대비 복지비율을 장기적인 계획을 세우고 국민을 설득하면서 높여 나가야 한다.62)

무상보육이 준비 없이 급속도로 확대되면서 교사의 자질, 서비스의 질에 문제 사례가 종종 발생하여 자녀를 안심하게 맡길 수 있는 무상보육 시스템 구축이 필요하다는 주장이 제기되었다([중앙일보] **어린이집 아동학대, 어쩌다 이 지경이 됐나**_20150116)([중앙일보] **아이 때린 교사, 인터넷으로 자격증 땄다**_20150116)([한겨레] **심장 떨리는 부모 심정으로 보육개혁 나서야**_20150116)([한국경제] **0~2세 어린이집에 맡기라는 정부**_20150119)([한국경제] **무상보육 과속 …어린이집 난립하는데 3년에 한번 '1일 점검'**_20150119).

2016년도 누리예산 편성과정에서 재원 배분을 놓고 정부와 지자체 간에 갈등이 다시 폭발하였다([중앙일보] **보육비 다툼에 유치원은 왜**

62) 중앙일보와 한겨레신문의 사설 비교는 '[중앙일보]/[한겨레신문] **[사설 속으로] 무상보육**_20130924' 참조.

끼워넣나_20151224)([한겨레] **'보육대란' 막을 방법은 뭘까요**_20151224)([조선일보] **벼랑 치닫는 무상보육… 서울 내년 예산 '0'**_20151223)([내일신문] **'보육대란' 긴급처방 나와**_20160125)([중앙일보] **복지부의 반격 … 박원순 '50만원 청년수당' 대법원 갈 듯**_20151224).

중앙일보와 한겨레신문은 누리예산 배분과 관련된 사설을 2015년 12월 각각 게재하였다. 중앙일보 사설의 요지는 다음과 같다([중앙일보] **누리과정 예산 갈등, 정부와 정치권이 결자해지하라**_20151225). 2016년 누리예산 4조원의 부담을 놓고 중앙정부와 교육청의 대립이 극에 달하고 있다. 일부 교육청은 예산 편성을 전혀 하지 않아 전체 필요 예산의 30%만 확보된 상황이다. 교육청은 대선 공약이니 정부가 부담해야 한다는 것이다. 정부는 예산 편성을 하지 않으면 대법원 제소 등 모든 방법을 동원해 강력히 대처한다는 입장이다. 교부금이 전체적으로 늘어났고 다른 부분에서 예산 절감 요인이 있어 편성 가능하다는 것이다. 지자체가 예산 대책 없이 정치적 인기를 위해 공약을 남발한 결과이다. 무상보육을 전면적으로 실시하는 나라는 우리나라가 유일하다. 정부, 여야, 교육감들이 모여 합의점을 찾아야 한다.

한겨레신문 사설의 요지는 다음과 같다([한겨레신문] **보육대란 외면하고 소송 벌이겠다는 정부**_20151225). 정부는 누리과정 예산 편성은 법에 정한 의무사항이니 무조건 편성하라는 강경한 입장이다. 법 제정의 근거가 된 세수 전망이 틀려서 지방 교육청 재정은 파탄 직전이다. 교부금 삭감은 일을 더 꼬이게 할 뿐이다. 서울시와 성남시의 청년복지사업에 대해서도 강경 대처하겠다는 입장은 청년문제

해결을 더 어렵게 한다. 난제가 쌓여 있는데 정부는 소송을 하기보다는 진지한 조정과 협의하는 방안을 모색하여야 한다.[63)]

2016년 재원 부담을 둘러 싼 보육대란 갈등은 근원적인 해결 없이 종식되었다([내일신문] **기존 입장 되풀이 … 책임전가용 만남**_20160119)([내일신문] **'누리예산 갈등' 법적공방 예고**_20160105)([조선일보] **결국... 보육대란의 시작**_20160123)([내일신문] **①누리과정 재원대책 합의 없이 강행 … 애물단지 전락**_20160203)([조선일보] **급한 불 끈 보육 예산, 교육청 형편 검증 후 근본 해법 찾아야**_20160205).

17개 교육청 중 2015년 12월 24일 기준으로 유치원, 어린이집 예산을 모두 편성한 곳은 한 곳도 없었다. 대립과 진통의 과정을 거쳐 지자체에서 편성하는 것으로 정리되었으나 일부 지자체는 일부 예산만을 편성하였다. 정치권도 큰 역할을 하지 못했다([조선일보] **전남교육청, 누리예산 조건부 편성키로**_20160113)([경향신문] **'누리예산' 지방에 떠넘긴 정부 탓… 어린이집·유치원 어쩌나**_20151223)([조선일보] **경기도의회, 누리예산 몸싸움… 광역단체 첫 '準예산 사태'**_20160102)([중앙일보] **예산안 처리 불발, 경기도 누리과정 예산 0원**_20160102)([한겨레] **누리과정 떠넘기기, 지방자치 근간 흔든다**_20160112)([경향신문] **보육대란 막자_ 누리예산, 결국 지자체서 '땜질'**_20160126)([경향신문] **서울시, 누리과정 예산 4개월치 편성... 집행은 유치원만**_20160206)([내일신문] **누리과정예산 교육청 전가는 위법**_20160203)([경향신문] **'누리과정 예산' 문제도 더민주·국민의당 딴소리**_20160123).

정부는 누리예산 갈등 종료 후에 관계자를 검찰에 고발하고, 감

---

63) 중앙일보와 한겨레신문의 사설 비교는 '[중앙일보]/[한겨레신문] **[사설 속으로] 누리과정 예산 갈등**_20160105' 참조.

사를 하였으며, 정부협조 정도에 따라 목적예비비 지원을 차등화하였다([경향신문] **검찰, '누리예산 미편성' 경기도교육청 직원 수사**_20160202)([경향신문] **교육청 누리 예산 편성 연계 정부, 목적예비비 지원 차등**_20160203)([한국경제] **누리예산 편성 안한 7개 교육청 감사 착수**_20160204).

지자체 들이 누리예산 부족을 호소하나 지자체 사업의 효율성부터 제고하여야 한다는 주장이 제기되었다([경향신문] **누리예산 없다며 지역구엔 '펑펑'**_20160113)([조선일보] **돈 없다 엄살떨면서 '長壽수당' 펑펑 뿌리는 지자체들**_20150107)([중앙일보] **누리과정 예산, 돈 없어 편성 못 하나**_20160112)([한국경제] **"교육청, 누리예산 여력 있다"** 20160112)

문재인정부가 출범하면서 어린이집 누리과정 예산 부담을 둘러싸고 발생하였던 정부와 지자체 갈등은 해소되었다. 정부는 2018년 누리과정 예산을 전액지원하기로 하였으나 전국의 교육감들은 유치원 누리예산도 같이 지원할 것을 요구하였다. 정부가 국공립 유치원을 증설하고 당초 약속하였던 보육비 지원 확대도 실현되지 않자 사립유치원들은 휴업을 결의하는 등 강경한 듯 보였으나 실제로 휴업을 하진 않았다. 문재인정부 들어서도 누리과정 재원과 관련된 정부와 교육청의 갈등은 여전히 해소되지 않고 있다([한겨레] **보육 사각지대 놓인 취학유예 아동**_20170509)([세계일보] **누리예산 등 교육계 현안 돌파구 찾나**_20170511)([내일신문] **무상보육 반대 소신' 내세우던 김동연 내정자**_20170523)([한겨레] **누리과정 예산, 내년부터 전액 국고로**_20170526)([조선일보] **전국 시·도 교육감들 _유치원 누리예산 2조도 지원하라**_20170527)([중앙일보] **국·공립 어린이집 450개 늘려 저소득 한부모 자녀에 월 13만원**_20171228)([한국경제] **주말 수차례 입장 번복…사립유치원 결국 '휴업 철회'**_20170918)([경향신문] **사립유치원 휴**

업 여론이 막아냈다_20170918)([동아일보] 유치원 대란, 김동연의 원죄다_20170920)([조선일보] 지방 추가 복지부담 5년간 12兆… '제2 누리 사태' 오나_20171129)([세계일보] '무상보육'이라더니… 어린이집에 年 최대 333만원 더 낸다_20171204)([세계일보] 누리과정·고교무상 재원 놓고 교육계 '부글'_20171206)([한국일보] 맞벌이부부 퇴근시간 맞추고 '초등돌봄' 4년내 전 학년으로_20180405).

가정 보육에 대한 지원은 상대적으로 적어 시설에 보내는 부모, 무상보육이라도 해도 발생하는 별도의 보육비 부담. 어린이집에서의 영어 교육 금지의 역설, 출산율 제고에 크게 기여하지 못한 무상보육, 무상교육 실시 후 심화된 무상보육 양극화, 무상보육의 재분배 효과 미흡, 최저임금의 급격한 인상으로 문 닫는 어린이집, 다문화 가정에 대한 차별 등의 문제들이 무상보육과 관련하여 제기된다([중앙일보] 아이를 위한 나라는 없다_20171019)([매일경제] 영어유치원 명칭 불법…영어유아학원입니다_20171209)([중앙일보] "3만원 어린이집 영어는 안 되고, 103만원 영어유치원 되나"_20180108)([경향신문] 조기 영어교육의 '허상'을 깨자_20180109)([경향신문] 무상보육해도 월 20만원 든다_20180306)([한국경제] "단순히 돈 없어서 애 안낳는 것 아닌데"…정부 12년간 '헛발질 대책'_20180301)([서울경제] 어린이집 누리과정 차액보육료 경기도, 이달부터 전액 지원_20180319)([한국경제] "무상교육·무상보육, 소득재분배 효과 작다"_20180207)([조선일보] 年 9조원 전면 무상보육, 고소득층 사교육 지원한 셈_20180319)([조선일보] 소득 상관없이 지원한 무상보육 영유아 교육 양극화 더 심해졌다_20180319)([경향신문] 노동시간 단축·공보육·성평등… '세 바퀴'로 가는 육아천국_20180412)([서울경제] 아동수당보다 시급한 보육과제_20180423)([매일경제] 오후4시에 애 데려가라는 어린이집… 워킹맘은 웁니다_20180313)([중앙일보] 어린이집 1만여 곳 최저임금 폭탄 "빚내서 선생님 월급 충당"_20180126)

([조선일보] **어린이집 석달새 912곳 문닫았다**_20180423)([한겨레] **"피부색 다르다고 어린이집도 못 가나요"**_20180505).

2. 무상급식[64]

2011년 8월 오세훈 서울시장이 서울시교육청의 무상급식을 중단시키기 위한 주민투표를 제안하고 주민투표에서 지면 시장에서 사퇴할 것을 공언하였다. 오세훈 시장은 주민투표에서 지면서 사퇴하고 보궐선거에서 민주당의 박원순 시장이 당선되었다([경향신문] **오세훈 "주민투표에 시장직 걸겠다"**_20110822)([경향신문] **격노한 홍준표 '투표 호소' 간담회까지 취소**_20110822)([중앙일보] **오세훈 이기면 무상급식 중단_ 지면 중학교도 전면급식**_20110823)([경향신문] **오세훈 시퇴··· 10·26 보선 국면으로**_20110827)([경향신문] **무상급식 주민투표 여권 완패**_20110825)([중앙일보] **보수의 패배**_20110825)([중앙일보] **반포퓰리즘 논리 무상급식론에 패배**_20110825)([중앙일보] **투표율 25%는 사실상 승리_ 홍준표 발언 시끌**_20110826)([경향신문] **한나라 10·26 갈림길··· 복지 '반대냐 확대냐'**_20110829)([중앙일보] **바보 투표, 유령 공중**_20110830)([중앙일보] **반포퓰리즘 논리 무상급식론에 패배**_20110825).

2015년 초 홍준표 경남도지사가 모든 소득계층에 지원하던 무상급식을 중단하면서 무상교육은 또 한 차례 논란거리가 되었다. 일정 소득 이상이면 무상보육 및 무상급식에서 제외하여야 하느냐, 무상급식, 무상보육 중 어디에 역량을 집중하여야 하느냐 등이

64) 관련 정책인 II장의 '2. 복지와 증세(담배세 인상 등) 참조.

논란의 핵심이었다. 일부 사립학교의 급식비 독촉이 여론의 주목을 받았다([서울신문] **경남도의회 '무상급식 지원 중단' 확정**_20150320)([중앙일보] **등교 거부로 번진 경남 무상급식 중단**_20150327)([경향신문] **애들 굶길 수 없다_ 솥 들고 학교로 간 엄마들**_20150402)([내일신문] **돈 없으면 밥 먹지 마**_20150407)([조선일보] **무상급식 중단 民心 심상찮다_ 경남 與의원들 이르면 내일 모임**_20150406)([한국경제] **"무상급식, 선별_보편"**_20141115)([조선일보] **無償 복지 손본다면 給食보다 保育이 먼저다**_20150325)([한국경제] **贊 49 _ 反 37%**_20150321)([경향신문] **도민 여론에 귀 막은 경남도의회**_20150409)([조선일보] **교감이 급식비 밀린 학생에 _밥 먹지마_**_20150407)([한겨레] **충암고 교장도 '급식비 미납' 학생들에 막말**_20150407).

오세훈 시장의 사례 등으로 새누리당 내부에서는 경상남도의 무상급식 중단에 대한 의견이 갈렸다([중앙일보] **홍준표발 무상급식 중단 … 새누리 '오세훈 트라우마' 걱정**_20150321)([한겨레] **새누리 '무상급식 중단 파문 막아라'**_20150402)([중앙일보] **유승민 연설 후폭풍 … 이정현 "당 조율 없이 발언"**_20150410)([중앙일보] **문재인 무상급식쇼에 실망_ _홍준표의 주가 올리기 작전**_20150320)([한겨레] **남경필 "무상급식은 이미 국민적 합의 끝나"**_20150407)([한겨레] **홍준표 거부한 무상급식, 경기도는 첫 예산 지원**_20150407)([조선일보] **중구난방 무상 급식 與 내분, 지도부 뭐하고 있나**_20150408)([내일신문] **새누리당 '노선경쟁' 본격 점화**_20150409)([서울신문] **"무상급식은 최악의 정책이지만 홍준표 지사 급식 중단 아쉬워"**_20150410).

경상남도가 무상급식을 중단하자 중앙일보와 한겨레신문은 2015년 4월 각각 사설을 게재하였다. 중앙일보 사설의 요지는 다음과 같다([중앙일보] **무상급식은 이념 갈등과 경쟁의 대상이 아니다**_20150402). 경상남도의 무상급식 지원 중단 이슈가 이념 갈등, 정쟁으로 비화하고 있다. 야당은 홍지사와 여당을 공격하고 있고 경상남도는 논란과정 중에 발생한 사건을 경찰에 수사 의뢰하고, 종북 세력이 개입하였다는 주장을 하고 있다. 중단된 경상남도의 무상급식 예산은 초중고 서민교육 지원으로 활용된다. 서민 입장에서는 무상급식도 유지되고 다른 혜택도 받으니 보다 긍정적인 변화이다. 무상급식과 무상보육에 투입되는 과다한 예산으로 필요한 학교 시설과 교육에 대한 투자가 충분히 이루어지지 못하고 있다. 홍지사가 국익을 위해 무상급식을 중단하였다면 선별적 복지가 빈곤층 자녀에게 더 도움이 된다는 것을 보여주면 된다. 복지문제가 정치인들의 지지율을 끌어 올리는 방편으로 사용되면 안 된다.

한겨레신문의 사설의 요지는 다음과 같다([한겨레신문] **'어린이 밥그릇'까지 종북 딱지 붙이나**_20150401). 경상남도가 무상급식 중단을 반대하는 단체나 사람들을 종북으로 몰고 있다. 어디서 이런 발상이 나왔는지 신기하다. 근거도 희박하다. 반대하는 단체와 개인의 명예를 훼손한 것이니 법적으로 책임을 져야 한다. 급식 중단에 대한 학부모들의 반발이 예상외로 크고 해외 부부동반 골프로 몰리니까 이런 무리수를 둔 것이다.[65]

홍준표 경남지사의 사퇴, 문재인정부의 출범과 함께 경상남도에도 무상급식이 다시 시행되었다. 모든 지자체에서 무상교복, 무상급식 등 무상이 남발되면서 시설 보수 등 실제로 필요한 곳에 예산이 지원되지 않는다는 것이 지적되었다([내일신문] **경남도 무상급식**

65) 중앙일보와 한겨레신문의 사설 비교는 '[중앙일보]/[한겨레신문] **[사설 속으로] 경남도 무상급식 중단 논란**_20150414' 참조.

원상회복 되나_20170529)([한국경제] **'무상급식' 주도 김상곤, 교육수술 지휘**_20170612)([중앙일보] **경남도의회, 도시지역 중학생도 무상급식 확대 논의키로**_20170712)([동아일보] **강원도 고교 무상급식 급물살 타나**_20170718)([내일신문] **'급식비리' 충암고 횡령 급식비 반환**_20170807)([내일신문] **지자체, 고교 급식·교복 무상지원 논란**_20170906)([한겨레] **울산시도 내년 모든 중학교 무상급식**_20170927)([한국경제] **교육감 선거, 이대로 또 해야 하나**_20171017)([한국경제] **무상교복·무상급식 … 지자체장들 벌써 퍼주기 경쟁인가**_20171020)([중앙일보] **경남 무상급식 중학교 전체로 확대될 듯**_20171101)([내일신문] **지자체마다 고교 무상시리즈 '봇물'**_20171114)([서울경제] **교육재원 구조조정 필요하다는 KDI의 지적**_20171024).

2018년 6월 교육감선거에서는 보수, 진보 할 것 없이 모든 후보들이 무상급식, 무상교복을 공약하였는데, 재원조달이 문제점으로 지적되었다([세계일보] **지방 살림 거덜 낼 선심 공약·행정, 표로 응징해야**_20180317)([서울신문] **단양, 고교생도 무상급식 확대 호텔관광고 등 2곳 670명 대상**_20180405)([경향신문] **사회보험료 더 내자**_20180425)([중앙일보] **보수 후보들도 "무상급식" "무상교복" 격세지감**_20180507)([서울경제] **또 도진 무상공약 책임은 누가 질 건가**_20180508).

3. 아동수당[66)]

문재인정부는 보편적 아동수당을 대선 공약으로 제시하였으나 야당과의 협의과정에서 상위 10%를 제외하는 것으로 결론이 났

---

66) 관련 정책인 II장의 '2. 복지와 증세(담배세 인상 등) 참조.

다. 결과적으로 선별적 복지제도가 된 아동수당을 보편적 복지로 전환하여야 한다는 주장이 여당 지지층을 중심으로 제기되었다([한겨레] **문재인 정부, 민생개혁·증세로 복지국가 밑돌 놓아야**_20170601)([한국경제] **내년부터 아동수당 月 10만원**_20170617)([한겨레] **월 10만원 아동수당은 차라리 거부하고 싶다**_20170715)([서울경제] **"아동수당 대상·지급액 단계적으로 확대"**_20170819)([경향신문] **보편적 아동수당 지급 취지 훼손, 유감스럽다**_20171205)([서울경제] **아동수당 후퇴에 맞벌이 '부글부글'**_20171206)([조선일보] **아동수당 선별 지급하려면 공무원 500명 더 뽑아야**_20171206)([한겨레] **아동수당·기초연금 선거 '셈법'에 후퇴**_20171204)([한겨레] **아동수당 '보편복지'서 후퇴…기초연금 내년 9월로 미뤄**_20171205)([중앙일보] **아동수당 못 받는 상위 10%... "열심히 사는 맞벌이 역차별"**_20171207)([한겨레] **'보편적 아동수당 포기' 실익 크지 않아**_20180115)([한겨레] **아동수당, 모두의 아이를 위한 복지로**_20180116)([경향신문] **10만원 아동수당 주려고… 정부 '개인정보' 과다 열람**_20180330)([중앙일보] **박능후의 포퓰리즘 "아동수당 모두 받을 수 있게 추진"**_20180112)([경향신문] **세금을 다시 생각하는 시간**_20180125)([조선일보] **아동수당 합의 뒤집고 _모두 주자**_20180413)([한겨레] **"기본소득 실험 끝난게 아니다… 정치적 계산에 연장 안한 것"**_20180504).

보다 근본적으로 월 10만원 아동수당 등 여러 보육지원이 출산율 제고에 기여하지 못하고 있다는 비판과 재원문제 등이 제기되었다([조선일보] **보육료 지원, 아동수당… 출산율 올릴 수 있을까**_20170703)([조선일보] **신생아 36만명은 인구 재앙의 시작이다**_20170802)([조선일보] **신생아 1명당 1억_… 저출산 예산 30조 돌파**_20180521)([조선일보] **새댁도 맞벌이도 _월 10만원 준다고 애 낳겠습니까**_20170824)([중앙일보] **아동수당, 준다니 고맙지만 …**_20170828)([조선일보] **부모 69% _아동수당, 자녀 출산에 도움 안된다**_20180405)([중앙일보] **복지 포**

퓰리즘에 기름 끼얹는 정부_20180112)([문화일보] **아동수당 예산확보 논쟁... '미래투자 vs 과잉복지' 팽팽**_20171117)([서울경제] **아동수당보다 시급한 보육과제**_20180423)([한국경제] **"무상교육·무상보육, 소득재분배 효과 작다"**_20180207)([조선일보] **아동수당, 해당가정 94%에 준다**_20180323)([문화일보] **아동수당 취지 좋아도 완급 조절해야**_20170620).

아동수당도 다른 무상지원제도와 같이 정부와 지자체간의 재원 분담이 갈등요인이다([한국경제] **복지 재원 분담 놓고 정부·지자체 갈등 …'제2누리과정 사태' 치닫나**_20170823)([한겨레] **"아동수당, 도에서 10만원 더"**_20180529).

4. 기초연금[67)]

박근혜대통령은 기초연금을 공약하였으나 세수 부족으로 소득 상위 30%를 제외하고 지급하기로 결정하면서 공약 파기 논란이 있었다([한국경제] **기초연금, 소득 상위 30%는 제외 '유력'**_20130925)([경향신문] **'모든 노인' 아닌 60%만 매달 20만원 수령··· 반쪽 된 공약**_20130926)([내일신문] **노인 200만명, 기초연금 못 받는다**_20130926)([조선일보] **'현실의 벽' 인정한 박근혜 복지**_20130923)([한국경제] **"성장전망 너무 낙관적··· 내년 '세수펑크'로 추경 불가피할 것"**_20130930)([경향신문] **대책없는 세수감소에 막힌 '돈줄'... 공약가계부 '공수표' 우려**_20130924)([한겨레] **"박 대통령 공약 파기 책임 물어야"···노인단체들도 반발**_20130923).

기초연금 공약 축소내지 파기와 관련하여 대통령의 소통방식도

67) 관련 정책인 II장의 '2. 복지와 증세(담배세 인상 등) 참조.

문제가 되면서 지지율이 크게 하락하였다([한겨레] 기초연금, 장관 사퇴로 해결될 일 아니다_20130923)([조선일보] '기초연금 축소', 장관 사표보다 대통령 설명이 중요_20130923)([경향신문] 자기 할 말만 하는 대통령_20130925)([내일신문] 박 대통령, 연금후퇴 논란에 _죄송_20130926)([중앙일보] 박 대통령 연이틀 _기초연금 죄송_ … 노인층에 직접 호소_20130928)([한국경제] 朴 대통령 지지율 7%P 하락_20130928)([내일신문] 연금파동, 청와대 독단이 문제_20130930)([조선일보] 새누리 "불가피한 선택… 국민께 죄송" 민주당 "히틀러 생각나… 예산 전면戰"_20130927)([서울경제] 기초연금 사기... 차관도 사퇴_ vs _ 지속가능 복지 국민도 이해_20131015)([조선일보] 好材 만난 민주 _100% 기초연금 약속 지켜라_20130926)([경향신문] 야 _기초연금 보고서 원본 공개를_ 복지부 _대통령 기록물_20131015)([내일신문] 기초노령연금 공약과 신뢰_20130930)([경향신문] 기본소득 보장은 국가의 의무, 한국적 모형 과세 강화로 가능_20131017).

보건복지부 장관이 기초연금 축소 협의 과정에서 청와대와의 갈등으로 사퇴하였는데, 사퇴과정도 논란이 되었다([서울신문] 기초연금 대선공약 못 지켜… 陳복지, 이번주 사의 밝힐듯_20130923)([한국경제] 진영 "공약책임 사퇴는 와전"_20130925)([서울신문] 불쑥 이메일 사표... 무책임한 '진영式 책임'_20130928)([서울신문] 창업 공신의 돌출 행동... 朴대통령 리더십 큰 타격_20130928)([서울신문] "내가 반대해 온 기초·국민연금 연계 양심상 국민·국회 설득할 자신 없어"_20130930)([경향신문] 진영 "장관으로서 어떻게 국민·야당 설득하겠나"_20130930)([한국경제] 진영 '사퇴 파동' … 朴정부 국정운영 난기류_20130930)([경향신문] "복지부 간부, 청 수석 만나 5시간 동안 기초연금 논의" 진영 장관 배제 정황 나와_20131018).

박근혜대통령이 선거 공약이었던 기초연금의 축소에 대해 국무회의에서 사과의 발언을 하자 중앙일보와 한겨레신문은 각각 사설을 게재하였다. 중앙일보 사설의 요지는 다음과 같다([중앙일보] **박 대통령은 국민에 대한 설명 책임을 다하라**_20130927). 대통령이 기초연금을 공약대로 지키지 못한 것을 국무회의에서의 발언을 통해서가 아니라 직접 경위를 설명하고 사과하면서 대안을 제시하여야 한다. 기초연금을 지급받지 못하는 상위 30%에게는 양해를 구할 수 있다. 소득수준과 무관하게 획일적으로 기초연금을 지급하는 것이 합당한 것인가, 재원 조달을 고려하면 처음부터 무리한 공약이었다. 복지혜택이 절실한 계층에게 보다 두터운 혜택이 돌아가도록 하는 제도를 설계하는 것이 정부의 과제이다. 부자 증세를 주장하는 민주당이 소득 상위 30%가 기초연금을 받지 못했다고 공약파기로 모는 것은 일관성도 없고 비합리적이다.

한겨레신문 사설의 요지는 다음과 같다([한겨레신문] **기초연금 공약 파기, '어물쩍 사과'로 넘길 일인가**_20130927). 대통령의 기초연금 공약 파기 사과는 형식면에서 문제가 있다. 국민에게 직접 사과하여야 한다. 기초 연금을 임기 내에 실현하겠다고 하였으나 이 또한 헛공약이 될 가능성이 크다. 현재의 기초연금 공약은 대선 공약과는 차이가 나니 공약파기이다. 박근혜정부는 공약이행을 위해 부자 증세, 사회간접자본 투자 조정 등 최선의 노력을 다하지 않았다. 후보 시절 실현 가능한 공약을 제시하였다고 공언하였는데, 8개월 만에 공수표가 되었다. 야당의 협조를 구하였는데 주요 공약을 파기하면서 알아서 협조하라는 것은 독선적 국정 운영이다.[68]

---

68) 중앙일보와 한겨레신문의 사설 비교는 '[중앙일보]/[한겨레신문] **[사설 속으로] 기초연금 논란**_20131015' 참조.

우리나라 노인 빈곤층 비율은 OECD 국가 중 1위이고 노후소득 보장체계가 미흡하여 은퇴 후에도 일을 할 수밖에 없다([세계일보] **'은퇴는 사치'... 쉬지 못하는 한국 노인들**_20170509)([한겨레] **노인 소득불평등 주름 깊어진다**_20170526)([동아일보] **고령층 55% '연금 제로' 노인 고용률 역대 최고**_20170726)([내일신문] **다층 노후소득보장체계 부실 심각**_20180511)([국민일보] **한국, 실업 급여 등 복지 수준 OECD 평균 이하**_20170626)([조선일보] **노인 빈곤층이 OECD 1위 46%_ 자산 따지면 21%**_20180320)([경향신문] **60년 뒤엔… 한국, 세계 최고 노인부양비 짊어져**_20170526).

문재인정부 들어서서 기초연금이 인상되었고 지급액수 산정 기준 등에서 불합리한 점이 개선되었으며 통신비 지원 등이 있었다([동아일보] **"기초연금 30만원 실현땐 노인 빈곤율 '魔의 40% 벽' 깰수 있다"**_20170529)([매일경제] **기초·국민연금 연계 폐지, 국민연금 소득대체율 인상, 아동수당 지급대상 확대**_20171009)([한국경제] **소득 하위 50% 노인, 기초연금 더 받을 듯**_20171206)([동아일보] **기초연금 인상해야**_20171221)([매일경제] **국민기초연금을 받고 보니…**_20171222)([동아일보] **내년부터 1인가구 월소득 131만원 이하면 기초연금 지급**_20171229)([서울신문] **노인 최저임금 올라도 기초연금 지원한다**_20180123)([세계일보] **기초연금 '소득'으로 계산… '쥐꼬리' 기초생계비서 깎여**_20170518)([조선일보] **최저임금 올라 좋아했더니, 복지가 끊겼다**_20180130)([파이낸셜뉴스] **기초연금 수급 노인 169만명 통신비 1만1000원 깎아준다**_20180416).

지자체 차원에서 노인 복지의 사각지대를 해소하려는 여러 노력이 있다([서울신문] **꽃할매 푸드트럭 등 3256명 뽑습니다**_20180131)([세계일보] **서울시, 노인 일자리 6만8000개 만든다**_20180213)([한겨레] **폐지 수집 노인 65% 기초수급비 못 받아 서울시 '복지 사각지대' 잡을까**_20180420).

기본소득제 도입 주장이 제기되고 있으며 청년기본소득법도 국회에서 발의된 상태이다([매일경제] **모노폴리 게임에도 있는 '기본소득제도'**_20170608)([한겨레] **"기본소득 실험 끝난게 아니다…정치적 계산에 연장 안한 것"**_20180504)([한겨레] **"증세 없이 기본소득제 도입하면 빈곤층보다 차상위·중위층 유리"**_20180319)([조선일보] **한국, 국회서 '청년 기본소득법' 발의… 정부 차원선 논의 없어**_20180425).

5. 기초생활보장법의 부양의무제

기초생활보장법의 부양의무제도는 기초생활보장 대상자가 부모, 자녀에게 일정 소득이 있으면 수급에서 제외되는 제도인데, 100만 명 이상이 이 조항으로 수급 대상에서 제외된다. 19대 대선에서 민주당, 바른정당과 정의당 후보는 완전 폐지, 자유한국당과 국민의당 후보는 부분 폐지를 공약하였다.

문재인정부는 2017년 11월부터는 수급자나 가족이 노인이거나 중증장애인이면 부양의무제와 관계없이 생계급여와 의료급여를 받을 수 있도록 하였다. 2018년 10월부터는 주거급여에 대해서는 부양의무제를 없앤다([한국일보] **기초생활수급자 부양의무제 주거·의료·생계급여 순으로 없앤다**_20170516)([문화일보] **부양의무제에 묶인 '비수급 빈곤층' 93만명**_20170810)([한국일보] **다경이의 소박한 꿈 찾기**_20170906)([한국일보] **부양의무자 기준 내달 완화… '老-老 부양' 등 4만가구 구제**_20171026)([동아일보] **부양의무제 폐지… 기초수급자 늘린다**_20170811)([한겨레] **부양의무제 없앴지만…주거급여 여전히**

'비현실적'_20180109)([동아일보] **5년만에… 광화문역 '장애인 농성' 푼다**_20170825) ([한겨레] **장애등급제·부양의무제 폐지_ 1842일 농성 마침표**_20170906).

2017년 4월 서울경제신문은 부양의무제 폐지에 관한 찬반 토론을 게재하였다([서울경제신문] **[어떻게 생각하십니까?] 기초생활보장 부양의무제 폐지**_20170428). 찬성 측의 김안나 대구가톨릭대 교수의 논거는 다음과 같다. 기초생활보장 수급 탈락자의 3분의 2가 부양의무자의 소득과 재산 보유로 탈락하였는데, 그 절반이 부양의무자로부터 실질적인 도움을 받지 못하고 있다. 부양의무자의 잠재적 부양능력을 기준으로 하고 수급자가 부양의무자로부터 도움을 받지 못한다는 것을 입증하여야 하는 냉혹한 제도이다. 실사구시 측면에서 제도를 개선하여야 한다. '선지원 후징수' 제도를 도입하여야 한다. 국세청과 연계하여 소득과 재산의 변동 사항을 철저히 심사하여야 한다. 고령자나 장애인은 단계적으로 폐지하는 것을 고려하여야 한다. 가족, 국가 그리고 지역사회가 함께 책임지는 다원적 부양체계를 지지하는 것으로 국민인식이 바뀌고 있다. 사적부양과 공적부양이 조화를 이루는 제도를 정비하는 것이 부양의무자 제도의 궁극적인 개선방향이다.

반대 측의 김용하 순천향대 교수의 논거는 다음과 같다. 우리나라 민법은 1촌에 해당되는 직계 가족은 남으로 보지 않는다. 부양의무를 지지 않으면 상속권도 부정된다. 국가 보호에 앞서 책임이 있는 가족이 부양하도록 법과 제도가 정비되어 있다. 부양의무제 제도를 폐지하면 연 8조원에서 10조원의 예산이 필요하다. 사적부양체계의 재편을 같이 검토하여야 한다. 스웨덴식 복지 모형을 도입하기 위해서는 증세도 필요하고 삶의 문제를 사회 차원으로 해결하려는 공동체 의식도 필요하다. 현재 부양의무자의 소득과 재산 기준을 빠르게 높이는 등 제도를 유연하고 신축적으로 운영하고 있다. 장애인에 대해서는 별도의 고려가 필요하다. 부양의무제 폐지는 기초생활보장법 이상의 사회적 의미가 있기 때문에 신중한 접근이 필요하다.

6. 노인정책: 노인연령/불효자방지법

고령화 사회가 급진전되면서 사회보장혜택의 기준이 되는 노인의 연령을 상향하여야 한다는 주장이 제기되고 있다. 인구에서 차지하는 노인의 비중을 고려하면 쉽지 않은 일이다([서울신문] **노령층 50년 뒤 10명 중 4명... 노인 복지예산 눈덩이 된다**_20161230)([동아일보] **국민 48%가 _70세 넘어야 노인_… 법적 기준 상향엔 찬반 팽팽**_20170213)([한겨레] **'어르신 표심' 위력 알기에… 노인공약 공들이는 후보들**_20170419)([세계일보] **기대수명 느는데… 노인 연령기준 65세 적당한가**_20180502)([서울경제] **노인연령 사회적 논의 빠를수록 좋아**_20171024)([조선일보] **국민이 생각하는 노인은 '68.9세 이상'**_20180417)([중앙일보] **노인 연령 70세로 올리면 연 2 조5000억 덜 드는데…**_20171110)([조선일보] **노인 연령 기준, 70세로 높이려하지만… '고양이 목에 방울 달기**_20180307)([한국일보] **인구절벽서 '경제 실족' 막으려면... 올해가 갈림길**_20170105).

지하철 무임승차 비용을 국가에서 부담하는 법안에 대해 기재부가 노인 기준을 상향조정하는 것이 우선되어야 한다는 이유에서 제동을 걸었다([조선일보] **공짜승객 35%… 우이선, 출발부터 적자 걱정**_20170911)([서울경제] **노인기준 70세 먼저_ 무임승차 지원 제동 건 기재부**_20171030)([매일경제] **지하철 무임승차 노인연령 상향**_20171102).

노인연령 조정을 전체적인 노인복지체계의 맥락에서 보아야 한다는 주장이 제기된다([서울신문] **노인연령 상향을 위한 조건**_20170104)([한겨레] **일본 노인요양제 장점 알리려다 고발극이 된 취재기**_20160625)([세계일보] **나라 근간 흔들 고령사회 처방도 발상의 대전환을**_20180106)

대한노인회에서 노인연령 기준을 70세로 높이자는 제안을 하는 등 고령화 사회에 노인연령 기준 상향조정이 사회적으로 관심거리가 되었다. 한국경제신문은 2015년 5월 찬반 토론을 게재하였다([한국경제] **[맞짱 토론] 노인연령 기준 높여야 하나**_20150608). 찬성 측의 김일순 한국골든에이지포럼 회장의 논거는 다음과 같다. 2028년에는 전체 인구가 25%가 65세가 되고 25년에서 30년 후에는 전체 인구의 40%가 노인이 된다. 인구 구조 불균형에 따른 여러 문제가 나타나고 있다. 노인 연령 기준을 높여서 미리 해결하여야만 젊은 층의 과도한 재정 부담 문제 등을 해결할 수 있다. 기대 수명과 건강 수명이 높아져서 과거의 기준으로 노인을 구분하는 것이 현실적으로 맞지 않다. 노인으로 분류되면 경제적, 정신적 자립도가 떨어지고 의존하려는 성향이 강해져 본인이나 국가에 손해이다.

반대 측의 주명룡 대한은퇴자협회 회장의 논거는 다음과 같다. 노인 연령 기준을 65세로 한 것은 유엔경제사회이사회의 1950년 총회 결정을 따른 것이다. 그 이후 많은 나라에서 노인연령 기준을 상향조정하고 있다. 미국과 같이 일괄적으로 하기 보다는 프로

그램별로 단계적으로 하고 있다. 노인연령 기준을 높이면 더 큰 사회적 문제가 발생할 수 있다. 노인을 위한 일자리가 부족한 상황에서 100만 명의 노인들이 사회 안전망 밖으로 밀려나게 된다. 기초생활보장 수급자가 되거나 빈곤의 늪에 빠진다. 우리나라 노인의 소득 빈곤률은 OECD 평균의 3배인데 빠르게 상승하고 있다. 선진국은 노인연령 기준을 바꾸는 것이 아니라 프로그램별로 연령을 차등화하고 있다. 대한노인회의 제안을 여당이 환영하고 정부가 뒤따르고 있는데, 또 다른 인기 영합적 정책이 아닌가 한다.

효에 대한 부모와 자식 간의 생각이 다르다([중앙일보] **"부모 모셔야" 10명 중 3명뿐 … "윗세대보다 못사는 자식 세대 등장"**_20160914)([매일경제] **너무 큰 孝세대차… 부모 _자주 봐야_ 자녀 _용돈으로**_20170503)([중앙일보] **부모의 효, 자식의 효**_20170508).

노인부양과 관련한 건강보험 보장체계의 문제점이 지적된다([조선일보] **자영업자를 불효자로 만드는 건강보험**_20170330).

재산을 사망 전에 증여하였으나 자식들의 돌봄을 받지 못하여 소송까지 가는 경우가 다수 발생하고 있다([조선일보] **아버지 죽자... 어머니 살 집 빼앗는 불효자들**_20161006)([매일경제] **사라져버린 효도관광에 대하여**_20161010)([조선일보] **치료 필요없는 노환 17만명, 요양병원에 누워있다**_20161014)([국민일보] **'배은망덕' 의사 아들에… 판사도 기가막혀**_20161222)([중앙일보] **"가족에 부양 책임" 30%뿐... 부모는 "생활비 달라" 소송**_20170411)([매일경제] **불효자 방지법**_20170505)([중앙일보] **불효자방지법 진지하게 논의할 때**_20180214)([세계일보] **'불효자 방지법' 단상**_20180227)([한국경제] **국가가 효까지 강제하면…**_20180228).

부모에게 재산을 물려받은 후 제대로 공양하지 않은 경우 증여한 재산을 되돌려 받을 수 있도록 하는 민법 개정안, 소위 '불효자방지법'이 국회에서 발의되면서 불효방지법이 과연 필요한가가 논란이 되었다. 한국경제신문은 2015년 9월 찬반 토론을 게재하였다([한국경제] **[맞짱 토론] '불효자방지법'추진 어떻게 볼 것인가**_20150912). 법을 발의한 민병두 민주당 의원의 논거는 다음과 같다. 불효자방지법은 민법과 형법의 관련 조항을 개정하는 방향으로 발의되었다. 재산을 증여하였으나 자식의 부양의무를 하지 않거나 학대받을 때, 생계가 곤란한 경우 이미 증여한 재산을 되돌려 받을 수 있도록 민법을 개정하고자 한다. 형법의 친고죄와 반의사불벌죄 조항으로 인해 현재 존속 폭행과 같은 패륜 범죄는 과거 성폭력죄와 같이 수사 자체가 진행되지 않는 사례가 많다. 친고죄와 반의사불벌죄 조항이 폐지되면 어르신들의 협상력이 강화될 것이다.

반대 측의 전삼현 숭실대 교수의 논거는 다음과 같다. 자식에게 재산을 미리 물려주었다가 생계가 곤란한 상황이 있거나 자식의 재산과 소득으로 기초생활보장 수급자가 되지 못하는 노인이 상당 수 있다. 그러나 불효자방지법으로 이런 문제를 해결할 수는 없고 오히려 가족관계가 왜곡되는 등의 부작용이 예상된다. 가족은 국가가 정한 것이 아니라 인류가 오랜 세월 걸쳐 정립하여 온 제도이다. 가족봉양도 자연법으로 규율하는 것이 바람직하며, 현행법도 이를 따르고 있다. 현행법에서도 부양하지 않거나 범죄를 저지른 경우에는 증여를 취소할 수 있다. 불효자방지법은 '부당한 대우'라는 극히 추상적인 기준을 가지고 개인 간의 사적 관계에 국가가 개입하고자 하는 것이다. 일부 가족의 부정적인 사례로 인해 국가가 모든 부모와 자식 간의 관계에 개입하게 되는 결과가 된다. 우리 헌법은 사적 영역에 국가의 개입을 최소화하여야 국민이 행복하다는 것을 강조하고 있다. 간통제의 위헌 판결 취지도 부부 관계에 국가가 개입하는 것이 부당하다는 것이다.

7. 건강보험과 문재인 케어

정부는 2013년 9월 4대 중증질환자의 치료비를 25% 지원한다고 발표하였다. 박근혜대통령이 후보 시절 4대 중증질환에 대해서는 전액 국가부담과 3대 비급여(선택진료, 상급병실, 간병인) 지원을 약속하였다는 주장에 대해 기재부 등 정부 관계자는 공약에 없으나 완화대책을 마련하겠다고 반박하는 등 논란이 되었다([경향신문] **4대 중증질환 진료비, 100% 지원한다더니 결국은 25%만**_20130924)([내일신문] **4대 중증질환 공약도 '발뺌'**_20131007)([서울경제] **소득 2만弗 이뤘지만 의료·연금은 1만弗 수준… 민간역할 늘려야**_20130927)([서울경제] **환자 주머니 터는 건보 비급여 관리 강화해야**_20130914)([내일신문] **MRI·임플란트, 병원따라 2~5배 차이**_20130910)([중앙일보] **건강보험의 보장성 강화해야**_20130918)([중앙일보] **선택진료·상급병실·간병인 … 그 병원엔 3가지가 없다**_20131021).

박근혜정부의 비급여 진료 개혁방안에 대해 중앙일보와 한겨레신문은 2013년 10월 각각 사설을 게재하였다. 중앙일보 사설의 요지는 다음과 같다([중앙일보] **환자 중심으로 비급여 진료 개혁해야**_20131011). 반강제적으로 상급 병실을 이용하고 선택 진료를 받는 일은 의료의 고질적인 문제이다. 한 조사에 따르면 상급병실은 환자의 60%, 선택 진료는 40%가 억지로 이용하였다. 정부의 안은 대형병원에서 일반병실이 충분히 공급되지 않는 것에 따른 문제점을 개선하기 위해 고민한 흔적이 보인다. 비급여 문제는 여러 요인이 복합적으로 작용하여 생긴 것이기 때문에 대형병원으로 환자들이 몰릴 가능성이 있다는 것에 유의하여야 한다. 지역병원 인센티브 등 보완책이 충분히 고려되어야 한다.

한겨레신문의 사설의 요지는 다음과 같다([한겨레신문] **상급병실 개선안, 세밀한 보완책 뒤따라야**_20131011). 일반병실이 부족한 대형병원에서의 의료비 부담을 덜어 주기 위해 정부가 상급병실 이용에 대한 개선책을 마련한 것은 긍정적이다. 대형병원으로의 쏠림 현상을 막기 위한 보완책이 뒤따라야 한다. 지역거점병원을 육성하고 서울 대형병원과 연계를 강화하는 방안이 있다. 장기 입원을 고집하는 환자에게 입원비를 높이는 방안도 검토하여야 한다. 병실 배정을 둘러 싼 환자들 간의 다툼을 예방하기 위해 병실 정보를 투명하게 공개하여야 한다. 일반 병실을 확대할 경우 재정이 추가로 필요한 문제는 전반적인 건보 재정의 개편과 함께 풀어야 한다.[69]

2013년 기준으로 매년 건강보험요율은 오르나 보장률이 줄어들어 누적적자가 쌓이고 있다는 비판이 제기되었다. 정부는 선택 진료비를 줄이고, 일반병실을 늘리며, 포괄간호서비스를 확대하고 있으나 다른 비급여항목이 늘어나 보장률이 떨어지고 있다는 주

69) 중앙일보와 한겨레신문의 사설 비교는 '[중앙일보]/[한겨레신문] **[사설 속으로] 환자 중심 비급여 진료 개혁**_20131105' 참조.

장이다. 정부는 2017년에는 건강보험료를 올리지 않기로 결정하였다([세계일보] **건보료 해마다 올랐건만… 보장률은 되레 4년 연속 줄어**_20150711)([조선일보] **健保 누적흑자 16兆… _너무 많이 걷어, 짜게 지급한 것 아니냐_ 논란**_20150909)([서울경제] **간병비도 건보 적용 추진**_20150616)([서울경제] **선택진료비 확 줄고 일반병실 늘어난다**_20150916)([한겨레] **실손보험, 비급여 자기부담금 20%로**_20150508)([중앙일보] **건강보험료 내년엔 안 올린다**_20160629).

문재인정부는 임기 5년 내에 30조 6,000억 원을 들여 미용, 성형을 제외한 거의 모든 의료 분야에 건강보험을 적용하는 문재인케어를 실시할 계획이다. 소요 재원 중 10조원은 건보의 누적 흑자 20조 원 중 10조원을 쓰고 나머지는 국고 지원과 보험료 부과기준을 확대하여 조달하여 건강보험료율은 과거 10년 평균 수준으로 할 계획이다([동아일보] **MRI-초음파 등 건보 적용 '문재인 케어' 30조원 투입**_20170810).

한국경제신문은 보장성 강화를 주로 하는 문재인케어에 관한 찬반 토론을 2017년 8월 게재하였다([한국경제] **[맞짱 토론] 건강보험 보장범위 확대해야 하나**_20170819). 찬성 측의 정형선 연세대 교수의 논거는 다음과 같다. 문재인케어는 현장에서 환자 부담을 줄이는 획기적인 방안이 많이 포함되어 있다. 현장에서 어려움이 많겠지만 꼭 해내야 한다. 31조원의 비용도 5년간 건강보험에서 의료기관에 지급되는 비용 350조원의 10분의 1에 불과하다. 누적흑자가 21조원이고 건강보험료도 일본이나 프랑스보다 매우 낮으니 1%만 올려도 25조원을 조달할 수 있다. '예비 급여' 제도를 강구하여 의료쇼핑을 방지할 것이다. 모든 필수 진료를 급여화하고 '혼합진료 불인정' 원칙을 적용하면 비급여가 줄어들어 전체적으로 의료비가 줄어들게 된다. 병원이 비급여 진료에 매진하는 것은 의료의 왜곡을 가져온다. 병원 운영이 급여진료만으로도 가능하도록 의료 간 상대가치를 조정해야 한다.

반대 측의 김숙희 서울시의사회 회장의 논거는 다음과 같다. 31조원이 드는 보장성 강화로 건보의 누적흑자 소진과 보험료 인상이 불가피하여 건강보험은 재정악화로 무너질 수 있다. 환자의 선택권이 제한되는 신포괄수가제를 확대하면 의료의 질이 저하된다. 신포괄수가제는 수가 인하가 목적이다. 우리 의료수가는 OECD회원국 중 하위 수준이며 원가보전도 안 된다. 선진국 수준의 보장성 강화를 위해서는 의료 수가의 인상이 불가피하다. 환자의 도덕적 해이에 따라 의료자원의 적정 배분이 어려워지고, 환자와 의사 간의 불신이 증폭되면서 의사는 소극적 진료에 임할 수밖에 없다. 필요의료가 이루어지지 못하고 중증 환자가 필요한 진료를 못 받을 수 있다. 대형병원으로 환자가 몰려들어 중소병원과 동네병원이 몰락 할 수밖에 없다. 문재인 케어에는 전공의 지원 대책 등 의료종사자들의 열악한 근로환경을 개선할 대책은 없다. 건강보험료를 낼 인구는 줄고 노인 의료비는 급증하는데 복지강화를 위해 비급여의 급여화를 하는 것이 우선순위인지 의문이다. 비급여의 급여화를 통한 실손보험사의 반사 이익을 공보험과 사보험을 연계하여 해결하겠다고 하는데, 자유민주주의 시장경제에서 가능할지 의문이다. 무상의료를 내세운 공산국가에는 국민 건강이 경제가 붕괴되기 전에 망가졌다. 양질의 의료를 받을 수 없는 명목상

무상의료였기 때문이다.

문재인케어의 보장성 강화에 대한 기대감은 높으나 건보의 재정 건전성 악화에 대한 우려 등으로 속도 조절이 필요하다는 주장이 제기되었다([국민일보] **문재인 케어**_20180409)([국민일보] **건보 보장성 강화 '문재인 케어' 시동**_20180509)([한겨레] **"건보 강화, 고령층 일하게 하고 아동 수당, 장래 생산성 개선시키고 노동시간 단축, 혼인율 높인다"**_20180405)([문화일보] **하복부 초음파도 하반기 健保 적용**_20180411)([동아일보] **文케어 '비급여 22%'는 건보적용 안 해**_20180412)([한국일보] **15분 심층진찰, 환자 만족도 높았다**_20180501)([한국경제] **원격진료, 문재인 케어의 성공 조건**_20180329)([한국경제] **핌투 정부_ '내 임기에 성과 내겠다' 집착…후유증은 '나 몰라라'**_20180326)([매일경제] **건보 확대로 우려했던 '의료쇼핑' 확산일로**_20180417)([문화일보] **赤字 시작되는 健保… '문재인 케어' 과속 경계해야**_20180213)([서울경제] **가시밭길 '문재인 케어'**_20180319)([조선일보] **7년 만의 赤字, 건보 재정 어떻게 할 건지 국민에게 알려야**_20180323)([한국일보] **재정 투입 5조원 늘렸는데 건보 보장률 되레 뒷걸음질**_20180426)([한국일보] **"文 케어 방향 옳지만, 장기적 재정 계획부터"**_20180507).

정부는 문재인케어의 보장성 강화를 위해 필요한 재원 조달을 위해 건보료 부과체계를 개편하였다([뉴시스] **'소득중심' 건보료.. 무임 승차 30만 퇴출 고속득자 보험료 인상**_20180620)([한국일보] **형제자매들의 '건보 아우성'**_20180727).

건강보험 급여 관리를 강화하여야 한다는 지적이 제기된다([동아일보] **사무장 병원, 건보서 6250억 빼갔다**_20180423).

정부가 2018년 3월 상복부 초음파 검사를 전면 급여화 하겠다고 하자 의사협회가 집단행동을 예고하는 등 반발하였다([서울신문] **文**

케어 설계한 김용익 "의료계 압박 의도 전혀 없다"_20180119)([한겨레] **의사들 또 '문재인 케어' 반대집회…"극단적 집단 이기주의" 비판**_20180319)([매일경제] **醫協의 영리한 듯하지만 우매한 전략**_20180404)([한겨레] **프리드먼이 최대집 회장에게 권하는 투쟁**_20180406)([한국일보] **국민은 文케어 지지하는데_ "보수 정부서 추진해도 반대"**_20180406)([서울신문] **'문재인 케어'와 '닥터 케어'**_20180414)([조선일보] **의협 _文케어 저지… 27일 집단휴진**_20180410)([국민일보] **왜 의사협회만 거세게 반발할까**_20180409)([파이낸셜뉴스] **의협 '문재인케어와의 전쟁'**_20180409)([국민일보] **의료계 공적 책임 강화해야**_20180410)([서울경제] **'전시체제' 선포한 의협 국민공감 얻을 수 있을까** 20180503)([국민일보] **수가협상 총론은 합의… 각론에 촉각**_20180510).

서울경제신문은 2018년 4월 문재인케어에 대한 의료계의 집단 반발이 가시화되자 건강보험 보장성 강화에 관한 찬반 토론을 게재하였다([서울경제] **[어떻게 생각하십니까] 건강보험 보장성 강화**_20180406). 찬성 측의 허윤정 아주대 교수의 논거는 다음과 같다. 문재인케어의 보장성 강화는 아프거나 다친 사람들의 의료비 부담을 덜어주는 제도이다. 현행 보장률 63.4%를 70%로 올리겠다는 것이 기본 취지이다. 우리나라의 건강보험 보장률은 OECD 평균의 80%에 훨씬 못 미치고 지난 10년간 65% 수준에 머물고 있다. 문재인케어는 의사협회의 협조가 없이는 달성하기 어려운데, 다른 의료관계자들의 환영과 기대에 반해 의사협회만 반대하고 있으니 국민들이 잘못된 인식을 가지지 않을까 걱정된다. 정부는 건강보험 보장성 강화의 내용을 소상하게 국민들에게 알려야 한다. 중증환자는 대형병원, 만성 질환자는 동네 병원에 가는 전달체계도 이번 기회에 확실히 정착되어야 한다. 돈이 있고 없음에 따라 건강할 수 있는 권리가 달라진다면 건강보험의 의미는 상실된다. 우리 건강보험 시스템은 미국이 부러워하는 제도이다. 시스템을 더욱 개선하여 아픈데 돈이 없어 치료를 고민하는 사람이 없게 만드는 정책을 국민이 반대하지 않을 것이다.

반대 측의 김용하 순천향대 교수의 논거는 다음과 같다. 의협이 비급여의 급여화 전에 낮게 책정되어 있는 건강보험 수가를 정상화할 것을 요구하고 있다. 지금까지는 비급여를 통해 낮은 급여의 수가를 보전해 왔기 때문이다. 의협은 문제인케어를 의료기관의 의료행위를 정부 기준 틀에서 완전히 통제하려는 시도로 보고 있다. 의협은 모든 비급여를 급여로 단계적으로 적용하면 환자는 늘어나는데 정부가 책정하는 수가가 현재 비급여로 자유롭게 책정하는 수준보다 낮아질 가능성을 우려하고 있다. 정부는 향후 가격은 최대한 낮게, 이용량은 일정 부분 통제하려고 할 가능성이 크기 때문에 의료기관은 수입 감소를 우려하고 있다. 샅바 싸움은 이제 막 시작되었다. 정부의 딜레마는 보험 수가를 정상화하면 재원이 추가적으로 필요하고, 그대로 밀어 붙이면 협조가 필수적인 의사협회의 강력한 반발이 예상된다는 것이다. 우리나라 보건의료 시스템은 민간시장에 거의 맡겨져 있는데, 공공성이 강한 유럽식 시스템으로 바꾸고자 하는 것이 문재인케어의 궁극적인 목적이고 비급여 보장성 강화는 시작이다. 미국 등 민영의료시장에 맡겨져 있는 나라에 비교하여 우리나라는 의료수가가 비교적 낮고 의료사각지대가 거의 없는 나라로 꼽힌다. 우리나라는 의료기관과 의료인이 낮은 수가에도 불구하고 수익 창출을 위해 노력을 하고 있어 의료 기술도 세계 최상이므로 의료 수준 정체 상태인 유럽과 차이가 있다. 의료 수가를 정상화하고 문재인케어가 정부의 주장인 31조원 보다 더 많은 비용이 든다는 것을 국민들에게 이해 시켜야 한다. 이것이 문재인케어의 현재의 난관을 극복하는 방안이다.

8. 공무원연금 개혁

공무원 노조의 실력 행사로 공무원연금 개혁 토론회가 2014년 9월 22일 무산되자 중앙일보와 한겨레신문은 각각 사설을 게재하였다. 중앙일보 사설의 요지는 다음과 같다([중앙일보] **연금 개혁 반대 집단행동, 아무도 지지 안한다** 20140923). 공무원노조가 토론회를 폭력적인 방법으로 무산시킨 것은 안타깝고 어이없다. 공무원연금 적자를 보존하는 데 한해에 국민세금 2조원이 들어간다. 2020년에는 7조원이 들어 갈 것으로 예상된다. 국민연금과 비교하여 공무원연금은 연금액수도 많고 일찍 수급할 수 있다. 국민연금은 이미 2007년에 구조조정을 했다. 공직자라면 지속가능성을 걱정하고 국민이 느끼는 상대적 박탈감을 헤아려야 한다. 정부는 공무원들 집단행동에 밀려 개혁안을 후퇴시켜서는 안 된다.

한겨레신문 사설의 요지는 다음과 같다([한겨레신문] **사회적 대화로 풀어야 할 공무원연금 문제**_20140923). 공무원연금 개혁 토론회가 노조의 집단행동으로 무산되었다. 노조 반발은 예상하였지만 이 정도로 심각할지는 몰랐다. 해묵은 과제가 표류할 것 같다. 더 내고 덜 받는 방향으로의 개혁안은 국민과의 형평성, 고령화와 수급자 증가로 인한 연금재정의 악화를 고려하면 눈여겨 볼만하다. 그러나 재정안정에만 초점이 맞추어져 있다. 재정여력을 탓하며 이미 약속한 연금을 삭감하겠다는 것은 갈등을 가져올 수밖에 없다. 수백만 명의 이해관계자가 걸려 있는 사안을 연금학회라는 전문가를 내세워 일방적으로 밀어 붙이려 하는 것은 잘못이다. 사회적 대화를 통해 밀실이 아닌 광장에서 범사회적으로 논의가 되어야 한다.[70)]

공무원연금 개혁을 위한 국민대타협기구 시한이 며칠 남지 않자 2015년 3월 중앙일보와 한겨레신문은 각각 사설을 게재하였다. 중앙일보 사설의 요지는 다음과 같다([중앙일보] **공무원연금 개혁에 너무 소극적인 야당**_20150325). 시한이 4일 앞으로 다가 온 시점에서 민주당은 개혁안을 내놓지 않고 있다. 4개월 동안 이런 저런 핑계를 대고 내지 않았다가 언론에 흘린 안도 처음 야당안과 크게 다르지 않다. 다음 달 있을 재보궐 선거와 내년도 총선에서 공무원 표를 의식하는 듯하다. 공무원연금 개혁은 정파를 떠나 국가 대계를 위한 것이다. 공무원 표를 얻으려다가 국민의 마음을 잃게 될 위험이 있다.

한겨레신문 사설의 요지는 다음과 같다([한겨레신문] **공무원연금 개편, 인내심과 지혜로 대타협을**_20150326). 시한이 3일 남은 시점에서 야당이

---

70) 중앙일보와 한겨레신문의 사설 비교는 '[중앙일보]/[한겨레신문] **[사설 속으로] 공무원 연금 개혁**_20141007' 참조.

개혁안을 내 놓으면서 논의가 진전되는 계기가 되었다. 논의에 있어 다음 전제가 지켜져야 한다. 노후가 불안한 중하위직 공무원이 수용할 수 있는 안이 나와야 한다. 재정의 지속가능성에 대한 분명한 그림이 제시되어야 한다. 국민연금과 형평성도 중요하지만 하향평준화는 바람직하지 않다. 적정 노후소득을 보장해 주어야 한다. 국가의 미래가 걸린 일이니 대타협기구의 시한에 얽매이지 말고 타협점을 찾아야 한다.[71]

사회적 합의에 의해 도출된 공무원연금개혁법이 2015년 국회를 통과하였다. 명퇴 신청 교사의 수가 급감한 것에서 알 수 있듯이 반쪽 개혁이라는 비판은 있었지만 정부에서 공무원연금에 지급하던 적자보전금 1조 5,000억 원을 절감할 수 있었다([중앙일보] **"공무원연금 개혁안 일단 통과시켜라"**_20150509)([조선일보] **2009년 때와 판박이… 재정 안정효과 크지 않아**_20150504)([동아일보] **공무원연금 개혁안 국민 눈높이에 맞춰 다시 만들라**_20150511)([매일경제] **朴 _아… 이것만 생각하면 한숨_ '혈세부과론'으로 여론전 승부수**_20150513)([문화일보] **야당도 내부 분열… _문재인의 자충수_ 비등**_20150507)([경향신문] **사회적 타협으로 이뤄낸 '공무원연금 개혁'**_20150530)([중앙일보] **떼쓴 야, 끌려다닌 여 … 연금개혁 458일 정치가 안 보였다**_20150530)([한국경제] **"위헌 소지…" 법조 출신 등 33명 반대·기권**_20150530)([문화일보] **靑 _연금개혁 못해도 국회법 개정은 안돼_ … 묵살한 유승민**_20150602)([한국경제] **6월 국회도 '가시밭길' 예고**_20150601)([서울신문] **공무원연금 개선·노사정 대타협 이뤘지만 노동개혁법 국회 표류**_20151224)([세계일보] **역대 정부서 하지 못했던 공무원연금개혁 진통 끝 마무리**

---

71) 중앙일보와 한겨레신문의 사설 비교는 '[중앙일보]/[한겨레신문] **[사설 속으로] 공무원 연금 개혁**_20150407' 참조.

_20160225)([파이낸셜뉴스] **세금 잘 걷혔지만… 반쪽 연금개혁, 추경에 나라살림 더 팍팍**_20160406)([파이낸셜뉴스] **공무원연금 충당부채 '오해와 진실'**_20160411)([서울신문] **공무원연금 적자보전금 1조 5000억 절감 '성과'**_20160524)([조선일보] **'명퇴' 신청 교사, 1년 만에 61% 급감**_20160727).

박근혜정부의 공무원연금 개혁에도 불구하고 공무원연금 적자 보전을 위해 여전히 상당액의 예산을 투입하고 있다. 문재인정부 들어 공무원이 증원되면서 늘어나는 국가 채무에 대해 우려하는 목소리가 있다([매일경제] **2025년엔 8대 사회보험중 절반 고갈**_20170308)([조선일보] **'공무원 연금개혁' 살리고… '무역투자진흥회의'는 접어야**_20170419)([서울경제] **혈세로 메울 공무원연금만 70조 … 실질 국가채무 이미 빨간불**_20170822)([서울신문] **공무원연금만 믿고 있다간… 2033년 이후 퇴직자 '낭패' 볼 수도**_20170918)([내일신문] **공무원 증원은 연금개혁에 역행**_20171110)([세계일보] **공무원 증원으로 불어날 나랏빚은 어찌할 건가**_20180327).

9. 국민연금 개혁

2013년 7월 국민연금제도발전위원회는 연금 보험료 인상을 제안하였다. 보험료율을 그대로 두면 2060년에 기금이 완전 소진될 것으로 전망되었다. 400조원의 적립금이 있는 국민연금의 보험료는 올리면서 국민 세금으로 적자를 보전하여 주는 공무원연금과 군인연금에 대한 개혁이 이루어지는 않는 것이 문제가 되었다([조선일보] **국민연금 보험료율 4~5%P 인상案 제기**_20130710)([문화일보] **국민연금 보**

험료율 13~14% 인상 유력_20130709)([중앙일보] **국민연금 보험료 올려야_ 연금발전위 권고안 논란**_20130710)([문화일보] **'왜 국민연금만 인상하나'… 반발 불보듯**_20130709)([문화일보] **국민연금 못 받는 470만명 이미 26兆 냈다**_20130710)([한국경제] **국민연금 보험료 올릴 생각 말고 진실부터 밝혀라**_20130710).

2013년 7월 국민연금제도발전위원회가 국민연금 보험료율 인상안을 제시하면서 논란이 되자 중앙일보와 한겨레신문은 각각 사설을 게재하였다. 중앙일보 사설의 요지는 다음과 같다([중앙일보] **국민연금 개혁 위한 국민 설득 더 늦출 수 없다**_20130713). 위원회가 국민연금 보험료율을 현행보다 올리는 것을 제안하면서 비난의 대상이 되었다. 지금은 국민연금제도의 큰 틀을 손질할 때이다. 국민연금은 5년마다 재정 안정성을 점검하도록 되어 있는데 2007년 이후 점검하지 못하였다. 올해는 선거 부담이 없어 개혁을 하기에 적기이다. 현재의 틀을 유지하면 2060년에 기금이 고갈될 것으로 전망된다. 2007년 개혁에서 소득대체률을 40%, 지급시기도 단계적으로 65세까지 조정하였으니 보험료율을 올릴 수밖에 없다. 우리의 보험료율은 독일, 일본과는 비교가 되지 않고 미국에 비해서도 낮다. 국민연금의 보험료율 인상에 대한 국민의 불만을 누그러뜨리려면 특수직 연금도 개혁하여야 한다. 장기적으로는 보험료를 13%까지 올려야 한다는 것이 전문가들의 공통 인식이다. 1988년, 2007년과 같이 땜질 처방이 아니라 사회적 공감대를 넓혀 가면서 제대로 된 틀을 짜야 한다.

한겨레신문의 사설 요지는 다음과 같다([한겨레신문] **국민연금 보험료 인상만이 능사는 아니다**_20130813). 국민연금 보험료를 올리는 것보다는 사각지대를 해소하고 보험료 상한액을 올려 소득재분배 역할을 높이는 것이 더 시급하다. 급속한 고령화로 제도 개선이 불가피한 측면이 있으나 기금 소진까지 47년이 남은 시점에서 급히 결정할 사안은 아니다. 지난번의 개편으로 지급시기가 늦추어 졌고 소득대체율도 떨어졌는데 보험료 인상은 국민적 공감을 받기는 어렵다. 직장이 있어야 낼 수 있어 사각지대가 있을 수밖에 없는 국민연금과 세금으로 누구에게나 지급하는 기초연금을 묶어서 같이 논의하여 노후보장체계의 틀을 설계하여야 하며 복지 증세에 대한 획기적인 접근이 필요하다.[72)]

공무원연금 개편 관련 사회적 합의에 따라 국민연금개편을 위한 특위가 국회에 설치되었는데, 관련하여 여야 간사가 국민연금의 소득대체율 상향 조정에 합의하였으나 후폭풍에 시달렸다. 특위가 2015년 11월 25일 시한 만료로 성과 없이 활동을 종료하였다 ([동아일보] **'국민연금 개편' 9월 국회처리 불투명**_20150505)([서울신문] **"손바닥으로 하늘 가리는 격... 파산연금 피하려다 빚 폭탄"**_20150505)([파이낸셜뉴스] **유시민은 죄가 없다**_20150507)([한겨레] **여당, 합의 나흘만에…"국민연금 50% 못박을수 없다" 돌변**_20150507)([한국일보] **"국민연금에 평균 임금 낮게 반영… 현실과 괴리"**_20150515)([경향신문] **연금의 진실, 노후소득보장**_20150512)([서울경제] **朴대통령 _돈 버는 사람, 돈 쓰는 사람 따로 있어서는 안된다**_20150514)([파이낸셜뉴스] **현재냐 미래냐... 치열한 국민연금 논쟁**_20150518)([경향신문] **연금협상 '제2라운드'**_20150519)([국민일보] **공무원연금 개혁과 함께 국민연금 개선도 기대한다**_20150527)([중앙일보] **문형표 "내가**

72) 중앙일보와 한겨레신문의 사설 비교는 '[중앙일보]/[한겨레신문] **[사설 속으로] 국민연금 보험료율 인상**_20130803' 참조.

틀린 말 했다면 책임지겠다"_20150528)([중앙일보] 국민연금 소득상한선 올려 노후연금액 높이자_20150926)([중앙일보] 주부 661만명 연금 차버린 국회_20151126).

특위 활동 종료 후 국민연금 개혁과 관련된 논의는 많았으나 19대 국회에서 관련법이 처리되지 않았다([문화일보] 국민연금, 다층노후보장 미흡 … 퇴직금, 연금전환 확대해야_20160927)([매일경제] 국민연금 개혁 어떻게_20161205)([서울경제] 방만 운영 연금 개혁 미루다 재정위기 맞은 남유럽 3개국_20150507)([한국경제] '정부 주도' 연금개혁 … 영국서 배워라_20150512)([매일경제] 국민연금 개혁, 스웨덴에서 배워라_20150604).

국민연금 개혁은 문재인정부 국정과제에는 포함되지 않았으나 기금의 고갈이 예상보다 빠르게 올 것으로 예상되는 등 국민연금 개혁이 시급하다는 주장이 제기된다([문화일보] 국민연금 기금 2051년 고갈_ … 예상보다 9년 앞당겨진다_20170425)([한국일보] 내년에 연금개혁과 법인세 인상 동시 추진하자_20170524)([한국일보] "국민연금 개혁 모두가 부담… 신고리처럼 공론조사로 풀자"_20171123)([조선일보] '닫힌 사회'로 가는 공론 조사_20171206)([한국일보] 김성주 이사장 "국민연금, 국가 지급 보장 분명히 해야"_20180103)([중앙일보] "연금 절반, 일도 절반 … 유연 퇴직제는 고령화 한국에 대안" _20180309)([한국일보] 국정과제에 인기 없는 정책도 있어_20170726).

10. 국민연금기금 운용: 스튜어드십 코드/공공투자 허용/코스닥투자 확대

정부가 2018년 하반기부터 국민연금에 스튜어드십 코드를 도입하겠다는 방침을 밝히면서 논란이 되었다. 스튜어드십 코드는 "기관투자자의 수탁자 책임에 관한 원칙으로, 기관투자자들에 대한 행동원칙을 규정한 자율규범을 말한다. 기관투자자들은 위탁자의 재산을 관리하는 집사(steward)처럼 행동해야 한다고 하여 붙여진 이름이다."(두산백과: 네이버 지식인 https://terms.naver.com/entry.nhn?docId=3597320&cid=40942&categoryId=31826).

서울경제신문은 국민연금에 스튜어드십 코드를 도입하는 것에 대한 찬반 토론을 2017년 12월 게재하였다([서울경제신문] **[어떻게 생각하십니까?] 국민연금 스튜어드십 코드 도입**_20171229). 찬성 측의 류영제 서스틴베스트 대표의 논거는 다음과 같다. 스튜어드십은 수탁 받은 자산을 지속가능하게 발전시키고 주인의 뜻과 이익을 위해 충실히 관리하여 다음 세대에 잘 넘겨주는 것을 도와주는 제도이다. 대다수의 주주들이 투자의 단기 이익에 매몰되어 여러 가지 부작용이 나타나는데, 스튜어드십은 장기적 투자의 관점에서 투자를 한 기관들에게 지속가능한 성장을 할 것을 요구한다. 국민연금은 주식의 보유율이 높아 매매차익을 통한 수익 실현이 어렵다. 적극적인 소유권 행사를 통해서 장기 수익률을 극대화할 수 있다. 세계 최대 연기금인 일본연금은 스튜어드십 도입을 선도하여 글로벌 증권시장에서 일본 디스카운트를 해소하였다. 우리나라도 글로벌 트렌드에 편승하여야 한다.

반대 측의 김상봉 한성대 교수의 논거는 다음과 같다. 국민연금의 기업과 시장에 미치는 영향은 막강하다. 국민연금의 의결권은 정권의 성격과 방향에 따라 영향을 받는데, 정부가 국민연금을 이용하여 민간기업의 인사와 투자에 개입하는 결과가 우려된다. 민간기업이 관치의 영역에 들어오게 되는 것이다. 보건복지부 장관과 실무자가 기금 운영의 최종 책임을 지도록 법을 바꾸어야 제도 도입후에도 관치를 피할 수 있다. 세계적으로 도입된다고 국민연금에 스튜어드십을 전면 도입하면 문제가 있다. 외국도 법과 제도가 계속적으로 바뀌고 있고 아직 제도의 도입이 수익성의 증가를 가져 온다는 증거는 없다. 도입되면 해외 투자가 증가하고 연금의 단기 수익에도 긍정적인 영향을 미칠 수 있으나 이것이 국민연금 투자가 추구하는 방향이 되어서는 안 된다.

국민연금에 스튜어드십 코드 도입을 반대하는 측은 민간기업의 경영에 국가가 개입하게 되는 것을 우려하고 있다([한국경제] **스튜어드십 코드, '官治의 中毒' 우려된다**_20170706)([한국경제] **스튜어드십 코드 '첫걸음'도 못 떼는 국민연금**_20170711)([한국경제] **국민연금, 스튜어드십 코드 도입 '첫 발'**_20170725)([한국경제] **기관 의결권 강화하겠다면 '섀도 보팅' 유지하는 게 옳다**_20171130)([한국경제] **연기금 '단순투자' 공시해도 경영개입 가능 … "연금 사회주의 우려"**_20171228)([한국경제] **국민연금 의결권을 민간委에 넘기면, 책임도 지게 할 건가**_20180127)([한국경제] **스튜어드십 코드 이행 점검 나선다**_20180213)([한국경제] **국민연금, 삼성증권에 주식 매매 안 맡긴다**_20180410)([한국경제] **국민연금이 도입한 집중투표제 … '투기자본' 엘리엇에 역이용되나**_20180430)([조선일보] **국민연금 경영참여 쉽게 '5%·10%룰' 완화 추진**_20180606)([조선일보] **정부, 국민연금 통해 기업경영 개입하나**_20180531)([한국경제] **국민연금이 주주권을 행사하겠다고**_20180619)([한국경제] **스튜어드십 주주권 행사 시급하지 않다**_20180628)([조선일보] **청와대, 국민연금 인사 개입 시인 外**_20180706)([조선일보] **장하성 사태 봤지 않나… 국민연금 官治경영 불보**

듯_20180709)([News1] **'연금사회주의' 우려 통했나…국민연금, '경영참여' 없던 일로**_20180710)([뉴시스] **[스튜어드십코드 임박] 국민연금 SC 초안..주요 쟁점은**_20180722)([한국경제] **"진정한 스튜어드십 되려면 기금 독립성 확보해야"**_20180718)([파이낸셜뉴스] **국민연금 스튜어드십 코드 최종안 '경영계 패싱' 우려**_20180724).

찬성 측은 국민연금이 재벌 개혁 등에 일정 역할을 하도록 하여야 한다는 입장이다([한겨레] **기관투자가, '거수기 노릇' 이젠 그만둘 때다**_20170706)([경향신문] **'거수기 오명' 국민연금, 스튜어드십 코드 도입**_20171202)([경향신문] **국민연금의 적극적 의결권 행사를 환영함**_20171204)([한겨레] **'스튜어드십 코드' 1년…국민연금은 아직도 "연구중"**_2017122)([한겨레] **국민연금, '거수기 노릇' 이제 그만!**_20171208)([한겨레] **국민연금 의결권 행사 전문위에 넘긴다**_20180317)([한겨레] **"국민연금, 투자기업 이사·감사 추천하라"**_20180328)([한겨레] **국민연금 '스튜어드십 코드' 7월 안 도입 권고**_20180419)([한겨레] **대주주 전횡 막을 '집중투표제 강화' 당연하다**_20180502)([한겨레] **국민연금 '경영 참여', 재벌 폐해 막는 데 꼭 필요하다**_20180607)([경향신문] **국민연금 '스튜어드십 코드' 예정대로 이달 말 도입한다**_20180711)([한국일보] **경영참여 제외 놓고 이견 국민연금 스튜어드십 코드 도입 여부 30일 재논의키로**_20180727).

국민연금의 투자기업에 대한 경영참여는 기금위의 의결이 있는 경우에만 가능한 것으로 2018년 7월 31일 정리되었다([서울경제] **국민연금 _기금위 의결 땐 경영참여**_20180731)([한국경제] **이사 선임·해임권까지 거머쥔 국민연금 … "거대한 행동주의 펀드 됐다"**_20180731)([한겨레] **국민연금 '경영참여' 첫발… '갑질 총수 퇴출' 가능해진다**_20180731)([중앙일보] **경영 참여 어정쩡한 기준 … 당장 299개 기업엔 큰 영향**_20180731)([한겨레] **기금위 의결 통한 '제한적' 허용만… 주주권 적극 행사할까**_20180731).

문재인정부 출범이후 국민연금이 투자한 기업의 경영현안에 대해 적극적인 목소리를 내고 있다([국제뉴스] **文 정부, _국민연금을 정부의 거수기 역할로 전락**_20171122)([한국경제] **국민연금 "한진, 경영관리 개선 대책 내놔라"**_20180606)([한국경제] **국민연금, 롯데그룹 4개社 분할·합병 찬성키로**_20170826)([한국경제] **지분 9.09% 보유한 국민연금 KT&G 사장 연임에 '중립' 선언**_20180316)([조선일보] **국민연금, 절차 안 거치고 '대한항공 개입'**_20180625)([한겨레] **국민연금, 대한항공에 공개 서한 "회장일가 의혹 해결방안 내놔야"**_20180606).

국민연금은 노동이사제 도입을 찬성하고 있다([경향신문] **국민연금의 경영개입·노동이사제 찬성**_20180711)([조선일보] **국민연금, KB노조 추천 理事 찬성 논란**_20171118)([조선일보] **국민연금, KB노조 추천 理事 찬성 논란**_20171118)([한국경제] **외부전문위도 안 거쳐…정부 코드 맞췄나**_20171118)([한국경제] **정치·노동계 눈치보는 국민연금의 위험한 행보**_20171120)([조선일보] **국민연금 앞세운 '勞治의 그림자'**_20171121)([한겨레] **노조 추천 사외이사 국민연금, 첫 찬성표**_20171121)([조선일보] **국민연금 이사장 _노동이사 찬성에 외부개입 없었다**_201711230)([한겨레] **전직 '노동이사'의 충고**_20171204)([한겨레] **'KB금융 노동자추천 이사제' 3월 주총 때 재시도**_20180208).

문재인정부 국정기획자문위원회에서 국민연금이 공공임대주택, 국공립시설에 투자하는 방안을 고려하고 있다고 밝히면서 국민연금의 공공투자가 논란이 되었다([경향신문] **박능후 _국민연금, 보육·주택 등 공공투자 확대**_20170718)([한국경제] **국민연금, 2000억 '그린펀드' 만든다**_20170713)([한국경제] **국민연금, 정부 쌈짓돈으로 전락해선 안 된다**_20170708)([한국경제] **국민연금, 6500억 벤처·中企펀드 운용사 선정**_20170901)([한국경제] **"국민연금 공공투자, 국민 저금통 깨는 것"**_20171020).

한국경제신문은 국민연금의 공공투자 허용에 관한 찬반 토론을 게재하였다([한국경제] **[맞짱 토론] 국민연금 공공투자 허용해야 하나**_20170705). 찬성 측의 정성훈 대구가톨릭대 교수의 논거는 다음과 같다. 국민연금의 기금 규모는 세계 3위, GDP 대비 비율은 세계 1위, 매년 수십조 원의 신규 자금이 들어온다. 그러나 2,300조원까지 기금이 늘어나다가 2040년을 기점으로 기금이 줄어들기 시작하여 2060년에는 완전히 고갈될 전망이다. 기금 해소를 방어하기 위해 운영 수익률을 높이거나 보험료율을 올리는 것은 쉽지 않다. 생산가능 인구를 늘리는 것도 하나의 방안이다. 우리나라는 GDP 대비 국민 의료비의 비율, 공공임대주택의 비율은 국제기준에서 상대적으로 낮으며, 민간어린이집, 유치원에 보육을 상당 부분 의존하고 있다. 생산가능 인구 증가를 위해 국민연금기금을 임대주택, 보육시설, 복지시설에 투자할 필요가 있다. 그러나 직접 투자하는 것이 아니라 국가나 지자체가 발행하는 채권에 투자하는 것이다. 공공투자의 90%를 차지하는 임대주택의 경우 물권이 확보되기 때문에 국가 재정에 큰 부담이 없다.

반대 측의 남재우 자본시장연구원 연구위원의 논거는 다음과 같다. 공공투자에 대한 재원 조달이 여의치 않은 상황에서 국민연금을 활용하자는 안이 제시되고 있다. 미래 세대의 노후 자금이기도 한 국민연금을 현 세대가 마음대로 활용하여서는 안 된다. 공공투자를 하더라도 국민연금에 실질적인 피해가 가지 않아야 하는데 쉽지 않다. 특수목적 채권발행 방식으로 하는 계획인데, 특수목적 채권도 국가 채무의 일부이며 오히려 국가 채무관리의 통일성을 저해 할 수 있다. 민간합동투자 방식으로 진행한 인프라 투자의 경험에서 알았듯이, 국민연금이 투자 위험을 부담하지 않는 한 수익률이 예상보다 낮으면 국가부담으로 돌아온다. 공공 임대 주택에 100조원을 투자하였을 때 출산율이 얼마나 올라가는지에 대한 구체적인 실증자료가 없다. 자본 투자를 하기 위해서는 사전적으로 정교한 투자 수익률 분석이 필요하다. 공공투자를 하지 않더라도 국민연금 투자의 현재의 틀에서도 투자 대상을 다변화할 수 있다. 공공투자의 위험을 국민연금이 부담하는 형식이라고 하면 인프라 투자에 국민연금이 보다 적극적일 수 있다. 그러나 공공투자를 활용해 얻을 수 있는 실익이 적거나 불확실하면 국민의 불신은 커질 것이다.

정부 당국자가 코스닥 시장의 발전과 성장을 위해 연금기금 투자를 확대하겠다고 밝히면서 논란이 되고 있다([한국경제] **"혁신성장 기업 상장 늘려 연기금, 코스닥 투자 유도할 것"**_20171107)([한국경제] **연기금, 코스닥 투자 확 늘린다**_2017110)([한국경제] **코스닥에 연기금 동원 … 기초체력 키우는 게 正道다**_20171110)([경향신문] **'연기금 투자 확대' 기대감… 코스닥 3.9% 껑충**_20171228).

한국경제신문은 찬반 토론을 2017년 11월에 게재하였다([한국경제] **[맞짱 토론] 연기금 코스닥 투자 확대해야 하나**_20171118). 찬성 측의 류영제 서스틴베스트 대표의 논거는 다음과 같다. 국민연금은 다른 민간 펀드와는 달리 한국경제의 전반적인 장기 발전에 따라 수익률이 좌우된다. 2043년까지는 유입이 유출보다 크니 한국경제의 기초체력 강화와 지속가능성 제고를 위한 방향으로 투자 전략을 짜야 한다. 벤처 섹터루의 투자가 필요하나 현재의 국내 민간 금융에서는 현실적으로 기대하기 어렵다. GDP 대비 벤처 투자 비중은 보잘 것 없으며 은행도 신용보다는 담보 위주로 중소기업에 대출을 해준다. 코스닥 시장은 출범 시 보다 지수가 낮고 자금 조달 규모가 줄어드는 등 침체되어 있어 제 역할을 하지 못하고 있는 것도 벤처 금융시장이 침체된 원인의 하나이다. 투기꾼의 온상이 된 코스닥 시장에서 국민연금이 잠재력이 있는 섹터나 기업을 적극 발굴하여야 한다. 투자 확대로 코스닥 시장이 교란되지 않도록 재무 분석에만 근거하지 않고 펀더멘털에 근거한 정상 매매로 코스닥 시장의 정상화에 기여하여야 한다.

반대 측의 남재우 자본시장연구원 연구위원의 논거는 다음과 같다. 우리나라 코스닥 시장은 개인투자자의 비중이 너무 높아 역동적이지 못하다. 기관투자자는 통상적으로 시장이 안정되어야 들어가기 때문에 국민연금과 같은 공적 기관투자자가 일정 역할을 할 수 있다. 그러나 동원이 아니라 유인에 의해 시장 참여를 하여야 한다. 국민연금이 독자적으로 의사 결정을 할 수 있는 장을 만들어 주어야 하다. 이런 관점에서 코스피와 코스닥의 통합지수 개발은 일정 부분 의미가 있다. 기관투자자들은 투자시 시장 상황의 부침에 따른 위험을 최소화기 위해 주식시장 지수를 활용한다. 기관들이 활용하는 기준에 현재 코스닥 시장의 기업은 포함되지 않는다. 코스닥 시장의 기업들이 포함되어 소극적(passive)으로 운영하면 중대형주의 비중이 유의미하게 확대될 것이며, 적극적으로(active) 운영하는 기관투자자들은 성장성 높은 소형주에도 관심을 둘 수밖에 없다. 국민연금에 의해 선정된 거래 증권사들이 공개하는 기업분석 보고서를 통해 시장의 정보 비대칭성도 일부 완화될 것이다.

XIII

환 경

1. 미세먼지, 대중교통 무료 & 경유차 퇴출
2. 폭스바겐 리콜
3. 녹조와 4대강
4. 생활화학물질 규제: 가습기 살균제 피해
5. 폐비닐

1. 미세먼지, 대중교통 무료 & 경유차 퇴출

박근혜대통령이 경유차와 석탄발전소를 미세먼지의 '원흉'으로 지목하여 특단의 대책을 내 놓을 것을 지시하자 정부는 2016년 6월 미세먼지 종합대책을 발표하였다. 그러나 정부 대책에 대해 새로운 것이 없는 기존 대책의 재탕이라는 비판이 주류였다([조선일보] **與野 모두 _경유값 인상 반대**_20160602)([한국경제] **'경유값 인상' 퇴짜 맞고 설익은 대책만 내놓는 정부**_20160603)([매일경제] **경유값 인상·구이집 규제 '없던 일로'** 20160603)([조선일보] **'당장은 그냥 마실 수밖에 없다'는 미세먼지 대책**_20160604)([한국경제] **불안과 의구심만 더해준 '면피'용 미세먼지 대책**_20160604)([매일경제] **친환경 발전소 고사시키는 발전요금 변경**_20160606)([문화일보] **진단부터 빗나간 '미세먼지 대책'**_20160607)([중앙일보] **언제는 경유차 사라고 부추기더니 … 정부가 놓친 4가지**_20160609)([매일경제] **미세먼지 대책 손반 안맞는 정부**_20160624)([매일경제] **전방위적으로 제기되고 있는 환경부에 대한 불신**_20160624)([문화일보] **고도 산업화·中 근접 … 서울 오염도, 런던·파리의 2배**_20160603).

정부의 미세먼지 종합 대책이 발표되자 중앙일보와 한겨레신문은 2016년 6월 각각 사설을 게재하였다. 중앙일보 사설의 요지는 다음과 같다([중앙일보] **이런 한가한 재탕 정책으론 미세먼지 못 잡는다**_20160604). 정부가 발표한 대책은 기존의 목표를 3년 앞당긴 것에 불과하다. 제대로 된 유일한 대책인 경유차 폐차 정책의 확대와 저공해차 지정 기준의 강화도 예산 확보를 전제로 한 것이어서 실효성이 의문된다. 미세먼지를 획기적으로 줄이는 과정에서 발생할 사회적 갈등을 줄이기 위한 조정기구의 설치가 포함되어 있지 않고 중장기적 목표와 대책은 물론, 로드맵도 제시하지 못하고 있다. 정책을 조종하고 통합할 전문적인 컨트롤타워, 대통령과 총리의 역할도 보이지 않는다. 과학기술을 총동원한 대책이 필요한데 기술개발 투자에 대한 의지도 보이지 않는다.

한겨레신문 사설의 요지는 다음과 같다([한겨레신문] **특별한 것 없는 미세먼지 특별대책**_20160604). 정부대책은 부처 간 이해관계를 조정하지 못한 시간 벌기용 대책이다. 절감목표를 앞당기는 대책도 있으나 이미 도입했거나 도입을 검토하겠다는 정책 수단이 아주 많다. 친환경차 보급 확대처럼 정부 대책으로는 달성이 어려운 목표도 있다. 석탄화력 발전소의 증설은 재검토가 필요한데, 시늉만 냈다. 휘발유에 대비한 경유 가격 조정 등 환경부 제시안이 백지화되면서 경유차 수요 억제 대책도 미흡하다. 부처 간 이기주의를 극복하고 정책을 조정할 사령탑이 부재하며 예산 투입이나 증세를 회피하는 한 알맹이가 있는 대책은 나오지 않는다.[73]

서울시는 2018년 1월 '서울형 미세먼지 비상저감조치'를 시행하였다. 환경부 대책과 연동하여 시행한 대책에는 출퇴근시간대에 대중교통요금을 면제하고 공공기관 차량 2부제를 시행하며 사업장과 공사장의 조업을 단축하는 것을 포함하였다. 출퇴근시간대 대중교통 요금 면제가 시행은 되었으나 크게 효과가 없는 것으로 나타나 많은 비판을 받았다([한국경제] **미세먼지 없는 서울 번지수 잘못 짚었나**_20180116)([매일경제] **박원순, 미세먼지 '헛발질'…포문 연 경쟁자들**_20180117)

73) 중앙일보와 한겨레신문의 사설 비교는 '[중앙일보]/[한겨레신문] **[사설 속으로] 미세먼지 관리 특별 대책**_20160614' 참조.

([문화일보] **1월에 '미세먼지' 1년예산 절반 쓴 서울시**_20180118)([조선일보] **野에 與까지 '박원순 성토'··· _이틀간 100억, 포퓰리즘 중단하라**_20180118)([경향신문] **서울시 _비상저감조치 땐 '대중교통 무료' 계속 시행**_20180120).

한국경제신문은 서울시의 '대중교통 무료' 대책에 대한 찬반 토론을 2018년 2월 게재하였다([한국경제] **[맞짱 토론] 미세먼지 대책 '대중교통 무료' 적절한가**_20180203). 찬성 측의 이유진 녹색전환연구소 연구원의 논거는 다음과 같다. 중국 발 미세먼지를 줄이기 위해서는 중앙정부와 지자체가 협업하여야 한다. 서울시 미세먼지의 52%가 교통부분에서 나오니 서울시는 차량 통행을 규제하여야 한다. 서울시의 대기질 개선 10대 대책 중 대중교통 무료 정책이 호된 비판을 받았다. 정책 초기라 아직 홍보가 덜 되었고 서울시민이 교통비를 절감하였는데, 혈세 낭비라는 비판은 과하다. 논란이 되었어도 이번 대책으로 미세먼지 문제에 대한 관심이 높아지고 더 나은 대책을 찾을 수 있다면 의미가 있다. 서울시는 차량 의무 2부제를 서울시장 명령으로 할 수 있도록 관련 법 개정을 추진 중이다. 서울시의 대책은 정부의 미세먼지 정책 수위를 한 단계 올려놓았다. 중국과 같이 환경부와 국회가 강력한 대책을 마련할 것을 촉구한다.

반대 측의 이종태 고려대 교수의 논거는 다음과 같다. 서울시의 출퇴근시간대 대중교통 무료 이용과 자발적인 차량 2부제 조치로 예산이 150억 원 투입되었으나 교통량은 2-3% 감소한 것으로 나타났다. 실효성 있는 대책이었는지 의문이다. 대도시의 경우 단기 대책으로 교통량을 통제하는 것은 유효한 정책수단이라는 것이 여러 사례에서 입증되었다. 근본적인 대책으로 저감 정책에 집중하는 것이 타당하나 당장 효과가 나타나지 않으면 적응 측면에서 필요한 조치도 같이 시행하여야 한다. 이번 정책이 취약계층이나 사회적 약자에 대한 보호 장비 제공 등 현장에서 보다 필요한 조치가 부재하였다는 것은 적극적인 정책 의지에도 불구하고 느슨하고 나태한 조치였다는 것을 보여 준다. 보다 과학적인 기준에 근거한 정책 수단의 선정 및 적극적인 시민과의 소통이 필요하다.

문재인대통령은 미세먼지 절감 대책 관련 공약으로 경유 승용차 퇴출과 LPG차 보급 확대'를 내세웠다. 2030년까지 개인 경유차의 운행을 금지하고 현재 일반인은 제한적으로 탈 수 있는 LPG차 관련 규제를 풀겠다는 것이다.

한국경제신문은 2017년 6월 찬반 토론을 게재하였다([한국경제] **[맞짱 토론] '경유 승용차 퇴출·LPG차 보급' 확대 해야 하나**_20170617). 찬성 측의 강광규 한국환경정책평가연구원 연구위원의 논거는 다음과 같다. LPG차는 미세먼지를 거의 배출하지 않고 초미세먼지와 오존의 원인물질인 NOx 배출량도 디젤차의 30분의 1이다. LPG는 충전 인프라가 구축되어 있고 별도의 기술 개발 없이 즉시 활용 가능하여 친환경차가 대중화되기 전에 연계 고리 역할을 할 수 있다. 미국이나 프랑스 등 외국은 LPG차 이용을 지원하거나 혜택을 주는데 우리는 일반인이 승용차로 이용할 수 없다. 과거 LPG 공급이 제한되었을 시기에 적용한 규제가 지금도 유지되고 있는 것이다. 관련 규제를 조속히 풀어야 한다.

반대 측의 이덕환 서강대 교수의 논거는 다음과 같다. 경유차는 온실가스 배출이 적기 때문에 친환경차로 분류된다. 미세먼지 배출이 많아 여러 가지 규제를 시행하여 서울시의 대기 오염 질이 많이 개선되었으나 기재부가 2013년 경유차 중심의 대기질 개선 대책을 바꾸어야 한다고 지적하면서 상황이 악화되었다. 미세먼지 때문에 국제적인 이슈인 온실가스 관리를 포기하여서는 안 된다. 소비자 선택권이 제한되는 것도 문제이다. 런던의 경우 노후 경유차를 규제하는 것인데, 모든 경유차를 규제하는 것으로 잘 못 알려져 있다. 경유 유류세 인상은 서민의 고통을 가중시키고 정부의 보조금 부담을 증가시키며 가짜 경유의 유통을 부추길 것이다. 자동차에서 배출되는 미세먼지는 전체의 6%에 불과하고 대부분 대형 화물차, 버스 등에서 배출된다. 휘발유차, LPG차 등에서 배출되는 미세먼지도 적지 않다. 합성고무 등 산업용 원료인 LPG를 연비가 낮은 자동차 원료로 사용하는 것은 낭비이다. 안전성 문제도 있고 경유는 국내 생산의 50%를 수출하나 LPG는 70%를 수입하는 것도 고려되어야 한다.

경유차 폐지는 경유차를 생계 활동에 활용하는 서민들의 경제와 연관 되는 것이기 때문에 정부는 적극적으로 추진하지 못하고 있다([조선일보] **경차 보급 늘려 미세 먼지 줄이자**_20180427)([서울경제] **노후 경유차, 미세먼지 심한 날 서울 못 달린다**_20180511)([세계일보] **새 정부 '친환경' 車정책… 기대 반 우려 반**_20170515)([매일경제] **경유稅 올릴 생각말고 휘발유稅 내려달라**_20170517)([중앙일보] **2030년 경유차 퇴출_ 5년 뒤 판매금지 해야 가능**_20170518)([한국경제] **年60만대 팔리는 경유車… 정말 퇴출되나**_20170607)([한국경제] **정부, 공청회도 열기 전에 "경유값 인상계획 없다"**_20170627)([한국일보] **경유차 배기가스 규제 1년 연기**_20170828)([매일경제] **佛 마크롱 _2040년까지 휘발유·경유차 퇴출**

_20170708)[74].

경유차 폐차 정책은 정부의 에너지정책과도 연관이 있다([한겨레] **경유차만 없애버리면, 지구는 행복해질까**_20170620)([세계일보] **친환경 승용차에 쏠린 예산, CNG버스·전기이륜차로 분산을**_20180503)([한국일보] **석탄화력 투자 놓고 환경단체-금융권 공방**_20180509)([매일경제] **미세먼지와 재생에너지**_20180508)([한국경제] **脫원전·석탄 조급증… 안전하면서 값싼 전기는 없다**_20170531)([서울경제] **실효성은 검증않고 규제강화만…火電 투자 기업 1조 날릴 판**_20170927).

미세먼지 감축은 일반 국민의 관심대상이나 문재인정부는 미세먼지와 관련된 국민들이 체감할 수 있는 대책을 내놓지 못하고 있다([매일경제] **靑 _미세먼지 배출량 30%+α 감축**_20180504)([매일경제] **정부 미세먼지TF에 서울·인천·경기 참여**_20180126)([한국경제] **중국發 미세먼지 저감대책부터 제대로 내놔야**_20180125)([the Leader] **미세먼지 오염, 전 부처와 지방정부를 포함한 총체적인 협력이 필요하다**_20180501)([매일경제] **가스실 한반도…미세먼지 전담할 '매트릭스 조직' 시급**_20180502)([매일경제] **서울 시민이 북한산 경치를 즐기려면…**_20180504)([한국일보] **미세먼지, 여름에도 예·경보제**_20180509)([내일신문] **오존주의보 발령시기 빨라지고 심해져**_20180511)([중앙일보] **비과학적 정부 정책이 미세먼지 불안감 부추긴다**_20180507)([세계일보] **국회 공전 탓 먼지 쌓이는 미세먼지 법안**_20180510)([세계일보] **文대통령·리커창 _미세먼지 대응 협력**_20180510)([국민일보] **에너지 세제 개편 환경비용 세목 신설 안 한다**_20180508)([세계일보] **정치현안보다 미세먼지·일자리 관심… 유권자 '내 몫 찾기'**_20180512)([서울경제] **'미세먼지 예방' 일상생활서 실천을**_0180428)([한국경제] **미세먼지 가전 '폭풍 성장' 전기레인지·건조기도 불티**_20180501)([내일신문] **미세먼지가 바꾼 가전 트렌드**_20180508)([한국경제] **'정부**

---

74) 관련 정책인 VIII장의 '2. 탈석탄' 참조.

실패' 전형 보여주는 탄소배출권 시장의 대혼란_20171209)([문화일보] 초미세먼지에… 韓 10만명당 24.5명 조기사망, 日은 13명_20180504)([세계일보] 국가별 미세먼지 농도 '빈익빈 부익부'_20180503).

2. 폭스바겐 리콜

미국, 유럽 등에서 문제가 된 폭스바겐의 배출가스 조작이 국내에서도 확인되었다([국민일보] 폭스바겐 배출가스 눈속임 일파만파 20150923)([중앙일보] "폴크스바겐 조작 확인 땐 판매 금지할 수도"_20150924)([국민일보] '꼼수 장치' 리콜 폭스바겐, 21조 벌금폭탄 위기_20150921)([중앙일보] 폴크스바겐, 배출가스·소음 성적서 조작 확인_20160611)([매일경제] 정부, 폭스바겐 리콜 수용하면 안돼_20160413)([매일경제] '배출가스 조작' 폭스바겐코리아 압수수색_20160220)([한국경제] 환경부의 과잉대응… 진전 없는 폭스바겐 리콜_20161122)([국민일보] 폭스바겐 '리콜' 4수 끝에 승인_20170113)([파이낸셜뉴스] 환경부, 폭스바겐 리콜 승인때 재인증 신청 받으려 했다_20170403).

폭스바겐은 리콜을 실시하였으나 1년이 경과한 시점에서 50%를 약간 넘었다. 미국과는 배상제도가 달라 배상액은 소액에 그쳤다([중앙일보] 폴크스바겐 리콜 내년 1월부터 시작_20151008)([파이낸셜뉴스] '1인당 100만원 보상' 폭스바겐 또 꼼수_20161223)([내일신문] 디젤게이트 폭스바겐 리콜이행 53%_20171213).

국내 피해자가 미국 법원에서 소송을 제기하기도 하였고 징벌적 손해배상제도를 도입하여야 한다는 주장이 제기되었다([국민일보] **리콜은 'OK' 보상은 '…'**_20151127)([국민일보] **리콜이 기가 막혀**_20160217)([매일경제] **폭스바겐 美서 12조 배상 합의…韓선 '모르쇠'**_20160625)([중앙일보] **폴크스바겐 "한국은 미국과 달라 배상 못한다"**_20160630)([내일신문] **폭스바겐 소송인 _티쿠안 리콜 거부**_20170207)([국민일보] **'폭스바겐' 국내서 첫 소송**_20151001)([중앙일보] **폴크스바겐 국내 피해자, 미국서 집단소송**_20160127)([한국일보] **"기업 악덕 상혼에 징벌적 손배 필요" 여론 확산**_20160616)[75].

배출가스 조작에도 불구하고 폭스바겐이 판매 1위를 고수하자 환경 문제에 대한 우리나라 국민들의 민낯을 보여주었다([중앙일보] **'폴크스바겐 사태'가 주는 교훈**_20151002)([매일경제] **외제차의 수난 … 그래도 잘 팔린다**_20160608)([중앙일보] **폴크스바겐 조작해도 판매 1위 환경 불감증 '더티 디젤' 키웠다**_20160517).

중앙일보와 한겨레신문은 폭스바겐 리콜사태에 관한 사설을 2015년 10월 각각 게재하였다. 중앙일보 사설의 요지는 다음과 같다([중앙일보] **소비자도 환경 위해 폴크스바겐 리콜에 적극 나서야**_20151005). 폭스바겐은 국내 판매 디젤차에 대해 리콜을 실시한다. 리콜로 배출가스 저감장치가 제대로 작동하면 성능과 연비 효율이 저하될 것이다. 소비자가 환경오염 방지를 위해 자발적인 시민의식을 발휘하여 리콜에 적극적으로 응하여야 한다. 이번 사태를 계기로 리콜 강제 제도 도입 등을 검토하여 관련법과 제도들을 정비하여야 한다.

한겨레신문의 사설요지는 다음과 같다([한겨레신문] **국민 건강 차원에서 새로 짜야 할 경유차 정책**_201501002). 폭스바겐이 국내 판매 자동차를 대상으로 리콜을 실시한다. 당국의 조사 결과에 따라 해당 차량이

75) 관련 정책인 III장의 '3. 집단소송제' 참조.

판매 금지될 수 있다. 경유차는 실제 주행 시 인증시험 때보다 많은 오염물질을 배출한다는 것이 다른 자동차 사례에서도 밝혀지고 있다. 경유차는 많은 미세먼지를 배출하고 암 등 심각한 건강 피해를 일으킨다. 그러나 새로운 차의 52%가 경유차이고 정부는 보조금을 주어 경유차 택시 도입을 강행하고 있다. 이번 사태를 계기로 경유차 정책을 새로 짜야 한다.[76]

3. 녹조와 4대강

4대강 사업으로 4대강에 보가 설치되고 녹조현상이 생기면서 4대강 사업과 녹조와의 관련이 논란이 되었다. 박근혜정부는 녹조와 4대강 보와의 관계는 보다 심층적인 조사와 분석이 필요하다는 입장이었고 국토부와 환경부의 의견이 갈렸다([국민일보] **악취 심하고 끈적끈적… 폭염에 빠르게 확산 '속수무책'**_20130821)([경향신문] **유해 남조류 기준 첫 초과 남한강서도 '4대강 뒤탈'**_20130827)([경향신문] **영산강 녹조, 4대강 공사 후 중·상류서도 발생**_20130806)([경향신문] **누가 4대강 보는 녹조와 무관하다고 우기는가**_20130809)([매일경제] **정치논리 따라 표변하는 환경부 部 자격 있나**_20130810)([중앙일보] **환경부·국토부 '4대 강 녹조' 충돌**_20130810)([국민일보] **'낙동강 녹조' 책임 전·현정부 선긋기**_20130810)([국민일보] **"앞뒤 안맞는 4대강 감사 부적절"… 朴心 작용한 듯**_20130824)([중앙일보] **녹조와 4대 강 영향, 진실은**_20130821).

---

76) 중앙일보와 한겨레신문의 사설 비교는 '[중앙일보]/[한겨레신문] **[사설 속으로] 폴크스바겐 배출가스 조작 싸문**_20151020' 참소.

4대강 유역의 녹조현상과 관련된 환경부 장관의 국무회의 발언이 논란을 일으키면서 중앙일보와 한겨레신문은 2013년 8월 각각 사설을 게재하였다. 중앙일보 사설의 요지는 다음과 같다([중앙일보] **윤성규 환경부 장관, 상수원에서 녹조 실험할 건가**_20130810). 4대강 유역의 녹조 문제에 대해 충분히 문제가 되면 대응하겠다는 환경부 장관의 발언에 오해 소지가 있다. 녹조 발생의 핵심 소재를 확실히 한 후에 조치를 하겠다는 취지인데 국민들의 녹조로 인한 상수도원 오염에 대한 불안을 간과한 것이다. 녹조 문제를 해결하기 위한 구체적인 행동에 나서야 한다.

한겨레신문 사설의 요지는 다음과 같다([한겨레신문] **죽어가는 4대강, 시간이 없다**_20130810). 환경부 장관이 지난 정부와는 달리 4대강 사업과 녹조와의 연관성을 인정하였다. 윤장관에 대해 4대강 세력들이 비판의 수위를 높이고 있다. 녹조는 4대강사업의 파괴적 결과의 일부이다. 박대통령이 후보 시절 약속한 대로 조속히 철저하게 검증한 후 대책을 강구하여야 한다.[77)]

문재인정부 들어서 4대강 보의 수문이 개방되고 녹조현상이 상당히 개선되자 환경단체들은 완전 철거를 주장했다([세계일보] **연례행사된 '녹조라떼'… 보 상시개방으로 숨통 트일 듯**_20170523)([동아일보] **농민들 "농사 못짓는다" 반발… 환경단체는 "완전 철거" 시위**_20170602)([내일신문] **김은경 환경장관 _보 수문 '찔끔' 개방, 녹조해결 못해**_20170811)([경향신문] **4대강 사업 실패, 이번엔 바로잡자**_20170523)([서울신문] **소하천 정비의 허상**_20170802)([서울신문] **'녹조**

---

77) 중앙일보와 한겨레신문의 사설 비교는 '[중앙일보] **[사설 속으로] 4대강 녹조 현상**_20130910' 참조.

라테' 된 낙동강 함안보 일대_20170812)([한국일보] 수문 개방 효과 확인된 4대강, 복원 시급하다_20180508)([국민일보] 4대강 보 개방 후 녹조 최대 41% 감소_20180630)([경향신문] 자연이 돌아왔다, 수문 더 연다_20180630)([국민일보] 4대강 사업이 만든 '녹조라떼'_20180705)([중앙일보] 감사원 "4대강 수심 6m로 굴착, MB가 직접 지시"_20180705)([서울신문] 물 관리 일원화로 환경부 '웃음꽃'_20180614).

반대 측은 4대강 홍수피해 예방효과 등 긍정적인 효과가 무시되고 있다고 주장하고 있다. 주변 농민들은 보 개발에 따른 농사 피해를 호소하고 있다([조선일보] 7년간 네 번째 4대강 조사, 풍차를 괴물이라고 또 돌진_20170523)([매일경제] 환경부 _녹조 6월부터 발생_ 농민 _8월후 열었어야_20170602)([내일신문] 금강 녹조, 양식장 폐사 충청, 이번엔 폭염주의보_20170731)([조선일보] 4대강 물 다 흘렸다가 내년 농사 망치면 누가 책임지나_20171113)([한겨레] 함안보 주변 농민들 "지하수 고갈로 피해"_20171219)([동아일보] 부작용의 부작용_20170602)([매일경제] 물관리 일원화 유감 20170615)([한국경제] 녹조, 값싼 가수로 억제할 수 있다_20170707)([한겨레] "수문 개방하자 녹조 씻기고 모래톱·여울 살아나"_20180425)([조선일보] 4대강 보 개방탓 發電못해… 올 126억 손실_20170617).

4. 생활화학물질 규제: 가습기 살균제 피해

2016년 12월 26일 현재 1106명이 사망한 옥시의 가습기 살균제 피해는 후진적 화학물질관리 시스템, 무능하고 무책임한 공무원 조직 등 우리사회의 민낯을 보여 주었다([경향신문] 화학물질이 도둑질한 인류의 미래_20160809)([매일경제] 유해성 입증의무 기업에 부과_20160822)([내일신문] **생활화학제품 실효성 토론**_20161212)([서울신문] **1106명 사망… 끝나지 않은 가습기 살균제 피해**_20161228)([매일경제] **가습기살균제 피해자와 박기영본부장**_20170810)([서울신문] **뒷북에 무책임 공무의 결정판인 식약처**_20170906).

2016년 5월 중앙일보와 한겨레신문은 가습기 살균제 사망 사고에 대한 검찰 수사가 본격화되자 각각 사설을 게재하였다. 중앙일보 사설의 요지는 다음과 같다([중앙일보] **생활화학물질을 안전하게 쓸 수 있는 나라인가**_20160506). 이번 사건은 살생물제에 의한 공중보건의 위기이다. 허술한 관리에서 비롯된 인재(人災)이다. 생화학물질 전반에 대한 안전성 관리를 강화하여야 한다. 위해 위험이 있거나 확인이 안 된 생화학물질은 전수 조사를 통해 재검증하여야 한다. 현재는 가습기 살균제로 인한 폐질환을 환경성 질환으로 입법 예고한 상태이고 극히 일부 살생물제만 관리 대상이다. 현재의 미비한 법과 제도를 정비하여 별도의 법을 만들어 철저한 시스템으로 관리하도록 하여야 한다.[78]

한겨레신문 사설의 요지는 다음과 같다([한겨레신문] **가습기 살균제, 정부 책임도 수사해야**_20160506). 제조업체에 유리한 실험보고서를 써준 혐의로 서울대 교수가 긴급 체포되었다. 엄중히 조사하여 책임을 물어야 한다. 정부의 안이한 대처도 피해 발생과 확산의 원인이다. 2006년 첫 사망사고가 발생하였을 때 아무 조치도 하지 않았고 2011년까지는 역학조사도 하지 않았다. 피해를 막을 수 있었던 4-5년을 그냥 흘려버렸다. 정부가 인정한 대로 가습기 살균제로

78) 중앙일보와 한겨레신문의 사설 비교는 '[중앙일보] **[사설 속으로] 가습기 살균제 사망 사고**_20160617' 참조.

쓰인 PHMG는 위해물질임이 2003년 무렵에는 널리 알려져 있었으나 2001년 옥시가 이 원료를 사용한 가습기 살균제를 출시하였을 때 아무런 인증검사도 하지 않았고 그 이후 인체에 무해하다는 옥시의 광고를 방치하였다. 역학조사로 폐 손상의 원인으로 밝혀졌으나 유해물질 지정은 2014년에 하였다. 오랫동안 관리, 감독을 소홀히 한 이유, 업체에 독성검사 자료 제출조차 요구하지 않은 이유, 피해 확인 후 신속한 조치를 하지 않은 이유 등을 철저히 규명하고 정부의 책임을 밝혀야 한다.

5. 폐비닐

2017년 7월 중국이 2018년부터 폐기물의 수입을 금지한다는 발표를 하였으나 별다른 준비가 없었던 우리나라는 2018년 4월 쓰레기 대란을 겪었다([내일신문] **손 놓고 있다가 당한 쓰레기 대란**_20180406)([한국경제] **정부의 늑장 대처로 예고된 쓰레기 대란**_20180416)([중앙일보] **프로 고물상 vs 아마추어 환경부**_20180411).

제2의 쓰레기 대란을 막기 위한 다각도의 대책이 제안되었다. 중국은 2018년 말부터 추가적인 고체 쓰레기 수입중단을 계획하고 있다([국민일보] **수도권매립지 어떡할 건가**_20180424)([국민일보] **"일회용품 줄여라"… 우산비닐커버 없앤 서울시**_20180424)([조선일보] **'폐비닐 고형연료' 홀대하니 수거도 안돼**_20180404)([서울신문] **일회용품 사용 규제는 규제완화 대상 아니다**_20180406)([경향신문] **수거품 35%는 폐기물 처리 비용이 더 들어 _수익 남수 없는 구조_**

20180414)([서울신문] **폐비닐 수거 거부 사태의 단상**_20180425)([경향신문] **한국형 '이물질 선별기술' 서둘러야**_20180427)([파이낸셜뉴스] **폐비닐 처리비용, 배출자가 부담해야**_20180502)([조선일보] **분리수거 24년… 재활용 반도 못한 '헛수거'**_2018050)([한국일보] **녹색성장의 역설, 폐비닐 대란**_20180418)([서울경제] **시멘트업계의 '쓰레기 트라우마'**_20180420)([한국일보] **침묵의 카르텔**_20180423)([동아일보] **중국發 쓰레기 대란 또 오나**_20180420)([서울경제] **'폐비닐 대란' 예견에도 폐기물 예산 줄 삭감**_20180404).

XIV

사회안전

1. 재난안전대책:
   세월호 참사/경주지진/태풍 차바/
   조류인플루엔자/밀양 세종병원 참사 등
2. 자살대책

1. 재난안전대책: 세월호 참사/경주지진/태풍 차바/ 조류인플루엔자/ 밀양 세종병원 참사 등

2014년 4월 16일 발생한 세월호 참사는 우리 사회에 엄청난 충격을 주었다. 2018년 7월 현재 조사는 아직도 진행 중이다([중앙일보] **경주 리조트 이어 또 ... 꽃다운 아이들이 희생됐다**_20140417)([중앙일보] **어떻게 대한민국에서 이런 참사가 일어나는가**_20140417)([경향신문] **여객선 침몰 280명 실종… '골든타임' 놓쳤다**_20140417)([국민일보] **45도 이상 기울어진 갑판서 벽에 기대거나 난간 매달려**_20140417)([국민일보] **"선장이 구조 경비정에 먼저 타고 있었다"** 20140417)([경향신문] **"구조자 368명" "160여명"... 오락가락 정부 발표**_20140417)([중앙일보] **엄마, 말 못할까봐 보내 … 사랑한다_ 아들의 카톡**_20140417)([중앙일보] **우리나라는 '삼류국가'였다**_20140419)([매일경제] **모든 책임지고 간다… 제자들 곁에 뿌려달라**_20140419)([국민일보] **조타실 비운 선장… 선실 지킨 아이들**_20140418)([국민일보] **"아이들을 돌려주세요"… 절규의 바다**_20140417)([서울신문] **국민안전의 날, 세월호 교훈 되새기며**_20160405)([서울신문] **세월호 4주년, 우리는 약속을 지켰는가**_20180416)([경향신문] **세월호 '마지막 수색' 25일부터 약 두 달간**_20180620).

한국경제신문은 여야 합의로 '세월호 국정조사'를 시행하는 국정조사 요구서가 본회의에 상정되자 2014년 5월 찬반 토론을 게재하였다([한국경제] **[맞짱 토론] 세월호 국정조사 반드시 해야하나**_20140517). 찬성 측의 김현 새정치민주연합 의원의 논거는 다음과 같다. 대통령은 국민의 재산과 생명을 지키는 것이 헌법정신인데, 정부는 헌법정신에 부합하는 수준으로 국민의 안전을 지키지 못했다. 사상 초유의 인재 사고 시에 정부 기능은 철저히 마비되었던 것이 드러났다. 초기 대응과 처리 과정이 갈팡질팡하여 국민은 국가 위기관리 시스템이 붕괴된 이유를 알고 싶어 한다. 이번 국정조사는 법률상 요건에도 부합하며 국정 조사를 통해 수많은 의문점에 대한 답을 찾아야 한다. 과거 국정조사에서 문제점이 있었다는 이유로 국정조사 무용론을 제기하는 주장도 있으나 철저한 국정조사를 통해 초대형 인재사고의 원인 규명과 함께 새로운 위기관리 시스템을 정비하는 계기가 되어야 한다.

반대 측의 한세억 동아대 교수의 논거는 다음과 같다. 여야가 합의한 세월호 국정조사에 대해서는 기대보다 우려가 크다. 지금까지의 국정조사들이 소모적 정쟁으로 끝난 해악이 크기 때문이다. 13대부터 18대 국회에서 이루어진 22건의 국정조사 중 보고서가 채택된 조사는 절반 이하이고 19대 국회의 공공의료 국정조사도 성과가 없이 끝났다. 국정원 선거개입 국정조사도 여야의 소모적 대립이라는 민낯을 보여 주었다. 여야의 일방적 주장에 의해 검증보다는 공방에 치중해 정치권과 국민의 갈등만 키웠다. 국정조사에 앞서 검찰 수사가 이루어져야 한다. 관피아를 비롯해 뿌리 깊은 행정 적폐 등 검찰의 조사에 한계가 있는 부분에 대한 대안적 활동, 검찰 조사 이후 대책 마련 등 제한적으로 접근하는 것이 필요하다. 인기위주의 일회성 폭로성 발언 지양 등 조사위원회의 진행의 효율화, 조사방식의 다양화 등도 국정 조사 시 필요하다.

2014년 12월 발생한 중동호흡기증후군(메르스) 사태는 보건안전관리 국가 대응시스템의 부실로 인하여 초기 대응에 실패하면서 피해가 확산되었다([경향신문] **무력한 국가 재난 대응 체계**_20150611)([한국일보] 입법조사처 "메르스 부실 대응은 지휘 분산 탓"_20150804)([문화일보] 메르스 겪으며 '4단계 통제' 한계 절감… 현실 맞게 손볼 것_20150904)([조선일보] 삼풍慘事 20주년… 아직도 '現場중심' 안 지켜져_20150629)([조선일보] 40년째 훈련하는데... 시민 74%, 대피소도 몰라_20150820)([세계일보] 5년 전 이미 경고했건만… 무용지물 된 '신종플루 백서'_20150629).

2014년 11월 18일 출범한 국민안전처가 출범 1주년이 지났으나 국가 재난의 컨트롤타워 역할을 제대로 하고 있지 못하다는 평가를 전문가 및 지자체로부터 받고 있다([조선일보] 세월호때 海警 현장대응 탓하더니… 거꾸로 가는 정부_20151017)([동아일보] 국민 옥상옥 안전처_20151119)([파이낸셜뉴스] 정부 안전관리 역량 대폭 강화_20151119).

2016년 9월 경주에 역대 최고의 강진이 발생하면서 나라 전체가 큰 충격에 빠졌다. 세월호 참사에도 불구하고 정부의 재난대응 시스템이 여전히 부실한 것으로 드러났다. 한반도가 지진 안전지대라는 기존의 인식에 의문을 제기하는 목소리가 높아졌고 원전의 안정성이 논란이 되었다([매일경제] 예고없이 찾아온 이례적 强震 … 한반도가 흔들렸다_20160913)([중앙일보] 경주 땅이 위로 울퉁불퉁 … 담벼락 무너지고 쿵쿵 굉음_20160913)([경향신문] 경주서 역대 최대 5.8 강진… 월성원전 수동정지_20160913)([중앙일보] 지진 8분 뒤 재난 문자 서울선 아예 못 받아_20160913)([국민일보] 원전 이상 없다지만… 월성 1~4호기 안전점검 '정지'_20160914)([중앙일보] 재난에 먹통 된 국민안전처_20160914)([경향신문] 원전 중심 전력정책 버려라_20160914)([경향신문] 꼬리에 꼬리 무는 '지진 괴담'_20160914)([매일경제] 두번째 공포… 마트 사재기·대피소동 '혼란'_20160920)([중앙일보] 4.5 여진에 놀란 경주 부산지하철 일시 정차_20160920)([중앙일보] "긴급재난문자 3분 내 보낸다더니 12분 걸렸다"_20160920)

([국민일보] **여야, 지진 늑장 대처 "3無 정부" 한목소리로 질타 안전처장관 "문자 늦게 도착 저도 화났다" 동문서답**_20160921).

중앙일보와 한겨레신문은 경주 지진대처 관련 사설을 2016년 9월 각각 게재하였다. 중앙일보 사설의 요지는 다음과 같다([중앙일보] **경주의 강진 ... 지진 대책 근본적으로 다시 짜야**_20160914). 경북 경주시 인근에서 발생한 5.8 규모의 강진은 기상청이 계측을 시도한 이래 가장 최대 규모이고 수도권에서도 진동을 느낄 수 있었다. 전문가들은 6.0 이상의 강진도 발생할 수 있다고 경고하고 있다. 국민안전처, 한국수력원자력, KBS 등 재난담당 관련기관들의 대처는 국민들에게 실망감과 함께 불안감을 가지게 했다. 원전관련 시설의 2차 피해를 점검하고 대비하여야 한다. 강진에 대비한 국가대응체계를 다시 짜서 국민의 신뢰를 회복하여야 한다. 원전과 관련하여 철저한 조사와 대비책을 마련하고 국민과도 적극적으로 소통하여 불안감을 없애야 한다. 지진 방재 대책의 패러다임을 바꾸어야 한다.

한겨레신문 사설의 요지는 다음과 같다([한겨레신문] **늑장에 지휘부 실종, 구멍 뚫린 재난 대처**_20160914). 경주 지진으로 부실한 국가재난 대응체계가 드러났다. 정부의 늦장 대응은 국가 기능이 유지되고 있는지 조차 의심스럽게 한다. 기상청이 20초 만에 통보한 긴급재난문자가 내부의 복잡한 절차로 8분이 지난 후에 주변지역에만 발송되었다. 국무총리에게 지진 발생 36분이 지난 저녁 8시 21분에 보고되었고, 대통령은 저녁 9시 30분에 보고받았다. 정부의 첫 입장과 지시는 밤 10시 31분에 나왔다. 일본 총리가 지진 발생 26분

만에 국민 앞에 나와 상황 지휘를 한 것과 대조된다. 재난 주관방송사인 KBS도 위기감 없이 재난에 대처했다. 우리의 재난대응체계를 전면적으로 재정비하여야 한다.[79)]

경주 지진의 대처에 대해 정부, 여야 등에서 많은 논의가 있었으나 석 달 후 발생한 포항 지진에 대한 대처도 미흡한 것으로 나타났다([파이낸셜뉴스] **여야, 지진 대책 쏟아내며 '남탓 공방'**_20171118)([동아일보] **겨울 앞둔 '지진 난민' … 국민 생명·안전 지켜줘야 나라다**_20171120)([파이낸셜뉴스] **일요일 새벽 잠 깨운 여진… 긴급재난문자는 7분 뒤에나 울려**_20180212)([한겨레] **새벽 대피소동…석달만에 포항이 또 흔들렸다**_20180212)([경향신문] **재난관리 중요성 일깨워준 일본 지진**_20160419).

2016년 10월 발생한 가을 태풍 '차바'로 실종, 사망자 등 10명이 발생하고 울산 등 남부 지역의 피해가 컸다([매일경제] **태풍 '차바' 북상 … 남부 물폭탄·강풍 비상**_20161005)([경향신문] **남부 할퀸 '차바'** 20161006)([국민일보] **태풍 '속水무책' 남부가 당했다**_20161006)([국민일보] **예측 힘든 자연재해 지나치다 싶을 정도로 대비해야**_20161007)([매일경제] **태풍 차바, 기후변화 손놓은 정부에 던진 경고음**_20161007)([중앙일보] **"태화시장 침수, 울산혁신도시 배수로 안 늘린 탓"**_20161007)([경향신문] **안전처 '지진·태풍 부실 대응' … 여당서도 난타**_20161008).

중앙일보와 한겨레신문은 태풍 차바에 의한 피해가 크자 2016년 10월 각각 사설을 게재하였다. 중앙일보 사설의 요지는 다음과 같다([중앙일보] **환경 변화에 걸맞은 새로운 재해 대책 세워야**_20181007). 지난 15년간 한반도에 영향을 미친 45건의 태풍 중 10월 태풍은 3건이

---

79) 중앙일보와 한겨레신문의 사설 비교는 '[중앙일보]/[한겨레신문] **[사설 속으로] 지진대처 논란**_20161004' 참조.

었다. 가을 태풍의 위력을 차바는 보여 주었다. 지구 온난화로 앞으로 가을 태풍이 빈번해지고 위력도 강해질 것이라는 예측이다. 지구 온난화는 태풍의 방향에도 영향을 준다. 당초 차바의 한반도에 대한 영향은 미미할 것으로 예측되었었다. 지구 온난화로 태풍 발생시기와 방향이 변하는데 미리 예측하지 못하여 피해가 컸다. 태풍 피해 수습과 함께 새로운 환경변화에 따라 재난예보시스템과 대비책을 마련하여야 한다.

한겨레신문 사설 요지는 다음과 같다([한겨레신문] **언제까지 이런 '인재' 되풀이해야 하나**_20161007). 태풍 차바가 깊은 상처를 남겼다. 태풍 차바가 중대형급 태풍으로 예측되면서 정부는 철저한 대비를 당부하였으나, 실제로 태풍발생 시 대응은 미숙하였고 피해 주민들은 속수무책으로 당할 수밖에 없었다. 긴급한 상황에 신속히 대처하지 못하였고 부실 방파제 공사도 문제가 되었다. 부산의 경우 주민 반대로 낮게 쌓은 방파제가 문제가 되었다. 또 하나의 인재인 것이다. 피해 복구와 함께 인재라는 말이 나오지 않게 정부의 철저한 대비가 필요하다.[80)]

2016년 겨울에 발생한 조류인플루엔자는 발생 한 달 만에 살처분된 가금류가 2000만 마리를 넘어서는 등 피해가 매우 컸다([내일신문] **황 대행 'AI와의 전쟁'에 군병력도 동원**_20161228)([국제뉴스] **AI확산, 우리가 막는다!**_20170112)([국제뉴스] **'AI 차단방역 강화' 16개 시·도에 특교세 68억원 추가 지원**_20171229).

---

80) 중앙일보와 한겨레신문 사설 비교는 '[중앙일보]/[한겨레신문] **[사설 속으로] 태풍 차바와 재난 대책**_20161008' 참조.

중앙일보와 한겨레신문은 2016년 12월 AI 사태에 관한 사설을 각각 게재하였다. 중앙일보 사설의 요지는 다음과 같다([중앙일보] **계란 대란 부른 AI사태, 정부가 안 보인다**_20161221). AI 사태로 국내 양계산업의 기반이 무너질 위기이다. 정부는 계란을 항공편으로 수입하는 방안을 추진 중이다. 살처분에 따른 보상금도 예년의 경우보다 커질 것으로 예측된다. 향후 더 피해가 늘어 날 수 있는데 정부의 늦장 대처, 허술한 방역으로 피해를 키웠다. AI 의심 신고가 최초 접수된 시점은 지난 11월 16일인데, 관계 장관회의는 12월 12일에 처음 열렸다. 위기 경보도 전 지역으로 확산된 16일에 '심각'으로 격상되었다. 올해 겨울 일본 아베 총리가 AI 확인 후 두 시간 만에, 2014년 1월 정홍원 총리가 (AI) 의심 신고 2일 만에 직접 챙긴 것과 대비된다. 최순실사태로 공직 사회가 일손을 놓은 가운데 골든타임을 놓친 것이다. 총리가 직접 챙기고 농수산부에 응분의 책임을 물어야 한다. AI 발생에 따른 살처분하는 가금류 수는 일본이 한국의 5%이다. 양계산업을 포함한 축산 산업의 미래 전략을 근본적으로 고민하여야 한다.

한겨레신문 사설의 요지는 다음과 같다([한겨레신문] **황 대행, 대통령 행세 그만두고 AI부터 수습하라**_20161220). AI 발생피해가 늘어나고 있다. 전체 가금류의 12%가 살처분 되었거나 처분될 예정이다. 달걀 소비자 가격이 급등하고 있다. 정부의 재정 지출도 2년 전의 2,381억 원보다 커질 전망이다. 정부의 대응은 무능과 무책임의 극치이다. 발생한 달 만에 경보를 최고 수준인 '심각'으로 올린 것이 대표적인 예이다. 일본 아베 총리의 신속한 대응 및 대처와 비교된다. 농수산부도 늑장 행정과 오락가락 행정의 전형을 보여주고 있다. 황교안 총리도 실효성 없는 늑장 대처를 하기는 마찬가지이다. 대행으로 '대통령코스프레이'에 정신을 팔기 보다는 민생을 챙겨야 한다.[81]

문재인정부가 출범하면서 국민안전처가 폐지되고 행정자치부가 행정안전부로 되면서 재난관리 컨트롤타워 역할을 다시 맡는 것으로 정리되었다. 그러나 재난에 대한 대응체계가 여전히 부실하고 안전문화 정착이 시급하다는 주장들이 있다([서울신문] **통합적인 국가안전 계획을 수립할 때다**_20170523)([서울경제] **文대통령 _중대 재난·재해 컨트롤타워는 청와대**_20170728)([서울경제] **재난대책, 이번만은 제대로 만들자**_20171206)([경향신문] **지하철역 대형사고 대응체계 '부실'**_20171213)([내일신문] **산불재난 범부처 대응으로 극복해야**_20180201)([내일신문] **규제완화, 과거 잘못 되풀이 우려**_20180315)([한국경제] **현장 공무원 늘린다더니…'본부'부터 증원 경쟁**_20180327)([세계일보] **재난복구 대책, 피해자의 '든든한 울타리'로**_20180511)([파이낸셜뉴스] **울산시 '재난관리클러스터' 조성**_20180511)([국민일보] **안전문화 정착시켜야 한다**_20171228)([서울신문] **"돈보다 안전" 국민이 바뀌어야 국가가 바뀐다 "시스템 미흡" 제각각 정부 부처 안전, 뒷전이다**_20180416)([서울경제] **관행이 된 '나 하나쯤'…안전불감증과의 전쟁 당장 시작해야**_20180504)([서울신문] **'7년 꿈' 이룬 이국종 교수 야간에도 닥터헬기 탄다**_20180504).

문재인정부 들어서도 사고 및 참사는 계속해서 발생하고 있다. 2017년 12월 충북 제천의 한 사우나에서 화재가 발생하여 29명이 사망하였다. 법규 미비와 현장에서의 법규 위반이 대형 참사로 이

81) 중앙일보와 한겨레신문의 사설 비교는 '[중앙일보]/[한겨레신문] **[사설 속으로] 조류인플루엔자(AI)사태**_20170103' 참조.

어진 원인으로 지적되었다([조선일보] **대낮, 2층 사우나서만 20명 참변**_20171222)([국민일보] **경기도 복합건물 87%가 법규 위반**_20180108)([매일경제] **'비상구 폐쇄' 화재땐 건물주에 징역형**_20180418)([서울신문] **국가안전대진단 강화했더니… 9배 많은 1230여 곳 과태료**_20180511)([파이낸셜뉴스] **소방활동 방해 땐 징벌적 손해배상 추진**_20180504)([조선일보] **또 넘어진 크레인, 정류장 덮쳐 큰일 날 뻔**_20180317).

충북 제천 사우나 화재 이후 2018년 1월 26일 발생한 경남 밀양 세종병원 참사로 사망 38명을 포함한 189명의 사상자가 발생하였다. 관련법과 제도의 미미 등이 역시 참사원인의 하나로 지적되었다([서울경제] **자고나면 대형참사…'안전한 나라'는 구호뿐인가**_20180127)([한국경제] **'밀양 참사' 재발 않도록… 경남도, 재난 상시감시 체계 갖춘다**_20180131)([경향신문] **세종병원, 참사 당일 2층 비상문도 막혀있었다**_20180201)([한겨레] **밀양 병원 화재, 노인 많아 사망자 기준 논란**_20180202).

밀양 세종병원 참사 이후 중앙일보와 한겨레신문은 각각 사설을 게재하였다. 중앙일보 사설의 요지는 다음과 같다([중앙일보] **정치권, 참사 막을 입법 대신 네 탓 정쟁에만 골몰하는가**_20180129). 사상자가 200여명에 가까운 참사 이후에도 여야는 네 탓 공방만 하고 있다. 야당은 문재인정부의 무능과 대처 미흡, 여당은 홍준표 대표의 경남지사 시절 부실한 관리 등을 공격하고 있다. 정치인들이 재난 현장에서 사진 찍기 보다는 법과 제도의 미비점을 손질하는데 주력하여야한다. 29명이 사망한 충북 제천 사고 이후 5건의 법이 계류되어 있다, 늦장 처리는 국회의 직무유기이다. 획일적 규제일색의 소방관련 법과 시행령의 대폭적인 손질이 필요하다. 고령화로 세종 밀양병원과 같은 규모의 중소병원이 전국에 1,400개가 넘는다.

재난이나 대형 사고가 터질 때 마다 땜질 처방을 하기 보다는 장기적인 구조적 대책을 위해 정부, 여야가 머리를 맞대야 한다.

한겨레신문의 사설의 요지는 다음과 같다([한겨레신문] **조금씩 드러나는 '인재', 이제라도 제대로 고치자**_20180108). 세종병원 참사는 최근 몇 년간 발생한 대형 참사의 종합판이라 할 정도로 구조적인 원인을 갖고 있었다. 2017년의 충북 제천 화재, 2015년의 의정부 도시형생활주택 화재, 2014년의 전남 장성 요양병원 화재 등의 화재 시 지적된 문제점이 그대로 방치되어 화를 키웠다. 건물 면적이 아닌 이용 실태에 기반한 안전기준이 적용되었다면 참사를 면하지 않았을까 한다. 선제적 대책이 아닌 뒷북 행정, 탁상 행정 그리고 '안전'보다는 '비용'을 우선시하는 우리 사회 안전 불감증도 원인이다. 제천 참사 이후 소방당국의 일제 점검에도 불구하고 같은 사고가 발생한 것도 유감이다. 병원 측의 잘못도 곰곰이 따져 보아야 한다. 전국 29만 곳의 안전 대진단을 실시한다고 한다. 당연한 조치이다.[82)]

재난대응체계의 중추적 역할을 담당하는 소방직 공무원의 국가직 전환이 논란이 되고 있다. 문재인대통령이 공약으로 약속하였기 때문이다. 현재 4만 5천명의 소방직 공무원 중 560여 명만 국가직이다.

서울경제신문은 소방공무원의 국가직 전환에 관한 찬반 토론을 2017년 8월 게재하였다([서울경제신문] **[어떻게 생각하십니까?] 소방공무원 국**

82) 중앙일보와 한겨레신문의 사설 비교는 '[중앙일보]/[한겨레신문] **[사설 속으로] 밀양 세종병원 화재 참사**_20180213' 참조.

가직 전환_20170804). 찬성 측의 이창원 한성대 교수의 논거는 다음과 같다. 재난의 규모가 커지고 복잡해져서 광역단위 수준의 방재 능력으로 재난 피해를 최소화하기 어렵다. 과거 단순 화재작업 진압이 주였던 소방기능이 변화하여 각 지자체가 대응하기 어려운 초광역단위 수준의 재난을 관리하는 것이 핵심업무가 되었다. 소방업무에서 자치사무의 비중이 1991년 63.%에서 현재 19.3%로 줄어들었다. 국가사무와 국가, 지방 공동 사무가 각각 49.3%, 31.4%이다. 지휘체계 이원화에 따른 현장의 혼란이 있다. 소방예산 중 국비가 차지하는 비중은 1%미만으로 OECD 평균 73%에 크게 못 미치는데, 열악한 지방재정으로 소방재정도 취약하다. 시도별 재정여건에 따라 안전 관련 공공서비스에 차이가 나는 불평등이 있다. 소방공무원의 처우 개선 차원이 아니라 국민의 생명과 재산을 보다 효과적으로 보호하기 위해서는 국가직으로 일원화하는 것이 효율적이다.

반대 측의 이기우 인하대 교수의 논거는 다음과 같다. 법에 규정된 국가사무와 지방사무의 배분 원칙은 보충성이다. 주민에 가까운 지방 정부가 우선 사무를 처리하고 지방정부가 감당하기 어려운 사무만 국가가 한다는 것이다. 국가가 개입하여도 지방정부가 잘 할 수 있도록 지원하는 역할을 하여야 한다. 효율성 측면에서 국가의 지원에도 지방이 할 수 없는 것만 국가가 직접 하여야 한다. 소방체계를 일원화하면 경직적 관리로 오히려 위험할 수 있다는 것이 세월호 참사나 메르스 사태에서도 확인되었다. 시, 군, 자치구도 소방업무의 상당 부분을 담당할 수 있다. 현재 시, 도만 처리하도록 되어 있는 시행령을 개정하여야 한다. 지방 소방공무원을 국가직화하면 국가공무원이 지방 사무를 처리하는 모순이 생긴다. 소방공무원 처우 개선은 필요하나 다른 방법을 찾아야 한다.

2. 자살대책

우리나라 자살률은 2016년 기준으로 10만 명당 25.6명으로 2003년 이후 OECD 국가 중 1위이며 증가율도 제일 높다. 하루 평균 36명이 자살하고 있고 교통사고 사망률의 2.5배이다.

2014년 4월 정부는 자살의 원인, 유형 등을 대규모로 조사하여 실태조사 결과를 발표하였다([중앙일보] **남자·저소득·고령일수록 '극단 선택' 많았다**_20140402)([경향신문] **자살 시도자 사망률, 일반인 25배 남성은 절반이 7개월 이내 재시도**_20140402)([중앙일보] **패자부활 없는 사회가 '희망의 끈' 놓게 했나**_20140403)([중앙일보] **'세 모녀' 비극의 재발을 막는 길**_20140407)([중앙일보] **자살, 국가적 재난에 정부는 응답하라**_20140419)([동아일보] **"자살 막으려면 계층-性따라 맞춤 대책 필요"**_20160906).

중앙일보와 한겨레신문은 자살공화국에 관한 사설을 각각 게재하였다. 중앙일보 사설의 요지는 다음과 같다([중앙일보] **"죽겠다는 사람, 어떻게 막아" 인식 바꾸자**_20140402). 자살에 대한 안이한 생각이 자살공화국을 만들어냈다. 철학적 자살은 어느 사회에나 있는 것이나 의학적, 사회적 자살은 사회분위기와 정책 의지에 따라 상당 부분 줄일 수 있다. 복지부 조사결과에 따르면 우리나라 자살은 대부분

의학적, 사회적 자살이다. 과거 교통사고를 경제 발전에 따른 당연한 결과로 인식하여 방치하였다가 여러 대책으로 줄였듯이 노력하여 방법을 찾으면 자살을 줄일 수 있다. 자살 고위험군을 집중 관리하면 자살을 줄일 수 있으며 실제로 몇 몇 지자체에서 효과를 보았다. 중장기적으로는 우울증이 뇌질환이라는 사회적 인식의 확산과 복지 안정망을 꼼꼼히 짜야 한다. 자살에 따른 사회경제적 손실이 3조 8,000억 원이라는 연구 결과가 있다. 막대한 비용을 들여서라도 자살을 막겠다는 사회적 합의가 필요하다.

한겨레신문 사설의 요지는 다음과 같다([한겨레신문] **'자살공화국' 오명 벗으려면 사회안전망 강화부터**_0140403). 정부의 실태조사 결과는 향후 정책 대안을 마련하는데 주요하게 쓰일 것이다. 자살을 심리학, 사회학 대상으로 나눌 수 없다. 복지부 대책은 의학적 치료에만 집중되어 있고 사회안전망 부분은 소홀히 하고 있다. 사회 구조적 문제인 자살은 정부가 나서서 해결하여야 한다. 학교나 직장에서 경쟁에 내몰리거나 폭력의 희생자가 되는 것을 막아야 한다. 자살 위험군의 노인, 빈곤층에 대한 물질적 지원도 하여야 한다. 압축 근대화로 가족, 친족, 지역 공동체가 와해되고 사회안전망이 없었던 시기에도 자살률이 높았다. 그 때의 비인간적 사회구조가 세계 10위권의 경제대국인 지금에도 존속한다. 도움이 필요한 사람에게 긴급구조망을 연결하여 자살을 막는 것도 필요하다. 일부 지자체의 성공사례도 있다.[83]

83) 중앙일보와 한겨레신문의 사설 비교는 '[중앙일보]/[한겨레신문] **[사설 속으로] 자살공화국**_20140422' 참조.

정부는 바뀌었으나 자살예방대책은 여전히 우선순위에서 하위에 있다([세계일보] **자살률 낮춘다면서 예산 확충은 '찔끔'… 예방 '헛구호'**_20170522)([경향신문] **심리적 부검의 힘 _자살률 50% 줄여**_20170906)([내일신문] **OECD 최고 자살률에도 예방예산 '쥐꼬리'**_20171103)([서울경제] **자살률 높이는 '이상한 규제'**_20180312)([중앙일보] **우리 모두가 자살 생존자다**_20180416).

XV

주체 및 의사결정과정 등

1. 관피아, 정피아 척결/행정고시 폐지/적폐청산
2. 진경준 주식대박 사건/정운호게이트/재판거래 의혹
3. 국회선진화법/정치인장관/특수활동비/지방의회 유급보좌관제
4. 김영란법/로비 합법화
5. 전경련 등
6. 검·경 수사권 조정/공수처/검찰 영장독점주의
7. 선거연령 18세
8. 삼성: 총장추천 채용/이재용 부회장 구속
9. 이대 사태

1. 관피아, 정피아 척결/행시폐지/적폐청산

세월호 참사의 구조적인 원인의 하나로 '민관유착'이 지적되면서 관료 마피아(관피아)를 척결하여야 한다는 주장이 제기되었고 안전감독 업무 관련 유관단체 기관장에 공무원 배제, 취업제한 강화 등의 조치가 이루어졌다([중앙일보] **'셀프 개혁'으론 '관피아' 척결 못해**_20140508).

중앙일보와 한겨레신문은 관피아 척결에 관한 사설을 각각 2014년 5월에 게재하였다([중앙일보] **관피아 척결, 현직 낙하산부터 잘라내고 시작해라**_20140520). 중앙일보 사설의 요지는 다음과 같다. '폐쇄적 조직문화', '무사안일' 그리고 '민관유착' 등 공직사회의 구조적인 적폐를 근절하지 않고는 제2의 세월호 참사를 막을 수 없다. 대통령이 제시한 관피아 근절대책은 취업 제한을 더 강화하는 등 관피아의 출구와 입구를 틀어막는 쪽에 집중되어 있다. 시행되면 효과를 볼 수 있는 강력한 수단이다. 이해관계가 얽힌 유관기관에는 전면적으로 취업을 금지하는 보완책이 있어야 한다. 그러나 문제는 실천이다. 박근혜정부도 출범 초 낙하산 근절을 약속했으나 현 정부에서 임명된 공기업 기관장의 50% 이상이 관료이다. 당장 현직의 관피아부터 잘라내는 결단이 있어야겠다.

한겨레신문 사설의 요지는 다음과 같다([한겨레신문] **'낙하산' 꽂으며 '관피아' 잡을 수 있나**_20140521). 박근혜대통령의 관피아 근절 대책에 '낙하산' 철폐가 포함되지 않아 진정성이 의심된다. 정치적인 낙하산도 관료 낙하산 못지않게 심각하다. 박근혜정부 들어 임명된 공공기관장 중 절반이 낙하산으로 분류될 수 있는데, 두 번째로 많은 것이 여당이나 대통령 측근 인사이다. 대통령이 취임 초 공공기관 낙하산은 없다고 공언하였는데, 개혁은 말이 아니다 실제로 보이는 것이다.[84]

문재인정부 들어서도 관피아, 정피아의 낙하산 인사는 계속되고 있다. 특히 9년 만의 정권 교체로 인해 10년 전의 공직자, 시민단체 출신 등이 공공기관의 장으로 임명되면서 비판을 받고 있다([한국경제] **공직자 '낙하산 재취업' 부활**_20170207)([중앙일보] **'마피아'라는 낙인**_20170804)([한국경제] **인증기관 64곳 중 절반 이상 '農피아' … 기준미달 농장에도 '친환경' 남발**_20170819)([한겨레] **'관피아 올드보이'들의 귀환**_20171101)([중앙일보] **문 정부, 경제 효율 약화시키는 낙하산 관행 손떼야**_20171109)([한국경제] **10년이나 굶었다지만**_20171121)([중앙일보] **위기의 고용노동부**_20180402)([중앙일보] **도덕 정부의 도덕 불감증**_20180413)([한국경제] **도덕성 외치던 참여연대 출신들의 '두 얼굴'…"권력연대냐" 비판 자초**_20180414)([국민일보] **'어공'에 밀리던 '늘공'의 大반격**_20180521)([중앙일보] **'우리는 무적의 낙하산 부대'.. 정권 1년차 공공기관 잔혹 사**_20180525)([파이낸셜뉴스] **공공기관의 새로운 역할**_20180611)([파이낸셜뉴스] **공공기관장 자격기준 명시 상임감사 회계 경력 있어야**_20180521)([한국경제] **'아무리 공공기관이지만...' 도 넘은 낙하산 인사**_20180625)([동아일보] **입법-행정부 곳곳에 '親盧인사'… 폐족 위기 딛고 화려한 부활**_20180721)([조선일보] **기관장 45%·감사 82% '캠코더 인사'**_20180731)([조선일보] **전문가보다 親文家… 한 기관에 3명 '캠코더 낙하산'**_20180731).

---

84) 중앙일보와 한겨레신문의 사설 비교는 '[중앙일보]/[한겨레신문] **[사설 속으로] 관피아 척결**_20140603' 참조.

세월호 참사의 대책으로 관피아 척결이 추진되면서 관료 카르텔을 유지시켜주는 기반의 하나인 행시 폐지가 거론되기도 하였다. 여당의 정책연구소의 하나인 더미래연구소가 행정고시를 폐지하고 7급 공채로 행정직 공무원 채용을 일원화하여야 한다는 안을 제안하면서 행정고시 폐지가 다시 논란이 되었다. 한 조사에 따르면 공무원 개혁을 위해서도 소수가 고위직을 독점하는 행시가 폐지되어야 한다는 의견이 우세하다([한국경제] **考試 폐지, 천천히 곱씹어가면서 검토해야**_20140502)([중앙일보] **시간은 관료 편**_20140512)([경향신문] **행시·민간 경력채용 5대5 수준 조정**_20140520)([중앙일보] **행시 300 → 200명, 민간 100 → 200명…공직 채용 대수술**_20140520)([중앙일보] **행정고시 축소, 희망의 사다리 망가뜨릴라**_20140527)([한국경제] **소득주도성장 제시한 '새사硏' 행정고시 폐지 주장 '더미래硏'**_20170608)([중앙일보] **"이대론 공무원 철밥통 못깨" 행시 폐지 찬반 5:5 → 7:3**_20170927).

서울경제신문은 행정고시 폐지에 관한 찬반 토론을 게재하였다([서울경제신문] **[어떻게 생각하십니까?] 행정고시 폐지**_20170414). 찬성 측의 임승빈 명지대 교수의 논거는 다음과 같다. 현 관료체제에서는 소수의 상위대학 출신이 상층부를 점하고 있다. 수직적 계급제를 공고히 하는 행정고시 중심의 관료사회는 상호교류를 기반으로 한 지식기반사회에 걸림돌이다. 노벨경제학상 수상자인 케네스 애로는 정부는 학습경제와 학습사회를 구축하고 사회후생을 강화하여야 한다고 주장하였다. 지시하는 정부에서 플랫폼을 만들어 국민들 스스로 해결하게 하는 정부로 바뀌어야 한다. 상호 연계망 속에서 정책 개혁의 대안을 찾아내서 학습사회를 만드는 정부가 되어야 한다. 비전문가가 되어 버린 고시 출신 한 사람에게 사회적 복잡성을 통제하는 역할을 맡기는 것은 위험하다. 암기 위주의 행정고시에서 일정 기준을 넘은 학생들의 복합문제 해결 능력을 평가하여 선발하는 방식으로 바뀌어야 한다.

반대 측의 김태룡 상지대 교수의 논거는 다음과 같다. 행시의 장점을 완벽하게 넘어서는 대안이 없는데 성급하게 폐지하는 것은 시기상조이다. 폐쇄형 인사제도의 문제점을 보완하기 위해 도입된 개방형 인사제도가 제대로 정착하지 못하는 이유에 대한 논의는 활발하나 개방형 직위제도로 입직한 공무원과 행시출신, 내부승진자간의 역량, 성과 등에 대한 평가는 없었다. 경력이나 스펙 등으로 인재를 선발하는 개방형 직위제도에 대한 정확한 평가가 없이 행시를 폐지한다면 방식으로 공정성 시비를 불러일으킬 것이다. 행시 폐지보다는 개방형 직위제도와의 조화를 모색하여야 한다. 중장기적인 관점에서 공무원 인사제도 전반을 검토하는 기구를 설립하여 정확하고 냉정한 평가가 먼저 이루어져야 한다. 5급 대신 6급으로 채용한 후 승진 시 혜택을 주는 방안, 7급의 내부승진기간 단축 등도 검토하여야 한다. 행시는 정책결정을 다룬다는 점에서 사시와는 다르다.

문재인정부 들어서서 과거 정부에서 이루어진 정책들에 연관된 공무원들의 탈법성, 위법성을 '적폐청산'이란 이름으로 조사하면서 논란이 되고 있다([한국경제] **'낙하산' 밀던 산업부 국장 구속 공기업 '코드인사' 줄어들까**_20180116)([서울경제] **9년전 일까지 들춰…_靑 지시 사안도 탈나면 공무원에 뒤집어씌워**_20180205)([중앙일보] **위기의 고용노동부**_20180402)([동아일보]

대통령 만류에도... 교육부, 실무 공무원까지 '적폐몰이'_20180609)([동아일보] 공무원들 '정부지시를 따르지 말란 말인가'_20180609)([동아일보] 보수 정권 때 입사한게 죄인가요...? 직원 찍어내는 MBC_20180526)([한국경제] 사람 잡는 '적폐청산' 광풍, 뭐하자는 건가_20180605)([한국경제] 고용부의 120자짜리 '황당한 해명'_20180611)([YTN] '정치관여에 불법사찰까지'... 민낯 드러낸 MB 정부 경찰_20180627).

2. 진경준 주식대박 사건/정운호게이트/재판거래 의혹[85]

2016년 3월 25일 진경준 법무부 출입국관리본부장(검사장)이 친구가 회장인 넥슨의 주식 120억 원어치를 보유한 사실이 드러나면서 논란이 되었다. 법무부는 진본부장의 사표를 수리하는 선에서 사태를 종결히고지 하였으나 시민단체의 고발로 수사를 착수하였다. 진본부장은 재판에서 뇌물죄 부분은 무죄를 받았다. 수사하는 과정에서 드러난 한진그룹 내사 종결 건으로 형사 처벌되었다([중앙일보] 시민단체, 주식 대박 진경준씨 검찰 고발_20160413)([중앙일보] "진경준 주식 매입 경위 소명을" 공직윤리위, 김정주에게 질의서_20160412)([중앙일보] 청와대 "진경준 철저 조사 ... 잘못 있으면 일벌백계"_20160408)([경향신문] '진경준 특혜성 수익 126억' 추징 검토_20160716)([중앙일보] 진경준 뇌물혐의 새 단서 … 김정주에게 부당한 도움 준 정황_20160707)([중앙일보] 주식·차에 여행경비 묶어 … 김정주

85) 1인당 고발 · 고소 건수가 일본의 10배 가까이 된다는 사실에서 알 수 있듯이 우리나라에서 정책 결정과 집행 과정에서 사법부와 사정당국이하는 역할이 크다.

뇌물죄 시효 살렸다_20160728)([경향신문] **김정주 결국 사임… 넥슨 '생존 게임' 직면**_20160730)([경향신문] **'진경준 특혜성 수익 126억' 추징 검토**_20160716)([중앙일보] **진경준, 현직 검사장 첫 해임**_20160809)([경향신문] **진경준 1심 4년형… 넥슨 주식 뇌물 혐의는 '무죄'**_20161214)([한국경제] **'넥슨 공짜주식' 진경준, 뇌물죄 무죄**_20171223)([한겨레] **뇌물을 선물로 바꿔준 대법원의 '진경준 구하기'**_20180519)([한겨레] **또 터진 '검사 비리', 이래도 검찰개혁 미적댈 건가**_20180224)([중앙일보] **'댓글 수사 방해' 혐의 검사장급 포함 현직 검사 3명 영장**_20171103).

진경준 법무부 출입국관리본부장이 사표를 제출하자 중앙일보와 한겨레신문은 각각 사설을 게재하였다. 중앙일보 사설의 요지는 다음과 같다([중앙일보] **120억대 주식 대박사건, 검찰 즉각 수사해야**_20160406). 진본부장이 사표 제출 후 검찰이 수사할 계획이 없다고 밝힘으로써 국민들에게 큰 실망감을 주었다. 진본부장은 재산 공개 후 제기된 여러 의혹에 대해 명확한 해명을 하지 못하고 있다. 검찰이 자기 식구에게 관대하고 국민들에게는 엄격하다면 불신만을 가져올 것이다. 검찰이 지금이라도 나서야 한다.

한겨레신문 사설의 요지는 다음과 같다([한겨레신문] **'진경준 주식 의혹' 사표로 끝낼 것인가**_20160404). 주식매입 특혜 의혹을 받고 있는 진본부장의 사표 수리로 사태를 마무리하는 것은 제 식구 감싸기이다. 진본부장은 의혹에 대한 해명이 없다. 2005년 넥슨 주식은 아무나 살 수 있는 주식이 아니었다. 넥슨 창업주는 당시 여러 법적 문제가 있었다. 진검사장은 금융정보분석원 파견 근무 직후 주식을 샀고, 금융수사의 핵심부서 근무 시에도 주식을 보유하고 있었다. 이런 문제들이 지금까지 걸러지지 않은 것도 한심하다. 공직자 검증의 허점도 드러났다. 법무부와 검찰은 지금이라도 한 점 의혹이 없이 조사하고 혐의가 드러나면 형사처벌도 하여야 한다.[86)]

정운호 네이처리퍼블릭 대표의 사법부 로비 의혹은 현직 판사, 검사장 및 부장판사 출신의 변호사, 재벌 등이 연루되어 세간의 큰 관심을 받았다([국민일보] **롯데로 번진 정운호 게이트... 그 끝은 어디일까**_20160604)([국민일보] **로비창구 핵심 3인방 모르쇠 정운호 법조비리 수사 '암초'**_20160608)([내일신문] **정운호, 현직 검사에 1억 건네**_20160620)([조선일보] **年100억 벌었는데... 홍만표 전관예우 없었다는 검찰**_20160621)([내일신문] **"보석 30억, 감형 20억 가격표 매겨"**_20160701)([조선일보] **롯데家 장녀 신영자, 구속 순간 _내가 왜**_20160708)([조선일보] **'최유정 브로커' 이동찬에 돈받은 경찰관 오늘 영장 청구**_20160714)([조선일보] **禹 '정운호 몰래 변론' 의혹 제기 언론사에 또 소송**_20160720)([조선일보] **고구마 줄기 캐기**_20160722)([조선일보] **정운호의 5000만원 외제차 부장판사, 공짜로 받은 정황**_20160816)([국민일보] **현직 판사 로비 명목 수천만원 받아…배달 사고**_20160815)([내일신문] **홍만표 _검찰 윗선 얘기됐다_며 자신**_20160825)([한국경제] **'법조비리' 정운호 징역 5년 '뇌물 부장판사'는 징역 7년**_20170114)([중앙일보] **'정운호 구명 로비' 의사 징역 1년3월**_20170330)([중앙일보] **성균관대 학생용 사물함 2억원의 주인은 최유정 변호사**_20170405)([한국경제] **네이처리퍼블릭 적자에 매각 작업 표류 위기**_20170406)([중앙일보] **정운호 항소심서 뇌물 무죄 … 횡령죄 3년6월형**_20170819)([한겨레] **'정운호에 뒷돈 수억원 수수' 홍만표 변호사 징역2년 확정**_20171110)([한국경제] **정운호 돈 받은 前 검찰수사관 대법, 징역 7년 원심 확정**_20171204)([중앙일보] **'정운호 게이트' 연루 외제차 받은 판사 일부 유죄**_20171223)([한국경제] **의뢰인 울리는**

86) 중앙일보와 한겨레신문의 사설 비교는 '[중앙일보]/[한겨레신문] **[사설 속으로] 진경준본부장 주식대박사건**_20160409' 참조.

'솜방망이' 변호사 처벌_20180319).

중앙일보 사설의 요지는 다음과 같다([중앙일보] **'정운호 로비' 현관 연루 의혹 철저히 규명해야**_20160817). 정운호게이트에 현직 부장판사까지 연루된 정황이 드러나고 있다. 정운호 대표로부터 외제 차량을 구입한 이후 사후에 시세에 못 미치게 지불한 차량구입대금을 돌려 받았다는 것이다. 현직 검사가 연루되었다는 의혹도 제기되고 있다. 검찰이 검사 수사에 적극적으로 나서지 않는다면 '판사 손보기'란 비판을 받을 것이다. 현관(現官) 수사를 투명하게 하여야 한다.

한겨레신문 사설의 요지는 다음과 같다([한겨레신문] **'정운호 게이트' 현직 판검사 비리, 발본색원해야**_20160817). 현직 부장판사가 정대표로부터 금품을 받은 의혹이 있어서 수사 대상이 되었다. 정대표 사건을 배당받은 날 브로커와 식사를 한 부장판사, 최유정변호사가 변호한 사건에서 석연찮은 집행 유예를 선고한 부장판사 등 여러 부장판사들이 수사대상에 올랐으니 기가 막힐 일이다. 검찰이 연루 의혹이 있는 검사 수사에는 소극적이다. 감사원 로비 명목으로 1억원을 받은 부장검사 1명을 제외하고는 다른 검사들은 수사대상에서 제외되었다. 판사들에 대한 수사로 성과를 올려도 현직 검사를 싸고돌아서는 국민의 신뢰를 얻을 수 없고 검찰 개혁의 목소리만 커질 것이다.[87]

양승태 대법원장 시절 법원 행정처가 상급법원 설치를 위해 청와대와 재판거래를 하였다는 의혹에 대해 검찰이 수사 중이다([한

---

87) 중앙일보와 한겨레신문의 사설 비교는 '[중앙일보]/[한겨레신문] **[사설 속으로] 정운호 게이트 법조비리**_20160830' 참조.

국일보] **KTX 해고 여승무원 '대법원 직권으로 재심해달라'**_20180531)([한국경제] **'재판거래 의혹' 놓고 양승태·김명수 정면충돌**_20180602)([조선일보] **與 대표 前 대법원장 위협하는 민노총, 치외법권에 있다**_20180609)([중앙일보] **소장파들, 셀프 고발 부적절 의견 … 김명수 선택폭 넓혀줘**_20180612)([동아일보] **법관대표회의, 檢수사 받되 대법원장의 고발조치엔 반대**_20180612)([한겨레] **'형사 절차'로 책임 추궁하라는 법관대표들의 선언**_20180612)([중앙일보] **소장파들, 셀프 고발 부적절 의견 … 김명수 선택폭 넓혀줘**_20180612)([내일신문] **"차성안 판사" 고영한 대법관 철저히 수사를**_20180620)([머니투데이] **檢 '양승태 하드디스크 통째로 복제하겠다'**_20180629)([한국일보] **"정부·재계 고민 헤아린 판결" 자평… 靑과 교감 암시**_20180601)([경향신문] **대법 '박근혜 독대' 추진 시기에 정권 맞춤형 판결 쏟아내**_20180709).

3. 국회선진화법/정치인장관/특수활동비/지방의회 유급보좌관제

국회선진화법은 "쟁점 법안에 대해 재적의원 5분의 3 이상이 동의해야만 본회의 상정이 가능하도록 한 국회법이다. 국회의장의 본회의 직권상정 요건을 천재지변, 전시·사변 등으로 제한했다. 국회 폭력을 없애고 일방적 법 처리나 몸싸움이 아니라 설득과 대화를 통한 입법을 유도하자는 취지로 2012년 5월 18대 국회 마지막 본회의에서 통과됐다. 상임위원회에서 통과가 안 되는 쟁점법안은 '안건 신속처리제도'를 통해 본회의에 올리도록 했다. 신속처리 대상 안건으로 지정하기 위해서는 5분의 3(180석) 이상의 찬성이 있어야 한다. 국회선진화법으로 인해 몸싸움하는 국회는 사라졌지만 중요한 쟁점 법안을 하나도 처리하지 못하는 '식물국회'가 됐다는 비판이 끊이지 않았다."[네이버 지식백과] 국회선진화법(한경 경제용어사전, 한국경제신문 /한경닷컴) (https://terms.naver.com/entry.nhn?docId=2784063&cid=42107&categoryId=42107).

문재인정부 출범에 앞서 국회선진화법을 개정하여야 한다는 주장이 제기되었으나 차기정부에서 야당이 되는 신한국당 등의 반대로 실현되지는 않았다([중앙일보] **국회선진화법은 죄가 없다**_20160503)([한국경제] **"국회선진화법 '5분의 3 이상 다수결' 규정 개정 필요"**_20160525)([중앙일보] **국회선진화법 각하 … 국회가 결자해지해야 한다**_20160527)([한겨레] **헌재 "선진화법, 의원 권한 침해 않는다"**_20160527)([한겨레] **정세균 의장 "국회선진화법 골격 그대로 유지해야"**_20160613)([한국경제] **"與, 선진화법 개정 입장 유지해야" 나경원 새누리당 의원**_20160614)([한국경제] **"선진화법 바꿔야 일하는 국회 됩니다"**_20160714)([한국경제] **국회는 언제부터 만장일치가 되었나**_20170207)([중앙일보] **공수 바뀐 선진화법 … 민주당 "바꾸자" 한국당 "그대로"**_20170314)([한국경제] **선진화법·청문회법 못 고치면 다음 대통령도 실패한다**_20170317)([중앙일보] **통합정부와 협치는 선택이 아니라 필수**_20170506)([한국경제] **"선진화법, 다당제에선 맞지 않는다"**_20170614)([한국경제] **김동철 "국회선진화법 개정해야"**_20170823).

서울경제신문은 2017년 3월 국회선진화법 개정에 대한 찬반 토론을 게재하였다([서울경제신문] **[어떻게 생각하십니까?] 의결정족수 5분의 3, 국회 선진화법 개정**_20170324). 찬성 측의 박명호 동국대 교수의 논거는 다음과 같다. 국회선진화법으로 예산안이 헌법에 정한 의결 기한 내에 처리되는 것이 가능해졌다. 그러나 예산 심사의 무력화와 부실화 위험성도 높아졌다. 입법이 교착상태에 빠졌을 때 풀 수 있는 방법의 부재도 문제이다. 기초연금법 등 국민에게 필요한 입법이 이루지지 못하는 경우가 상당수 있었다. 선진화법은 국회의원이 정파성을 벗어나 여야간 교차투표, 자유투표가 가능해야 제대로 기능을 할 수 있다. 의결정족수를 5분의 3대신 과반수로 바꾸어야 한다. 18대 국회에서 신속처리 대상으로 지정된 법이 최종처리 된 기간은 평균 282일이었다. 의원 자율성 제고가 빠른 시일 내에 이루어지기 힘드니 여야 합의를 존중하되 적시 입법 결정이 되도록 국회의장의 역할에 대한 제도 개선이 필요하다. 여야의 정체성과 거리가 있는 법은 의원들이 자유투표를 하도록 하여야 한다. 정당조직원으로서의 의원과 헌법기관이자 국민대표로서의 의원 역할이 같이 고려되어야 한다. 미국과 같이 비쟁점 법안은 정쟁과 무관하게 분리 처리하는 제도를 도입하여야 한다.

반대 측의 홍완식 건국대 교수의 논거는 다음과 같다. 선진화법의 가중다수결 조항이 위헌이라는 주장은 근거가 약하고, 헌법 정신에 어긋난다는 주장도 옳지 않다. 다수결의 원칙은 수적 지배를 규정한 것이 아니라 협의와 설득을 통해 다수의 의사가 형성되고 이에 승복하는 체계인 것이다. 소수자에 대한 배려도 중요한 가치이다. 국회선진화법은 여야 합의로 통과된 것이며 헌법재판소에 제기된 관련 규정에 대한 권한쟁의심판도 각하됐다. 선진화법에도 불구하고 19대 국회에서 통과된 법안 수는 18대 국회보다 440건이 더 많다. 직권상정에 기대거나 가중다수결 원칙을 완화하면 국회 폭력은 다시 발생할 것이다. 정치권은 국회선진화법에 정치

무능의 책임을 돌리지 말고 주어진 제도 아래서 머리를 맞대고 국정과 입법을 논의하여야 한다.

문재인정부도 1기 내각에 정치인 장관을 여러 명 임명하였다. 1년이 못 돼서 1명은 지방선거를 위해 사퇴하고 일부는 정치에 전념하기 위해 당으로의 복귀가 예상되면서 문재인정부 2기 개각의 교체 대상자로 거론되었다([경향신문] **입법보다 행정조치, 연정보다 협치… 거침없는 '개혁' 시작**_20170517)([중앙일보] **역대 정치인 입각 사례**_20170613)([파이낸셜뉴스] **이달 하순 소폭 개각설 송영무·김영주 바뀌나**_20180712)([한국경제] **청와대가 독주하면 개각한들 뭐가 달라지겠나**_20180713).

중앙일보와 한겨레신문은 2017년 5월 정치인의 입각에 대한 사설을 각각 게재하였다. 중앙일보 사설의 요지는 다음과 같다([중앙일보] **정치인 대거 입각, 기대와 우려**_20170531). 문재인정부의 정치인 장관 임명은 여당 추인 절차를 거친 상징성, 지역과 여성에 대한 배려, 청문회 통과 고려, 국회와의 협치 등 여러 가지를 고려한 것으로 보인다. 정권 초반 부처 장악을 통해 개혁 드라이브를 강하게 걸 수 있고 국회와의 소통에도 역할을 할 수 있어 긍정적이다. 그러나 의원 장관들이 장관 자리를 정치적 입지를 다지는 수단으로 활용하면 행정의 정치화가 될 수 있어 우려된다. 박근혜정부 시절 장관직을 집권의 전리품으로 여겨 국민의 지탄을 받았다. 농공행상 차원의 임명은 국민 동의를 얻기 힘들다. 적재적소라는 대원칙을 지키면서 정치인이 잘 할 수 있는 분야에 정치인 장관을 임명하여야 한다.

한겨레신문의 논거는 다음과 같다([한겨레신문] **여당 의원 4명 입각, 관료**

사회 혁신 계기 되길_20170531). 1기 내각에 정치인을 대거 임명하는 것은 드문 일이다. 국민 여론에 민감하고 국회와의 소통에 역할을 할 수 있어 긍정적이다. 청문회 통과도 염두에 둔듯하나 국회는 철저히 검증을 하여야 한다. 후보로 지명된 4명의 면모를 보면 역할을 기대할 수 있다. 특히 국토부 장관 후보로 여성을 지명한 것은 문재인정부의 높은 성평등 의지를 보인 것이다. 과거 정권들은 정치인 입각을 보은용으로 활용한 경우가 많았다. 4명 중 1명을 제외하고는 친문인사로 분류되지 않는다. 4명의 정치인 장관이 청와대와 십권당의 인정적 관계를 구축하는 발판이 되어야 한다. 국민은 부처 내부 이해관계에서 벗어나고 관료에 휘둘리지 않고 청와대의 눈치만 보지 않고 국민 여론을 듣는 소신장관을 기대한다.[88]

사용내역을 밝힐 필요가 없어 투명하게 집행되지 않는 국회의 특수활동비를 폐지하라고 시민단체가 주장하였으나 국회는 폐지 대신 투명하게 집행하는 것으로 결정하였다가 비난 여론이 수그러지지 않자 원칙적으로 폐지하는 것으로 하였다([조선일보] **'쌈짓돈' 특활비… 與野 _폐지, 바꾸겠다**_20180706)([조선일보] **특활비, 국회의장 출장갈 때 최고 7280만원**_20180705)([경향신문] **국회 특활비 '쌈짓돈 나눠먹기' 사실로 첫 확인**_20180705)([국민일보] **국회 특수활동비 폐지하라**_20180706)([국민일보] **출장 한번에 7,280만원… 국회 특활비는 의원 '쌈짓돈'**_20180705)([매일경제] **국회 특활비 폐지 촉구하는 시민단체**_20180710)([서울경제] **'깜깜이 논란' 국회 특활비 양성화**_20180809)([국민일보] **'기득권 내려놓기' 국회는 예외**_20180809)([내일신문] **여야 특수활동비**

88) 중앙일보와 한겨레신문의 사설 비교는 '[중앙일보]/[한겨레신문] **[사설 속으로] 정치인 입각**_20170613' 참조.

폐지 합의_20180813)([매일경제] 與野 '쌈짓돈' 특활비 결국 폐지로 가닥_20180813).

방탄국회 논란, 피감기관 지원으로 가는 해외 출장, 갈등을 조정하기 보다는 오히려 부추기는 정치권 등이 문제점으로 지적된다([연합뉴스] 민주 '국민께 사과' 한국 '동료 의원에 감사'_20180521)([세계일보] '홍문종 구속 포기'…'방탄 국회'에 가로 막힌 검_20180627)([KBS] '피감기관 지원 원칙적 금지' 출정 새규정… 있으나 마나 '구멍투성이'_20180521)([동아일보] "묶였던 매듭 거의 풀었는데…정치권이 다시 갈등 부추기려해"_20170306)([세계일보] 아직도 피감기관 돈으로… 공직자 261명 부당 해외출장_20180727)([한국경제] 의원 38명 '김영란법 위반' 조사, 피감기관에 떠넘긴 '슈퍼甲 국회'_20180809)([문화일보] 피감기관 예산으로 해외출장 원칙금지_20180808).

2013년 1월 8일 대법원이 법률에 의하지 않고 지방의회는 유급 보좌관을 둘 수 없다고 판결하였으나 지방의회들은 변형된 형태의 편법으로 유급 보좌관을 채용하고 있다. 일부는 행자부와 법정 다툼을 하고 있다([중앙일보] 지방의원 유급보좌관 이제 접어야_20130108)([조선일보] 市의원·道의원들 '유급 보좌관' 달라고 할 자격 있나_20130108)([세계일보] 엉터리 지방자치 언제까지 봐야 하나_20130109)([서울경제] 경기도의회 의원보좌관제 꼼수 도입_20130111)([한겨레] 원주시의회, 유급 '입법 보좌 전문가' 논란_20130110)([경향신문] 지방의회, 유급보좌관제 도입 강행 '꼼수'_20130111)([한국일보] 원주시의회 "유급보좌관 아니예요"_20130122)([머니투데이] 좌절된 지방의회 유급보좌관제…법사위 또 '계류'_20151209)([헤럴드경제] '유급 보좌관제'정부 제동 걸자…서울시의회 "소송 불사"_20160420)([머니투데이] 행자부, 서울시의회 유급보좌관 다툼서 서울시에 승소_20170413)([동아일보] 광역의회 유급 보좌관제로 전문성과 예산절감 꾀해야_20170124)([경남신문] 도의회, 지방의회 권한 강화 촉구 결의안 통과_20180126).

한국경제신문은 지방의회에 유급보좌관제를 도입하여야 하는지 여부에 대한 찬반 토론을 게재하였다([한국경제] **[맞짱 토론] 지방의회 유급보좌관제 도입해야하나**_20130119). 찬성 측의 박양숙 서울시의회 의원의 논거는 다음과 같다. 지방자치제도가 부활된 1991년 이후 많은 변화가 있었다. 2011년까지 1,709건의 사무가 지자체로 이관되었고 2012년 지자체 전체 예산은 198조원이다. 의원들이 지자체에서 제대로 된 의정활동을 하기 위해서는 전문성을 배양하고, 전문인력의 도움이 필요하다. 현재는 의회 사무처나 연구기관으로부터 간접적 지원을 받을 수 있을 뿐이다. 대부분 해외 대도시의 의회 의원들은 의정 활동을 지원하는 개인보조관 제도를 채택하거나 개인보좌관을 지원하고 있다. 인턴 등 개인보좌 인력의 지원을 받은 제7대 의회에서의 의회 발의 조례 건수가 10배 이상 증가한 것에 알 수 있듯이 정책보좌관제를 도입하면 성과가 더 날 수 있다. 보좌관제도를 도입하여 집행부에 대한 철저한 감시 활동을 통해 예산을 1% 절약할 수 있으면 보좌관제도 운영에 들어가는 45억원 예산의 70배를 절감할 수 있다. 최근 대법원의 판례는 22년간 변화한 지방자치의 현실을 반영하지 못한 것이다. 지방자치관련 법들은 의원들의 전문성을 확보하도록 지방의회가 노력할 것을 규정하고 있다. 현재 국회에 계류 중인 유급 보좌인력을 두는 지방자치법 개정안이 조속히 통과되어야 한다. 전면적인 도입이 어렵다면 재정 자립도, 인구 기준을 고려한 선별적 도입도 대안이 될 수 있다.

반대 측의 이광윤 성균관대 교수의 논거는 다음과 같다. 지방의회 의원이 보좌인력을 두는 것은 법률로 정하여야 한다는 대법원 판결 이후 여러 지자체에서 편법적인 방법으로 보좌인력을 확보하고자 하고 있다. 열악한 지방 재정을 더 어렵게 하는 것 아닌가 한다. 대법원의 판결에도 불구하고 법이 아닌 조례나 다른 방법으로 지원인력을 확보하려고 하는 것은 법에 정해진 절차를 무시하거나 대법원의 판단에 도전하는 국가문란행위이다. 지방재정 자립도가 50% 약간 넘는 상황에서 유급보좌관을 두는 것은 공무원은 국민의 봉사자라는 헌법 정신을 위반하는 것이다. 지방의회는 지방유지 들이 장악하고 있는데 보좌인력을 요구하기보다는 전문성이 있는 지역 주민에게 자리를 양보하여야 한다. 지방의회 의원의 유급 보좌관제도는 연방국가체제의 주 의회에만 있으며 유럽에서는 지방의회의원의 유급 폐지까지도 고민하고 있다. 지방의회는 국회가 아니며 의결기관으로서 행정위원회이다. 조례로 유급보좌관제도를 도입하려는 것은 대한민국 헌법 질서에 대한 도전이다.

지방의회 의원들의 청렴도가 국민의 기대에 못 미치고 업무 추진비 사용에도 문제가 있고 투명하지 못하다는 지적이 있다([국민권익위원회] **2017년 기초의회 청렴도 현황**_20171221)([CBS김현정의 뉴스쇼] **'혈압약 540만원, 등산복 700만원'.. 구의회 황당 업무 추진비**_20180530)([조선일보] **6.13 특집-사각지대 지방회의(年 200억 지방의회 업추비 사용내역 '깜깜이')**_20180421).

4. 김영란법/로비 합법화

"'부정청탁 및 금품 등 수수의 금지에 관한 법률(청탁금지법·김영란법)'은 2015년 3월 3일 국회 본회의에서 통과돼 3월 27일 공포됐다. 2011년 6월 김영란 당시 국민권익위원장이 처음 제안하고 2012년 발의한 법이어서 '김영란법'이라고 불린다. 이 법은 1년 6개월의 유예 기간을 거쳐 2016년 9월 28일부터 시행되었다. 법안은 당초 공직자의 부정한 금품 수수를 막겠다는 취지로 제안됐지만 입법 과정에서 적용 대상이 언론인, 사립학교 교직원 등으로까지 확대됐다. 한편, 청탁금지법에 따르면 금품과 향응을 받은 공직자뿐만 아니라 부정청탁을 한 사람에게도 과태료가 부과된다. 또한 공직자는 배우자가 금품을 받은 사실을 알면 즉시 신고해야 하며, 신고 의무를 어길 시에는 형사처벌 또는 과태료 처분을 받게 된다."[네이버 지식백과] **부정청탁 및 금품 등 수수의 금지에 관한 법률**(김영란법) (시사상식사전, 박문각)(https://terms.naver.com/entry.nhn?docId=2724013&cid=43667&categoryId=43667).

김영란위원장이 처음 제안하고 5년 넘는 시간이 경과한 이후 시행된 청탁금지법의 도입과정에서 나타난 주요 쟁점은 직무대가성이 없는 금품수수의 형사처벌 여부 그리고 법의 적용 대상 등이었다.

한국경제신문은 2013년 7월 직무대가성이 없는 금품수수를 형사처벌하여야 하는 지 여부에 관한 찬반 토론을 게재하였다([한국경제] **[맞짱 토론] 공무원 부패방지 '김영란 法' 원안대로 도입해야하나**_20130718). 찬성 측의 법무법인 천일의 노영희 변호사의 논거는 다음과 같다. 공무원은 대가성이 있는 금품을 받으면 현행법 하에서도 뇌물죄로 형사 처벌이 가능하다. 그러나 실제로는 여러 가지 방법으로 대가성을 부정하여 법을 피해간다. 기소는 가능하나 실제로 재판에서는 검찰이 대가성을 입증하는 것이 매우 어려운 것이 현실이다. 직무연관성이 없어도 100만 원 이상의 금품을 받으면 형사 처벌하는 것이 과잉금지원칙 논란을 가져 올 수 있으나 공무원의 특수성을 고려하면 형사 처벌하여야 한다. 신분보장, 상당액의 퇴직 연금 등을 주는 공무원제도상 일반인에 비해 높은 수준의 청렴성과 도덕성이 요구됨에도 우리나라 공무원의 청렴도는 싱가포르나 홍콩에 비해 매우 낮다. 미국 등 OECD 회원국들도 공직자의 사적 이해관계를 엄격히 관리하고 있다. 전관 예우, 떡값 논란이 그치지 않은 것은 우리나라 사람들이 정에 약하고 학연, 지연, 혈연 등에 기반 하여 인간관계망을 형성하고 관리하기 때문이다. 평소 친하게 지내던 사람이 부탁을 하면 거절하기가 쉽지 않다. 직무대가와 관계없이 금품 수수를 형사 처벌하면 공무원은 불편할지 모르나 김영란법의 취지대로 공직사회는 청렴하여 질 것이다.

반대 측의 박균성 경희대 법학전문대학원장의 논거는 다음과 같다. 김영란법이 제안된 이후 공론화 과정을 거치면서 처벌법으로서의 성격이 완화되고 예방적 성격이 강화되었다. 대가성 없는 금품수수의 형사처벌 여부로 입법이 지연되자 과태료 부과로 조정되었는데 이를 법이 크게 후퇴한 것으로 보는 견해에 찬성할 수 없다. 법은 공무원의 부패 방지를 위한 실효성이 있는 많은 규정을 포함하고 있다. 법은 공무원의 금품수수를 처벌한다는 원칙을 그대로 유지하고 있으며 대가성이 없는 경우 형사처벌 대신 과태료 부과로 처벌의 정도를 완화하였다. 공무원은 과태료를 부과 받은 이후 징계를 받기 때문에 여전히 실효성이 있는 제재이다. 형사처벌의 경우 무죄 추정의 원칙에 의해 금품수수 사실이 입증되어야 하나 과태료 부과는 그러한 제한을 받지 않는다. 원안에는 금품수수가 금지되지 않은 경우를 열거하고 이 경우 형사처벌 받지 않도록 되어 있었으나 조정안은 예외 사유 없이 처벌되는 것으로 규정되어 있다. 형사처벌을 과태료 부과로 변경하여 위헌결정의 가능성을 줄였다. 대가성이 없는 경우 형사처벌하는 조항으로 인해 위헌성 논란이 있고 이로 인해 입법이 지연되고 있다. 제안된 지 2년이 되어가고 있다. 완벽한 법도 중요하지만 신속하게 법을 처리하여 공직사회의 부패를 막아야 한다.

언론인, 사립학교 교사까지 포함되어 마지막 입법까지 논란이 되었던 김영란법은 헌법재판소에서 합헌 판결을 받고 2016년 9월 28일부터 시행되었다([한국경제] **헌재 결정 앞둔 김영란법 '억측 난무'**_20160727)([한국경제] **헌재, 김영란法 위헌여부 오늘 선고**_20160728)([한국경제] **"판례 쌓이려면 2~3년 걸려 … 피해자 많을 것"**_20160729)([한국경제] **저급한 입법에 합헌 면죄부 준 헌법재판소**_20160729)([한겨레] **언론인·사립교원도 9월28일부터 금품수수땐 처벌**_20160729)([한국경제] **"달성하려는 公益 막연, 자유권 제한은 중대" "신고 안했다고 처벌 극히 이례적 … 과잉입법"**_20160729)([한겨레] **"인론자유 위축 소지... 그러나 과도기적 우려 불과"**_20160729)([한국경제] **교육부 "조기 취업생 학점 인정하라"… 대학들 "학칙 개정 불가"**_20160928)([조선일보] **김영란法 국민의식·사회 관행에 變革**

가져오길_20160928)([한겨레] **기업 접대비 10조원 육박 유흥업소에서만 1조원 '펑펑'**_20160928)([한국경제] **잔뜩 움츠러든 '김영란 法' 첫날**_20160929)([조선일보] **공익재단의 '언론인 연수지원 금지' 권익委 가이드라인은 부당**_20160929)([한겨레] **과태료 부과 도맡을 법원 '골머리'**_20160929).

법 시행이후 국내 농축산업의 피해가 크다는 민원이 지속적으로 제기되면서 농축산물을 포함한 선물의 한도가 5만원에서 10만원으로 상향조정되는 등 일부 조항이 개정되었다([중앙일보] **오늘부터 상품권은 5만원 이하도 선물 안돼 … 경조사비는 10만원→5만원**_20180117)([한겨레] **'김영란법' 개정뒤 설 선물세트 호황**_20180205)([한국경제] **김영란法 개정 효과…설 선물 두 자릿수 증가**_20180205)([한국경제] **"밥값 한도 1천원 초과" … 동료 고발에 처벌**_20180210)([한국경제] **'돈봉투 만찬' 이영렬 2심도 무죄 '적폐' 몰더니…무리한 솎아내기였나**_20180421)([한국경제] **"나도 곧 퇴직할 텐데…후배 공무원 만나면 범죄"**_20180421)([한겨레] **김기식과 공직윤리**_20180423)([한겨레] **"미투도 김영란법도 '노'라고 말할 권리 위한 것"**_20180519).

김영란법이 우리 사회의 관행과 일치하는 않은 측면이 있어, 정치 과정에서 한 측이 자신에게 유리한 국면을 조성하기 위해 김영란법을 활용하는 사례도 있다([한겨레] **이인호·고영주 이사장 사퇴 거부…_방통위 감독권 발휘해야**_20170804)([경향신문] **호텔 식사·음악회도 KBS 관용차로 이인호 이사장, 500차례 사적 유용**_20170823)([조선일보] **與 _KBS·MBC 野측 이사 비리 부각시키고, 시민단체로 압박**_20170908)([동아일보] **이인호 KBS이사장 "업무추진비 감사 부당"**_20171130)([매일경제] **이영렬 前지검장 무죄판결이 보여준 김영란법의 무리한 적용**_20171211)([조선일보] **'돈 봉투 만찬' 이영렬 2심도 청탁금지법 무죄**_20180421)([조선일보] **野 비대위원장 취임 날 '김영란법 내사' 공개, 치졸하다**_201807

19)([국민일보] **김병준, 난파선 오르자마자 '골프접대' 터져 곤혹**_20180718).

법무부가 서울대에 의뢰한 용역보고서에서 국민 청원권 신장과 효율적 자원배분 측면에서 로비를 합법화하여야 한다는 주장이 제기되어 관심을 끌었다([한국경제] **법무부 "로비 합법화는 정치시장 경쟁 촉진 … 자원배분 효율 높여"**_20151006)([한국경제] **로비스트 합법화 해야 할까요**_20151019).

한국경제신문은 로비스트 허용에 관한 찬반 토론을 2015년 10월에 게재하였다([한국경제] **[맞짱 토론] 로비 합법화 필요한 가**_20151010). 찬성 측의 조승민 글로벌입법정책연구원 연구위원의 논거는 다음과 같다. 2015년 기준 국가예산은 376조원이다. 기업과 이익단체들은 입법, 정책, 예산 집행에서 자신들에게 유리한 결과를 이끌어내기 위해 온갖 노력을 한다. 그러나 그 과정을 국민들은 모른다. 로비활동이 비공개적이고 참여가 제한적이기 때문이다. 법에 의한 직업적인 로비스트가 허용되지 않지만 기업의 대관업무와 같이 음성적인 로비활동은 용인된다. 기업은 전직관료들을 직접 취업시키거나 관련협회의 임원으로 고용하여 로비스트 역할을 맡기고 있다. 공개되지 않은 비경쟁시장을 공개하여 국민의 알 권리를 신장시키고 로비스트를 합법적으로 허용하여 국민이 자기 이익을 주장할 권리를 신장시켜야 한다. 로비스트가 허용되어도 불법적이나 부정적 로비는 허용되지 않는다. 능력 있는 대기업집단에게 유리할 것 같지만 로비활동의 내역을 알 수 없는 현재의 상황이 영향력 있는 전관을 고용할 수 있는 집단에 더 유리하다. 로비활동의 공개는 그 자체가 정상적인 로비활동을 하게 만드는 장치이다. 로비스트가 허용되어도 김영란법 등 다른 법과 같이 작동하여야 더 효과적일 것이다.

반대 측의 김성수 한양대 교수의 논거는 다음과 같다. 로비를 합법화하면 경제력을 보유한 집단, 지적자본 소유자들이 게임의 우위를 점하는 로비권력의 불평등현상이 심화될 것이다. 모든 사람에게 공정한 기회와 권리를 보장할 것 같지만 현실에서는 더 많은 기회와 권리를 보장받은 계층이 있어서 계층 간 사회 갈등으로 이어진다. 힘 있는 집단은 더 영리하게 자신의 이익을 추구할 수 있지만 다수는 배제될 것이다. 로비합법화 공론화 자체가 로비의 결과 아닌가 한다. 제도권 정치에 대한 실망과 불신이 커서 제도권을 우회하는 여러 시도들이 있는데, 로비 합법화도 이런 시도의 하나이다. 미국도 로비는 정당정치를 보완하는 역할을 할 뿐이다. 정당정치를 공고히 하는 것이 우선이다. 제도권 정치가 자리 잡지 못한 상황에서 로비스트 입법이 만연되어서는 안 된다.

5. 전경련 등

경제인 단체들이 제 역할을 하고 있지 못하다는 비판이 많다([파이낸셜뉴스] **정부·재계·시민단체, 경제민주주의 실현 위해선 힘 모아야**_20170614)([한국경제] **기업 옥죄는 현안 쏟아져도 … 내분 일으키고 제 살길만 찾는 경제단체**_20180611).

경제인단체의 맏형이라고 할 수 있는 전국경제인연합회에 대해 19대 대선에서 문재인후보를 포함한 3인의 후보가 해체를 공약으로 제시하였다([경향신문] **대선후보 5인, 187개 주요 현안 입장 비교**_20170504)([경향신문] **어버이연합 집회 '일당 2만원 탈북자 동원' 장부 나와**_20160412)([국민일보] **전경련의 원죄**_20160422)([국민일보] **청와대의 '관제시위' 지시 의혹 철저히 규명해야**_20160422)([경향신문] **반박 못하는 청와대, 침묵…또 침묵**_20160423)([국민일보] **檢, 전경련 자금지원 의혹 어버이연합 수사 착수**_20160427)([경향신문] **베일 벗는 어버이연합 배후**_20160428)([경향신문] **칸트와 어버이연합**_20160503)([중앙일보] **어버이연합과 비영리 민간단체**_20160510)([국민일보] **허창수, 어버이연합 관련 "무슨 일이 났다는 건 알고 있다"**_20160524).

전경련과 어버이연합이 유착관계가 드러나자 중앙일보와 한겨레신문은 2016년 5월 각각 사설을 게재하였다. 중앙일보 사설의 요지는 다음과 같다([중앙일보] **전경련 어버이연합 뒷돈 의혹의 진상을 밝혀라**_20160422). 전경련이 보수단체 성향의 어버이연합에 자금을 지원하고 어버이연합이 전경련에서 요구한 집회를 개최한 정황이 드러났다. 청와대 개입설도 제기되고 있다. 전경련은 관련 의혹을 부인하고 있다. 사실이라면 민주주의 기본 시스템을 망가트린 것이다. 전경련과 어버이연합은 의혹에 대한 해명을 하여야 한다. 검찰과 국세청도 철저히 조사하여 법 위반, 탈세 여부를 밝혀야한다.

한겨레신문 사설 요지는 다음과 같다([한겨레신문] **탈북자 알바 동원한 보수단체의 돈줄과 배후**_20160421). 보수단체인 어버이연합이 전경련 및 경우회로부터 자금 지원을 받아 알바를 동원하여 박근혜정부의 집회를 지원한 의혹이 언론 보도를 통해 밝혀지고 있다. 자발적인 집회가 아니라 돈으로 동원된 집회는 명백한 여론 조작이다. 전경련이 지원을 했나면 경제권력의 정치개입이다. 검찰 수사나 국회

국정조사를 통해 진상 규명을 하여야 하며 재발방지 대책도 세워야 한다.[89)]

노사관계에서 사용자들을 대변하는 한국경영자총협회는 문재인정부 초기 정부의 위원회에서 제외되고 주요 회의에서 참석을 요청받지 못하면서 '패싱' 논란의 중심에 섰다. 2018년 초에는 상임부회장 선출에서 정부의 개입 의혹이 있었고, 새로 선출된 부회장이 회장 및 경총 사무국과의 갈등으로 중도 하차하였다([서울신문] **'찬밥' 신세된 전경련·경총**_20170609)([동아일보] **전경련 불행 언급하며 기업에 '알아서 하라'는 공정위원장**_20170718)([매일경제] **최저임금 이의제기 못하는 전경련**_20170801)([한국경제] **뒤집힌 경총회장 선임 '與 핵심 개입說' 촉각**_20180224)([한겨레] **14년 재임 김영배 부회장 '쿠데타' 실패설**_20180227)([매일경제] **'미운털' 김영배 내치려…靑, 경총회장 선출 개입했나**_20180224)([매일경제] **경총 차기수장에 손경식 CJ 회장 유력**_20180226)([국민일보] **한국 경총의 수난**_20180604)([동아일보] **경총회장단 송영중 부회장 경질하기로**_20180611)([세계일보] **투명성 결여_ vs _명예 실추_ … 경총, 초유의 내홍**_20180613)([아시아경제] **막장 경총**_20180626)([이데일리] **스스로 권위 떨어뜨린 _경청**_20170627)([서울신문] **경총, 몰락한 전경련의 전철을 밟으려 하나**_20180627)([조선일보] **일그러진 경총... 결국 법정 다툼으로 가나**_20180630)([한겨레] **경총, 사업수익 빼돌려 거액 비자금 조성**_20180702)([서울경제] **'파업하기 어렵게... 낡은 노동법 개정해야'**_20180713)([매일경제] **김용근 '노사문제, 기업경쟁력 관점에서 볼 것'**_20180713)([아시아경제] **경총 사태도 결국엔 '삼성'..이쯤 되면 동네북 된 삼성**_20180703).

---

89) 중앙일보와 한겨레신문의 사설 비교는 '[중앙일보]/[한겨레신문] **[사설 속으로] 어버이연합 게이트 논란**_20160510' 참조.

6. 검·경 수사권 조정/공수처/검찰 영장독점주의[90)]

수사는 경찰이 하고 검찰은 수사지휘권을 가지는 검·경 수사권 조정에 대한 정부안이 마무리되어 2018년 7월 현재 국회에 계류 중이다([중앙일보] **검찰·국정원 힘 빼고 경찰 막강해진다**_20180115)([중앙일보] **고위공직·특수·일반 3대 수사권 뺏긴 검찰 "최악의 날"**_20180115)([중앙일보] **권력기관 개편 바꿔야 할 법만 6개 한국당 "수족 삼는 개악" 모두 반대**_20180115)([한겨레] **검찰·국정원 힘 빼고, 경찰에 힘 실어…'견제 통한 통제' 초점**_20180115)([한국경제] **수사권 대거 이관…힘 빠지는 검찰·국정원, 힘세지는 경찰** 20180115)([중앙일보] **검찰 "경찰 지휘권, 수사 종결권, 영장 심사권 유지해야"**_20180313)([중앙일보] **문 대통령이 경찰 수사권 강조한 날, 문무일 "경찰 통제돼야"**_20180314)([한겨레] **문 대통령 _검·경 수사권 조정_ 강조한 날 검찰총장 _검사의 경찰 수사지휘 유지돼야**_20180314)([한겨레] **수사권 소성 '검찰 패싱' 불만…"실효적 자치경찰제" 요청**_20180330)([한국경제] **검·경수사권 조정 임박 … 경찰, 수사종결권 갖나**_20180621)([조선일보] **경찰 '환영은 하는데.' vs 검찰 '경찰수사 지켜보자'**_20180621)([서울신문] **검경 수사권 조정 '제2 개헌안' 되나**_20180621)([연합뉴스] **'경찰 완승' 예상 빗나가... 절충만으로 독실 주고받은 검청**_20180621)([세계일보] **검경 수사권 조정 갈등 속 警 조서 '증거능력' 쟁점 부상**_20180621)([문화일보] **검·경 수사권 조정보다 실질적 정치中立 확보가 급하다**_20180621)([한국경제] **신중한 警 "수사 실무 크게 달라질 것 없어"**_20180622)([경향신문] **경찰, 공식적으론 환영… 일선 _빛 좋은 개살구_ 반발**_20180622).

---

90) 앞에서 언급하였듯이 1인당 고발·고소 건수가 일본의 10배 가까이 된다는 사실에서 알 수 있듯이 우리나라에서 정책 결정과 집행 과정에서 사법부와 사정당국이 하는 역할이 크다. 검찰과 경찰의 수사권 조정 등은 별도 절로 분리하였다.

19대 대선에서 문재인대통령이 공약으로 내세우면서 논란이 되자 서울경제신문은 검찰 수사권을 경찰에 이관하는 것에 대한 찬반 토론을 2017년 4월 게재하였다([서울경제신문] **[어떻게 생각하십니까?] 검수사권, 경찰로 이관**_20170421). 찬성 측의 서보학 경희대 교수의 논거는 다음과 같다. 검찰은 부패했고 국민들의 불신은 대단하다. 정부기관 신뢰도 조사에서 검찰의 신뢰도는 12.7%였다. 일반인 그룹의 83.1%, 전문가 그룹의 93.8%가 검사비리는 조직차원의 문제라고 답했다. 대통령의 통치 권력과 맞먹는 제왕적 검찰이 셀프수사에 따라 사건을 축소하고 왜곡하는 사례를 진경준검사장, 홍만표 전 검사장, 우병우 수석 등 여러 번 보아 왔다. 검찰이 수사권과 기소권을 같이 가지는 절대 권력을 행사하기 때문이다. 검찰 수사로 사건 수사가 시작되면 통제가 되지 않아 권한 남용이 되기 쉽다. 지난 10년간 검찰 수사를 받은 시민 100여 명이 자살하였다. 다른 나라들의 검찰은 기소권과 수사에 대한 통제권을 가지고 있다. 수사권과 기소권을 나누어 가지는 것은 권력의 분산, 권력의 상호 견제라는 민주주의 취지에 부합된다. 영국은 1985년에 경찰이 가지고 있는 기소권을 검찰조직을 만들어 분리하였다. 수사권을 경찰이 독점하는 것이 아니다. 2만 명의 특별사법경찰권이 있고, 공수처, 자치경찰제 등이 도입되면 수사권은 더욱 분산될 것이다. 경찰국가의 위험을 이야기하지만 현재는 '검찰파쇼'를 해소해야 할 상황이다.

반대 측의 이진국 아주대 교수의 논거는 다음과 같다. 수사권과 기소권을 분리하여야 한다는 주장은 수사권과 수사지휘권이 일체화되어 있다는 것을 이해하지 못하는데서 나오는 주장이다. 국민들의 인권을 보장하기 위해 수사절차의 모든 과정을 법률전문가인 검사가 총괄하고 공소유지도 가능하도록 하기 위해 수사지휘권을 검사가 가지는 것이다. 수사지휘권에 수사권이 포함되어 있다고 보아야 한다. 국가소추제도를 택하고 있는 현행 형사사법체제에서는 소추권의 행사를 위해 수사에서 확실한 사실 규명이 이루어져 하는데, 수사권과 기소권을 분리하는 것은 이론적 타당성이 없다. 독일, 오스트리아 등 세계적으로는 관련법이나 제도를 통해 검찰의 전문적 수사를 지원하는 것이 추세이다. 경찰은 검사와는 달리 정치적 외압에 쉽게 흔들리기 쉽고 법률전문가도 아니기 때문에 현 시점에서 경찰은 수사를 전담할 역량이 부족하다. 검사의 수사지휘권 만으로는 이 문제를 해결할 수 없다. 검찰이 어떤 형태로든 수사에 관여하는 것은 불가피하다.

공수처 설치 법안은 20년이 넘는 기간 동안 상당히 여러 번 제안되거나 발의되었다. 문재인정부 들어서도 2017년 10월 발의되었으나 2018년 7월 현재 국회에서 통과되지 않고 있다([한겨레] **법무부 '공수처장 국회서 선출' 정부안 발표**_20171016)([조선일보] **與 _공수처 국회 통과돼야_ … 한국당 _옥상옥 안돼_ … 국민의당·바른정당 _견제장치 필요**_20170919)([한국경제] **너무 센 공수처 … 경찰 "제2 검찰 만드나" 부글부글**_20170920)([조선일보] **대통령이 임명하는 공수처장, 무엇 하러 만드나**_20170919)([한겨레] **20년 논의 '공수처'… 이번엔 야당도 움직일까**_20170923)([한겨레] **'호랑이를 애완견 만든' 법무부의 공수처 법안 개악**_20171017)([한국경제] **당·청 "공수처 신설법 우선 처리"… 특별감찰관 폐지 가능성**_20171225)([한겨레] **정성호 "공수처가 정권의 칼 될 거란 우려 씻을 방안 찾을**

것"_20180108)([조선일보] **검찰 속앓이… _적폐수사 앞장섰건만 이젠 토사구팽**_20180115)([한국경제] **검찰 수사권 대폭 축소…공수처·경찰로 넘긴다**_20180115)([경향신문] **국회로 넘어간 공수처 설치, 8개월째 낮잠 검·경 수사권 조정, 지방선거 끝나야 윤곽**_20180510).

법무부검찰개혁위원회가 공수처 설치안을 제시하면서 공수처 설치 논의가 다시 촉발되자 서울 경제신문은 찬반 토론을 게재하였다([서울경제신문] **[어떻게 생각하십니까?] 막강 권한 공수처 신설**_20170929). 찬성 측의 한상희 건국대 교수의 논거는 다음과 같다. 대통령에 의해 임명되어 정권의지에서 자유롭기를 거부한 검찰은 스스로의 직무를 유기하고 무소불위의 권력이 되어 국정 농단의 한 축이 되어 왔다. 검찰을 대신하여 독립적이고 중립적인 위치에서 권력의 비리와 불법을 파헤치는 새로운 기구의 설립이 필요하다. 공수처의 설치의 목적은 검찰 개혁이 아니라 권력형 적폐의 청산에 있다. 공수처 설치를 계기로 검찰이 스스로 개혁하여야 한다. 법무검찰개혁위원회가 제시한 안을 토대로 공룡조직, 옥상옥 조직, 대통령의 영향력 행사 등 미흡한 부분은 입법 과정을 통해 보완하면 된다. 현재 제안된 공수처 설치안에는 공수처의 객관성과 독립성을 담보할 수 있는 내용들이 상당 수 있다. 대통령으로부터 자유롭지 못하니 공수처 설치가 불가하다고 주장하기 보다는 대통령으로부터 독립적인 공수처를 만드는데 지혜를 모아야 한다.

반대 측의 김상겸 동국대 교수의 논거는 다음과 같다. 공수처가 검찰개혁의 방안으로 제시된 것은 검찰이 자초한 측면이 있다. 민주화가 진행되면서 많이 개선되었지만 검찰은 집권세력에 의해 좌지우지되면서 정치화되었고 집권세력은 검찰을 통해 국민을 통제하여 왔다. 검찰이 헌법과 법률에 따라 주어진 권한을 행사하지 못하고 집권세력에 휘둘리는 사례는 지난 정부에서도 보았다. 그러나 검찰이 주어진 역할을 제대로 못하거나 안한 것은 검찰이 무소불위의 권한을 가지고 있기 때문이거나 고위공직자의 부패를 수사하고 기소할 기관이 없어서가 아니다. 검찰개혁의 핵심은 인사권의 독립이다. 검찰개혁위원회가 제시한 공수처 독립성 보장안으로는 우리 현실에서 충분하지 않다. 검찰이 가지고 있는 문제가 해결되지 않고는 공수처 신설로 검찰이 개혁된다는 보장은 없다. 국가의 권력기관을 새로 만드는 것은 신중하여야 한다. 오히려 두 기관간의 갈등과 경쟁으로 국민에게 피해가 갈 수 있다. 검찰권의 오용, 남용에 대한 탄핵 그리고 인사조치 등 기존의 틀 내에서 성권 의지에 따라 검찰의 권한 남용을 억제할 수 있는 제도들이 있다. 기소권과 수사권을 분리하거나 분산시키는 국가는 별로 없다. 선진국도 고위공직자 부패가 발생하나 별도 기관을 설립하지 않는다. 누구에게나 공정하고 투명하게 수사권과 기소권을 행사하도록 법과 제도를 개선하고 검찰을 이용하지 않겠다는 집권세력의 의식 변화가 선행되어야 한다.

개헌 관련 대통령자문단이 개헌안에 검찰의 구속영장 청구권 독점을 폐지하는 안을 포함하는 것으로 알려지면서 검찰이 적극적으로 반발하는 등 논란이 되었다. 추후 조정과정에서 검찰의 영장청구권 독점이 유지되는 것으로 결론이 났다([한겨레] **구속영장 청구권, 검찰 독점 깰지도 쟁점**_20180309)([한국경제] **검사의 영장청구권 삭제…"형소법**

개정은 국회의 몫"_20180321)([경향신문] 개헌 찬성_ 93%… 시민들 토론 후 7%P 늘어_20180313)([조선일보] 경찰이 사법통제 벗어나면 국가적 폐해_ 검찰총장, 검경 수사권 조정 반대 밝혀_20180314)([한겨레] '영장신청 신중히'… 경찰, 심사관제 시범운영_20180302)([한국경제] 檢, 영장청구권 지켜내 최악 면했지만 … "정보력 잃어 힘 빠질 듯"_20180622)([조선일보] 1962년 개헌 때부터 검찰 영장청구권 독점_20180622).

검찰총장이 검찰의 영장청구권 독점은 유지되어야 한다는 의견을 밝히면서 논란이 되자 서울경제신문은 2018년 3월 찬반 토론을 게재하였다([서울경제신문] [어떻게 생각하십니까?] 검 영장청구권 독점 폐지_20180316). 찬성 측의 김인회 인하대 교수의 논거는 다음과 같다. 검찰의 영장청구권 독점은 법이론적 측면에서 타당성이 없다. 영장주의는 법관의 수사기관 통제가 핵심이지 수사기관간의 통제와는 관계가 없다. 헌법에 규정할 내용이 아니다. 영장 청구 및 발부가 1998년 이후 5분의 1로 대폭적으로 줄어들었다. 구속영장실질심사제도가 도입되어 법관의 영장심사가 충실해 졌기 때문이다. 현행 시스템은 수사기관이 영장을 남발하고 법관이 이를 제대로 심사하지 못하는 상황을 가정하고 만든 제도이니 지금은 폐지할 때가 되었다. 현재 조항은 쿠데타에 의해 집권한 군부세력이 만든 1962년 헌법부터 포함된 것이다. 그 이전에는 사법경찰관도 영장을 신청할 수 있었다. 민주화 이후에는 바로 잡았어야 했는데, 그러지 못했다. 지금이라도 바로 잡아야 한다. 검찰과 경찰은 상호협조적 평등한 관계인데, 영장청구권 독점으로 수직적 관계로 바뀌었다. 검경의 불평등한 관계로 권력형 비리 사건에서 영장 청구가 검찰에 의해 막히는 사례가 종종 있다. 경찰의 자질을 이유로 들기도

하나 대졸자가 세계에서 제일 많은 우리나라 경찰의 수준은 세계적으로 손색이 없다.

반대 측의 김성룡 경북대 교수의 논거는 다음과 같다. 검찰이 영장청구권을 독점하는 것은 행정기관이자 사법기관이고 법률전문가인 검사가 다른 수사기관이 영장 신청을 남발하는 것을 통제하여 국민의 인권을 보호하기 위해서이다. 압수, 수색 등을 통해 증거를 긴급히 확보해야 하는데 검사 영장신청을 기각해 버려 수사가 제대로 이루어지지 못하였는데, 그 이유가 전관 예우, 제 식구 감싸기, 권력형 비리 등 때문이라는 것이다. 그러나 160만 건 이상의 사건 중에 그와 같은 경우는 소수에 불과할 것이고 그렇다 하더라도 유죄 확정 전까지 무죄추정의 원칙은 지켜져야 한다. 개헌은 경찰이 검찰의 방해 없이 피의자를 구속하고 압수, 수색하게 해달라는 주장과 다를 바 없다. 경찰이 신청한 영장을 검사가 기각해 옥살이를 면한 사람이 2016년에 9,300명이었다. 만약 어느 검사의 일탈 행위가 있다면 그것을 바로 잡는 대책을 마련하는 것이 옳은 방법이다. 법무검찰개혁위원회가 제시한 대로 영장 신청이 검사에 의해 기각되었을 경우 이의를 제기하는 제도, 수사지휘 및 전 과정의 서면 및 전산화 등이 이루어지면 현 제도가 가지고 있는 미비점은 보완될 것이다.

7. 선거연령 18세

19대 대선 전에 선거연령을 18세로 내리는 것이 국회에서 논의되었으나 새누리당의 반대로 무산되었다. 문재인정부는 선거연령을 18세로 하향 조정할 방침임을 밝힌 바 있다([한국경제] **高3 60만 명, 대선 '태풍의 눈'으로**_20170105)([중앙일보] **"요즘 청소년 정치 소신 뚜렷" vs "고3 교실 정치판 변할 우려"**_20170125)([중앙일보] **여야 4당 원내대표 "탄핵심판 결과 승복할 것" – 선거연령 18세 하향은 결론 못내**_20170214)([중앙일보] **광장 내몰린 어르신들… 정치가 부추긴 '세대 게임' 희생자**_20170317)([한겨레] **청소년 정치 참여를 허하라**_20171102)([한국경제] **'선거연령 18세 하향' 논의에서 생각해봐야 할 것들**_20180202)([한국경제] **靑, '선거연령 18세로 하향 조정' 공직선거법 개정 추진**_20180503).

서울경제신문은 2017년 1월 선거연령 하향 조정에 관한 찬반 토론을 게재하였다([서울경제신문] **[어떻게 생각하십니까?] 선거연령 18세로 인하**_20170113). 찬성 측의 장우영 대구가톨릭대 교수의 논거는 다음과 같다. 선거연령을 18세로 내리는 것을 반대하는 주장은 청소년을 훈육의 대상으로 보는 인식에 기인하다. 과거 세대에 비해 정치적 주관이 강하고 민주사회 경험도 풍부한 18세는 취업, 혼인, 병역 등의 의무와 권리를 부여받고 있는데, 선거 참여만 제한하는 것은 불합리하다. 다른 나라의 18세에 비해 고등교육 수준이 높고 정보 활용 능력도 뛰어난데 OECD 34개국 중 우리나라를 포함하여 두 나라만 18세 선거 참여를 제한하고 있다. 입시가 중요하나 입시가 참정보다 상위 가치는 아니며 선거 참여의 선택권을 부여하여 정치에 대한 관심을 유도하는 것이 교육적이다. 학교의 정치화를 우려하여 선거 참여를 막기 보다는 중등시절부터 입시와 논술 위주의 사회교육을 탈피한 건실한 시민 정치 교육을 하여야 한다. 19세 선거 연령 유지론은 젊은 층의 선거 참여를 두려워하는 정당에 의해 주장되는 바, 특정 정당의 당리당략에 따라 선거연령이 결정되는 것은 바람직하지 못하다. 초·고령사회로 급속히 진행되고 있는데 선거 연령을 유지하면 젊은 세대의 선택권은 위축되고 기성세대의 선택권은 확대되는 결과가 된다.

반대 측의 김동석 한국교원단체총연합회의 교권정책본부장의 논거는 다음과 같다. 선거연령을 18세로 내리는 것은 기대보다 우려가 크다. 가족이나 친지끼리 모이면 정치 이야기를 하지 않는 것이 불문율이다. 정치 성향이 다른 사람끼리 모여 이야기하다 좋지 않게 마무리되기 쉽기 때문이다. 성인도 그런데 청소년들을 정치의 장으로 끌어 들이면 상황은 더 좋지 않을 것이다. 학교가 정치 집단, 시민세력 등에 노출되면서 교실이 정치의 폭풍지대로 변질된다면 후폭풍을 감당하기 어렵다. 금지된 교사들의 정치 활동이 더 활발해지면서 갈등은 확대될 것이다. 국민여론 조사나 청소년 대상 조사 결과를 보면 하향보다는 유지를 지지하고 있다. 학교의 정치, 선거장화를 우려하는 것과 무관하지 않다. 우리나라는 18세가 고3이다. 학제 개편 그리고 민법상의 성인 연령의 조정과 함께 선거 연령을 고려하여야 한다. 헌법재판소도 2014년 판결에서 19세 미만 미성년자는 정치적 판단이나 의사 표현이 왜곡될 수 있다는 우려를 하였다. 일본도 2016년에 선거연령을 만 20세에서 만 18세로 내렸는데, 학습지도의 어려움을 겪고 있다. 선거 연령 하향 문제는 정치논리를 떠나 교육현실을 고려하며 신중히 결정하여야 한다.

8. 삼성: 총장추천 채용/이재용 부회장 구속 등

재계 1위 삼성그룹이 우리 경제 및 사회에서 가지는 의미는 여러 가지인데, 그 영향력이 긍정적이든 부정적이든 큰 것은 부인할 수 없다. 삼성그룹이 효율적 사원 채용을 위해 총장추천제를 추진하다가 여론의 역풍으로 포기한 사례는 우리 사회가 가진 다양한 문제 및 복합적 갈등구조를 보여 주었다([조선일보] **'쏠림 현상' 지적에… 삼성 _이공계 확보에 무게**_20140127)([경향신문] **삼성 '총장 추천' 인원수 대학별 '줄 세우기' 논란**_20140127)([조선일보] **연간 20만명 몰리는 '삼성考試' 부작용 논란에 대학 추천·직접 면담·서류전형으로 선발 다각화**_20140127)([한겨레] **'상아탑' 짓누르는 자본 논리… 기업, 대학을 점령하다**_20140128)([경향신문] **대학 서열화 부추기는 삼성의 새 채용 방식**_20140128)([한국경제] **올해도 '삼성고시'…차별 논란에 꺾인 '채용실험'**_20140129)([한국경제] **삼성 채용파동이 남긴 것**_20140129)([조선일보] **4일간의 '총장추천제 소동'**_20140129)([한겨레] **총장추천제를 유보한다니 고언하건대…**_20140129)([중앙일보] **연 20만 명 '삼성고시'... 직무적합성평가 붙어야 볼 수 있다**_20141106)([한겨레] **무너지는 '아카데미아'**_20141208)([중앙일보] **해마다 반복되는 '삼성 수능'… 멀어지는 미래형 인재 뽑기**_20171023).

2014년 1월 삼성의 총장추천제가 논란이 되자 중앙일보와 한겨레신문은 각각 사설을 게재하였다. 중앙일보 사설의 요지는 다음과 같다([중앙일보] **삼성 사건이 보여준 한국의 갈등구조**_20140130). 총장추천제와 관련하여 삼성에 쏟아진 비난은 합리적 정도를 넘었다. 기업의 자율성이 과도하게 침해받았다. 많은 언론사의 대학 평가에서 대학의 서열이 매겨지고 대학 서열에 대한 일반적인 인식도 있고 삼성도 이에 따라 서열을 정했다. 고등학생들은 서열이 높은 대학에 가기 위해 열심히 공부한다. 일반적인 서열에 따라 호남지역 대학보다 영남지역 대학에 많은 인원을 배정한 것을 문제 삼은 것은 합리적이지 않다. 총장추천제는 삼성 입사고시의 과열을 막고 면학 분위기에 도움을 주고 학교도 사회적 약자 배려를 위해 제도를 활용할 수 있는 등 장점이 있다. 이번 사태에서 승자는 없고 모두 패자이다. 지역감정, 남녀평등, 대학 서열화 등 모든 나름대로 가지고 있는 프레임에서 비난을 퍼부었다. 변화와 발전을 위해서는 이번에는 좌절되었지만 삼성과 같은 실험이 단체나 기업에서 지속되어야 한다.

한겨레신문의 사설 요지는 다음과 같다([한겨레신문] **삼성의 '대학 추천 할당제' 재고해야**_20140128). 삼성이 사려 깊지 못한 채용방식으로 사회적 논란을 일으킨 만큼 해소책을 내놓아야 한다. 대학별로 인원을 할당하여 결과적으로 채용시장의 슈퍼갑인 삼성이 대학 서열을 매기는 인상을 준 것은 문제가 있다. 우리나라 교육을 파괴시키는 것이 대학의 서열구조인데, 완화하는 데 기여하지는 못할망정 공고히 하는 쪽의 제도를 도입하는 것은 무책임하다. 삼성이 이공계 인력에 대한 우대로 인한 것이라고 해명하였지만 유관 대학인 성균관대의 인력이 제일 많고 호남대학, 여성 인력이 적은 것이 논란을 키웠다. 직무적성 검사 응시 인원을 줄이는 것이 목적이라면 다른 대안도 많다. 총장추천제 도입을 재고하기 바란다.[91)]

삼성그룹의 이재용부회장은 경영권 승계와 관련되어 구속 기소되었으나 1심에서 집행유예를 선고받았고 2018년 7월 현재 2심 재판이 진행 중이다([한겨레] **대선 주자들 "이재용 구속 법원판단 존중"**_20170218)([한국경제] **글로벌기업 총수 기어이 감옥 보낸 '정치 狂風'**_20170218)([한국경제] **최지성 부회장·장충기 사장 물러날 듯**_20170224)([중앙일보] **법원 "정경유착 없었다" 이재용 석방**_20180206)([한국경제] **"묵시적 청탁 없었다" … 이재용 석방**_20180206)([한겨레] **삼성 '10년 전 약속' 공염불…반복된 신뢰의 위기**_20180423)([한겨레] **경영권 승계 '청탁 부정'은 이재용 석방 '짜맞추기' 판결**_20180207)([한겨레] **삼성 '10년 전 약속' 공염불…반복된 신뢰의 위기**_20180423).

이재용 부회장이 구속된 후 중앙일보와 한겨레신문은 이부회장 구속과 관련된 사설을 각각 게재하였다. 중앙일보 사설의 요지는 다음과 같다([중앙일보] **영작 기각=무죄 아니듯 구속 = 유죄 아니다**_20170218). 3대 79년 역사의 삼성그룹이 총수 구속이라는 초유의 사태를 맞았다. 1차 구속 영장을 기각당한 검찰이 경영권 승계 작업의 범위를 확장하여 뇌물죄 적용의 틀을 넓히고 법원이 안종범 수석의 수첩의 증거능력을 인정한 것이 구속영장을 발부한 이유로 알려져 있다. 1차 구속 영장 기각이 이부회장이 유죄가 아니라는 의미가 아니듯이, 구속이 곧 유죄를 의미하지는 않는다. 시시비비는 법원의

---

91) 중앙일보와 한겨레신문의 사설 비교는 '[중앙일보] **[사설 속으로] 삼성 총장 추천제**_20140218' 참조.

정식 재판에서 가려진다. 이부회장의 구속은 특검의 수사기간 연장 요청에 대한 황교안 대통령권한대행의 결정에도 영향을 미칠 것으로 보인다. 박대통령은 하루 빨리 검찰조사에 응하여야 한다. 대면조사 없이 특검을 마무리하기 어려운 구도이다. 부회장의 구속으로 초일류기업 삼성에 비상이 걸렸다. 삼성의 부진은 한국 경제에는 큰 짐이다. 비상경영체제를 가동하여 충격을 완화하여야 한다.

한겨레신문 사설의 요지는 다음과 같다([한겨레신문] **사상 첫 총수 구속 삼성이 직시해야할 것들**_20170218). 59개 계열사, 매출액 227조원의 삼성그룹 총수가 구속되었다. 삼성의 성장에는 정경유착, 권력을 움직이는 경제력이라는 검은 그림자가 있다. 과거 삼성그룹 총수들은 정권이 바뀔 때마다, 정경유착의 비리가 터질 때마다 구속의 위험이 있었으나 피해갔다. 이부회장은 뇌물공여 등 5가지 혐의를 받고 있고 법원도 구속 필요성을 인정하였다. 이번에는 '권력의 강요에 따른 피해자', '총수 구속에 따른 경제 악영향', '국가경제에 기여한 공로' 등의 통상적인 프레임이나 구호가 통하지 않았다. 권력 유착형 비리를 더 이상 국민이 용납하지 않는 시대가 열린 것이다. 삼성 뿐 아니라 다른 재벌들도 시대의 대전환을 제대로 인식하여야 한다. 정경유착의 하수인으로 전락한 전경련을 해체하고 강요에 의해서가 아니라 재벌 스스로 지배구조를 선진화하고 부패 고리를 끊는 제도를 만들어야 한다.92)

---

92) 중앙일보와 한겨레신문의 사설 비교는 '[중앙일보]/[한겨레신문] **[사설 속으로] 삼성총수 구속**_20170228' 참조.

장하성 청와대 정책실장의 동생인 장하준 케임브리지대 교수가 이전에 주장한 '삼성의 경영권을 해외 투기 자본으로부터 보호해 주자'는 내용이, '삼성 국유화론'으로 왜곡되어 소셜미디어를 통해 회자되었다([조선일보] **장하준 3년前 주장을 왜곡… 진짜처럼 퍼진 '삼성 국유화論'**_20170830).

홍영표 더불어민주당 원내대표가 2018년 7월 전국여성경제인협회가 주최한 세미나에서 삼성이 세계 1위 기업이 된 것이 협력업체를 쥐어짜서 된 것이라는 발언을 하여 논란이 되었다([세계일보] **삼성이 협력업체 쥐어짜 돈 벌었다는 홍영표의 인식**_20180714)([조선일보] **삼성 20조 풀면 200만명에 1000만원 더 준다는 홍영표**_20180714)([서울경제] **여당 원내대표의 일그러진 기업관**_20180714)([한국경제] **"삼성, 협력社 쥐어짜 1위 된 것" 與원내대표의 度넘은 기업 비판**_20180714).

9. 이대 사태

교육부의 평생교육대학 지원사업 유치 반대로 시작된 이대사태는 경찰병력이 교내에 투입되고, 총장이 사퇴하는 사태로 발전하였다([한겨레] **이대 캠퍼스에 대규모 경찰, 학교 쪽 책임 크다**_20160802)([한겨레] **'이대사태' 졸업장 반납시위로 번져**_20160803)([중앙일보] **소통 부재가 빚은 이대 사태 되풀이돼선 안 된다**_20160804)([한겨레] **돈으로 대학 통제하는 교육정책, 이대로 좋은가**_20160810)([중앙일보] **평생교육 대학 이어 최순실 딸 의혹 이대 교수들 "총장 사퇴" 집회 예고**_20161017)([한겨레] **최순실 파문에 최경희 이대 총장 사임**_20161020)

([한겨레] **'이대 사태' 평생대학 사업 올해도 15개 대에 226억원**_20170118)([한국경제] **'좌초 위기' 교육부 평생교육사업**_20170118)([경향신문] **작은 승리의 경험이 더 큰 질문과 도전을 가능케 한다는 걸 배웠다**_20170114)([조선일보] **총장 퇴진 이끈 교수, 梨大 첫 '직선제 총장' 됐다**_20170526)([국민일보] **梨大 사태 1년…아물지 않은 '상처'**_20170705)([국민일보] **梨大 사태 1년…아물지 않은 '그날의 상처'**_20170705)([한겨레] **아직 아프고 두렵지만…자랑스러운 역사로 평가했으면**_20170819).

중앙일보 사설의 요지는 다음과 같다([중앙일보] **총장 사퇴까지 부른 이화여대 사태의 출격**_20161020). 이화여대 개교 130년의 역사에서 총장이 임기 중 중도 사퇴하는 것은 처음이다. 평생교육대학 실립에서 시작된 시위가 경찰 병력 투입으로 장기화되는 가운데 정유라의 입학과 학점의 특혜 의혹이 더해지면서 사퇴를 하게 된 것이다. 사퇴하면서 특혜는 없다고 해명하였으나 불신은 증폭되고 있으니 끝이 아니라 시작이다. 학생과 교수들도 총장 거취와는 별도로 각종 비리 의혹 조사, 총장선출제도의 민주화 등 학교 운영의 전반적인 쇄신을 요구하고 있다. 학교 당국은 우선적으로 정씨를 둘러싼 각종 의혹에 대해 명확하게 해명하여야 한다. 이번 사태는 이대 학내 문제에서 '최순실 모녀 게이트'로 번지고 있다. 학사관리를 제대로 못한 이대도 책임에서 자유로울 수는 없다. 집단 지성의 힘으로 교수, 학생 등 모든 구성원이 소통하고 신뢰하면서 지혜를 결집하여 위기를 극복하고 학교 시스템을 전반적으로 개혁하여야 한다. 정확한 진실을 규명하는 백서를 사회에 내놓아야 한다.

한겨레신문 사설의 요지는 다음과 같다([한겨레신문] **이대 사태, 총장 사퇴로 끝낼 일 아니다**_20161020). 총장이 사퇴하면서 특혜는 없었다고 해명하였으나 교수와 학생들은 미흡하다는 반응이다. 최고 권력의 비선실세와 최총장 등 학교 측의 유착 가능성을 여전히 의심하고 있다. 정씨는 재벌로부터 받은 수백억 원으로 독일에서 초호화판 승마훈련을 받고 있다는 의혹도 있다. 정씨는 특권의식으로 뭉친 시대착오적 사고방식과 발언으로 국민의 공분을 샀다. 새로 꾸려질 학교 지도부는 정치권력과의 유착, 특혜의 전말을 낱낱이 파헤칠 책임이 있다.[93]

시위 과정 중 불거진 정유라 특혜 입학 및 특혜 학점관리 의혹은 박근혜대통령 탄핵의 단초를 제공하였다. 특혜 입학과 관련된 이대 총장을 비롯한 관계자들은 전원 형사 처벌되었다([조선일보] **정유라, 梨大 부정 입학 확인... 野 주장 '대통령 개입說'은 확인 안돼**_20170227)([중앙일보] **정유라는 이렇게 면접 1등이 됐다... 입시의 재구성**_20170415)([한겨레] **비뚤어진 모정·양심버린 교수·나몰라 학생...'대학농단 막장극'**_20170624)([조선일보] **'정유라 특혜' 재발 않게 시스템 정비**_20170527)([한국일보] **끝까지 '국민 농단' 청문회**_20170110)([한국일보] **이대 학사비리 최순실 대법, 징역 3년 확정**_20180516)([조선일보] **梨大 '정유라의 조력자들' 대법서 줄줄이 실형 확정**_20180516)([조선일보] **촛불총장이 나서라_민노총의 최저임금 전쟁터 된 梨大**_20170720).

93) 중앙일보와 한겨레신문의 사설 비교는 '[중앙일보]/[한겨레신문] **[사설 속으로] 이대총장 사퇴 논란**_20161101' 참조.

XVI

마무리 하면서: 갑질행태(문화)

마무리 하면서: 갑질행태(문화)

2018년 7월 시점에서 우리나라 경제 및 사회를 이해하는 핵심 용어 중 하나는 '갑질'이다([내일신문] **모두에게 더 공정한 한해가 되길**_20180102)([매일경제] **가장 먼저 청산돼야 할 적폐 '갑질문화'**_20180201)([경향신문] **민간·공공 막론하고 뿌리 깊은 갑질문화 만연 우월적 지위로 인격모독은 국민이 용납 안 해**_20180419)([매일경제] **文 _갑질문화는 적폐 국민이 용납 못한다**_20180419)([중앙일보] **'정유라'가 너무 많다**_20180201)([문화일보] **한국인은 왜 '흙수저'에 절망하고 '甲질'에 분노할까**_20180309)([한국경제] **갑질문화_ … 행태는 문화가 아니죠**_20180430)([한겨레] **혐오가 갑질을 만날 때**_20180111)([연합뉴스] **'6만 여성시위'에 여성장관 '송구', 행안장관 '내 책임'**_20180707).

경제문제를 포함한 우리 사회에서 중요한 의사결정은 종종 '갑-질' 프레임에서 이루어진다. '갑-질'은 "상대적으로 우위에 있는 자가 상대방에게 오만무례하게 행동하거나 이래라 저래라 하며 제멋대로 구는 짓"(http://dic.daum.net/word/view.do?wordid=kkw000348596&supid=kku010038048)으로 정의된다. 사실관계 보다는 상당히 주관적이고 대중의 관심이나 지지에 의해 결과가 좌우되기 때문에 합리적인 의사결정을 어렵게 한다.

갑질에는 여러 형태가 있는데, 우선 자격이 충분하지 않은 재벌 2세, 3세의 세습경영으로부터 발생하는 갑질이 있다. 사회적으로 가장 문제가 되고 공분을 사는 갑질이다. 같은 조직 내의 구성원을 대상으로 할 수도 있고 관계되는 외부 조직이나 조직의 구성원을 대상으로 갑질을 할 수 있다. 갑질로 지탄 받은 재벌 2세, 3세는 조직의 경영 및 경영권 유지에 위험 요소가 되기도 한다. 결과적으로 직원들의 고용 불안이 오는 경우도 있다([경향신문] **한국 재벌의 가족 경영이 낳은 조현민 갑질**_20180414)([한국일보] **"오너의 갑질, 직원을 업무 파트너로 생각하지 않는 탓"**_20180416)([내일신문] **재벌 갑질과 양반자식 승경도놀이**_20180423)([서울신문] **대기업 갑질 줄었지만… 재벌 개혁은 '주춤'**_20180202)([경향신문] **대림 _일감 몰아주기 원천 차단_ 순환출자 올해 1분기 완전 해소**_20180115)([서울신문] **'통행세 갑질' 하이트진로 총수 2세 檢 고발**_20180116)([내일신문] **스스로 터뜨린 재벌개혁 신호탄**_20180430)([중앙일보] **주식회사의 주인은 누구인가**_0180430)([서울경제] **재벌권력 견제_ vs _투기자본에 노출_…정쟁도구 된 상법개정안**_20180427)([국민일보] **대한항공 갑질 사태와 상법 개정**_20180430)([한겨레] **재벌 3세 갑질, '세습 경영'이 본질이다**_20180418)([경향신문] **재계가 키운 '능력있는 3세' 환상의 종말**_20180427)([조선일보] **면허취소 몰린 진에어, 국토부에 _공개 청문회 합시다**_20180724)([국민일보] **진에어 직원들 "면허취소 안돼"**_20180725).

권력을 가진 개인의 특권의식으로 생기는 갑질이 있다([조선일보] **윤성빈 엄마도 못들어간 통제구역 입장 박영선 의원 '스켈레톤 특혜 응원' 논란**_20180219)([한국일보] **'김기식 낙마' 교훈 얻으려면 '외유성 출장' 전수 조사하라**_20180418)([동아일보] **靑행정관 남편 팔아 갑질 연수 다녀온 감사원 국장**_20180421)([조선일보] **정의·인권 외치던 그들, 권력이 되자 여성에 性갑질**_20180309)([한겨레] **고현정의 '리**

턴' 중도하차가 말해주는 것들_20180210).

협력적 관계, 수평적 관계를 지향해야 하는 조직과 조직 혹은 관계조직 속의 개인 간의 관계가 종속적 관계, 비대칭적 관계 내지 상하관계가 되면서 생기는 갑질이 있다. 원청회사와 하청회사, 대기업과 협력업체, 정부부처와 공공기관간의 관계에서 발생하는 갑질이다([서울신문] **가맹본부 '갑질'… 치킨집 사장님 '곡소리'**_20171230)([내일신문] **한샘 '대리점 갑질' 혐의**_20180116)([서울신문] **코레일 이번엔 '역사 광고업체에 갑질'**_20180206)([파이낸셜뉴스] **'채용비리' 강원랜드, 협력업체엔 갑질**_20180418)([한겨레] **'갑질 온상' 가맹분야 '상생 온상' 될까**_20180317)([세계일보] **조폭 뺨치는 갑질 병폐… 기업윤리 어디로 갔나**_20180322)([국제뉴스] **한국 피자헛의 점주 길들이기에 당사자들은 속수무책**_20180328)([서울경제] **광고비 통신사에 떠넘긴 애플 공정위 과징금·시정명령 방침**_20180409)([내일신문] **기업, 사회적책임 인식해야 갑질 근절**_20180419)([내일신문] **'갑질'의 끝**_20180214)([세계일보] **수시에서 정시로 유턴… 졸속 교육정책 몇 번째인가**_20180403)([한국일보] **복지부, 산하기관에 무리한 지시" 갑질 성토 쏟아져**_20180423).

같은 조직 내에서 우월적 지위를 가진 개인과 개인 간에 발생하는 갑질이 있다([내일신문] **의원, 무소불위 인사권_ _성폭행 고발기구 부재**_20180228)([경향신문] **김무성 의원의 공항 '노 룩 패스'에 충격_ 갑질·성차별 등 무례를 세련되게 꼬집어**_20180315)([세계일보] **'슈퍼 갑' 교수의 나쁜 손 고발합니다**_20180226)([한겨레] **"에스원, 채용 후보생 교육때 욕설·얼차려"**_20180103)([서울경제] **회식자리 비웠다고…필립스코리아 사내 폭행**_20180420)([서울신문] **옷 로비·공관병 갑질… 10번째 '공직 강령' 만든 결정적 장면들**_20180430)([서울경제] **우리가 私노비냐_… 금배지 갑질에 골병 드는 보좌관들**_20180308)([한국일보] **"갑질… 논문 대필… 유**

령수술" 유서로 적폐 고발한 전문의_20180319)([연합뉴스] **'인권침해 당했다'..전남 모 초교 모든 교사가 '교장갑질' 폭로**_20180715).

을이 조직화하여 갑을 반격하기도 하나 상생하는 갑을관계도 있다. 갑을관계가 뒤바뀌어 을이 횡포를 부리거나 갑을 관계가 모호한 경우도 있다([중앙일보] **을의 반격**_20180424)([한국일보] **"맘카페 갑질 더 못 참아" 반격 나선 상인들**_20180716)([이데일리] **노조 만들고, 공개 고발... '乙의 반란' 전 방위 확산**_20180617)([머니투데이] **뒤바뀐 갑을 관계…'블랙 을'의 횡포**_20180703)([한국일보] **택배기사 "배송 한나절"… 입주민 "비난 억울"**_20180420)([서울경제] **원청업체와 탄탄한 협업이 車유압튜브 세계 1위**_20180416)([한겨레] **"갑질 고발 '직장인 온라인 모임' 속속…노동운동 희망 봐"**_20180615).

갑질에 대해 사회가 분노하고 사회적 공감대를 형성하나 형사적 처벌로 이어지지 못하는 경우가 다수이다. 감정적 차원의 분노 표출이 갑질로 비난받았을 수도 있고 우리 중 상당수가 사회 관계망 속에서 의식적이든 무의식이든 갑질을 하였을 수도 있기 때문인 듯하다([매일경제] **일상에 파고든 갑질…품격이 무너진 사회**_20180716)([매일경제] **갑질의 사회학…전문가 진단 한국, 과속성장의 그늘 돈·지위 '자신'으로 여겨 직업윤리·타인존중 실종**_20180716)([한국일보] **'슈퍼 갑질'이 罪 되기가 이렇게 어려워서야…**_20180129)([매일경제] **병 던지고 욕설…'백화점 갑질女' 형사처벌 초읽기**_20180716)([연합뉴스] **'갑질' 논란 90년대 가수 '차량 결함·업체 대처에 울분'**_20180802)([한국일보] **갑질, 그 너머의 과제**_20180430).

박 영 범

미국 코넬대학에서 1986년 경제학 박사를 취득 후 국책연구기관인 산업연구원, 한국노동연구원에서 정책연구 활동 후 1997년부터 한성대학교 경제학과 교수로 있다. 공공기관인 한국직업능력개발원과 한국산업인력공단의 CEO를 역임하였다.

경제기획원, 고용노동부, 교육부, 산업자원부, 노동위원회, 노사정위원회 등 정부부처 및 OECD, World Bank, ILO, UNESCO, IDB, ADB, UNDP 등 국제기구와 외국정부에 자문활동을 하였다.

200여 편의 논문과 저서가 있으며 2권의 저서(「전환기, 한국노동시장의 길을 묻다」 등)가 문화공보부 우수학술도서로 선정되었고 「Economic Development and Vocational Education and Training in Korea(한국의 경제발전과 직업교육훈련)」은 ILO에 의해 스페인어로 번역되었다. 한국고용노사관계학회 회장과 학회지 편집위원장을 역임하였다.

은탑산업훈장, 캄보디아국가공로훈장, 한국기업경영학회 기업경영자대상, 대한적십자사 적십자회원유공장 금장을 수상하였다.

경제정책의 이해
박영범이 다시 읽어 주는 경제 뉴스

초판인쇄 2018년 8월 20일
초판발행 2018년 8월 20일

저기기자 박영범
발 행 인 이상한
발행한곳 한성대학교 출판부

우편주소 서울특별시 성북구 삼선교로16길 116
대표전화 (02) 760 / 4174
팩시밀리 (02) 760 / 5969

편집제작 대자커뮤니케이션 | 대표(02) 2269-6724

ISBN 978-89-6820-036-6 13320 **정가** 15,000원

* 본 총서는 한성대학교 교내연구비 지원과제입니다.